U0103613

李潔非明史三部曲

The History of
the Ming Dynasty

野哭

弘光列傳

李潔非 著

開明書店

序

　　兩年間，都在從事關於明末弘光朝的寫作。去年寫完一本，《黑洞：弘光紀事》，是從專題的角度來寫，寫了十個問題。這一本寫人物，名之《野哭：弘光列傳》。

　　書名取自少年英雄夏完淳的《細林野哭》。我在《夏完淳集》裏一見到，就被「野哭」兩個字攫住了，覺得有股異樣的力量。「野」在古漢語，有無家、荒蕪並兼野鄙陋文諸意。「野哭」並非只在完淳的筆下出現過，其他朝代，亦有以此為題賦詩者，如唐劉叉之七古，清沈曾植之五律等；但我感覺，似乎用於明清易代之際，這詞才格外有百感交集的況味。

　　弘光年，是明為清亡真正而確切的時間。中國歷史，在此面臨一個大節點。蓋自宋代以來，中國自身文明經二千年世界領先的農業生產、社會發展所積累的物質和精神財富，已開始閃現向新的文明階段躍升或轉型的軌跡，《萬曆十五年》曾稱宋代諸多方面「已如現代國家」。惜為蒙元所滅，上述進程中斷一百年。好在這一百年，從全球範圍看，時間尚不緊迫，中國還耽誤得起。蒙元被逐，重回荒漠，明繼宋起，在思想、文化以及經濟發展上，全面祧續宋人。明是個很奇特的朝代，一面很是衰邁、昏黯以致暴虐，一面又孕育着朝氣蓬勃的社會歷史因素，逮至萬曆間，各種突破跡象已十分明顯。然天不佑中華，明朝自身積攢的激烈社會矛盾終於爆發而導致嚴重內亂，同時，曾為蒙古所敗的金人後裔，在沉淪荒蠻、幾近湮滅三百年後，重獲新生，日漸具備強大破壞力，而益為明朝大患。內外雙憂，並至齊發。明遂先於甲申年（1644）失北都，復於乙酉年（1645）喪南京，終於滅亡。這是繼宋亡之後，作為漢族國家的中國第二次整體亡國。但這次後果更為慘痛，原因是同時西方的歐洲也開始其現代轉型。無論從經濟發展還是文化積累來看，東西方世界本可謂棋逢對手、銖兩悉

稱，正待好好比試一番。可惜，中國卻因一個意外情形，從競賽中退出了——好比奧運會選手在起跑時卻突然退賽。

我們於中國因被滿清所主所遭受真正損失的解讀，不在民族主義方面或感情。這當中，過去不太注意或很少談論的，是新統治者與中國文明之間有很大的落差。隨之，帶來兩個後果，一是本身創新能力已然不足，次而，作為異族入主者又勢必採取精神思想的高壓與箝束。兩個因素交織，造成各種羈絆，令中國活力頓失，而嚴重拖了歷史後腿。事實證明，有清一代，中國雖能秉其發達農業之優勢，以及在東方暫無敵手之地利，續其強盛國勢至康雍乾時期，但在思想、制度和經濟上，卻無變革跡象。滿清的好處是，總算比蒙元能識良莠，虛心接受、學習和融入高等的文化；而它的問題是，受制於自身高度，只能亦步亦趨，照搬照抄前朝，論創新的能力，實在不足觀。這對中國，無形中是多大拖累，後人很難設身處地體會到。實際以明代最後五十年思想、政治、社會的情形來看，若非這一干擾，中國經過當時業已啟動的思想啟蒙，得以進入制度變革、完成歷史蛻變，可能性相當大。然而，異族統治尤其是文化落差，突然間扭轉了歷史方向。中國落在西方後頭，關鍵就在這二百餘年。我對滿人這民族不抱偏見，但從歷史角度說，滿清統治在攪擾中國歷史進程這一點上，實難辭其咎。此事若發生在中世紀，猶可另當別論。晉以後北中國有五胡之亂，唐以後五代也曾短暫如此，後來金滅北宋、蒙古亡南宋，每一次都對文明造成破壞與羈絆，情況也越來越嚴重，但我們覺得基本可以僅作為民族衝突來看，還談不上扭轉中國的歷史方向。那是因為，第一，整個人類文明尚未到打開一扇新門的時候，世界歷史還處在舊的格局當中；第二，中國自身也沒有真正的新萌芽發育和生長，社會生產力以及配套的制度還算適合、夠用，變革與突破的要求實際並未如何感受到。可十七世紀全然不同，人類近代化已肇其端始，中國在舊制度下的苦悶也忍無可忍、正待噴薄欲發，偏偏這個當口，滿清來這麼一下子，真的令人扼腕。

故而明亡時刻，主要在這一層，才是中國歷史值得高度關注的重大節點。對於它的歷史與文化後果，當時中國不少傑出人物，便有明白的認識或強烈預感，後來反而認識不如當時清楚。鴉片戰爭以迄日本侵華，中國

有將近百年處在生死存亡之間，故明季這段歷史，因此被「觸景生情」，更多從亡國之痛、民族衝突意義上，被近世奪為酒杯，澆「愛國」之塊壘，這也沒有什麼不對抑或不可，問題在於這段歷史本身所含問題及所達深度，實際遠踰乎此。我覺得，黃宗羲、呂留良、徐枋等人思想裏都隱約有這樣的看法：明亡本身無甚可「痛」；可「痛」者，乃是明為清亡，亦即先進文明被落後文明所毀。那意味着，中國從一個已經達到的歷史高度，大幅跌落並裹足不前。這才是明清鼎革無限悲涼處，不知此，對於「野哭」二字只怕難會其意。

不能從文明的損失着眼，矻矻於民族情緒，會使我們錯失這段歷史的真正教益。對各國歷史來說，民族問題其實都是動態的，古代中國講「夷夏之辨」，但這字眼簡直無法作歷史的推求，不要說滿清、蒙古、西域諸族，如果推到商代，連周人也算「外夷」。何況沿着狹隘民族主義觀點朝前走，往往還將去往反方向，實用主義地模糊一些是非。即以清朝來論，當它作為入侵者、亡中國者時，固然是被痛恨的，但當它為中國帶來大片疆土之後，好多人又破涕為笑，榮耀地認作一個偉大朝代。將近四百年來，明清易代這件事的真正意義，就這樣被模糊、被遺忘、被丟棄，而彼時一代甚至幾代中國人的苦痛酸辛，都成了過眼雲煙。

我對短命僅一載的弘光朝感到不能放下，蓋出於不忍以上況味就這樣付諸流水，而想把它重新喚回於人們記憶，於是，鈎故索舊、大書特書。《黑洞》把對弘光朝的所感所思，提煉為十個問題。《野哭》則換換方式和角度，借十餘位在不同側面有代表性的人物，來加呈現。我希望，借助於選材，加上我初淺的研究與表現，讓這有轉折點意義的時刻，得還鮮明。

被安排於書中露面的，有朱明王朝確切的末代皇帝朱由崧，有弘光樞臣和關鍵人物史可法，有稱為「明代蘇武」的左懋第，有以兵變致南明解體的左良玉，有普遍目為南京禍根的阮大鋮，有秦淮河畔苦悶的青春叛逆群體，有時代思想高度的體現者黃宗羲，有以十七齡慷慨赴死的少年天才夏完淳，有傳奇說書家柳敬亭，有「遺民現象」的典型徐枋……他們的身份，涉及帝王、武人、士大夫、學生、妓女、藝人、學者、隱士、起義者，還算廣泛，覆蓋了社會多個層面。

寫作方法，也得考慮。過去說「文史不分家」，其實不對。文、史是分家的，或者說應該分家。文學和史學，一為藝術，一為學問；一個是主觀、情感的表現，一個是客觀、事實的陳述。不分家，既不合道理，還有不少副作用。中國史學某些先天不足，即因「文史不分家」而來。或者以美惡代替事實，或者視史撰如說部，覺得添油加醋、「支離構辭，穿鑿會巧」①，關係不大。所以對本書這一類寫作來說，「文」與「史」的確是一對矛盾，處理不善，極易「以文害史」。我給自己立了規矩：文史分家，才學相濟。前半句講要以史學為本，絕不讓文學的東西有損史學；後半句講另一面，即才足以濟學，不能只剩下乾巴巴的「學」，成了尋章摘句、掉書袋，而觸碰不到歷史的人性內涵。

　　具體地講，直到現在，關於傳記寫作還有不少人主張可以虛構，認為寫到細節的時候如果史料不足，只好用虛構和想像加以填補。誠然，寫作者有他的難處，史料總有所不足、有所不能到，因此，發揮一些想像，加點虛構，好像在所不免。問題是，沒有哪位作者高明到能夠確保他的想像或虛構可以符合實際。由於自認不能這樣高明，我是寧付闕如，絕不虛構。還有人認為，傳記寫作免不了來點虛構無關史料和事實，而是基於敍事美學的理由；似乎不如此，人物很難鮮活，個性挖掘和表現就不能深入。這只是一個錯覺。小說極盛時代以來，作家們普遍習慣於或過分依賴虛構，好像文學性便等於虛構。其實，虛構既非文學性的來源，亦非它最上乘的功夫。離開虛構便有些不知所措，乃是文章活性衰退所致。倘如語言有質感、有溫度，非虛構非但不損失文學性，相反本身就帶來獨特的文章之美和閱讀快感。當然，我們也確讀到很多乏味的、史學足而文學不足的傳記作品，但它們的問題都出在語言上，並非因為不擅虛構。

　　既然不用虛構，《野哭》便奉行「有一件材料說一分話」，做到人物言行（哪怕隻言片語）、事件始末（哪怕細枝末節）無一字無來歷，全都有案可稽。這就是為什麼所有引文，據自何人何書，從版本到頁碼，我們都備具其詳，以便驗核。我沒辦法保證這些材料的原始真實性，但可以保證

---

① 劉勰著、周振甫注《文心雕龍注釋》議對第二十四，人民文學出版社，1981，第 266 頁。

自己不曾脫離史料，另外虛構或杜撰過什麼。這當中，有時涉及同一事不同材料間的差異，倘在能力範圍內，我也試予考證、辨疏（例如史可法的生年問題），以求去偽存真。

這樣做，真正目的是想對歷史拿出誠意。我覺得這正是我們一直缺乏的，而且越來越缺乏。雖然對歷史的誠意，並不在於形式，但以我們現實來論，即便只是形式，也非常重要。形式至少有助於約束我們，不是高興怎麼說就怎麼說。我們說的每句話、每件事是有出處的，可查可考；這樣，如果我們斷章取義、夾帶私貨了，別人可以立予核實、指出或提出商榷。

歷史需要敬畏。謔弄歷史，無利可圖。以歷史為妾婦，呼來斥去，有時頗為快意，但就如課堂上不好好聽講、調皮搗亂的學生，到頭來要懊悔的只有他自己。歷史是一位好老師，它嘴裏說出的每句話，都是可讓人受益解惑的知識，應該注意聽講。

與此相關，又有四個字：尊重古人。可能是自視高明，當代史學多年來慣於對古人頤指氣使。有時橫加指責和訓斥，有時相反，用當代思想感情拔高古人。對人對事都是如此，屢用今天義理來裁量，或強求、或曲解。姑舉一例，比如史可法，有人嫉之如仇，原因居然是他為弘光朝制訂政策時置「滅寇」第一而以「禦虜」第二。然而，身為明朝大臣，這本是再自然不過的事。當時，李自成對明朝有「君父之仇」，滿清名義上卻替明朝報了這君父之仇（此即為何起初明室以「申包胥哭秦庭」故事視吳三桂借兵）。依禮法來論，「滅寇」第一乃明朝必有之義，不單史可法，孫可法、張可法、胡可法，不拘誰當那個東閣大學士，都得這麼制訂政策。今人盡可因自己立場而愛戴李自成，但若嗔怪明朝的首相史可法不具同樣感情，就不免雞同鴨講了。凡此，即因不守「當時事，當時語」的原則，而那不過是史學不失客觀性的起碼要求。後人或許是比古人高明，但不要以此笑古人，古代的事情有它自身道理和原由，嘲笑和批判之前，至少該向讀者講清楚古人何以作此想、有此舉。

類似還如孫中山稱讚洪承疇：「五族爭大節，華夏生光輝。生靈不塗炭，功高誰不知。滿回中原日，漢戚存多時。文襄韜略策，安裔換清

衣。」①較之當年，竟是南轅北轍了。關於「生靈不塗炭」，以我們知道的論，洪承疇降清實在不能說起到這種作用。清兵入關後，北方基本未聞屠戮，只因各地望風而降、未加抵抗，後來到了南方，凡不肯降的地方，都發生大屠殺。故爾，非得稱讚洪承疇「功高」，只能落在「力促中華一統」、「滿回中原日」這層意思上。俗白地講，洪承疇投降，好就好在讓中國版圖擴大了。這，一是結果論，二是實利論——因有如此的結果和實利，便對事情另抱一種觀點。但依同樣邏輯，吳三桂的形象是不是也該變一下呢？看不出為何厚此薄彼。莫非因為吳三桂後又反清，洪承疇卻只對大清忠心耿耿？古時有古時的語境和是非，因而比較穩妥的辦法是，一面可以就古今的不同做出說明，一面對過往歷史還是堅持「當時事，當時語」，不妄自改易，否則就會人為造成很多混亂，終至於無法收拾。

　　略事申陳，權為引子。

李潔非

---

①　王宏志《洪承疇傳》，人民文學出版社，2009，第 410 頁。

目錄

Contents

Chapter 1

朱由崧

偶然的謝幕人

當馬士英派人在淮安找到他時，他與一個叫化子相差無幾，而這種狀態已持續有兩年。橐囊一空，靠向潞王借貸維生，頭上裹着粗布頭巾，衣袍是破的，腰間所束不是與身份相稱的玉帶，而是普通官吏乃至庶民所用的角帶，他的一班隨從甚至只能穿着草鞋。

一

我們接觸一個人，不論在現實中或借助於想像，首先會在意他的模樣，即平時所謂「音容笑貌」者。究其原因，儘管我們不是相面家，卻對來自相貌的各種信息充滿渴望，如不能覓得，就有霧失樓臺之感，好像難以真正走近那個人。談起弘光皇帝朱由崧，我便頗有此感。古代為帝王者，御容都要經宮廷畫師描摹成圖，雖往往加以美化，或者，因刻意比附隆準大耳一類所謂「帝王之相」而流於雷同，卻總各有影繪存世。明代凡在南北紫禁城龍牀上坐過之人，太祖朱元璋起，都有寫真；惟兩位例外，一位是惠文帝朱允炆，一位便是後來廟號安宗的弘光皇帝朱由崧。朱允炆畫像原來想必是有的，而被他的叔父朱棣抹得乾乾淨淨。至於朱由崧，考慮到滿清對崇禎以後史料能毀即毀，也不能斷言他的形容根本不曾敷於紙墨，但作為眼前實際，我們確實不曾見到。說到這一點，他還不如自己的好些臣子。後者在刻行於世的文集中，或在族譜宗祠裏，還往往留有圖形。我又曾指望到文字資料中，找到有關他面貌的描寫，結果也無所獲。那些記述，只在意他的身份，不關心作為個人他有怎樣的形態，縱有稍微具體些的筆觸（那是很難一見的），僅及於他衣着上的變化，那也是因為這種變化與他的身份、境遇有關。總之，無論圖與文，我們都得不到對於他面貌的認知。一次，從《眉叟年譜》讀到對南巡時康熙形象的描繪：「予隨眾瞻仰，見聖容微黑，大鼻三鬚，坐船首，一人旁執蓋。」[①] 雖着筆甚簡，視線亦屬遙遙一瞥，但還是給出了玄燁具體的形象。我對朱由崧形象所欲得者，僅此亦可，而竟不能。

這除了使我有些驚訝，也引起別的思索。他也許不是值得大書特書的人物，但好歹曾為君上，在世間的痕跡怎會如此之淺？當世之人為何不約而同給他以同樣的忽視？那張臉，好像可有可無，不值一提。也許，並不出於忽視，而是來自一種虛離感。他短暫生涯，本有許多斷斷續續、亦實亦幻、真假難辨之處；而在南京的一年，倏忽而來，倏忽而去，萍飄蓬

---

① 許治《眉叟年譜》，《丹午筆記·吳城日記·五石脂》，江蘇古籍出版社，1999，第 255 頁。

　　　　　　　　　　　　　　　　　　野哭：弘光列傳

轉，即之則杳，有如匆匆過客。從這意義上說，形象的闕如，似乎倒比較真實地反映着他在現實和歷史中的處境——一種令人懸疑困惑的幻影般的存在。

二

其實，他的存在有真實的一面。這種真實性，直到少年時代還很具體。他生於萬曆三十五年七月乙巳日，換成西曆則是 1607 年 9 月 5 日。父親是萬曆皇帝第三子、福王朱常洵，母親姓姚。他的乳名叫福八，聽上去容易誤為朱常洵第八子，其實是長子，且別無兄弟。母親姚氏大概死得早，後來被他從河南迎到南京的母后鄒氏，並非本生母。他應該算北京人，不光生在那裏，且一直長到七歲才離開。萬曆四十二年，經過久拖、耗費無數口舌乃至釀成宮廷迷案之後，萬曆皇帝終於決定福王去洛陽就藩。朱由崧在那裏度過平靜的二十七年，平靜到沒有多少消息，我們只知這段時間他先是受封為德昌王，後晉福王世子。對於乃父的生活，《明史》亦僅以「日閉閣飲醇酒，所好惟婦女倡樂」[2]一語蔽之。

經過二十來年的沉寂，崇禎十四年起，有關福王一家的記載突然又多了起來。原因是李自成攻陷洛陽，朱常洵慘死。這件事，讓福王一家重回社會聚光燈下。二十年前，由於「三案」緣故，他們曾佔據這樣的位置，隨着崇禎即位、欽定逆案，波瀾平伏，事情漸漸過去，他們也淡出政治焦點，在洛陽過自己花天酒地的日子。而那個冬天，朱常洵被殺，且死得那樣恐怖——屍身被分割，與鹿肉同煮，名為「福祿宴」——震驚了全國。作為最有錢勢的親王，朱常洵如此下場，無疑是深刻象徵，而刺痛很多人的神經。深受打擊的，包括崇禎皇帝本人。洛陽事變後，他派人四處找尋堂弟下落，當聽到朱由崧流落民間、衣不蔽體的彙報，皇帝泫然淚下，專門撥銀三萬一千兩，派司禮監王裕民送去。以當時國庫的捉襟見肘，這筆錢已是巨款，從中可以體會崇禎內心濃厚的悲鬱與恐懼。過了幾個月，又

---

② 張廷玉等《明史》卷一百二十，中華書局，1974，第 3650 頁。

頒旨朱由崧嗣福王位。

隨着洛陽之變，原來寂寂無聞的福世子開始受到輿論關注，他的逃脫，他的流浪，他的窮困，他的寄人籬下……頻頻見諸報導和記述。有關他的故事如此之多，大大超過他過去二十多年經歷的總和。照理說，他的形象應該由此變得清晰和具體了，實際卻剛好相反。他的確越來越多在各種傳聞裏被提及和曝光，但他究竟是怎樣的人這一點，反而更加混亂。有關他的描述，充滿了道聽途說，在時間、地點和過程上淆亂不一。這明顯是亂世的作用。比如，他如何從洛陽脫身，以及脫身後到衛輝依潞王朱常淓這段時間當中的行止，既不確定也不連貫，至今史家不能使之鑿實、次第完述，都只能囫圇了事。這留下了許多疑點，而各種對他的懷疑也就趁隙而入，直至有真假福王之論。

到此回看其平生，也有趣得緊：幼年他的消息少而簡單，但那時他的真實性反而不成問題；現在消息雖然越來越多，他卻變得越來不可靠。表面上，他愈益進入人們視野，實際卻離大家越來越遠。這頗像結構主義中所指與能指之間那種奇妙的關係，能指愈豐富，所指便愈模糊。朱由崧從福八而福王，從福王而弘光皇帝，在歷史舞臺上一步步由遠而近，漸漸趨向最前臺；但當他終於站在大家面前，大家反而不知道他究竟是誰。

三

這種懷疑或不信任，在弘光末期達到頂點。當時，一起童妃案，一件太子案，都造成朱由崧到底是真是假的嚴重懷疑。人們猛然覺察一個很要命的問題，亦即，眼前這個據稱是福王、大搖大擺坐在皇位上的人，事實上沒有一個人知其底細，抑或，根本誰都不認得他。南京上上下下大小臣工，過去均未見過朱由崧。他確是依潞王來到淮安，但潞王也不能作證此人就是福王朱由崧，論起來這二人雖為叔侄，過去卻例未謀面，當初朱由崧是自行投奔衛輝潞王府，他提交了什麼憑據，使朱常淓相信他便是皇侄朱由崧呢？我們並不了解。從始至終，我們只是知道有幾位所謂福王府僕從一直追隨左右，為他提供身份證明——萬一這些人本身就是假的

呢……錢秉鐙曾就童妃案，寫諷刺詩《假后》云：「福國昔破散，骨肉如飄蓬。諸王更衣遁，妃主不得從。……不識今上誰，空死囹圄中。」① 又於《南渡三疑案》中說：「童氏出身不可考，而決為德昌王之故妃也。」② 意思很清楚，疑朱由崧而不疑童妃。這在當時，是非常普遍的看法。尤其經過失敗的一年，大家對於「破散」、「飄蓬」期間朱由崧的蹤跡無法徵信這一點，很樂於理解為這位弘光帝其實是個贗品。最離奇的說法見《甲申朝事小紀》：

> 馬士英撫鳳陽時，有以居民藏王印首者，取視則福王印也。詢其人云，有博徒，持以質錢，士英因物色之。士英與王初不相識，但據王印所在，則以為真世子。③

依此，在南京當皇帝的那人，不過是持有福王印的某位賭徒罷了。

不過，南京的一年當中，他又回到了真實。不管前頭的經歷如何撲朔迷離，他做了弘光皇帝、在南京臨朝一年，這可是真真切切、有目共睹。我想如果與之面對面，我將對他這樣說：我也許並不知道你究竟何人，但我知道你是弘光皇帝。固然，他可能是個假冒的福王，但作為弘光皇帝卻並非假冒，而是經南京重臣會商決定並專門迎送，又經過正式典禮確認的。他是一個真實的皇帝。

但接下來，若問真實的弘光皇帝到底是怎樣的人？我們不免又含糊起來。史述中對他有大量、壓倒性的負面描寫。集中在兩個方面。一是與馬士英、阮大鋮狼狽為奸，定策前主動聯絡馬士英為己爭位，登基後對馬阮言聽計從、任其操柄。一是荒淫無度，縱酒濫性，尤其是喜好幼女，甚至徹夜痛飲而淫死幼女……這些描寫，有些確有其事，有些卻只是想像。假如我們希望還他一個本來面目，而不只想找一個歷史替罪羊，對這些描寫就需要給予細緻的分辨。凡屬於想像的，都將其剔除於事實之外，而不論這類話語多麼甚囂塵上、眾口一辭。即便確有其事的那部分，也不能就事

---

① 錢仲聯主編《清詩紀事·明遺民卷》，江蘇古籍出版社，1987，第 375 頁。
② 同上書，第 380 頁。
③ 抱陽生《甲申朝事小紀》，書目文獻出版社，1987，第 538 頁。

論事，不能孤立、單線條地看，而要深入一層看前因後果，知其然也知其所以然。我們這樣慎重，實在並不為着朱由崧的緣故，他個人的毀譽，說實話無關緊要，問題在於對他的看法恰當與否，很大程度上會影響我們對那段歷史認識是否正確；實際上，當時一些史述所以對他的形象展開了那些刻畫，本身就由於不正確歷史觀的指導。

四

我們先從一種最聳人聽聞的描寫說起，亦即他的恣意聲色。《明季南略》：

> 馬士英聽阮大鋮日將童男女誘上。正月十二丙申，傳旨天財庫，召內豎五十三人進宮演戲飲酒，上醉後淫死童女二人，乃舊院雛妓馬、阮選進者，抬出北安門，付鴇兒葬之。嗣後屢有此事。由是曲中少女幾盡，久亦不復抬出，而馬、阮搜覓六院亦無遺矣。[1]

「童男女」、「淫死童女二人」、「少女幾盡」、「久亦不復抬出」、「六院亦無遺矣」……將這些字眼及片斷挑出來，擺放面前冷冷打量一下，不難意識到其中充滿妄測、誇張、虛構和杜撰，做得了這種事的人，沒法是朱由崧，甚至沒法是日常生活中任何一個真實的人，倒很像色情小說主角或所謂 AV 男優，大抵他們才能夠對性事如此強悍。當然，杜撰者不是計六奇，他的《明季南略》是在蒐集大量明季史料基礎上，整理、編輯而成。不僅《明季南略》，幾乎所有涉及這段歷史的著作如《小腆紀年附考》、《爝火錄》、《甲申朝事小紀》、《甲乙事案》、《南疆逸史》等，都不難找到相類筆觸。連《桃花扇》也蜻蜓點水地摻雜幾句「天子多情愛沈郎」、「你們男風興頭，要我們女客何用」[2]，來暗示朱由崧男女通吃。

---

[1] 計六奇《明季南略》，中華書局，2008，第 156 頁。
[2] 孔尚任《桃花扇》，人民文學出版社，1982，第 160 頁。

關於朱由崧這方面的生活，黃宗羲《思舊錄》裏面，有個不易注意的材料，那是沈士柱所寫《宮詞》。沈士柱，字崑銅，崇弘間名士，時牽某案受禍，「收禁南都之大內，一年有餘」，就羈押在南京紫禁城。宮詞是古詩的特殊品種，專寫宮闈題材，沈士柱因有這段囚於宮中的經歷，便覺獲得了寫宮詞的資格，以目擊者姿態描寫一些聽聞：

> 趙瑟秦箏入選頻，一年歌舞號長春。
> 煙花金粉銷沉盡，腸斷南冠夢裏人。
>
> 方傳內藥宰臣賢，親製蟾酥御苑前。
> 剩得鼓吹鳴聒耳，蛙聲又在曲池邊。
>
> 征馬長江四面圍，親將騎射悅宮妃。
> 那堪回首圍扉泣，落得傾城帶笑歸。（亡國後故妃存者俱出嫁）
>
> 鸚鵡金籠喚御名，貴妃親教調郎情。
> 即今苦雨淒風夜，卻聽鵂鶹四五聲。（帝好鸚哥，帝號福八，
> 貴妃因教鸚哥喚之）
>
> 移得豪家洛牡丹，幸姬爭戴折花殘。
> 沉香亭北多烽火，繫馬誰憐舊倚欄。③

中間小字，係黃宗羲抄錄時所添小注。詩的大意，不外是諷朱由崧沉湎聲色，「趙瑟秦箏」指女樂，「內藥」「蟾酥」「蛙聲」均涉春藥，「洛牡丹」寓意其福藩來歷，同時又指美女，故下句有「折花殘」的引申。總之，詩中描繪與《明季南略》等的敘事，頗能驗合。由於作者在「南都之大內」關了「一年有餘」，他的描寫就和計六奇等得之道聽途說截然不同，似乎可以坐實朱由崧的「縱淫」傳聞。然而，細摳字眼，我們發現沈士柱所述未必來自他自己的第一手材料。「腸斷南冠夢裏人」、「那堪回首圍扉泣」、「繫馬誰憐舊倚欄」等句，分明顯示詩作於朱由崧被俘之後。

---

③ 黃宗羲《思舊錄》，沈士柱，《黃宗羲全集》第一冊，浙江古籍出版社，1993，第 354-355 頁。

據黃宗羲講，沈士柱這套《宮詞》共二十四首，分「前」「後」兩組，稱「前」者應為因禁當時所作，稱「後」者則係出獄後補續，以上所引五首，即屬「後宮詞」，那時作者已脫囹圄之外，可以接觸外面的風言風語，故不能排除他所講的，其實也無非就是酒酣耳熱的坊間議論而已。但有一點卻顯而易見，即類似傳聞鋪天蓋地，無論當時和後世，都是大家對朱由崧的共識。

共識就是事實？人人相信便等於真相？一般會這麼看。既然眾口如一、眾口同聲，事情就錯不了。可是，往往也有眾口鑠金的情形——經過「眾口」，金子都能熔化掉，何況肉身凡胎的人。「眾口」力量之大，不光能把事實和真相確定下來，也可以把虛妄確定為事實和真相。有關朱由崧的慾望化敘事，大部分屬於眾口鑠金一類。李清專門談到了這一點：

> 　　於吳姬罕近也。然讀書少，章奏未能親裁，故內閣外壬相倚為奸，皆歸過於上。如端陽捕蛤蟆，此宮中舊例。而加以穢言，且謂變童季女，死者接踵，內外喧謗，罔辯也。及國亡，宮女皆奔入民家，歷歷吐狀，始得其實。又大學士吳甡寓居溧水，曾見一大璫，問及宮府事，言：「上飲酒宴樂有之，縱淫方藥等傳聞非確，惜為大學士馬士英所挾耳。」[①]

其中一處情節與沈士柱《宮詞》倒可銜接上，即「落得傾城帶笑歸」一句及黃宗羲所注「亡國後故妃存者俱出嫁」，與「及國亡，宮女皆奔入民家」之間。不同的是，逃入民家者僅為宮女，不是什麼「貴妃」。這些宮女，對朱由崧那方面情形如何，是確切的在場者、當事人，比之於「眾口」，她們人數雖少，卻有真正的發言權。「於吳姬罕近也」，非不近，但不算熱衷，更未及於依賴壯陽藥、淫死童女的地步。有位流落宮外的大太監，對前首輔吳甡講得更明確：朱由崧確有其耽樂沉迷之事，但不是性，而是「飲酒宴樂」——喝酒和看戲。

這恐怕是真實的朱由崧。至少我覺着，一個偏愛美酒、看戲，對女人

---

① 李清《南渡錄》，《南明史料（八種）》，江蘇古籍出版社，1999，第 415 頁。

和性卻興致未必多高的朱由崧，比較有趣，比較「這一個」。

帝王中誠然多好色之徒 —— 其實倒不是他們格外地較常人好色，而是性權力、性資源得天獨厚，慾望可以無度揮霍。這樣的例子，明代就有好幾位。個中極致，是在位三十天便做了風流之鬼的光宗朱常洛。在豹房裏面慾海沉浮的武宗朱厚照，也很典型。由此，皇帝與壯陽藥的關係確為明代顯著者，《萬曆野獲編》：

> 嘉靖間，諸佞倖進方最多，其祕術不可知。相傳至今者，若邵、陶則用紅鉛，取童女初行月事（少女初潮）煉之，如辰砂以進。若顧（可學）、盛（端明）則用秋石，取童男小遺（尿液），去頭尾煉之，如解鹽以進。此二法盛行，士人亦多用之。然在世宗中年始餌此及他熱劑，以發陽氣。名曰「長生」，不過供祕戲耳。至穆宗以壯齡御宇，亦為內官所蠱，循用此等藥物，致損聖體，陽物晝夜不仆，遂不能視朝。[②]

世宗，就是嘉靖皇帝；穆宗，則是他的兒子、隆慶皇帝。父子倆都是「藥物依賴者」。隆慶皇帝服了春藥，居然「陽物晝夜不仆」，似乎方士及其藥物還真並非浪得虛名。或許就因這類故事巨大的廣告效應，民間對皇帝與方藥的關係早已篤信不疑，然後推而想之，凡皇帝必濫性，凡濫性必方藥。朱由崧大概就是這樣，自然而然被代入上述「皇帝故事範本」，發生諸多「縱淫方藥等傳聞」。

這種推想雖非事實，很多時候可能並不錯，因為它合乎邏輯，在多個皇帝身上屢試不爽。可這一回也許真會「爽」那麼一下子。按照宮內知情人講述，朱由崧對女人興趣僅堪平平，較之美色，他更大的享受是杯中物和戲劇。這確有點「反常規」，常規情形下，性總是排為男人的頭號樂趣。但我們得允許例外發生，仍以明代皇帝為例，在性事上感覺寡淡的並非沒有其人，比如正德皇帝朱厚照濫性無度，但他父親弘治皇帝朱祐樘就剛好相反，除了張皇后，「平生別無幸與」，以致沈德符驚歎：「無論魚貫

---

② 沈德符《萬曆野獲編》，中華書局，1997，第 547 頁。

承恩，即尋常三宮亦不曾備，以至於上仙。真千古所無之事！」[1] 這也具是修煉成仙了。什麼原因？不好斷言，似乎與兩點有關，要麼是張皇后擅寵、弘治怕老婆，要麼是身體綿弱——朱祐樘曾受萬貴妃迫害，命幾不保，先天不足。不論如何，弘治皇帝留下了一個先例，說明並不是每位守着取之不盡性資源的皇帝，都必視男歡女愛為最大樂事。既然朱祐樘如此，朱由崧未必不能這樣，何況他身邊的宮女太監已經作證「縱淫方藥等傳聞」乃莫須有之辭。

說來我們本不必就此喋喋不休，朱由崧「縱淫方藥」也罷，不「縱淫方藥」也罷，作為街談巷議或書話演義，妄說妄聽何妨？然而有一點，當時人們就朱由崧「個人作風問題」傳謠、信謠，都基於一種心理隱祕，即甲申國變後，事情壞就壞在沒得到一位好皇帝，反過來這其實是說，萬一不攤上一位無道之君，事情尚有可為。過去，我講過只反貪官不反皇帝的可悲，眼下則補上一句：只知皇帝可恨不知制度之壞，更是一葉障目。如果對壞皇帝的怨恨，是對所謂好皇帝的祈盼，對這種迷夢，絕對應該猛推一把，使之覺醒。朱由崧不是什麼好皇帝，對他當罵則罵，該批則批，俱無不可；然而如果熟讀史料、了解當時語境，我們卻都知道他所以背負這麼多醜聞，乃至誇張到有些妖魔化的地步，其實有一種特殊含義，這就是錢謙益等人打造的潞王神話，按照他們的說法，潞王「素有賢名」，可登大位。這是打道德牌，當時很有市場，連瘋僧大悲都到處宣揚潞王賢明、皇帝該讓與他做。且不說潞王與福王半斤八兩，乙酉之變後他在杭州的表現完全說明這一點，就算果真德行較好而由他去當皇帝，明朝命運真能另有不同？明顯是癡人說夢。古人的認識受制於時代，我們不能苛求，但作為後人，了解歷史卻不能順從和重複古人的錯誤，而一定要將其指出。我們這裏蠻認真地替朱由崧辯誣，清理某些有關他的不實之詞，目的不是做翻案文章，而是防止將責任一古腦兒推到朱由崧那裏，失掉對歷史的正確認識。

---

[1] 沈德符《萬曆野獲編》，中華書局，1997，第 86 頁。

五

朱由崧不是好皇帝，但確實談不上什麼很壞的皇帝。這與他的心性無關，而由「時勢」決定。「皇帝」這種事物，有其固有之惡。其中最主要特徵，就是黃宗羲概括的「以我之大私為天下之大公」[②]。自古以來，君權邪惡本質即在於此。不過具體而論，情形也有變化、發展和差別。黃宗羲緊隨剛才那句話後面，做了有趣的補充：「始而慚焉，久而安焉。」大家與歷史對照一番，看看是否如此。一般，王朝初建之時，其一二代君主往往還能「與民休息」，獨夫面目與特權貪慾有所克制，這就是「始而慚焉」。等到江山坐穩，那固有之惡可就情不自禁、不可阻擋地向外噴湧，無遠弗屆，不知饜足，此所謂「久而安焉」。杜牧曾講到過「獨夫之心」[③]，每個皇帝或許都有一顆這樣的心，但分辨一下，卻也有大有小。是大是小，通常跟國勢強弱成正比。王朝愈當如日中天，獨夫之心就愈盛。像「屠毒天下之肝腦，離散天下之子女，以博我一人之產業」，「敲剝天下之骨髓，離散天下之子女，以奉一人之淫樂」一類肆無忌憚情形，多不見於王朝初期，也很難得逞於王朝末年，一般都集中在王朝中段。道理很簡單，「久而安焉」，皇圖穩固，固有之惡可以無忌盡興一泄。故爾，這往往也是集中湧現「壞皇帝」的時期。明朝就很明顯，從明英宗朱祁鎮起，到明熹宗朱由校，其間除弘治皇帝不在此列，劣陋之輩走馬燈般接踵而來，沒有最壞、只有更壞，一直到發展到極其黑暗的天啟七年（1627），這股惡的能量似乎總算釋放乾淨。這麼說好像還不準確；惡，其實沒完，如果允許、如果可能還會釋放，只是物極必反，惡的堆積已達某種極限，從而失去了繼續作惡的條件。

議至此，我想在「始而慚焉，久而安焉」的後頭，替黃宗羲再添一句：「終而頹焉」。王朝末年通常都有這麼一個階段；在明代，崇禎、弘光就處於這個階段，我們對相應這兩位元皇帝的認識，也緊扣「終而頹焉」

---

② 黃宗羲《明夷待訪錄》，《黃宗羲全集》第一冊，浙江古籍出版社，第2頁。

③ 杜牧《阿房宮賦》，劉盼遂、郭預衡主編《中國歷代散文選》下冊，北京出版社，1981，第154頁。

幾個字才比較得體。崇禎皇帝自謂「君非亡國之君」,有些心軟的讀者也附和他,以為這是一位好皇帝。而朱由崧,則在許多史述的妖魔化敍述下,被定格為壞皇帝。其實,作惡殆盡的王朝末年,無所謂什麼好皇帝、壞皇帝。對於看起來疑似好皇帝者,我們不要忘記「終而頹焉」這個大背景,倘非如此,只怕我們絕無機會遇見一位所謂的「好皇帝」。對於被極力刻畫、渲染出來的壞皇帝,大家也要多個心眼,想一想處在「終而頹焉」態勢下的皇帝,其實又能「壞」到哪裏去?

總之,皇帝的好壞,不取決於個人或心性,有什麼「此賢彼愚」之分;取決於時勢。凡恰當其勢,「皇帝」這行當以其固有之惡,不出萬一很難有什麼好東西。這由制度來決定,不以人的意志為轉移。

關於朱由崧,從個人角度論他的好壞,至少筆者覺得材料尤其是可靠的材料尚嫌不足,但我們卻有把握說,作為皇帝他確已喪失了很大一部分作惡的能量。他是末世的君主。守着殘山剩水,內寇外虜,朝不保夕,未來一片黯淡,乃至可以預見下場必屬慘然。有鑒乎此,他還有多少心情去強打逞性妄為、跋扈自恣的精神,確是一種疑問。即便有此心情,客觀上可以支撐他的資源、條件和空間,也大大萎縮了。試問,他能像他的爺爺萬曆皇帝那樣貪得無厭,盡其一生以逞其極端自私的本性嗎?所以,假設朱由崧這個人好壞,意義不大,問題不在這兒,問題在於時勢。也許他本性一點也不好,然而時過境遷,想壞也壞不到哪兒去了,非不願,是不能也。

這「不能」,除開王朝勢窮力疲的基本面,還和朱由崧自己的特殊情況有關 —— 他並非通過繼承程序自動登基,而是被迎立,由人扶上帝座。這層關係,無論如何含着君弱臣強的意味。儘管以明朝之日薄西山,馬士英恐怕也無心以迎立為資本,做那種挾天子以令諸侯、指鹿為馬的奸雄。他的訴求主要是搞錢、撈取實利,表現也相應主要是瘋狂貪黷而非篡位奪權,職是之故,朱由崧所受擠壓尚未達到漢獻帝的程度,至少小命無憂,但寄人籬下、看人眼色、諸多方面操於人手等等之狀,卻在所不免。這樣一位皇帝,哪裏能弄性尚氣、償其大慾。想想嘉靖皇帝吧,午門外將一百八十多位大臣打屁股,血肉橫飛,那才算強勢的君主,才具備讓一己

之惡隨心所欲釋放的能量。

當馬士英派人在淮安找到他時，他與一個叫化子相差無幾，而這種狀態已持續有兩年。囊橐一空，靠向潞王借貸維生，頭上裹着粗布頭巾，衣袍是破的，腰間所束不是與身份相稱的玉帶，而是普通官吏乃至庶民所用的角帶，他的一班隨從甚至只能穿着草鞋。他就以這副形象出現在南京大臣面前，「枕舊衾敝，帳亦不能具」[①]，看上去與其說是接受拜謁的君主，不如說是被救助的無家可歸者。群臣或許不致因此有藐視君上之意，但朱由崧自己恐怕卻少不了自慚形穢之感。

他無疑是帶着心理上的弱勢進入南京紫禁城。不特如此，對於當這個皇帝，朱由崧還極可能並不情願。《明季南略》說，乙酉年四月下旬形勢愈見危急時，朱由崧經常埋怨馬士英「強之稱帝」：

> 自左兵檄至，清兵信急洶洶，上日怨士英強之稱帝，因謀所
> 以自全。[②]

這記載，自然相當重要了，可惜我們僅見此一筆。我們知道定策時，關於迎立何人，南京高層爭得很激烈，是一場軒然大波，其線索在整個弘光一年中都不曾消隱，從史可法黜出南京到周鑣、雷縯祚被殺，都是它引出的下文。普通的推想，朱由崧作為受益者應是其中的活躍因素，是積極主動的爭奪者。《南渡錄》載：「時王聞，懼不得立，書召南竄總兵高傑與黃得功、劉良佐協謀擁戴。」[③] 這情節跟剛才《明季南略》所說朱由崧本不想當皇帝而是馬士英「強之稱帝」一樣，也不見於他著。真相暫不可考，但揆以整個局勢，我個人不相信朱由崧曾與幾位武臣串通，讓他們「協謀擁戴」，而比較傾向於他對於當那個皇帝，內心至少有些躊躇。對此，我們雖沒有直接關於朱由崧的材料，但可以參考潞王朱常淓的情況。乙酉南京投降後，明朝政治焦點迅速從南京移到杭州，因為朱常淓在那裏，朱由崧被俘後可以代之的就是朱常淓。不久，馬士英奉太后（朱由崧母親）逃

---

① 文秉《甲乙事案》，《南明史料（八種）》，江蘇古籍出版社，1999，第 431 頁。
② 計六奇《明季南略》，中華書局，2008，第 208 頁。
③ 李清《南渡錄》，《南明史料（八種）》，江蘇古籍出版社，1999，第 126 頁。

到杭州，太后親求朱常淓接過權力，卻遭後者堅拒：

> 時潞王有杭州，諸臣有請王監國者。王不受。太后泣拜之，終不受。蓋已與張秉貞、陳洪範決計迎款矣。[1]

朱常淓執意不肯，答案仍為「終而頹焉」四個字。大勢已去、山頹木壞，此時為君何美之有？要啥沒啥不說，還得擔責受過、百般受掣。朱常淓很明白這一點，不肯將屁股坐到火堆之上。一年前，情況其實也差不多，那樣一個爛攤子，擱誰手裏都不享福，都是累贅。除非自我崇高，以英雄自命，以為自己是中流砥柱、可挽狂瀾於既倒者——比如朱聿鍵。但朱常淓不是這種人，朱由崧顯然也不是。實際上，定策中福王、潞王之爭，原是兩邊大臣爭得面熱耳赤，跟他倆本人卻都沒有什麼關係。

既然朱由崧對當皇帝其實並無興趣，那為何還是去了南京？對此，我們只好妄自揣測。在我看，他糟糕透頂的現實窘境，是個關鍵。我們回顧一下洛陽落難後他兩年來的行止：孤身逃出、四處漂泊、寄人籬下、飢寒交迫；後來總算搭了順風車，隨潞王船隊平安來到淮安，但有跡象表明，諸王船隊繼續南下時不打算攜他同行，因為到淮安後，朱常淓借給他一筆錢，之後他就搬出船隊上岸，「寓湖嘴杜光紹園」[2]，大有就此分手之意。倘真如此，那麼自到淮安之日起，朱由崧實即走投無路，往後的日子莫展一籌。恰在此時，楊文驄銜馬士英之命找到他，密奏將迎至南京為君。你道他能如何？假設一下，倘若楊文驄來見時，朱由崧和朱常淓一樣珠光寶氣、飫甘饜肥，他又將作何選擇？想必，也有不當皇帝的選擇。眼下，以自己實際境況卻實無拒絕的可能——除非他繼續做叫化子。

假如《明季南略》「日怨士英強之稱帝」的記載屬實，以上便是我們就這筆記載的可能性與合理性，從心理層面展開的復原。所謂「強之稱帝」，意思或許就是當初馬士英利用了他的境況，利誘和說服他做那個皇帝。

---

① 徐鼒《小腆紀年附考》，中華書局，2006，第 376 頁。
② 計六奇《明季南略》，中華書局，1984，第 1 頁。

以下一個重要問題，是朱由崧在接受皇帝位子時，是否與馬、阮等預訂政治同盟，明確結成一個利益集團？這也是我們判斷他「壞」到何種地步的一個要點。以我對史料的研讀，回答似乎是否定的，那是因為一個相當有說服力的情節。

　　諸著一致記述，乙酉年五月初三，朱由崧在南京宣佈監國，宣佈一系列重要任命；其中，雖然升了馬士英的官，使其一躍而為東閣大學士，與史可法平起平坐，但仔細品味卻是一碗水端平，兩邊都不得罪。馬士英雖名列輔臣，兼職卻是都察院右都御史，尤其「仍督鳳陽等處軍務」③，仍放外任，並不置身中央日常事務，與史可法、高弘圖等的「入值」截然不同。這當然大拂馬士英所盼，與其「定策首功」比，毋如說是明升暗貶。這個人事安排，稿底應出於東林一派，但顯然地，朱由崧也是默許的，沒有行使其皇帝一票否決權。由此推而可知，當初朱由崧與馬士英之間應不曾發生具體的政治交易，也許他暗中的盤算，未來還是稍偏於東林亦未可知。至於馬士英，當然大出意外，所以才發生了後面有點逼宮味道的事。五月初八，朱由崧監國第五天，馬士英率着他的部隊，浩浩蕩蕩從鳳陽起身，「由淮入江，船千二百艘」，經過淮安時，「凡三日始畢」，陣勢相當唬人。他打着兩個旗號，一是「入覲」，二是「勸進」（請求朱由崧由監國進皇帝位），冠冕堂皇，但同時「以史可法七不可之書奏之王」④（定策過程中，史可法曾給馬士英信，列出不宜選擇朱由崧的七條理由），一是告史可法的狀，二來未必沒有提醒朱由崧不要忘恩負義的意思。經過這件事，史可法被擠出南京，督師江北，到五月十六日，「以馬士英掌兵部事，入閣辦事」⑤，終於完整接了史可法的權力。從這個過程看，朱由崧與馬士英並非沆瀣一氣，反倒曾想保持一定距離。不過，在他這並不出於政見。對於政治，此人似乎既不抱有也不關心什麼傾向。在國家興亡之類問題上，我從他那兒始終只看見局外人心態。他願意接受皇帝位子，主要出於自救，起碼擺脫流浪和困境，至於別的，今朝有酒今朝醉、及時行樂而已。朝堂上的紛爭，他多

---

③　徐鼒《小腆紀年附考》，第 158 頁。
④　同上書，第 164 頁。
⑤　同上書，第 173 頁。

半只是察顏觀色，順勢而動，並沒有什麼立場、主張意欲堅持和表達。

　　既然馬士英證明自己足夠強勢，他便順水推舟，對後者唯命是從。他雖坐在皇帝位子上，內心卻真沒把自己當皇帝。這個心理我們要把握住。他並不真是為了當皇帝來南京，而是由於當皇帝有各種的好處。幸好他是這樣的心態，否則真把自己視為皇帝，只怕免不了要為着志不能伸、受人擺佈之類苦惱，長籲短歎、鬱結不舒。事實上他一點也不煩惱，很知足很快樂，沒心沒肺地享受美酒和一流的戲劇演出。在他而言，這已是幸福人生。

六

　　我們能夠落實的他的劣跡，主要就是享樂主義的生活內容和生存態度。在馬士英、阮大鋮輩看來，一位以飲酒、看戲為極大滿足的皇帝，實在也是再省心不過了。阮大鋮的高水準私人劇團，令朱由崧的南京生涯差不多就是一次跨年度的漫長戲劇節。某種意義上，對戲劇不可思議的癡迷「拯救」了朱由崧，他把整個身心撲在這一件事上，沒完沒了看戲，甚至從南京逃走前一個時辰也在看戲。這種過於集中的樂趣，使他少有別的乖張之舉。既沒像晉靈公那樣，以彈弓襲擊人民取樂；也不像隋煬帝那樣，曾為自己挑選、儲備十多萬美女，以供臨倖；更不像後梁太祖朱溫或其祖宗明成祖朱棣那樣，以殺人為消遣……總之，表現算是相當安靜，史著裏甚至沒有提到他曾外出過紫禁城。他所履行的公務，僅限當朝堂需要時出面見見大臣，裝裝樣子，講些無關痛癢的話，此外便「躲進小樓成一統」，喝自己的酒、看自己的戲。在我印象中，鬧得不像話的有兩件事。一是將太后迎到南京時，為安頓太后選宮女；一是為自己籌備大婚，跟戶部要錢、派太監徵民女。這兩件事，在他已是動靜最大的了，但放到歷史上看，跟許許多多前輩皇帝比，也很平常。

　　不過，上面的敘述絕非就他「為人」暗示什麼。他的安靜，恐怕不是個人性格的表現。還是那句話：終而頹焉。從萬曆、泰昌、天啟諸帝的不安靜，到弘光皇帝的比較安靜，正確的理解是勢之使然。前面各位早已折騰個天翻地覆，朱由崧既無折騰的本錢，也沒有多少可折騰的了。

說到「為人」，雖然觀察的機會很少，但還是有一件事可供我們略窺朱由崧的「為人」。那就是「翻案」這件事。

我們知道，明末政壇濁亂都因「三案」而生，而朱由崧父親老福王，正是「三案」的起因。崇禎即位，將閹黨定為逆案，為「三案」畫上句號。然而當初曾在逆案中落水的好些人，如阮大鋮、楊維垣等，人還在、心不死。現在朱由崧既為「今上」，他們認為是翻案的絕對時機，緊鑼密鼓擢掇此事。先是請求尋訪已被崇禎下令銷毀的閹黨所修《三朝要典》並予重議，繼而為逆案中若干人等請恤請復，最後策劃重興大獄、追論東林諸臣之罪，把他們「並行究治」。在這股勢力及輿論面前，朱由崧的態度非常關鍵。從某種意義上說，阮大鋮等的主張十分切合朱由崧的個人利益，當初若非東林黨人阻撓，父親朱常洵肯定將是萬曆皇位繼承者，而假使如此，朱常洵便不會就藩洛陽而落個慘死下場，進而，朱由崧本人亦不至縋城逃亡、淪落民間、形如乞丐。萬一他是個睚眥必報的人，與謀求翻案者們一拍即合，不妨說倒很順理成章。但整個過程中，朱由崧的表現卻意外地「有利有節」。他批准尋訪《三朝要典》，命「宣付與史館」，這相當於解除了崇禎對該書的禁令。當反對一方表示異議，他堅持自己的決定，並循循說出理由。如：

> 總督袁繼咸言：「《要典》不必重陳。」有旨：「皇祖妣（鄭
> 貴妃）、皇考（朱常洵）之無妄之誣，豈可不雪！事關青史，非
> 存宿憾，群臣當體朕意。」[1]

左良玉亦上疏諫止，認為：「《要典》治亂所關，勿聽邪言，至興大獄。」朱由崧答道：

> 此朕家事。列聖父子兄弟之間，數十年無纖毫間言，當日
> 諸臣，妄興誣構，卿一細閱，亦當倍增悲憤。但造禍之臣物故幾
> 盡，與見在廷臣功罪無關，悉從寬宥，不必疑猜。[2]

---

① 計六奇《明季南略》，中華書局，1984，第 160 頁。
② 徐鼒《小腆紀年附考》，中華書局，2006，第 326 頁。

態度相當坦率：第一，此為「家事」，從恢復皇家家族情感和諧角度他應該採取這種做法；第二，決不秋後算賬，既往不咎，對當朝諸臣更不至興獄。將這兩點體會一下，竟是他所能有的最恰當反應──無意報復，這當然是極好的；但從孝道論，對於一件有損自己祖母、父親名譽的事表示贊同，也說不過去──所以，撤銷對《三朝要典》的否定，把它宣付史館；但以此為限、到此為止，其他均置不論。

倒是逆案諸人不能以此為滿意，他們非得看到對立面遭到打擊報復的實際效果。及大悲和尚案發，阮大鋮等捏制一份「十八羅漢、五十三參、七十二菩薩」名單，「欲阱諸異己」。李清說：「非上寬仁，大獄興矣。」[1]朱由崧沒興趣，不了了之。對袁繼咸也是這樣。當時阮大鋮一夥對大力反對給《三朝要典》恢復名譽的袁繼咸恨之入骨，疏劾他「公然怙逆」，朱由崧卻及時表示了對袁繼咸的信任。正因這一段的表現，對朱由崧幾乎從無好評的徐鼒，不禁大加讚賞：

> 徐鼒曰：李清《南渡錄》謂馬、阮欲以《三朝要典》大興黨人之獄，累請不允，向疑清言之為其主諱也。及觀其論解良玉，委任繼咸，詞氣婉而處置當，而且拒納銀贖罪之請，禁武臣罔利之非，蓋非武、熹（正德、天啟二帝）之昏駭比也。使得賢者輔之，安知偏安之不可為邪！莊烈帝曰：「朕非亡國之君，卿等皆亡國之臣。」吾於南都亦云。[2]

後面的議論，明顯過了。朱由崧絕沒有「好」到那個程度。不過，說他沒有「壞」到正德、天啟皇帝的地步，可能差不多。

李清說他「讀書少，章奏未能親裁」，由此可知朱由崧文化程度不高。我估計，大概比天啟皇帝朱由校強一些，不至於是白丁，然而閱讀進士出身的大臣們那些拽文拿調的奏章，會有相當的困難。

這意味着兩點，一是權柄盡操旁人之手，不光內閣馬士英，身邊的太

---

① 李清《三垣筆記》，中華書局，1997，第 122 頁。
② 徐鼒《小腆紀年附考》，中華書局，2006，第 327 頁。

監等近倖肯定也少不了矇騙利用他；二是自己沒見識，遇事拿不出像樣的主意。兩者都很要命，是「皇帝」固有之惡中看似不起眼，卻最糟糕、最可怕的一點，比具體幹了哪些壞事嚴重得多。所謂「皇帝」，命中注定，與生俱來，無待能力與知識的檢驗，而天生握着至高無上權力。普天之下，沒有第二件事比這更荒唐透頂。我們且不說稟性的良莠，單論不讀書、沒學問、少見地，胸無點墨、於世間萬物的道理一竅不通，而國家、百姓福祉卻託付在他的身上，這種制度何其兒戲？而帝權之下，這樣的兒戲竟然是家常便飯。明中期以來，白丁抑或準白丁皇帝屢見不鮮，他們有的因複雜殘酷的宮廷恩仇從小失去好的教育，更多則是生來養尊處優、不思上進，一味在浮冶嬉遊中廝混。比如武宗正德皇帝，天資本來很聰明，卻有一種百折不撓的厭學傾向。他十五歲死了父皇，繼位為君，從這天起，就使出渾身解數逃避讀書和學習。我們從《明實錄》看到，從即位的弘治十八年（1505），到改元後的正德元年（1506）、正德二年（1507），圍繞着「進講」之事，朱厚照與大學士劉健、李東陽等人反覆拉鋸周旋，彼此扯了近兩年的皮。一方以先帝囑託為由，鍥而不捨，反覆勸學、奏請復講，一方則想方設法加以拖延推辭。弘治十八年十月，劉健在奏章中說：先帝去世以來，進講一直沒有恢復；原來考慮到「梓宮在殯，聖孝方殷」，便將此事擱置下來；眼下，喪事全部料理完畢，天氣即要轉寒，再拖下去，進講就要等到明年才能恢復（按規定，嚴寒季節或盛暑之時，皇帝學習可以暫停），因此，無論如何請求於十一月初三重開「日講」。朱厚照勉強同意。但復講之後，以三天打魚兩天曬網方式維持不過月餘，至十二月十四日，即「以天寒暫免」。這一免，就免到了翌年二月。正德元年二月，舉行了朱厚照當皇帝後的第一次經筵，由李東陽、謝遷分別講授《大學》首章和《尚書·堯典》首章。但到三月份，我們卻又看到劉健的奏章，說今年二月二日肇開經筵，「然自開講以來，不時傳旨暫免」，統計下來，一個多月裏「進講之數才得九日而已」，皇帝的學習態度，被形容為「一日暴之，十日寒之」。③ 又過一年，正德二年三月，李東陽最後一次上疏

---

③《明武宗實錄》，國立北平圖書館藏紅格鈔本，中央研究院歷史研究所校印，第 0203-0348 頁。

談「進講」;此後,《實錄》再無這類記載,說明對於皇帝的讀書學習,大臣們徹底絕望,已經閉口不提。

從根基上,帝權本已是極醜陋的事物(如黃宗羲所論),再加上做皇帝的往往不讀書,這種邪惡更達於無可救藥地步。假使讀書,起碼還留置一條對他們啟蒙、改良的管道,儘管未必奏效。跟內置於帝權中、與之俱來的惡的強大誘惑相比,教育的力量其實是甘拜下風的。這就是為什麼我們見有的君主,飽讀飽學卻仍慣於為惡,嘉靖皇帝便是這樣。不過,比之於不讀書必蒙昧、必頑劣,只要肯讀書,終歸還有別的可能。可惜通常來說,「皇帝」和讀書幾乎是一對天生的矛盾,「皇帝」兩個字骨子裏就埋着排拒讀書的意志,誇張一點說,不讀書正是「皇帝」的題內之旨。為什麼?大家但凡想想讀書一事本質何在,即能了然。說到底,讀書無非是求知,無非是去弄懂各種道理。讀書的意願,來自希望了解和接受古往今來以為善的、正確的觀念,尊重這些觀念,按照這些觀念行事做人。一句話,讀書是為了融入社會理性,承擔共同的社會義務。而「皇帝」一物,生而與之背道而馳。它建於另一種原理,如用一句話做最簡概括,便是杜牧痛斥的「一人之心,千萬人之心也」[1],霸道到極點,它簡直就是專為將公共規則、普世價值踐踏於腳下而來,又怎屑於對後者加以學習和認識?之所以每有皇帝不耐煩讀書,視讀書為仇讎,其底氣蓋在於此。不過從另一面講,經過千百年塗毒,尤其明代,連續領教一個又一個近乎於抑或乾脆就是白丁的皇帝,中國人也終於弄懂了其中的根源。比如,呂留良案主角曾靜,在深受呂留良思想影響的著作《所知錄》中,就說出一段有挖根意義的話:

> 皇帝合該是吾學中儒者做,不該把世路上英雄做。周末局變,在位多不知學,盡是世路中英雄,甚者老奸巨猾,即諺所謂「光棍」也。[2]

---

① 杜牧《阿房宮賦》,劉盼遂、郭預衡主編《中國歷代散文選》下冊,北京出版社,1981,第 153 頁。
② 愛新覺羅.胤禛《大義覺迷錄》,近代中國史料叢刊第三十六輯,文海出版社影印本,1966,第 161-162 頁。

光棍就是無賴，他們無傍無依、耍潑使渾，除一己私利私慾，世間任何道理都不認。曾靜說，中國自古以來所謂「皇帝」其實就是這路貨色，眼中毫無規則，將一切道理棄若敝屣；他們與普通光棍的區別，無非是被邪惡制度送上了社會頂層而已；今後「皇帝」，不能再由這種人做，必須由「知學」亦即胸中存有並能尊重道理的人做。他雖還不曉得丟棄「皇帝」名詞，思想內涵卻無疑已趨向於「民主」了。

正因了這樣的趨向，讀明史，才每每扼腕。我曾加以形容，明王朝在中國將近兩千年帝制史上，猶如一顆熟透的大膿包，表皮薄如蟬翼，就差微弱的觸碰，膿汁便潰湧而出。偏偏在這樣的關頭，滿清越關而入，把歷史帶往別的主題和矛盾。

話題回到朱由崧，回到這又一位「讀書少」的皇帝與明王朝內在歷史宿命的關係。

就事情本身而言，朱由崧成為明朝紫禁城末位君主，其實是個意外，有很大偶然性和隨機性。假如不是當年朱棣通過「靖難之役」從姪兒朱允炆手裏篡奪皇權，又難安於心而遷都北平、同時卻不敢廢撤南京（因為「祖陵」朱元璋墓在此），這樣形成了莫名其妙的兩京制，那麼，崇禎自盡、北京被李自成攻破之日，明朝便不會再有什麼新的皇帝。次而假如能夠未雨綢繆，將崇禎諸子早些護送南來——崇禎死前曾議論過此事——則在南京即位的，肯定不是朱由崧。從朱由崧自身情況論，他隻身逃出洛陽，苟延殘喘，走伏無地，也是萬萬不會想到居然能位尊九五。一系列偶然都湊齊了，明王朝才有了這樣一位末代皇帝。

七

可我們又得說，偶然之中代表朱家出場對歷史謝幕的朱由崧，似乎卻是個不二人選，特別恰當，也特別生動。我經常想，倘若明朝以崇禎之死落下大幕，對於我們認識或感受歷史，恐怕會有相當的誤導。因為崇禎此人雖然毛病很大很多，但相比而言多少有點正面的東西，比如登基後迅速果斷摧毀、懲辦閹黨邪惡集團，又在山窮水盡時能有以身殉國的剛烈之

舉。所以他的結局，有悲劇意味和向上的格調。假如明朝真以這樣的意味和格調畫上句號，凡熟悉其歷史者，心裏都不免怪怪的。前面講過，一百多年來除了弘治皇帝總體尚可，明朝簡直沒有第二位形象不算負面的皇帝。就好比一部荒誕派戲劇，眼看要結了，冷不防出現一位不夠荒誕的角色，以致整出戲有可能被按上一個正劇風格的結尾 —— 豈不怪哉？難道歷史老人大失水準，留下這樣的敗筆？我們正在滿腹狐疑，卻見峰迴路轉，明朝死而復活，朱由崧出場，在南京登了帝位。尤其一年後，乙酉五月，當他「以油扇掩面」[①]，由叛將劉良佐押送，擒回南京，到這裏我們才明白歷史老人原來耍了花槍，先前崇禎一幕只是欲抑先揚、故作騰挪；真正落幕，地點將在南京，謝幕人則是朱由崧⋯⋯言及於此，筆者忍不住再次掊擊歷來以 1644 年崇禎縊死煤山為明史終點的權威然而全然不通的界說；這種觀點，不光根本不曾搞懂明史，也大大辜負了歷史老人生花妙筆的種種雋永意味。

朱由崧成為皇帝本來只有不大的可能，然而卻做了這個皇帝；朱由崧未必愛做皇帝，然而卻無奈地做了。這多重意外的後面，卻矗立和凸顯着某種奇怪的合理性，那就是他作為朱家揖別其統治史的代言人所具有的絕佳形象。這樣一個形象，應該是沒落、破落乃至窩窩囊囊的，但又不能太壞、壞到仍然恣行其惡的地步，因為它已失去那種能量。應該強烈透出「無邊落木蕭蕭下」的氣息，但又不能從中傳遞憂傷、悲涼的情緒，因為正在發生的死亡，本質上是場喜劇，並不沉重，更多地帶着諧謔。在這類歷史內容面前，朱由崧的雜坐酣飲、倡優俳笑，乃至山頹木壞於前而心如止水、儼然看客，身為階下之囚卻「嘻笑自如」[②]⋯⋯種種形容，都再合適不過。回味整個朱明統治史，當滿是塵土的厚幕吱吱扭扭落下，歷史之光穿透如磐的黑暗，罩定一張有着上述表情的面孔，我以為是極為完美的終結。

---

① 計六奇《明季南略》，中華書局，1984，第 224 頁。
② 同上。

八

　　我還有一些意猶未盡的話。朱由崧更像一個意念、一個符號。在整個劇情中，他似乎是一種表現主義的存在，而非有血有肉的現實主義人物。提起此人，我總是陷於一種恍惚：一方面，至今我完全不知他具體長相，無法道出那張臉是方是圓，更遑論上面的眉目五官；另一方面，我眼前又確確實實晃動着屬於他的非常鮮明的表情 —— 無所謂、愛誰誰、酒足飯飽、睡眼惺鬆、嬉笑自若、輕鬆乃至輕佻……它們呼之欲出，觸手可及。我非常奇怪，為什麼對一個人的面目毫無概念，同時卻能清晰看見他的表情？而一再回味斂思，才終於意識到，我所見並非朱由崧本人的臉，我看見的是飄浮在空中的一幅幅面具，它們由朱明王朝某些魂魄凝聚積澱而成，環繞着朱由崧，在他臉上交替變換。

　　以「無臉」或面具方式演完謝幕人角色的朱由崧，其最後消失只留下一個背影 —— 他被清軍押往北京，回到明朝這座已淪喪多日的第一首都以及他本人的出生地。這遠去的背影，就是他最後形象。從安徽被擒回南京時，人們尚能從別的角度觀察他：「弘光以無幔小轎入城，首蒙包頭，身衣藍布衣，以油扇掩面……夾路百姓唾罵，有投瓦礫者。」[3] 而離開南京以後，他永恆地保持着背影狀態，雖然此後他存活達一年以上，但從歷史敍述的文字層面，再也沒有轉過身來。誰都沒有描述過背影之後的形象，他應是在絕密的情形中，入了北京，隨後消失在高牆之後。其最後結局，錢海岳《南明史》述為：

> 二年五月甲子，清以弓弦勒令自盡，崩年四十。是日大風，兇問至南京，父老皆為流涕。後合葬河南孝哲皇后陵。魯王監國，上諡曰赧皇帝；及幸舟山，上廟諡曰質宗安皇帝。永曆十一年四月，改上今諡曰簡皇帝，廟號安宗。[4]

---

[3]　同上。
[4]　錢海岳《南明史》，中華書局，2006，第 55 頁。

此處的「二年」，為弘光二年（1646），非順治二年（1645），因為錢氏《南明史》堅持奉明朝正朔。二年五月甲子，換為西曆便是 1646 年 7 月 1 日。錢氏所述時間及情節，出處不明。我想，他必有所據，只是我在自己所閱中還沒見到。我知道的結局，有些不同：

> 壬戌，京師紛傳故明諸王私匿印信，謀為不軌，及行查，果獲魯王、荊王、衡王世子金玉銀印。魯王等十一人伏誅，因集九卿科道大小各官傳諭曰：「本朝舉兵征伐，原非無故，因萬曆年間數窘辱我國，以致憤興師旅。今荷天庥得膺大寶，不修舊怨，禮葬崇禎，追加諡號，其陣獲諸王盡加收養，乃不知感因圖報，妄有推立魯王等私匿印信，將謀不軌。朕不得已，付之於法。其未與謀者，仍與恩養。因諭爾等知之。[1]

這是《清世祖實錄》的記載，王先謙《東華錄》有一模一樣的文字。它們所述受害時間略早，為五月壬戌（十七日，西曆 6 月 29 日）。也可能壬戌日被抓，而甲子日（五月十九日）被殺，中間隔了兩天。清官方記載迴避了處死方式（用弓弦勒死），也沒有提及「福王」字樣，而以「魯王等十一人」籠統稱之。顯然，滿清雖從未承認朱由崧為明朝最後一位皇帝，實際仍忌之甚深，以致相當鄙詐地隱去他名字，藏於「等十一人」。順治三年（1646）五月的行動，既是對前明諸王的公然的一攬子屠殺 ——「私匿印信」、「謀反」等，不必說都是拙劣的故事 —— 同時又是一個掩人耳目的方案。遍查清朝官史，沒有朱由崧何年何月死於何處的半點記載，祕密都在「等十一人」這幾個字。

① 《清實錄》，第三冊，《世祖章皇帝實錄》，中華書局影印，1985，第 220-221 頁。

Chapter 2

左懋第

一個人的證明

六月二十三日御前會議，弘光朝由此首次形成明確的對清政策。派使團去北京談判；不過，直到七月十八日，使團才正式成行。造成拖延的原因之一，是正使人選難產。「難」在何處？《使臣碧血》一語點破：「眾莫敢行。」就在這種局面下，本文的主人公出現了。

甲申年六月二十三日，弘光皇帝朱由崧召對閣臣，研究對清政策。
這時離多爾袞率清軍進入北京，已過去整整五十天。其間，明朝未與滿清
打過任何交道，甚至連這樣的意圖也未曾表現。考慮到本國首都為對方所
佔，同時還面臨諸多不利的形勢，明朝這種若無其事、束之高閣，讓人無
從理解。事實上，假如不是出現了新的事態，南京可能繼續保持着將頭埋
於沙堆的鴕鳥姿態。

新的事態，是滿清於六月初九「馳詔」江南各地，發佈「告江南人民
書」。所謂「馳詔」，大概是以機動性很強的小股騎兵，渡過黃河，以突
擊方式將詔書散發到明朝控制區。詔書的內容，可以在談遷《國榷》中看
到。它首先進行自我稱頌，宣傳明朝的國仇 —— 崇禎皇帝被逼死 —— 是
因己得報；次而假惺惺釋放善意，對福王之立姑予容忍：「予不汝禁。但
當通和講好，不負本朝」，還提出聯手追剿李自成；不過，詔書真正想說
的是這樣一番話：「若國無成主，人懷二心，或假立愚弱，實肆趺扈之邪
謀……俟予克定三秦，即移師南討。」① 很明顯，它想要達到的目的有兩
個，一是瓦解明朝官民心理，二是為未來使用武力做鋪墊。

詔書在南京引起了怎樣的直接反應，我們不清楚。我所看到的最早的
反應，並非出現於南京，而出現於江北 —— 經身在前線的史可法提議並加
以敦促，才有了六月二十三日的御前會議。

史可法於六月某一天 —— 具體日期不詳 —— 以正式的奏章，催請朝
廷緊急討論對清政策。這就是著名的《款虜疏》。我個人相信，奏疏正是
見到滿清「馳詔」之後所寫。理由是，它在內容上與滿清詔書有確切的因
果關聯。例如，「予以義名，因其順勢，先國仇之大，而特釋前辜；借兵
力之強，而盡殲醜類（指李自成）」，明顯是針對「馳詔」所謂「各勤勃
旅，佐我西征」而提出的建議。我還推測，史可法對滿清詔書的知悉相當
及時。五月初以來，他督師揚州，但並非總呆在那裏；《青璘屑》說，他常

---

① 談遷《國榷》，中華書局，2005，第 6118 頁。

到各地督巡，甚至直抵黃河南岸。所以，他極可能第一時間得知此事，然後迅即奏聞南京。

「款」有示好、求和之意，這也是這道奏疏的主旨。史可法首先批評朝廷在對清問題上沉默太久：「今胡馬聞已南來，而兇寇又將東突，未見廟堂之下，議定遣何官，用何敕，辦何銀幣，派何從人」，「萬一虜至河上，然後遣行，是虜有助我之心，而我反拒之；虜有圖我之志而我反迎之。」鑒於同時面臨虜、寇兩大問題，他分析形勢後主張：「目前最急者，莫踰於辦寇矣。」亦即，為了集中對付李自成，對於滿清，不妨立足緩和，否則「以我之全力用之寇，而從旁有牽我者，則我之力分」，故而示好滿清「亦今日不得不然之着數也」。就此，他提出十分細緻具體的建議：

> 伏乞敕下兵部，會集廷臣，即定應遣文武之人。或徑達虜主，或先通九酋。應用敕書，速行撰擬；應用銀幣，速行置辦。並隨行官役若干名數，應給若干廩費，一併料理完備，定於月內起行。[2]

從事後諸葛亮的角度，我們很容易指出對滿清立足於「和」的策略，根本不現實。我們尤其不免遺憾，作為當時朝中少數能夠睜眼看現實的大臣，史可法沒有識破滿清詔書假仁假義背後的狼子野心——至少，警惕性不夠。後來南京使團在北京的遭遇相當清楚地表明，滿清分毫沒有和好之意。但是，我們不打算以此苛責史可法。首先，在客觀情勢上，明朝與滿清修好而全力對付李自成，有其理論與現實的兩種必然；從現實說，明朝根本不可能同時與李自成、滿清為敵，而理論上，李自成對明朝有君父之仇，滿清卻至少名義上對明朝有恩。其次，我們完全想像不到，明朝已癱瘓到何種地步，它的情報工作多麼糟糕，實際上，對於北方究竟發生了什麼，對於滿清的真實面目，南方幾乎一無所知，而與滿清可能媾和的判斷，就是在這種情形下做出的。

---

② 史可法《款虜疏》，馮夢龍編《中興實錄》，《南明史料（八種）》，江蘇古籍出版社，1999，第648頁。句逗略有改動，與原書不盡相同；另外，「即定」原作「既定」，據文意改。

與滿清修好，假如是作為外交策略，作為爭取時間、緩和處境、激化敵人間矛盾的計謀提出，本來不失高明。可惜，南京思路卻不是這樣，而是對修好真誠寄予希望，甚至在心理上依賴這樣的結果。這在方向就完全錯了。陷於這種錯誤，除了眼盲耳聾、對事實無知，更根本的原因在於，從皇帝朱由崧到當權的馬士英只願苟且、無心振作。客觀上，就算史可法提出更積極的建議，也並無意義 —— 根本不可能打動他們。相對而言，修好方案雖注定是空中樓閣，卻至少引起了當權者興趣，使他們願意談論北事。

《款虜疏》的確起到這種作用，它關於存在與滿清締和的可能性的論證，對南京產生了相當的誘惑。所以，很快召開了六月二十三日御前會議，弘光朝由此首次形成明確的對清政策。內容完全是《款虜疏》的體現，主要有：與清媾和；派使團去北京談判；以財物「酬謝」滿清；關於未來，不排除考慮割地……不過，《款虜疏》要求的「月內成行」，卻未能實現。據陳洪範《北使紀略》，直到七月十八日，使團才正式成行。[1] 造成拖延的原因之一，是正使人選難產 ——《明史》說：「時大清兵連破李自成，朝議遣使通好，而難其人。」[2]「難」在何處？《使臣碧血》一語點破：「眾莫敢行。」[3]

二

就在這種局面下，本文的主人公出現了。

他叫左懋第，字蘿石，山東萊陽人，萬曆二十九年（1601）生，崇禎七年（1634）進士，現任右僉都御史兼應（天）徽（州）巡撫。正當沒有人願意承擔使命時，他進奏弘光皇帝，要求北上：

> 臣之身，許國之身也。臣憶去年七月奉先帝察覆之命，臣就

① 陳洪範《北使紀略》，《中國野史集成》，第三十三冊，巴蜀書社，1993，第 35 頁。
② 張廷玉等《明史》卷二百七十五，中華書局，1974，第 7050 頁。
③ 錢軹《使臣碧血》，《甲申傳信錄》，卷十，上海書店，1982，第 155 頁。

道時，臣母太宜人陳氏囑臣曰：「爾以書生受朝廷知遇，膺此特遣，當即就道，勿念我。」臣泣不敢下而行，計今一年矣。國難家憂，一時橫罹，不忠不孝之身，惟有一死。如得叩頭先帝梓宮前，以報察覆之命，臣死不恨。[④]

「以報察覆之命」，是指去年他銜崇禎皇帝之命離京辦事，至今未曾覆命；這次去北京，正好可在先帝靈前彙報。他用這樣的語言，來表示內心對於職責的嚴格、嚴謹的信守。這當然是作為國使所必備的重要素質。

不過，這番話裏更需要去了解的，是他所提到的一個人 —— 生母陳氏。左懋第的過去與未來，都和這位女性最深切地聯繫在一起。中國的良好的家庭，傳統上以嚴父和慈母並稱。左懋第的父親，我們對其形象沒有特別深刻的印象，他精神的由來似乎都集中於母親那裏。而這位母親，應該不乏慈愛的一面，但人們提到她時，談得更多的卻是教子之嚴。陸廷掄為李清所編《蘿石山房文鈔》作序，關於陳氏這樣說：「公母陳太宜人喜談忠孝，時與公相摩切。」[⑤]去年夏天臨別，她剛毅的表現竟使兒子「泣不敢下而行」，可以想像，多少年來陳氏是怎樣着力於堅定和剛強，來塑造左懋第的品格。這是一位胸懷大義、不讓鬚眉的嚴母。

她不單單給了左懋第生命、有力地指引他成長，甚至付出生命來完成對兒子最後的訓導 —— 這便是左懋第在疏中所痛陳的「國難家憂，一時橫罹」。

去年，母子北京一別，不料竟成永訣。左懋第這趟公務，是個長差，一去大半年都未能返京。恰恰這當中，發生塌天巨變。三月十九日，李自成攻破北京。陳氏獨自在京，左懋第卻在千里之外。雖然他「事母盡孝」[⑥]，但王命在身，以嚴母歷來的教誨，他絕不敢以私廢公、擅離職守。在北京，很快發生了恥辱的一幕，滿朝文武貪生怕死，紛紛屈膝降附，其中便有左懋第的堂弟左懋泰。在那段顛來倒去的時間，左懋泰先做了李自

④　李清《南渡錄》，《南明史料（八種）》，江蘇古籍出版社，1999，第169-170頁。
⑤　陸廷掄《蘿石山房文鈔序》，左懋第著、李映碧編《蘿石山房文鈔》，卷一，乾隆刻本。
⑥　張廷玉等《明史》卷二百七十五，第7048頁。

成的降臣，之後復降於滿清。其間陳氏的行止，因為缺乏記載我們一點也不知情，但從後來情節推測，她當時顯然由姪兒照看。等到李自成一片石大敗逃往陝西，而滿清尚未佔領和接管北京，陳氏要求趁着這機會把她送回萊陽老家。這是很正常的情況，很多人都在這時逃離北京；至此，我們還分毫看不出異樣的苗頭。可是，行至河北白溝，陳氏突然自殺了。王士禎在《池北偶談》中，記載了親耳從萊陽書生宋璉那裏聽得的講述：

> 三月京師陷。公從兄吏部郎懋泰以車載母間道東歸。而身與張尚書忻、郝侍郎晉徒步以從。至白溝河，仰天歎曰：「此張公叔夜絕吭處也。」呼懋泰前，責以不能死國：「吾婦人身受國恩，不能草間偷活。寄語吾兒，勉之，勿以我為念。」又見二公，責之曰：「公，大臣也。除一死外，無存身立命處。二公勉之。」言訖而死。蓋出都不食已數日矣。與左公之死相距僅一載。[1]

從這裏，回溯城破以來陳氏的內心世界，我們才明白她早已抱定死志。她所以未在北京採取行動，乃至提出回萊陽老家的要求，都出於一個特殊原因：等待白溝。為什麼？因為北宋名臣張叔夜死於此處。我們一般對張叔夜的了解，多止於他曾親手招安宋江這一傳奇故事，然而他真正名垂青史的時刻，是當戰敗被俘押往金國途中，拒絕踏上金朝地面，宋金交界處的白溝自盡：

> 遂從以北。道中不食粟，唯時飲湯。既次白溝，馭者曰：「過界河矣。」叔夜乃矍然起，仰天大呼，遂不復語。明日，卒，年六十三。[2]

絕食、白溝。原來，陳氏之死完全比照了張叔夜故事。她必是思前想後，再三斟酌，才為自己擇定了這個歸宿。在白溝，她做了一系列的事：重溫張叔夜的精神；喚來姪兒左懋泰，給以正式的指責；對同行的兩位明

---

① 王士禎《池北偶談》，中華書局，1997，第 163 頁。
② 脫脫等《宋史》，卷三百五十三，張叔夜傳，中華書局，1977，第 11142 頁。

030   野哭：弘光列傳

朝高官，曉以大義；留下遺言，囑託轉告她的戀第兒；最後，從容辭世。她的白溝之死，是為先烈張目，也是羞辱懦夫 —— 更重要的是，儆勵兒子，告誡他絕不可意志薄弱、苟且偷生。至此，回頭看「公母陳太宜人喜談忠孝，時與公相摩切」，益知其分量，絕非豪言壯語、紙上談兵。這不是普通的女性、尋常的母親，其決絕源於歷史和道義認知，且能將認知毅然踐於行動。

陳氏自盡，四月下旬至五月上旬之間。而死訊不知左戀第幾時得知，復於何種情形下得知，但無論如何，定然都給了他無法言表的震撼。這不僅出於至孝之情，更在於母親本不必死而死，其中，砥勵兒子是一大動機。可以想見左戀第從中的感受，將如何迥異於尋常的喪母之痛。我們沒有太多的資料，去具體了解他的內心。除了他「不忠不孝之身，惟有一死」的表達，可以注意《南渡錄》的講述：

> 時戀第聞母訃音，自請解任，同總兵陳洪範招水師步卒倡義
> 山東，以圖恢復，兼負母遺骸。[3]

乍聞噩耗，左戀第當即決心離開江南，辭掉現職，投身抗敵第一線，回山東老家組織民間抵抗。從這個行為，我們清楚讀出了他的內心。實際上，無論有無出使北京這件事，他都鐵心北去。母親之死向他發出了這樣的召喚，尚停於天津的陳氏靈柩，不僅等待安葬，更是一種悲痛的提醒，令他時時意識到母親的遺訓。在被任命為北使之前，左戀第已欲辭職北去，這是個很重要的情節；否則，只看《明史》過簡的敍述：「戀第母陳歿於燕，戀第欲因是返匶葬，請行。」[4] 人們難免以為他是出於要給母親辦喪事，順便接受出使的任命。不是的，左戀第自請使節之任，已是他第二次要求北上。他根本無法呆在南方，在心理和感情上，母親獻身的北方已注定是他的歸宿。只不過，「自請解任」的要求未獲批准，等到御前會議決定「使北」卻難得其人，了卻心願的機會終於來了 —— 這一次，「上許之」[5]。

③ 李清《南渡錄》，《南明史料（八種）》，江蘇古籍出版社，1999，第 169 頁。
④ 張廷玉等《明史》卷二百七十五，中華書局，1974，第 7050 頁。
⑤ 李清《南渡錄》，《南明史料（八種）》，第 170 頁。

三

冥冥之中，歷史總有些精巧的安排。出使北京，是正式而重大的行動，正使之選當然最好是有豐富外交經驗的專家，左懋第顯然不是這樣的人。他的為宦生涯，從知縣做起，崇禎十二年（1639）提拔為戶科給事中，崇禎十六年（1643）遷刑科左給事中，弘光後任兵科都給事中，旋擢右僉都御史兼應、徽巡撫。從這履歷看，可算一位財政專家，也擅長監察工作，但對外交事務確實並無閱歷。然而閱讀他的資料，我極為驚訝地發現，其平生最濃墨重彩的這一頁，其實早有伏筆。

李清後來為左懋第整理編輯的《蘿石山房文鈔》，卷三收有《新漢典屬國蘇子卿墓垣記》一文。文末寫道：「丁丑春，余記之。」[1] 這個丁丑年，應為 1637 年，即崇禎十年。當時，他在陝西韓城當知縣。那麼，「蘇子卿」是誰？不是別人，恰是漢武帝時出使匈奴被扣、寒荒牧羊十九載而不屈的蘇武。子卿是他的字。《漢書》說他「始以強壯出，及還，鬚髮盡白。」[2] 備歷艱辛，不辱使命，始元六年（前 81）春，終得還國。這時武帝已經故去，昭帝特地安排蘇武帶着祭品去武帝的陵廟告慰、覆命，然後任命他做「典屬國」，全面負責與「屬國」有關的事務，實際也即漢朝的外交部長（雖然古人無「外交」的概念）。

說到蘇武墓，如今大家知道在武功縣，且列為陝西省重點文物保護單位。其實，直到明代還有兩處蘇武墓，武功之外，另一處在韓城，孰真孰偽當時尚無定論，左懋第便說：「或曰武功亦有墓，韓人常與之爭」[3]，韓城墓據說有漢代碑石為證。這筆官司，我們可不理會。關鍵是，韓城作為蘇武可能的葬地與左懋第其人之間，完全應了「無巧不成書」那句話。韓城，是左懋第仕途的起點；而他一生的終點，便是出使北京、不屈而死，以「當世蘇武」垂世。這看上去僅為巧合，實則不然，讀《新漢典屬國蘇子卿墓垣記》，我們敢於斷言，韓城五年，左懋第從其該地最重要歷史遺產蘇武墓

---

① 左懋第《新漢典屬國蘇子卿墓垣記》，《蘿石山房文鈔》卷三，乾隆刻本。
② 班固《漢書》，卷五十四，中華書局，2002，第 2467 頁。
③ 左懋第《新漢典屬國蘇子卿墓垣記》，《蘿石山房文鈔》卷三，乾隆刻本。

那裏，受到了深刻影響，埋下了日後執節不屈的思想種子。他這樣描繪氤氳於韓城、濃得化不開的「蘇武氛圍」：

> 子卿墓在韓城西北五里姚莊村梁山之麓，因有墓，名「蘇山」焉，邑有常祀。余為令，具羊豕拜其墓。麓多柏枝，咸南向。④

他深受感染，對韓城人堅持與武功人「爭」蘇武葬地，很以為然，說：「噫！君子之忠，草木□格，爭為之微，而謂人心能棄之歟？」當韓城士民提出，墓地旁蘇祠垣頹宜修，左懋第即表支持，認為是極有意義的事，「一土一石，而皆有以觸人心之忠」。一年後修葺完畢，特地寫下此文。文中，盛讚武帝時代有很多「光華奇銳瑰異」的人物，文如司馬相如，武如衛青、霍去病，但是，他們若跟蘇武相比，都「不能與並論」——評價奇高。⑤ 我們從一般角度看，簡直有些過譽；不過，把這作為個人抱負看就另當別論，事實上，我正是讀了這篇文章，方覺着覓到了左懋第使北一切表現的精神根源。

四

七月初五，明朝使團正式組成，左懋第為正，左都督陳洪範、太僕少卿馬紹愉副之。攜去銀十萬兩、金一千兩、緞絹十萬疋，作為對滿清的酬謝。除了談判，另有幾件必辦之事：祭告祖陵、奠安崇禎帝后、尋訪太子下落、晉封吳三桂為薊國公並頒賞賜。行前，左懋第辭闕，對朱由崧臨別進言：「臣所望者恢復，而近日朝政似少恢復之氣。望陛下時時以天下為心，以先帝之仇、北京之恥為心」，「念河北、山東之赤子」。他特別強調「勿以臣此行為必成；即成矣，勿以此成為可恃」⑥。對於和談前景，不甚樂觀；而且認為，即便有所成，也並不可恃，朝廷還是要立足把自己的事情做好。事實證明，他的估計是清醒的。

---

④ 同上。
⑤ 同上。
⑥ 李清《南渡錄》，《南明史料（八種）》，江蘇古籍出版社，1999，第189頁。

挈輜既多，使團規模自然不小。不過，《明史》所謂「以兵三千人護行」[1]，恐怕有些誇張。據陳洪範講，所有行儀先用船運過江，原安排到了對岸將由瓜洲、儀真鎮軍撥與人馬馱護，實際上沒人管，「箱鞘繁重，苦不能前」；捱到清江浦（淮安），欲從集市上買馬以充運力，亦不足；遂分兩路，大宗緞絹不走陸路，改經運河水運，由劉澤清和淮撫田仰「各發兵二百餘名護送」。[2] 總之，情形頗狼狽。過了黃河，因戰亂重創，許多地方為真空狀態，「自渡河來，村落凋殘，巷無居人，將士裹糧露宿。」不時遭遇強梁，如「廿五日，至馬開屯……時值土寇劫屯，聞本鎮至，半夜遁去」，「九月一日……遇土寇十人劫馱打伙，隨行將士追殺數十人，寇退，箱鞘無恙」。偶爾遇到完好的城池，都由滿清派了官員把守，不能入內：「初五日至濟寧州，（虜）官不許近城棲宿，放炮吶喊，有欲出打伙狀」。他們不單拒絕使團為和談而來的解釋，還加以嘲笑、奚落：「至汶上[3]縣，（夷）官總河楊方興統兵相遇，本鎮告以通好之意，彼嫚言：『謀國要看大勢，我國兵強，如要和好，須多漕糧來，我們好說話』」。[4] 這不奇怪，使團北京之行，實際是不告而來，當時條件所限，等不及溝通停當再動身，所以使團只好在一路敵意中艱難前行。

以我所見，使團向滿清方面致以來意，最早為八月初一陳洪範、馬紹愉分別寫給吳三桂的信。兩信原件，今存中國國家博物館。這時，使團應該已經在淮安，因為陳、馬信中各有「見在渡淮」[5]、「已放舟至河」[6] 之語（當時尚處黃河奪淮期，故「淮」、「河」所指，實則一也）。陳洪範這樣解釋他們的使命：

> 朝議僉謂洪範與老親臺託誼葭莩，特命同少司馬左懋第，
> 同卿（《尚書》周穆王命伯同為太僕正，後因以稱太僕寺卿為同

---

① 張廷玉等《明史》卷二百七十五，中華書局，1974，第 7051 頁。
② 陳洪範《北使紀略》，《中國野史集成》，第三十三冊，巴蜀書社，1993，第 35 頁。該文舊刻，字句多舛脫，括弧內文字，係校訂者揣原意所補。
③ 原印「汶土」，顯係汶上之誤。汶上縣地處魯西南，濟寧之北。
④ 陳洪範《北使紀略》，《中國野史集成》，第三十三冊，第 35 頁。
⑤ 《陳洪範致吳三桂書》，中國國家博物館館藏影印件。
⑥ 《馬紹愉致吳三桂書》，中國國家博物館館藏影印件。

卿）馬紹愉齎捧書幣，奉酬清朝，崇封老親臺薊國，詁敕褒勵懋
勛。奉命馳驅，見在渡淮，先此附聞。諸祈老親臺鼎力主持，善
達此意，兩國同好，同心滅賊，保全萬姓，徼福無窮矣。[7]

馬紹愉則說：

> 今上特遣大臣全不肖持禮物，饋謝清國幼主暨攝政王，仍
> 祭告上天，訂盟和好互市，將前年之局結了，便是叔侄之君，
> 兩家一家，同心殺滅逆賊，共用太平，以成上天好生之德。
> 此出自廟堂乾斷，不似前年搖惑於人言者，想兩國不違先人之
> 志也。[8]

「前年之局」，指崇禎十五年（1642），陳新甲奉崇禎皇帝密諭與清議
和。當時，馬紹愉以兵部職方郎擔任特使。由兩位副使出面給吳三桂寫
信，以私人管道通其款曲，對此我們今人不免納悶。但古時既無現代邦交
的意識，更無可循可守的慣例，加上中國確有情勝於理的思想誤區，相信
籠絡、恩惠或其他背後交易，效果好於開誠佈公。事實證明，這着適得其
反。《使臣碧血》說，吳三桂接信後，根本不敢拆看：「三桂不發書緘冊，
封奏攝政王覽之。冊內有『永鎮燕京，東通建州』語，王怒。」[9] 吳三桂原
封不動上交多爾袞的，除陳、馬兩人的信，還有「冊」，也就是明朝晉封
吳三桂為薊國公的敕書，裏面出現了嚴重的觸忌語，令多爾袞大怒——出
於歷史原因，「東通建州」四個字既意味着明朝心目中的政治地理格局毫
無改變，同時，繼續視滿清為「酋虜」。

吳三桂上交書冊、多爾袞在北京動怒，使團自然無從得知。一千多公
里的路上，使團對於滿清方面態度究竟如何，大部分時間都蒙在鼓裏。他
們實際體驗到的，是頗為矛盾的對待，時而有好消息，時而相反。「（九
月）十五日晚，臨清有舊錦衣衛駱養性，（夷）用為天津督撫，遣兵來

---

⑦ 《陳洪範致吳三桂書》，中國國家博物館館藏影印件。
⑧ 《馬紹愉致吳三桂書》，中國國家博物館館藏影印件。
⑨ 錢𪩘《使臣碧血》，《甲申傳信錄》，卷十，上海書店，1982，第 156 頁。

迎。」^①但三天後到德州，卻聽說「（夷）官巡撫山東方大猷告示，（云：）『奉攝政王令旨：陳洪範經過地方，有司不必敬他，着自備盤費。陳洪範，左懋第，馬紹愉止許百人進京朝見，其餘俱留置靜海。』」^②駱養性在明朝任錦衣衛左都督，降清後為天津地方長官。先前陳洪範寫給吳三桂的信，有「希先遣一旅，導行利往」^③一語。現在，駱養性果然從天津專派一隊人馬來迎接，與前信正好相吻，似乎說明溝通順利，滿清持歡迎態度。可是，方大猷告示卻只有敵意，十分粗暴，連基本禮遇也不講，「味其語意，目中已無使命」^④。

同樣是滿清地方大員，態度如此相左，究竟怎麼回事？不久證實，駱養性「遣兵來迎」是個人行為，德州佈告才反映滿清當局的真實態度。九月二十六日，使團將至天津，駱養性親至靜海迎接。這時，他帶來的已是北京「止許百人進京」亦即與德州佈告一致的旨意。陳洪範說：「養性雖奉（夷）旨，語言之際，似尚不忘故國。」看來，駱養性「不忘故國」的情緒，確實頗為濃厚，以致繼先前擅自派兵到臨清迎接明朝使團後，在清廷已表明了對使團的惡感情況下，仍然到靜海給使團以隆重的遠迎。只是他的個人情懷，傳遞了錯誤的信息，令使團一度以為在北方可能受到友好的對待。他本人也為此付出代價；靜海相迎這件事，被密探「偵知以報，（夷）攝政王怒疑養性，削職逮問。」^⑤核《東華錄》，十月初十，「天津總督駱養性違旨擅迎南來左懋第、陳洪範等，部議應革職為民。得旨：養性有迎降功，革總督任，仍留太子太保、左都督銜。」^⑥

對駱養性的處理，不光針對其本人，對所有前明舊臣都有警示作用。據陳洪範記述，隨着使團趨近，滿清當局十分警惕，北京內外「訪察甚嚴」，「有南人潛通消息者，輒執以聞」，前明舊臣「咸杜門噤舌，不敢接見南人。而甘心降（夷）者，惟絕通好、殺使臣、下江南以取容悅。」使

---

① 陳洪範《北使紀略》，《中國野史集成》，第三十三冊，巴蜀書社，1993，第 35 頁。
② 同上。
③ 《陳洪範致吳三桂書》，中國國家博物館館藏影印件。
④ 陳洪範《北使紀略》，《中國野史集成》，第三十三冊，第 35 頁。
⑤ 同上書，第 36 頁。
⑥ 王先謙《東華錄》，《續修四庫全書》，三六九·史部·編年類，上海古籍出版社，2001，第 224 頁。

團逗留通州期間，曾派成員王廷翰、王言等入城，去見幾位如今在清廷位居要津的前明舊臣。他們先後見到洪承疇、大學士兼吏部尚書謝陞和大學士兼禮部尚書馮銓。據王言回來彙報，洪承疇「似有不安之色，含涕欲墮」，謝陞「默然忸怩」，馮銓最惡劣，開口就「厲聲曰」：「何無攝政王啟，輒敢持帖來見我！」[7] 武將方面，曾聯繫吳三桂求見，所得回覆是：「清朝法令甚嚴，恐致嫌疑，不敢出見！」[8]

據說，按照多爾袞的本意，對南京使團根本不必接納，直接讓其打道回府。後來經過討論，「朝議既以禮來，且令使臣入見」[9]，為了表現得像文明人 —— 入關以來，滿清一直努力這樣做 —— 多爾袞勉強收起性子，允許使團來北京，但人數大大壓縮。

接下來問題是，以何種地位、規格接待來使。「時議以四夷館處使臣」[10]，擬將使團安排於四夷館。「四夷館」，為接待屬國使者的處所。換言之，清廷將以宗主國姿態處理此事。這在使團內部引起了一次比較嚴重的分歧。《使臣碧血》說「陳洪範無辭」，亦即不反對，左懋第則堅持不可。《使臣碧血錄》（這是江蘇古籍出版社《南明史料（八種）》的匯校本，與《使臣碧血》略有不同）此處還多一句：「而洪範遂心貳於左」[11]。意思是，陳洪範的暗中叛變就是從這件事開始的。對比陳洪範的《北使紀略》，有以下一段：

> 至滄州，本鎮與左部院商（榷），（夷）驕且嫚，相見之禮如何？若執不見，當日面承召對，天語丁寧，恐無以通好，濟國事。因集馬太僕、梅主事、各參謀（共）議，僉云：「時勢異殊，但濟國事，不妨稍從委曲。」再四躊躇，未協。[12]

從中可確定兩點：第一，左、陳之間的確出現分歧；第二，體會陳洪

---

⑦ 陳洪範《北使紀略》，《中國野史集成》，第三十三冊，第 36 頁。
⑧ 同上。
⑨ 錢𣢞《使臣碧血》，《甲申傳信錄》，卷十，上海書店，1982，第 156 頁。
⑩ 同上。
⑪ 佚名《使臣碧血錄》，《南明史料（八種）》，江蘇古籍出版社，1999，第 769 頁。
⑫ 陳洪範《北使紀略》，《中國野史集成》，第三十三冊，第 35 頁。

範的語氣，分歧是，陳洪範主張對滿清採取低姿態——「但濟國事，不妨稍從委曲」——亦即可以接受「以四夷館處使臣」，左懋第則拒絕這樣做。當然，陳洪範把責任推給朱由崧，暗示自己是擔心態度強硬可能導致使命失敗、有負皇上重託。至於他上述意見得到使團內部廣泛支持，顯然是一面之辭。他自己承認「再四躊躇，未協」，爭論激烈，並沒有出現一邊倒的意見。不過，說陳洪範因這場爭論、從這一天起萌生叛意，卻比較牽強。意見分歧，在每個外交使團內部都很常見，況且陳洪範對不能完成使命的擔心也未必是假。他的叛變，應是多種因素交織的結果，尤其是到北京後觸發的。第二天，隨着左懋第出示兩份重要文件，爭論平息：

次日，左部院出首輔主議、廷臣覆疏二通，以示本鎮。始知閣議申以「不屈膝、辱命，尊天朝體」，議論乃定。[1]

兩份文件，一是「首輔主議」，亦即馬士英起草的使北基本政策，一是「廷臣覆疏」，亦即重臣們就「首輔主議」進行集體討論而形成的意見。其中，根本原則是「不屈膝，（不）辱命，尊天朝體」。顯然，根據這個原則，以屬國身份入見、居四夷館，斷然不可接受。兩份文件事關使團行動指南和底線，必屬絕密，所以由左懋第作為正使獨自掌握，連陳洪範都不知道。眼下因為發生嚴重分歧，左懋第只好向陳洪範出示它們，以結束爭論。

五

十月初三，使團到達通州張家灣。

如今，張家灣在北京很少有人提到，倒退二三百年，它卻天下聞名。永樂至成化間，南來漕糧悉數運此，眾多朝廷關檢機構隨之設立，民間百商更是蜂攢蟻集。後來，漕糧轉運他處，張家灣只用作商、客碼頭，但仍不失北中國水路交通終端的地位。水路因為舒適及安全遠勝陸路，進出北

---

[1]　陳洪範《北使紀略》，《中國野史集成》，第三十三冊，巴蜀書社，1993，第 35 頁。

京者無論官民泰半選擇水路，南下者由此啟程，北來者到此登岸，打個比方，彼時張家灣之於北京，就是今天的北京站外加西客站。

在張家灣，左懋第一行終於結束兩個半月的漫長旅程。然而，上岸後卻裹足不前，一呆十天，不動如山。原因就是與清廷爭「禮」。面對滿清所派「通事」，左懋第斬鐵截鐵地表示，「命以夷館處使」絕對不可接受：「若以屬國相見，我必不入。」[2] 這一點，不容商量。只要不答應，使團便永遠留在張家灣。他對這個問題的認識是，「禮節辭氣屈則辱。」[3] 談到「禮」字，我們現在極少好感，覺得它充滿迂腐的氣息。這裏，不妨試着把它換成「國與國交往的準則」，就能理解左懋第的錙銖必較。滿清何嘗不如此？為了達到目的，它的「通事」在京城和張家灣之間「往反再四」，不厭其煩，但左懋第毫不鬆口，死死咬定清廷必須平等相待。但他並不一味示以強硬，也從其他方面做工作。王廷翰和王言就是這時被派往城中，拜會洪承疇等，「商御書、入城之禮」，爭取有利的結果。他指示王廷翰和王言，無論怎麼談，「不以禮接御書，必不入城」，這道底線不動搖。左懋第還寫便條給多爾袞、致函滿清內院，「以字與□（此字明顯係「虜」，原書因刻於乾隆年，刓之以避，而代以□或■。下同）之攝政王，以書與其內院，折之以禮」。與此同時，給馬士英、史可法寫信，將目前情形以及自己採取的立場、策略，彙報朝廷。[4]

張家灣十日，可謂第一戰役。左懋第既堅不可摧，又採取主動，工作極有成效。凡是他想傳達給滿清的信息，不論虛實，悉數送到，而且全部發揮了作用。例如對清廷前明舊臣開展工作，儘管後者個個畏首畏尾，但實際上左懋第並不指望他們出面相助，目的只是對他們造成心理壓力，使廷議出現微妙因素。又如他與清廷「通事」打交道，曉之以理同時，也虛張聲勢，甚至放出狠話：「義盡名立，師出有名，我何恤哉？」[5] 言下之意，使團此來並非討饒，是先禮後兵；一旦仁至義盡，大明也不辭一戰。

---

[2] 錢䥣《使臣碧血》，《甲申傳信錄》，卷十，上海書店，1982，第 156 頁。
[3] 左懋第《奉使不屈疏》，《左忠貞公剩稿》，卷一，乾隆刻本，第 22 頁。
[4] 同上。
[5] 錢䥣《使臣碧血》，《甲申傳信錄》，卷十，第 156 頁。

這些策略，全都奏效。「斯時朝士未知江左虛實，心憚戀第，乃議以鴻臚寺處之。」① 十日僵局，終以滿清讓步而了卻。鴻臚寺是古代的國家典禮、禮賓機構，掌內外重大禮儀事宜。雖然受制於當時邦交理念，鴻臚寺對外國使節以「朝覲」、「入貢」視之，但沒有那種基於主、屬國關係的明顯歧視意味。實際上，南京使團從四夷館改由鴻臚寺接待，就是爭得了平等地位。

這一點，正如清廷派遣專員、以正式而齊備儀仗，將使團迎入城中所表示的那樣。十月十二日，「遣官騎來迎，建旌乘輿，肅隊而入。」②《北使紀略》有相對細膩的場景：

> 十二日，鼓吹前導，捧御書從正陽門入城，使臣隨之，左部院素服素帷，（夷）將使臣及官兵人等送至鴻臚寺居住。③

「素服素帷」，是對崇禎皇帝肅哀，同時無疑也很能在視覺上吸引和感染路人，此外還有隆重的儀仗與樂隊，經正陽門堂堂正正進入皇城 —— 起碼以聲勢而言，大明使團重返舊都，足夠尊嚴。這尊嚴來之不易，以當時明清兩國強弱對比論，簡直可以說是一場大勝。有趣的是，左懋第在《奉使不屈疏》中向朝廷報告此事，只有不動聲色的敍述：

> 十月十一日晚，有□禮部乂奇庫來迎。臣等隨於十二日早拜發御書二道，選官持捧，同乂奇庫前行，而臣等隨即入城。④

從他的筆調，我們知道他在內心屏息斂念、絕不疏怠，精力高度集中，隨時準備新的較量，根本顧不上絲毫的沾沾自喜。

果然緊接着，當天就遭遇新的刁難 —— 捧御書的官員沒有能夠將御書呈遞出去，而是原樣捧回了鴻臚寺。左懋第得到的彙報是，滿清方面「欲以御書送禮部」，捧御書官員知道事關原則，而加以拒絕。其含義如何？陳洪範告訴我們：「（夷）以謝禮為貢，以天朝御書同於他國貢文，以故

---

① 佚名《使臣碧血錄》，《南明史料（八種）》，江蘇古籍出版社，1999，第769頁。
② 同上。
③ 陳洪範《北使紀略》，《中國野史集成》，第三十三冊，巴蜀書社，1993，第36頁。
④ 左懋第《奉使不屈疏》，《左忠貞公剩稿》，卷一，乾隆刻本，第22頁。

御書不敢輕與。」⑤ 第二天，左懋第與滿清禮部官員面爭，理論的是同一個道理：

> 臣等折之曰：此御書應達爾攝政王，即不然，亦自內院轉達；無到禮部之理。⑥

使團所齎，是明朝正式國書；作為對等的國與國交往，它理應由清廷最高行政級別接收，如果交給禮部，等於明朝自降一格。這些講究，貌似繁文縟節，其實是國體所繫。所以，雙方全都斤斤計較。滿清方面是見空子就想鑽，南京使團則嚴防死守。當天御書遞交未成，第二天（十三日）一大早，就有四位滿清禮部官員趕至鴻臚寺，「徑索御書，欲先拆看，其言甚□（悖？）。」左懋第嚴辭拒絕，來者仍糾纏不已，「必欲即刻力索，甚至■（悖？）語云『各國進貢文書，必由禮部看過方入。』」左懋第「怒折之」，以上語將其頂了回去。四官員悻悻而去。

午後，一位滿清大僚現身鴻臚寺。《奉使不屈疏》說，此人名「剛邦把什」，「又名剛林，具（居）內院之首也」。⑦

查《清史稿》剛林傳，此人瓜爾佳氏，屬正黃旗。清天聰八年（1634）「以漢文應試，中式舉人」⑧。崇德元年（1636）授國史院大學士，「剛林相太宗，與范文程、希福並命」⑨，是滿清最早的「宰相」之一。但左懋第所稱其「居內院之首」這一點，傳中沒有提及。

又查《清世祖實錄》。有幾條記載，似可驗證左懋第之說。例如，順治元年（1644）十月一日也即明朝使團抵張家灣的前二天，順治皇帝蒞臨北京郊祭大典，「上衣黃衣，南向坐。諸王文武各官侍立。鳴贊官贊令排班，大學士剛林從東班升階，正中跪。學士詹霸於案上捧寶投剛林，剛林捧寶奏云……」⑩ 十一月廿三冬至日告廟，「上跪，諸王皆跪，贊讀祝文。

---

⑤ 陳洪範《北使紀略》，《中國野史集成》，第三十三冊，第 36 頁。
⑥ 左懋第《奉使不屈疏》，《左忠貞公剩稿》，卷一，乾隆刻本，第 22 頁。
⑦ 同上書，第 23 頁。
⑧ 趙爾巽等《清史稿》，卷二百四十五，中華書局，1977，第 9629 頁。
⑨ 同上書，第 9638 頁。
⑩ 《世祖章皇帝實錄》，卷九，中華書局，1985，第 92 頁。

大學士剛林入殿內，跪於案左，宣讀祝文曰……」① 由此看來，說剛林「居內院之首」，即無其名，亦有其實。

關於滿清「內院」，也略加說明。它與明朝的「內閣」相仿，入關前已有而權限較小，入關後經洪承疇等建議：「按明時舊制，凡內外文武官民條奏，並各部院覆奏本章，皆下內閣票擬。已經批紅者，仍由內閣分下六科，抄發各部院，所以防微杜漸，意至深遠。以後用人行政要務，乞發內院擬票，奏請裁定。」② 提升了它的權限，賦予「票擬」（起草聖旨）的職能。雍正間，這一地位漸為軍機處所代。總之，將順治初年的滿清內院視為與明朝內閣對等的機構，是可以的。這就是為什麼左懋第堅持，所齎御書倘若不直接面呈多爾袞，至少應由內院接收。

隨着「內院之首」被逼現身鴻臚寺，滿清不啻再輸一盤。兩番較量，先是欲置使團於四夷館，繼而使出以禮部接御書的騙招將明朝暗降一格，都被左懋第見招拆招，一一化解。可以想像，當剛林雖不甘卻不得不來鴻臚寺時，心情肯定談不上舒暢。為了維持實際已然無多的心理優勢，只好乞靈於徒具其表的恫嚇。他是這樣出現的：

> □服佩刀，率十數□官至。踞椅而坐，諸□官佩刀而地坐於其左。一通使姓常，立於旁，剛邦把什盛氣雄坐以待。臣等三人同出，通使譙指臣等，令坐於其右。臣等折之曰：我們從不地下坐！大聲呼椅。遂以三椅與對坐。③

外交場合，這種赤裸裸的威壓不光小兒科，實際也很無奈，等於承認自己無牌可打。剛林本想造成氣勢，結果收穫了喜劇。當左、陳、馬三使臣如願以償，每人一椅、穩穩坐下，他的把戲突然間變得何其無聊。

接着，自然是一通脣槍舌劍。滿清一面從道義上抬高自己，一面提出各種指責，明朝使臣則逐條批駁。整個過程中有一奇怪現象，清朝方面始終由那位常姓通事大包大攬，剛林在旁邊沉着臉，一言不發。我對照了陳

---

① 《世祖章皇帝實錄》，卷一一，中華書局，1985，第108頁。
② 《世祖章皇帝實錄》，卷五，第60頁。
③ 左懋第《奉使不屈疏》，《左忠貞公剩稿》，卷一，乾隆刻本，第23頁。

洪範的記述：「夷通事車令即剛陵之弟，其人狡黠舌辯，通夷夏語。」[④] 原來，通事是「剛林之弟」。車、常音近，左懋第或因此誤以為此人姓常。我們前面講過，剛林是以漢文獲取科舉功名。所以，他這位所謂通事弟弟，在此純屬多餘。這又是小花招，目的不知何在。也許是避免開口以防有何把柄落於明使之手，也許是彼明我暗、有利進退。總之，裝聾作啞，詭詐陰險，毫無誠意。論辯的高潮，是「剛林之弟」又以「發兵」相威脅，左懋第不示弱，答：「江南尚大，兵馬甚多，莫便小覷了！」那個「大」字似乎格外刺耳，對方勃然大怒：「江南不小，這是誰的話？」左懋第「亦厲聲應之」：「我語也」[⑤]——我說的，怎麼啦！據陳洪範講，這時他也奮起抗辯：「（使團之來）原是通好致謝，何得以兵勢恐嚇？果要用兵，豈能阻你？但以兵來，反以兵往！」「況江南水鄉胡騎能保其必勝乎？」至此，不歡而散，「剛陵不答，徑起而出」。[⑥]

六

寫到這裏，我覺得要說明一下：以上敍述難免留下一種印象，左懋第過於硜執氣節，一味剛直不屈，或致使團殊少迴旋餘地。不是的，左懋第彙報時專門談到，「口語雖多，臣等應之，不肯過激，以傷酬好之意。然斷不肯以一語屈抑以辱天朝之體。」[⑦] 左懋第沒有把北京作為個人愛國表演的舞臺，他來此是為了嚴格執行朝廷的求和意圖，努力替國家達到目的，只有當事關國體時才不肯退讓。同時，我們也看得十分明白，從頭到尾滿清對和談毫無誠意，他們已經打定主意揮師南下，奪取整個中國；他們只想看到明朝使臣屈服、屈從，對別的皆無興趣。

就此而言，不論左懋第怎樣努力，以及在一個又一個回合中怎樣獲得似乎揚眉吐氣的勝利，也注定是失敗者。在《奉使不屈疏》裏，我不斷讀

④　陳洪範《北使紀略》，《中國野史集成》，第三十三冊，巴蜀書社，1993，第 36 頁。
⑤　左懋第《奉使不屈疏》，《左忠貞公剩稿》，卷一，乾隆刻本，第 23 頁。
⑥　陳洪範《北使紀略》，《中國野史集成》，第三十三冊，第 36 頁。
⑦　左懋第《奉使不屈疏》，《左忠貞公剩稿》，卷一，乾隆刻本，第 23 頁。

到一個字眼：折之 ——「臣折之」、「臣怒折之」……他在北京的每一天，不斷地重複做着這同一件事。表面看，他幹得非常漂亮：四夷館改鴻臚寺了，斥退禮部、逼出剛林了，連滿清雞腸小肚所吝嗇的三把坐椅也乖乖送到跟前……然而，把目光投向兩國間的大勢，突然會覺得這些奮力抗爭、來之不易的勝利，那樣微不足道。

最後，使團肩負的真正使命，一個也沒完成。根本沒有進行任何談判、祭奠先帝的要求被斷然拒絕，就連御書最終似乎也沒有遞交成功。滿清只做了一件事：派人把使團所帶銀十萬兩、金一千兩、緞絹十萬疋，全部索討、取走，包括本應由吳三桂親自領取的那部分賞賜，也強行要去。南京來使終於意識到，他們原以為會與某個鄰國打交道，對方卻只打算以強盜面目出現。

但是，使命全部落空，責任絲毫不在使團。他們在力所能及範圍內，不光做了所有能做的事，事實上恐怕還超出了他們真實的能力。這時候，我們應該把話說回來。鴻臚寺、剛林、那三把坐椅，雖然微不足道、無關痛癢，但對於 1644 年弱不禁風的弘光政權，已是不可思議的瞬間輝煌。除了這點成就，我甚至想不起來它還有別的更風光的時刻。

十月十五日，清廷內院、戶部等官前來強取財帛。之後，使團在北京已純屬多餘。多爾袞召集內院諸人，詢問如何打發明使：

> 過此數日，（杳）無消息，令人密探，聞（夷）攝政王問內院諸人：「南來使臣，如何處他？」十王子曰：「殺了他罷！」（夷）攝政搖手。馮銓曰：「剃了他髮，拘留在此！」（夷）攝政不答。洪承疇曰：「兩國相爭，不斬來使，難為他們，下次無人敢來了！」（夷）攝政曰：「老洪言是！」遂有放回之意矣。[1]

應該說，洪承疇人品不錯，多爾袞也算是滿人中有胸襟的。

十月二十六日，忽有滿清某官至鴻臚寺，通知「明日可行矣」。俄頃，剛林帶着十幾名官員蜂擁而至。勿以為他是來送行的。「你們明早即

---

[1] 陳洪範《北使紀略》，《中國野史集成》，第三十三冊，巴蜀書社，1993，第 36 頁。

行！我已遣兵押送至濟寧，就去知你江南，我要發兵南來！」明使重申「為講好而來」，剛林完全不耐煩：「來講！河上可講，江上可講，隨地可講！」[2] 再明顯不過了，剛林兜裏只揣着兩個字：戰爭。這是明朝使團在北京二十餘天唯一和最後的收穫。

翌日一早，兩名清朝軍官領兵三百，到鴻臚寺，立促出京；正如剛林所說，採取押送方式，沿途「不許一人前後，一人近語」[3]，形如囚徒。十一月初一，過天津。初四，抵滄州——至此，尚無異常。

剛剛離開滄州，風雲突起。《奉使不屈疏》講述其經歷：

> 十一月初四日，行次滄州之南，忽有口丁追至，云後面有官來講話，不令前行。而口兵遂結營截南路矣。午後，前通使（即左懋第以為姓常而陳洪範稱作「剛林之弟」者）同數口官至寓云：行得慢了，後邊兵至矣。乃云令鎮臣陳洪範前行，而謂臣等文官不便鞍馬，在兵後行。時三臣俱在職寓。臣等應之曰，你們兵阻不肯令行，既要速，同行未嘗不速。口官不應。[4]

「剛林之弟」帶來命令：陳洪範一人先行。理由相當粗糙，完全不成樣子——蓋因不屑於有何理由——左、馬是文官，不便鞍馬，走得太慢。對此，左懋第當即指出：慢，是因押送清兵不讓快行。「剛林之弟」理都不理，只是催促陳洪範抓緊上路。當左懋第等再次交涉，最初所謂其餘人「在兵後行」的說法已變，變成不准南歸、羈回滄州；也就是說，除陳洪範外，使團被扣押了。

一切，因為陳洪範叛變。

滿清針對陳洪範的勸降工作，早在出使以前即已提出。六月初八，前明降將唐虞時進言：「原任鎮臣陳洪範可以招撫。」[5] 六月二十六日，唐虞時的建議被付諸行動，「攝政和碩睿親王以書招故明總兵陳洪範。」[6] 不

---

② 同上書，第 37 頁。
③ 同上。
④ 左懋第《奉使不屈疏》，《左忠貞公剩稿》，卷一，乾隆刻本，第 25 頁。
⑤ 《世祖章皇帝實錄》，卷五，中華書局，1985，第 62 頁。
⑥ 同上書，第 64 頁。

過，這並不具有什麼特殊含義，比如，陳洪範比別人更加適合招降，或陳洪範已經顯現對明朝不忠之類。就在唐虞時提出招降陳洪範同一頁，《世祖實錄》記載了另一位元降清將領吳惟華的進言：「故明督理漕運總兵官、撫寧侯朱國弼見在淮揚，宜遣其部將張國光諭令來歸。攝政和碩睿親王從其言，以書招諭之。」[1]就連史可法也是招降的對象，多爾袞寫給他的那封著名信件，有句：「至於南州諸君子，翩然來儀，則爾公爾侯，列爵分土，有平西王典例在，惟執事圖之。」[2]就是以高官厚祿和吳三桂之例勸降。進佔北京後，招降納叛是滿清一大工作重點，而已經降清的前明文武官員，也紛紛迎合，自告奮勇，希以此建功。所以，唐虞時在建議招撫陳洪範後，緊接着請求清廷委派他專任此事，「乞即用為招撫總兵」，並說出理由，他的兒子唐起龍是陳洪範女婿，且曾在史可法標下為參將，「彼中將領多所親識。乞令其齎諭往招，則近悅遠來，一統之功可成矣。」[3]

陳洪範究竟什麼時候叛變的？很幸運，我在《世祖實錄》裏發現了很具體的記載：

> 順治元年甲申十一月乙酉朔……偽弘光使臣陳洪範南還，於途次具密啟請留同行左懋第、馬紹愉，自願率兵歸順並招徠南中諸將。攝政王令學士詹霸等往諭，勉其加意籌劃，成功之日以世爵酬謝之。遂留懋第、紹愉。[4]

十一月乙酉，即十一月初一。質之陳洪範《北使紀略》，有記：

> 初一日，至天津，遇後運緞絹，有夷差戶部主事一員押之而北。[5]

兩相參較，我們可以清楚地確定，陳洪範叛變時間是十一月初一，地點是天津，投降信是託那位押運緞絹的滿清戶部主事帶往北京。另外，我

---

[1] 《世祖章皇帝實錄》，卷五，中華書局，1985，第 62 頁。

[2] 《攝政王與史可法書》，抱陽生《甲申朝事小紀》，書目文獻出版社，1987，第 608-609 頁。

[3] 《世祖章皇帝實錄》，卷五，第 62 頁。

[4] 同上書，第 105 頁。

[5] 陳洪范《北使紀略》，《中國野史集成》，第三十三冊，巴蜀書社，1993，第 37 頁。

們順帶還搞清一點，被左懋第誤為「常姓通事」、陳洪範誤為「剛林之弟」者，其實是內院學士詹霸，我們曾在順治皇帝郊祭大典中見他露過面：「學士詹霸於案上捧寶投剛林」——他應是剛林的副手。或因滿人發音口齒含糊，「詹」字被誤聽為「常」、「車」。

追溯陳洪範叛變歷程，筆者認為其心跡萌動當在北京期間。使團軟禁鴻臚寺，清廷除加以箝制、恐嚇，亦試圖利誘和收買，「搖動千端，恐嚇無所不至，欲致噪變」。《奉使不屈疏》記述，十月十六日以後的數日禁抑中，滿清曾以宴請、饋贈貂皮良馬等分化使團，「其中不無為所惑者」，左懋第召集全體人員開會，嚴申紀律，而大多數成員「皆奮然作氣，咸有寧死不辱之語」，正氣抬升，動搖之跡因而收斂。[6] 但這頗為重要的情節，陳洪範《北使紀略》卻一筆未載，不知他是否就在「不無為所惑者」之列。其次，我還推測，十月二十六日剛林極為兇悍的「臨別贈言」，施加了重要影響；滿清直言必征江南，以雙方強弱之分明，投機貪生如陳洪範，最有可能於此時「認清形勢」，而決心叛變；此後經過幾天思考，他寫好投降信，十一月初一，伺機私自接洽那位清朝戶部主事，囑其速送北京，於是乃有初四詹霸的飛騎趕到……以上，誠然都只是筆者藉一些蛛絲馬跡，對陳洪範叛變經過的推理式復原，非有實據，聊供想像而已。

讓我們回到「滄州之南」現場。左懋第繼續寫道：

> （詹霸）隨至鎮臣洪範寓催行，臣等復至。鎮臣已裝載倚馬
> 將行矣。……但有數十□丁促鎮臣行，而鎮臣遂揮淚別臣懋第。
> 臣語之曰：「我輩不必哭。一哭則□笑我怯。我此身已許國，惟
> 有一死斷（以下以墨圍遮去二十九字）……[7]

這是令人作嘔的一幕。陳洪範的哭，遠比做假惡劣，何謂「貓哭耗子」，看看他就知道了。前面清廷記錄甚明，滄州之變所有細節，都出自陳洪範「密啟」的設計。從現場情形看，左懋第顯然沒有引起任何懷疑；

---

⑥　左懋第《奉使不屈疏》，《左忠貞公剩稿》，卷一，乾隆刻本，第24頁。
⑦　同上書，第25頁。

雖然工作中他與陳洪範有過分歧和爭論，但這位志誠君子，沒有妄自猜忌同僚的習慣與心機，他反而安慰陳洪範「不必哭」，以免被敵人小看，並平靜說出心中盤旋已久的打算。然而我們從旁觀者角度，面對由陳洪範「貓哭耗子」和左懋第「惟有一死」之語構成的分別場面，實不能不感到世事之醜觸目驚心。順便交待一下，陳洪範回到南京後繼續偽裝，還寫了《北使紀略》來掩飾；此書之作，雖出於「潛伏」需要，但經與左懋第敍述相對照，基本情節仍然可採。

陳洪範叛變與出賣，是整個使北故事的一大轉折。某種意義上，是陳洪範成全了左懋第。在這以前，左懋第可圈可點，卻尚不足以稱為超眾拔俗、世人仰慕的英雄。故事幾乎就要平淡收場了，滄州之變，突然讓一切峰迴路轉。從這兒，左懋第終於開始去完成他「當世蘇武」的個人形象了。

七

故事迅速地從一次外交經歷朝着英雄傳說的方向轉換。此前，我們很少渲染左懋第的個人魅力，並非有意迴避，而是當時故事重心不在那兒。動筆前，我花了一些時間來回味材料，發現以滄州之變為界限，左懋第盼若兩人。之前，他的表現相當職業，忠於使命，一絲不苟，所言所行都以服從工作為要，強硬不是激於意氣，是為國家利益抗爭所需，和緩也不是出於自己喜歡，而是顧全大局、理智隱忍。然而，從滄州回到北京，先前一直克制、藏抑的內心和自我，卻如巖漿強烈、淋漓盡致地噴湧了。我一度困惑，不知他截然不同的表現，道理何在。後來明白，原先，他身負議和使命，舉手投足都要自覺受此身份的約束，而今滿清悍然將來使扣下，使命已告終結，這意外地把他從約束中解放出來。不再需要周旋、拿捏，他回歸自己，回到了本真的情感世界，可以無所遮攔地去暴露心中的所仇所惡了。

我們可從如下細節體會他的內心。滄州聞變，左懋第馬上做了一個決定：「隨行將士錢糧告匱，多令歸去乃可支持。於是咸令隨鎮臣歸。」[1] 我

---

① 左懋第《奉使不屈疏》，《左忠貞公剩稿》，卷一，乾隆刻本，第 26 頁。

覺得，其中有許多含義。這實質上就是解散使團。滿清的行徑，意味着此後重返北京的不復是大明使團，而是被俘的囚犯。既然如此，數百隨行將士已無必要繼續留在身邊，作為使團領導者，他感到有責任做出這樣的臨時決定，讓大家免於災厄。同時，這又是一種決心，亦即，他想要孤身前往北京，獨自面對危險直至死亡，他將此視為個人的挑戰與證明。總之，這貌似簡單的決定，包含豐富的內心話語，有仁有義，有智有勇。也正因如此，他一旦將其宣佈，隨行將士「忠義所激，皆灑泣不肯去」，左懋第一再做工作，只能「勉強遣其三分之一」[②]，大多數人都留了下來。因滿清加以限制，有些隨左懋第到北京，還有一部分堅持在滄州就地等候，希望有朝一日與主帥共同還朝。這些我們已無從知其名姓的明朝將士，明明可以離開，卻為一種人格所感召，選擇了堅持、囚禁甚至可能是死亡。

押往北京的時刻到了，滿清高度戒備：「□官皆列馬路間，嚴兵以俟。」滿清已將隨行將士全部繳械。行前，左懋第鄭重發表對滿清的譴責，「立輿路上，責其非禮」，然後從容登程。[③] 十一月十一日，左懋第一行第二次進入北京。最初仍居鴻臚寺，幾天後遷太醫院 —— 清廷禮部詭稱，鴻臚寺要供百官習禮之用。這次，左懋第未與之爭論。此刻，他不再是國使，是階下囚。從個人角度，他不拒絕或不懼怕滿清的任何挑釁，能夠安然處之。遷太醫院後，情形徹底成為拘禁，清廷取消了一切禮遇，除了看守，「無一人來」。[④]

《奉使不屈疏》所報告的情形，到此為止。後面經過，我們已沒有左懋第的親述。據《甲申朝事小紀》「左蘿石紀」，其間，頗有一些「故交」想見，全被罵回。如現任清朝內院大學士、曾於出征時受崇禎皇帝「推轂」禮遇的李建泰，來太醫院探望左懋第。看守剛報上姓名，左懋第就奇怪地說：這個人，怎還有臉見人呢？「李聞之，遂不見而去。」「嗣後朝臣漢士往往欲見之者，唾罵拒絕，或不得已一投刺，以示不絕也。」[⑤] 遭到拒絕

---

② 同上。
③ 同上。
④ 同上。
⑤ 抱陽生《甲申朝事小紀》，書目文獻出版社，1987，第734頁。

的，還有左懋泰：「其從弟懋泰先為吏部員外郎，降賊，後歸本朝授官矣，來謁懋第。懋第曰：『此非吾弟也。』叱出之。」[1]

他又曾致函多爾袞，抗議、抨擊，指其「上干天和，下戕民命」。多爾袞很生氣，令內院警告「懋第靜聽之，勿有違越」。這封信，曾給一位參謀看過。參謀看了很替他擔心，勸他：「今日之事，有可否無成敗。」意思是，使命已經結束，如今一切事都與成敗無關了，而應考慮值得不值得。左懋第說：「我心如鐵石，亦聽之而已。」吾志已決，想怎麼待我，請便！翌年五月，南京失守消息傳到北京，有部下因而試探他是否有新的打算，他再次說：「我志已決，毋煩言！」[2]

《左忠貞公剩稿》卷四，難得地保存着幾篇羈拘期間寫的詩文，可能是我們探問他此時內心所僅有的第一手資料。如《古剌水詩》，詩前短序說：

> 乙酉年五月客燕之太醫院。從人有從市中買得古剌水者，上鐫「永樂十八年（1420）熬造古剌水一罐」，淨重八兩，罐重三斤，內府物也。揮淚賦此。[3]

乙酉五月，恰好是南京崩潰的月份。左懋第以一件永樂舊物為題，藉抒思國之情。這「古剌水」，為古時極名貴的酒，今已失傳。古剌，實際是一種香料，可制酒亦可作薰衣之用，因產自古剌國得名，其國究竟與今天何地對應，似不可考。《萬曆野獲編》補遺卷四：「今禁中諸香，極重古喇水，為真龍涎之亞，其價超蘇合油、薔薇露加倍。」[4] 清初詩人袁枚也藏有一罐古剌水，《隨園詩話》：「余家藏古剌水一罐，上鐫：『永樂六年（1408），古剌國熬造，重一斤十三兩。』五十年來，分量如故。鑽開試水，其臭（嗅）香、色黃而濃……」[5] 看來，鼎革之際，這些宮中祕藏因亂流散於外。左懋第睹此物，興廢感慨油然而生：「再拜嚐茲水，含之不忍咽。心如南生柏，淚似東流川。」「南生柏」下，有他的自注：「子卿墓柏

① 張廷玉等《明史》卷二百七十五，中華書局，1974，第 7051 頁。
② 抱陽生《甲申朝事小紀》，書目文獻出版社，1987，第 731-732 頁。
③ 《左忠貞公剩稿》，卷四，乾隆刻本，第 22 頁。
④ 沈德符《萬曆野獲編》，中華書局，1997，第 931 頁。
⑤ 袁枚《隨園詩話》，中華書局，1982，第 232 頁。

大小數百株，枝皆南向，在韓城余曾為文記之。」品古刺水、心懷故國，左懋第思緒又回到韓城，回到蘇武墓。

五言詩《客燕》，有數字題解：「得歸字，時奉命北使」，意即，詩是圍繞「歸」字來寫的。末句：「人間忠孝事，意與鶴同歸。」[6]認為，人以其一生忠於國家、孝敬雙親，就能達到鶴的境界。古人相信鶴有仙性，清越不朽。

還有珍貴的《絕命詩》，那應該是遇害前留下的最後心聲吧：

> 峽圻巢封歸路迥，片雲南下意如何？
> 寸丹冷魄消難盡，蕩作寒煙總不磨。[7]

他說，我的身體是無法還朝了，然而，將化為一片自在的白雲，飄向南方；使一個人肉體毀滅並不難，但精神這東西誰能磨滅得了呢？

八

從甲申年十一月至乙酉年六月，左懋第等在押凡七月。江南既下，清廷撕掉偽裝，強推薙髮令，北京太醫院中的原明朝使團也不例外。至此，副使馬紹愉終於投降清朝，率領他的部下接受薙髮令。而左懋第及所部誓不從，其中有個副將艾大選「首髡如詔」，還跑來勸左懋第。「懋第大怒，麾從官立杖斃之。」事發，清廷於六月十九日以擅殺罪將左懋第逮捕，左懋第昂然道：「艾大選剃頭倡叛，恨不以軍法梟示通衢。我自行我法，殺我人，與汝何與？可速殺我！」

多爾袞對左懋第，暗懷敬重。他希望謹慎處理此事，決定親見左懋第，大聚朝臣，展開勸降。而在左懋第，竟是迎來最壯美的舞臺：

> 二十日，加鐵鎖，命入內朝。懋第喪冠白服，不北面，南坐於廷下。[8]

---

⑥ 《左忠貞公剩稿》，卷四，乾隆刻本，第 29 頁。
⑦ 同上書，第 37 頁。
⑧ 抱陽生《甲申朝事小紀》，第 732 頁。

洪承疇出現了，左懋第一見，無待其開口便說：來的是鬼吧？我所知的洪承疇，統制三邊，已經以身殉國，先帝為此曾親賜祭典，優以恤蔭。這都是眾所周知的事，來者必定是鬼！洪承疇本就心存愧疚，想說點什麼，經左懋第犀利譏諷，已難以啟齒，「卒不得發而罷」。現在清朝任吏部侍郎的陳名夏與辯，左懋第一語斥之：「汝曾中先朝會元，今日何面目在此與我說話？」陳名夏頓時「語塞，不復言」。某亦為降臣的兵部侍郎（當是金之俊）對左懋第說：「先生何不知興廢？」他立刻得聽到這樣的反問：「君何不知廉恥？」這時，所有在場漢臣「無復言者」，多爾袞只好親自開口，他質疑：「爾既為明臣，何食我朝粟半年而猶不知？」左懋第立即回擊：「貴國食我土地之粟，反謂我食貴國之粟耶！」此語嗆得多爾袞「色變」，一怒之下，揮出斬之。據說，在場的左僉都御史趙開心欲救左懋第，被旁邊的人死死拉住，等左懋第已押出，趙「始得前啟王曰：『殺之適足以成其名，不如釋之。』攝政王將可其奏，而懋第已死矣。」[1]

左懋第就義處，是如今北京菜市口：

> 懋第昂首高步，神氣自若。既至，南向而拜，端坐。而後受刑。

負責行刑的楊姓劊子手，「揮涕稽首懋第前」，跪在左懋第面前痛哭不止，全不顧四周眾目睽睽，「少頃，徐起舉鐋」……這樣的行刑場面，這樣的劊子手與受死者，從古到今捨此不知可有二例？「左蘿石記」寫道：

> 是日，大風晝晦。都人奔走流涕，拜送者不可勝計。

同日遇害的，還有部下陳用極、王一斌、劉統、王廷佐、張良佐等。五天後，一直羈留滄州的部分將士楊逢春、張友才等，得知死訊，「一時號泣遂解散云」。第二年六月十九日，左氏就義將屆週年，陳洪範於重病中，「亟言左公來，遂卒」。[2]

---

[1] 依「左蘿石紀」，左氏被害日期為順治二年（1645）六月二十日，《明史》左懋第傳則寫為同年閏六月十二日。查《順治實錄》、《東華錄》，對此事居然都未載，或因瞞諱而抹去。按：滿清薙髮令下達日期，《順治實錄》、《東華錄》均為六月丙寅（十五日），而左懋第係因抗拒薙髮令被害，故《明史》閏六月十二日之說不可信。

[2] 以上，均見抱陽生《甲申朝事小紀》，書目文獻出版社，1987，自 732 至 734 頁。

九

讀左公事跡，有些問題揮之不去。像他這樣的人和事，出現在蓬勃、向上、昌明的國度，不難解釋，因為信心飽滿、信念堅定，精神容易強大、勁拔。但是，左懋第卻置身江河日下、千瘡百孔、窮途末路的明末。這是「明代蘇武」與「漢代蘇武」最大和最重要的不同。他展示的精神，無論質地與分量都與蘇武相當，而不遜色；但我能夠了解蘇武之能如此，卻不甚明了左懋第是怎樣做到的。孔子好幾次談到「邦無道」情形下，個人可取的態度。一次說：「危邦不入，亂邦不居。天道有道則見，無道則隱。」[3] 一次說：「邦有道，危言危行；邦無道，危行言孫。」[4] 孫同遜，朱熹注曰：「危，高峻也。孫，卑順也。」還有一次說：「邦無道，則可卷而懷之。」[5] 卷是柔軟、收攏，懷是懷藏。── 即依先師之見，當着明末那樣黑暗的政治，刑政紀綱俱紊，如果知難而退、明哲保身，也不算品格有虧。顯然，左懋第的行為大大超出了一般的道德高度，甚至超出了時代對他的要求。

他應該是想證明什麼。在總共八個月、長達二百多天的過程中，面對咄咄逼人、不可一世的滿清征服者，他全身挺直，目光炯炯，未嘗稍懈。他應該是把自己視為明朝的代表，以至中國歷史和精神的代表，進行一番「中國有人」、「中國精神猶存」的證明。可惜得承認，他什麼也證明不了。他的努力，在腐朽、土崩瓦解、潰不成軍的朝廷襯托下，那麼無力，可謂慘敗。但在個人層面，他做出了極其強大、堪稱壯麗的證明 ── 我完全無法從腦際抹去那個行刑前在他面前「跪泣不止」的劊子手的形象。左懋第征服了每個人，甚至多爾袞和以後的乾隆皇帝。而這力量從深層看，確實又並不僅與個人相關，確實是「中國歷史和精神」的證明。倘若如此，最終，左懋第可稱「齎志以終」；血，還是沒有白流。

乾隆四十年（1775），乾隆皇帝批准表彰明朝忠臣，左懋第在其內；大

---

③ 朱熹《四書章句集注》，《論語》集注，卷四，泰伯第八，中華書局，1983，第 106 頁。
④ 朱熹《四書章句集注》，《論語》集注，卷七，憲問第十四，第 149 頁。
⑤ 朱熹《四書章句集注》，《論語》集注，卷八，衛靈公第十五，第 163 頁。

學士舒赫德、于敏中奉旨集議，做出的評介是：「仗節難撓，蹈死不悔出疆之義，無愧全貞。」乾隆據此賜諡「忠貞」。[1] 這樣，左氏族裔才敢將私藏多年的左懋第文稿，成冊刻行，凡四卷；左公詩文幸賴以存，否則，恐怕早就毀佚無多。

之前康熙間，前任弘光朝大理寺丞並與左懋第相厚的李清（映碧先生），私下輯成《蘿石山房文鈔》。他為文集寫了感人的跋，敘述已在耄耋之年的他，如何於舊藏之中翻檢出左氏作品，讀之，「潸然出涕」，「念公精忠大節，爭光日月，所謂真鐵漢耶！」那場痛哭，李清自己形容「哭近婦人矣」。收起淚水，他決心忍着老年的「目痛」，將所存左氏之作彙編成書。他最後寫道：

> 公死予生，嗚呼愧矣！因跋數語，非徒志感，且志愧云。[2]

李清的「愧」，除了他自己，也屬於整整一個時代。

---

① 《左忠貞公剩稿》，卷一，乾隆刻本，卷首。
② 《蘿石山房文鈔》，卷四，乾隆刻本，卷尾。

Chapter 3

史可法

拋骨竟無家

讀《史忠正公集》卷三所收十四通家書和五份遺
書，那是人所不知的史可法；柴米油鹽、家長里短。左
支右絀、半籌不納。既憂老父沉痾，復慮妻母不和，還
要操心弟弟的婚事和前途。每信，從無片語豪言，更不
見半點風花雪月、閒情逸致，有的只是焦勞與苦惱。

一

2010 年晚秋，為訪弘光朝事舊跡，我曾至揚州，在梅花嶺謁史公墓。入院，即見兩邊遊廊壁上嵌滿碑刻，多為 1962 年紀念史可法誕辰三百六十週年所立，而盡出於耆老宿將，如邵力子、蔡廷鍇、陳叔通、郭沫若、趙朴初、張愛萍、胡厥文等。其中，蔡廷鍇所撰碑文引我駐足良久：

> 率孤軍守孤城，臨難不苟，寧死不屈。

寥寥一語，既是史可法殉難揚州的再現，也令人想起蔡廷鍇本人 1932 年率十九路軍淞滬抗戰的往事，碑文內外，古今輝映。

歲月如輪，距蔡將軍撰此碑，轉眼又將半世紀。值此 2011 歲尾，我終於要動筆寫一寫史可法。不知怎的，臨筆之際，反而覺得心頭有些空乏，不復如訪史公祠時昂奮。試析原由，發現可能是一年來於案頭間形成了一些感受。

二

照預先設想，圍繞這麼重要的歷史人物，一定有豐富的著述可資借鑒和利用，然而很出意表。以傳記論，迄今似乎只有一本朱文長所作《史可法傳》，而它的問世，已是七十年前（民國三十二年，1943）舊事[1]。這且不說，難以置信的是，直到眼下連史可法的生年都還是個問題。舊史中，官方的《明史》未載，私撰例如《小腆紀傳》等等也不曾明言，而這一類基本事實層面的含糊，在史可法研究中屢見不鮮，有些簡直非得形容為粗枝大葉。魏斐德教授的《洪業——清朝開國史》，算是有關明清鼎革之際的名著，它在寫到史可法的時候說：

> 1620 年，他通過縣試。1626 年中舉人。1626 年中進士。[2]

---

[1] 1974 年，臺灣商務印書館曾翻印再版。

[2] 魏斐德《洪業——清朝開國史》，江蘇人民出版社，1995，第 288 頁。

我不知道他根據是什麼，或從哪裏看來的說法。1626 年，舊曆為丙寅年。是年，中國不可能舉行殿試 ── 沒有殿試，又如何中進士？這涉及明代科舉制度，《明史》「選舉二」：

> 三年大比，以諸生試之直、省，曰鄉試。中式者為舉人。次年，以舉人試之京師，曰會試。中式者，天子親策於廷，曰廷試，亦曰殿試。[3]

　　很明白的，鄉試以上考試，三年一次，而鄉試、殿試相連 ── 頭年鄉試，次年殿試（殿試前頭有會試，從結果論，會試是殿試的「前奏」，簡便起見我們將它略而不談）。所以，史可法不可能同一年既中了舉人，又中了進士。但這還不是最大的錯誤。明代鄉試以上考試，除了三年一次，還有年份上的規律：

> 子、午、卯、酉年鄉試，辰、戌、丑、未會試[4]

　　這規律來自中國干支紀年法，我們避其繁瑣內容，略而言之：凡鄉試年份，必含「子、午、卯、酉」四字中的一個；凡殿試年份，必含「辰、戌、丑、未」四字中的一個。而 1626 年，歲在丙寅，既不可能有鄉試，也不可能有殿試。在「三年大比」的循環期中，一年必有鄉試，一年必有殿試，另外一年輪空，而 1626 丙寅年恰好就是輪空年！當然，中國的朔閏法是很麻煩的東西，漢學家有所疏忽與誤解，不足為奇。但它提出或警示於我們的問題，卻不能不注意，那就是迄今為止有關史可法的研究，的確處在相當粗糙的狀態。我們不會苛求高鼻深目的洋人，但不能不躬問中國史學自身的不足。比如說，到現在我們連一本靠得住的史可法年譜都沒有，否則，魏斐德教授大約是可以避免 1626 年舉行過鄉試、殿試那種紕漏的。

　　本文的寫作，也因此不得不與最早的打算有所不同。當初，我於這篇文字的設想，是想憑藉豐富翔實的已知材料，就史可法展開一番深入

---

③　張廷玉等《明史》卷七十，中華書局，1974，第 1693 頁。
④　同上。

解讀，重點放在他內心世界的探索，而不是作傳記或生平的研究。現在發現，一些基本的研究或考證，已經繞不開。比如生年問題，如果不解決，以後每件事可能都受它的羈絆；何況像這樣一位歷史人物，對他生命軌跡含混了事，我們又於心何忍？所以在這情況下，也不得不兼顧少許的考辨工作。

先從破解史可法生年論起。過去官史及私史所以對史可法生年無明載，並非行文上的疏忽，而是確無一眼可見的材料。明末的官方史料流失厲害，崇禎以後便無《實錄》。而在個人筆記、回憶錄、親歷記方面，當時寫作非常活躍，如《弘光實錄鈔》、《青燐屑》、《甲乙事案》、《南渡錄》、《幸存錄》、《烈皇小識》、《聖安本紀》等等，內容雖大量涉及史可法，但以我讀到的論，均未提及其生年或適時的年齡（據之可推算生年）。另外，史可法自己著述中，也沒有明確直接的表達。再者，他主要是官員、政治家，不像學者和著作家有眾多且富於連貫性的著述，可從中稽索、分析生平經歷。我曾細讀所見到的他每篇詩文和書信，找尋一語自述年齡之字句，而無所發現。所以二十世紀前，關於史可法生於何年並無明說。甚至到八十年代，魏斐德教授談到這個問題仍說：

> 史可法生於 1601 年（據劉約瑟：《史可法和滿族入侵時中國的社會政治》）或 1602 年（此說較可信。見《史可法傳》，第 99-106 頁）。[1]

即攏共有 1601 年和 1602 年兩說，兩說分別來自劉約瑟和朱文長，魏斐德傾向於「1602 年」說，但他對「1601 年」說何以不夠可信，未具體說明。據魏著所附「西文引書目錄」，劉約瑟（Joseph Liu）論文於 1969 年在巴黎發表[2]，原文我們無緣得見，但我們有件原始的材料可藉以觀之。

那件材料雖不很偏僻，但並非一眼可見，首先要能發現和捉住幾個關鍵字眼，再圍繞它們轉好些彎子來解讀。它見於崇禎八年（1635），史可法

---

[1] 魏斐德《洪業 —— 清朝開國史》，江蘇人民出版社，1995，第 288 頁。
[2] 同上書，第 1082 頁。

為致祭左光斗墓而寫的祭文：

> 蓋師素擅文名，更稱冰鑒，當其提衡冀北，八郡群空，法甫
> 弱冠，亦隨行遂隊，步諸生後，聲名固寂如也。師不以為不才，
> 而拔之以冠八郡，且謂法曰：「爾當於卯辰脫穎去。」維時法未
> 之信，不虞兩試暴腮，果以卯辰售也。從來文字遇合有奇焉如此
> 者乎？③

這段話，回憶了當年左光斗對自己的賞識與發現。內有三處關鍵字
句，即「弱冠」、「兩試暴腮」和「果以卯辰售」。「弱冠」最好解，古
時年二十舉成人禮，《禮記》：「二十曰弱，冠。」④「暴腮」典出《太平御
覽》：「河津一名龍門，巨靈跡猶在，去長安九百里。江海大魚泊集門下數
千，不得上，上則為龍，故云暴腮龍門。」⑤後藉以喻舉業成敗，金榜題
名曰「登龍門」，失利曰「暴腮」。「卯辰」，指含有卯字、辰字的兩個年
份，以史可法當時實際論，只能是丁卯年（1627）和戊辰年（1628）。加
以串通，這段話是說：史可法二十歲那年，左光斗預言他將於丁卯、戊辰
之際脫穎而出，而史可法當時不敢相信。之後，他兩次投考均失敗，卻果
然在丁卯年成為舉人、旋於次年亦即戊辰年高中進士。據此，我們完全確
定了史可法生平兩個重要事實：第一，他當上舉人是 1627 年、取得進士是
1628 年，絕不是魏斐德說的 1626 年，更不是同一年既做了舉人又做了進
士。第二，「果以卯辰售」之前，曾「兩試暴腮」，亦即參加過二輪鄉試，
依「子、午、卯、酉年鄉試」的制度可知，兩次失敗的考試分別為辛酉年
（1621）和甲子年（1624）。另外，同樣很明了的是，左光斗道出預言是在
「兩試暴腮」之前，因而可知「年甫弱冠」必非 1622 年，否則丁卯年之前
史可法便僅有一次鄉試機會，而無從「兩試暴腮」——歸結一下：史可法
「弱冠」為辛酉年（1621），是年，他受左光斗知遇、得其預言，且於當年
首次鄉試而告失利，又於甲子年（1624）再次失利。

---

③ 史可法《祭左忠毅公文》，《史忠正公集》，卷四，商務印書館，民國二十五年十二月，第 48 頁。
④ 阮元校刻《十三經注疏》，中華書局，1982，第 1232 頁。
⑤ 李昉等《太平御覽》，卷四十，地部五，龍門山，中華書局影印，1995，第 191 頁。

繞了許多的彎子，我們總算搞得確實，史可法弱冠亦即二十歲，便是1621年。如此算來，生於1601年豈不彰彰明甚，又何來1602年之說呢？先不要着急，古人年齡算法與我們今天不同，較之今天，他們的年齡普遍得減去一歲，因為今人年齡都算週歲，這算法是西方的習慣，而在實行西曆以前，中國人所稱年齡通常是虛歲[1]，比如黃宗羲生於1610年、卒於1695年，黃炳垕《黃梨洲先生年譜》記為享年八十六歲。我們現在，盡可照着週歲理解古人享年，所以我們若認為黃宗羲在世八十五歲而非八十六歲，並無不可，但如果涉及古籍中年齡計算問題，就不能不知道應按虛歲來推其時間。因此，1621年史可法「弱冠」，所表示的恰恰是他生於1602年。就像魏斐德因為鬧不明白干支紀年與科舉的關係，而把史可法中舉人和進士誤為同一年，劉約瑟恐怕也是不知中國古時一般不算週歲因而有1601年說。

然而，與史可法有關的訛誤，又並非只出自洋人漢學家，所以我要再舉一個例子。馬其昶所著《桐城耆舊傳》，於左光斗傳中說：「及公逮繫，史已舉於鄉矣。」[2] 稱史可法中舉，在左光斗被逮（天啟五年，1625）之前。《耆舊傳》突兀具此說，對其由來所本，並未交待。但我們分明從史可法自述得知，他的中舉在丁卯年（天啟七年）。那麼，馬其昶是怎樣犯了這麼大的錯誤呢？我推測是因為兩點。其一，他應該沒有細讀過《史忠正公集》；其二，所本為方苞《左忠毅公逸事》，然而又誤讀了它。方文中有句：「及試，吏呼名至史公，公瞿然注視，呈卷，即面署第一。」馬其昶之誤蓋即由這句匯出，出錯原因是以為這次考試是鄉試，而將「面署第一」誤為左光斗當面取史可法為頭名舉人。其實，這是一次童生「入學」考試。《明史》：「士子未入學者，通謂之童生。」「生員入學，初由巡按御史，布、按兩司及府州縣官。正統元年（1436）始特置提學官，專使提督學政。」「提學官在任三歲，兩試諸生。」[3]《明史》又載，1620年（該年既

<hr>

[1] 古籍極少卻非完全沒有以週歲來算的，例如《三國志・蜀書・譙周傳》：「昔孔子七十二，劉向、揚雄七十一而沒」，考孔子、劉向、揚雄三人生卒，可知這裏的七十二、七十一歲卻是週歲。

[2] 馬其昶《桐城耆舊傳》，左忠毅公傳弟四十四，黃山書社，1990，第161頁。附注：這裏「弟四十四」，並非「第四十四」之誤；馬氏身為桐城派大家，用字刻意求古。

[3] 張廷玉等《明史》卷七十，中華書局，1974，第1687頁。

是萬曆四十八年，也是泰昌元年），左光斗「出督畿輔學政，力杜請寄，識鑒如神」④，也即《左忠毅公逸事》所稱的「視學京畿」⑤，它在左、史相遇的前一年。次年，左光斗作為畿輔學政外出巡視途中，慧眼識珠，發現史可法，於同年生員入學考試中將其拔為頭名，史可法就此從「童生」成為「諸生」，亦即俗稱的「秀才」。對此，我手頭有陳耀東《方苞劉大櫆姚鼐散文選》一書，其就方苞「面署第一」注曰「當面批上取中秀才第一名」⑥，這才是正確的。我們當然很不解，馬其昶應該沒有犯上面那種錯誤的可能 —— 他列《清史稿》十名總纂之一⑦，還是清末桐城古文名宿 —— 然而，又確確實實犯了。連這樣的碩學大家，筆下都不免訛舛，可見史可法史實中的淆溷情形，真的讓人很有些頭疼。

三

　　年來披讀材料，我高度警覺的正是這一點。這當中，有佚毀、改竄造成史料本身失真和斷續不一，有以訛傳訛，有各種因疏忽、誤讀而致的錯誤，更有出於某種原因在原始材料階段就形成的主觀故意編造（後面我們自然會談到）。總之，有些事實可以確定，有些則不能確定；即便可以確定的事實，也每每有一二細節並不明朗。在史可法身上遭遇這種情況，雖非全無思想準備，但確不能料到這麼嚴重。不過，意外有一點好處，提醒我不管面對什麼材料，無論官史私史、親見旁聞，一律讀辨並舉，用質證方式求其實，只從確定的事實講起，尚未確定的設法使它確定，如不能確定則坦而明言。

　　比如下面的問題：史可法是哪裏人？

　　搜「百度百科」，輸入「史可法」，瞬間會得一詞條。裏面說，他是「祥符人」。對此，隨後括弧裏有這樣的注解：「今河南開封，祖籍順天府

---

④　張廷玉等《明史》卷二百四十四，第 6331 頁。
⑤　陳耀東注譯《方苞劉大櫆姚鼐散文選》，三聯書店（香港）、上海古籍出版社聯合出版，1990，第 26 頁。
⑥　同上書，第 28 頁。
⑦　《清史稿發刊綴言》，《清史稿》，中華書局，1977，第 14732 頁。

大興縣（今北京）」。

　　我注意到，這詞條截至我們引用它為止，曾被編輯八十九次之多，流覽量則達到二十五萬二千零二十五人次。儘管網絡信息一般很難要求其嚴肅性，我們早有心理準備，可這一條的不嚴肅，還是讓人不能釋懷。首先，它關係着中國歷史乃至民族精神方面相當重要的一個人物；其次更在於，它業已經過不同作者之手總共編輯了近九十次，實難想像在這種情況下仍有致命錯誤完好保存下來，並進入數十萬次的流覽與接受的過程。

　　糾正這個錯誤，舉手之勞，只須把編輯者的注解加以顛倒：史可法，大興人，祖籍祥符（開封）。雖然好像是不起眼的差別，但我們知道如不糾正，其較諸事實本身，卻完全應了「差之毫釐，謬以千里」這句話。

　　為何有這樣貌似毫釐而實為根本的錯誤？又是因為誤讀。《明史》史可法傳：「史可法，字憲之，大興籍，祥符人。」[1]《小腆紀傳》史可法傳亦為：「史可法，字憲之，號道鄰，大興籍，河南祥符人也。」[2] 問題出在對「籍」字的理解上。今人提起「籍」，一般作「籍貫」理解，亦即祖籍。殊不知，當時的「籍」，指的卻是隸籍於何地，亦即在哪裏出生、是哪裏居民；相反說某地人，反倒是祖籍何處的意思。所以，《明史》中的「大興籍，祥符人」，今人按自己現在的理解一「翻譯」，便南轅北轍，把史可法從大興人、祖籍開封，變成開封人、祖籍大興。本來，稍微多想，很難搞錯。就像大家知道的，史可法是左光斗「視學京畿」時發現的，這意味着他必是北京一帶學子，假如是開封人，是不可以在北京參加科舉的。

　　專門舉這個例子，除了所含錯誤確應糾正，更因它被反覆編輯了幾十次，錯誤仍舊安然無恙。這真值得我們好好地警惕。在我們周圍，這一類不斷被談論、被認可，貌似可靠而完全錯誤的「知識」，正不知有多少。這樣的結果，是幾十年來粗糙惡劣、信口雌黃、不重事實的學風所必有。

---

①　張廷玉等《明史》卷二百七十四，中華書局，1974，第7015頁。

②　徐鼒《小腆紀傳》，列傳第三，史可法，中華書局，1958，第115頁。

四

至此，我們對於史可法的最基本的信息，總算不存疑雲了：1601 年，他誕生於順天府大興縣。《明史》「地理一」順天府一段說：

> 大興倚（緊挨着京城）。東南有大通河，亦日通惠河，水自
> 玉河出，繞都城東南，下流至高麗莊，入白河，即元運河也。又
> 有玉河，源自玉泉山，流經大內，出都城東南，注大通河。③

看來，今昔大興，地理上是兩回事。據上所述，明代的大興縣，應該自東便門起，沿通惠河直到通濟橋之間，大抵是現屬朝陽區的一片區域。照這樣的概念，我們盡可以說，史可法是不折不扣的北京人。

「北京人」史可法，生在一個錦衣衛家庭，「世錦衣百戶」④。「世」字需要解釋一下。明代制度，「其軍皆世籍」⑤，孟森先生曾加以概括：「兵與官皆附衛為籍，世世不改，則並計人數而較增多耳。」⑥ 有兩個特點：一、世襲制，軍籍之家，永世為軍；二、「附衛為籍」，戶籍由駐防地來定，在哪個衛所，即隸籍該地。錦衣衛也是軍隊系統一種，是皇家衛隊。史家的「大興籍」，即因作為錦衣衛成員，隨軍從河南落戶北京。隨着年湮時遠，到後來，雖然從戶籍角度史家仍屬錦衣衛，有一個「百戶」的職務，但也可以通過參加科舉求取功名。起碼從祖父史應元那裏，史家開始向知識家庭轉化。史應元「舉於鄉，官黃平知州」⑦，以舉人得官。父親史從質、史可法本人和弟弟史可模，都是讀書人。史可法以及堂弟史可程，又先後中進士。這時，史家可以說徹底地從世襲軍人邁入士大夫階層。

說到史可法出生的經過，《明史》稱：「從質妻尹氏有身，夢文天祥入其舍，生可法。」⑧ 當然荒誕不經，但我們不能只是嗤之以鼻，而要弄明白

---

③ 張廷玉等《明史》卷四十，第 885 頁。
④ 張廷玉等《明史》卷二百七十四，第 7015 頁。
⑤ 張廷玉等《明史》卷九十，第 2193 頁。
⑥ 孟森《明清史講義》，中華書局，1981，第 42 頁。
⑦ 張廷玉等《明史》卷二百七十四，第 7015 頁。
⑧ 同上。

《明史》為什麼這麼寫。

這樣的筆法說明，到了編修《明史》的時候，史可法已從滿人所親手殺害的人，變成他們想討好和利用的對象。為此，開始加以神化。這一點，史可法生前當然做夢也想不到。然而，政治這樣擺佈歷史，或者說以歷史為妾婦，實在並不鮮見。

也有另一種修飾，雖然可能出於「善意」。比如，揚州史公祠裏的塑像。假如史可法死而復生，看見這座塑像，一定打死不敢相信這是他的尊容。雖然設計師很費了番心思，巧妙地把塑像安排成坐姿，來迴避某些問題。但從身體比例看，塑像真的過於魁梧、高大了，讓任何普通人自慚形穢。如果我們視「夢文天祥入其舍」為一種陳舊騙局，那麼，史公祠塑像則要讓人對當代某些思想特色回味不已。

實際呢？計六奇在《南季北略》中說，順治六年（1649）冬，他入城應試，與一位昔年「久居於揚」的浙江人相遇，後者以親眼所見相告：「史公為人形容猥陋，而忠於體國」。[1] 這與《甲申朝事小紀》「史可法小紀」的描寫相吻合：「可法為人軀小貌劣，不稱其衣冠，語不能出口」[2] 即便試圖有所美化的《明史》也寫作：「可法短小精悍，面黑，目爍爍有光。」[3] 比之於史公祠塑像還不算太離譜，還沒有把一個矮小的人，活脫脫變成「高大英雄」。

所以我們又得修復一個事實──史可法的真容是，身量相當短小，面貌也不好看，甚至超出了不好看，得以「猥陋」「貌劣」來形容。其貌不揚以外，語言又很乏味⋯⋯總之，單從觀感來看，沒有絲毫的魅力。

五

這樣的史可法，沒有迎合我們關於英雄或偉人相貌的想像。我們由此知道，英雄或偉人，可以「軀小貌劣」，可以不高大、不偉岸、不俊美，

---

[1] 計六奇《明季南略》，中華書局，2008，第 205 頁。
[2] 抱陽生《甲申朝事小紀》，書目文獻出版社，1987，第 692 頁。
[3] 張廷玉等《明史》卷二百七十四，中華書局，1974，第 7016 頁。

甚至比普通人還不中看。或許更重要的，是由此去發現藏在我們腦中的一些莫名其妙的觀念，比如所謂「完美」。它假設英雄總是十全十美的，不會有缺點和缺陷，不光思想好，儀容也出眾。其實沒有這樣的人。所謂「完美」，似乎從來是用於隱瞞與欺騙的。史可法的非英雄儀錶，不曾引我吃驚，反倒是歷史經過人為如何一點點地虛離和詩化，很觸目怵心。我覺得，從造訪史公祠啟程的史可法解讀，更多是一種「拾級而下」，從仰視到平視，以至於一定意義上的俯視。「俯視」不是「小覷」。對他，我仍抱極深的敬意，只是如今的敬意，與其說來自雲端峰穎，還不如說原於平凡抑或太平凡。

明末叱咤風雲的人物，每每出身世家巨室。比如「四公子」，比如復社那班才子名士。我曾見過黃宗羲描述的陳繼儒（眉公）：

> 己巳秋，余至雲間，先生城外有兩精舍，一「頑仙廬」，一「來儀堂」，相距里許。余見之於「來儀堂」。侵晨，來見先生者，河下泊船數里。先生櫛沐畢，次第見之，午設十餘席，以款相知者。[4]

這麼精雅、考究的生活，史可法想都別想。其家境之窘迫，恐不在任何人想像之中。儘管祖父曾經為官，但顯然並未積下什麼家產。「史可法小紀」云：「數歲時，短衣無火，寒涕交加。」[5] 窮酸如孔乙己，尚有一件長袍，幼年史可法卻只能「短衣」打扮，與販夫走卒無異。《左忠毅公逸事》寫左、史相遇，正是一番貧寒場景：「一日，風雪嚴寒，從數騎出，微行入古寺。廡下一生伏案臥，文方成草。公閱畢，即解貂覆生，為掩戶。」[6] 解貂覆生、為掩戶，都是在襯託、突出史可法的貧寒。此亦獲證於史可法自述，談到過去，他以「貧甚」一語來形容 ——

> 且師（左光斗）之於法，固不第文字之知己也。又因法貧

④ 黃宗羲《思舊錄》，《黃宗羲全集》，第一冊，浙江古籍出版社，1985，第340頁。
⑤ 抱陽生《甲申朝事小紀》，第692頁。
⑥ 陳耀東注譯《方苞劉大櫆姚鼐散文選》，三聯書店（香港）、上海古籍出版社聯合出版，1990，第26頁。

甚，而館之官邸中，每遇公餘即懸榻以俟，相與抵掌時事，辨論古今，不啻家人父子之歡。①

原來，古寺邂逅之於史可法，不止於得遇恩師，還是擺脫貧困的開端——左光斗將他搬到府中居住，供他的飲食，給他安心讀書的條件。這情節僅見此文，他處未載。難怪史可法心中，對左光斗情如父子。後來，左光斗被閹黨下獄、史可法冒險探監的故事，大家耳熟能詳，但未必會注意文中史可法「敝衣、草屨，背筐，手長鑱，為除不潔者」的形象，並從中體會他貧苦的身世。這形象，只能屬於一個窮苦的青年。換作公子哥兒，縱便心懷感恩，也沒法拿出同樣的行動。

這是真正從底層走來的「宰相」。儉苦自持，是他身上最大的特徵，乃至是岐嶷於時代的標誌。多年軍旅生涯中，憑藉這品質，他做了別人無法做到或不屑於做的事。《明史》說他「與下均勞苦」，吃的苦和部下一樣多，「士不飽不先食，未授衣不先禦」，士兵吃飽前他不動箸，部隊冬裝沒發下來他不先換冬衣。又說：

> 可法為督師，行不張蓋，食不重味，夏不箑，冬不裘，寢不解衣。②

此時，他貴為宰輔（東閣大學士）、國防部長（兵部尚書），兼前敵總司令（督師），卻與任何普通兵丁毫無分別。如果這仍不足具體了解他如何能吃苦，不妨看《左忠毅公逸事》中的細節：

> 每有警，輒數月不就寢，使將士更休，而自坐幄幕外，擇健卒十人，二人蹲踞而背倚之，漏鼓移則番代。每寒夜起立，振衣裳，甲上冰霜迸落，鏗然有聲。③

這篇散文史上的名作，我在十幾歲時讀到，後來又不知讀過多少次，

---

① 史可法《祭左忠毅公文》，《史忠正公集》，卷四，商務印書館，民國二十五年十二月，第 48 頁。
② 張廷玉等《明史》卷二百七十四，中華書局，1974，第 7023 頁。
③ 陳耀東注譯《方苞劉大魁姚鼐散文選》，三聯書店（香港）、上海古籍出版社聯合出版，1990，第 27 頁。

每每讀到這兒，還是禁不住打個寒顫。從前面的「為除不潔者」到「甲上冰霜迸落，鏗然有聲」，我們面前何曾有什麼「大人物」，所看到的，只是一位吃苦耐勞不遜農夫的樸實漢子。

不過，這漢子的確是朝廷中地位最高的重臣。拿那樣的身份與其行狀比較，常人非但理解不了，反覺他形同怪物。對史可法頗有微辭的應廷吉，借另一位部下黃蟲源（字月芳）之口說：

> 「月芳老矣，不能日侍左右，師臺亦當節勞珍重，毋以食少事煩，蹈前人故轍……何必晝夜損神，以躬博勞瘁乎？」公曰：「固知公等皆受用人，不堪辛苦。」蟲源曰：「兵者，殺機也。當以樂意行之。將者，死官也。須以生氣出之。汾陽聲伎滿前，窮奢極慾，何嘗廢乃公事乎？」公笑而不答。④

汾陽，指唐代名帥郭子儀，他一邊花天酒地，一邊不斷打勝仗。黃蟲源舉這個例子，來微諷史可法的躬勞是不必要的。史可法則笑而不答，無話可說。其實，他前面講了，「公等皆受用人」。各位都是會享福的，而我不是。

言至此，不能不提到明代的「享樂主義」氣質。雖然這朝代，有許多人輾轉凍餒之間，「人相食」情形也並不少見，但它的確以享樂主義為其突出和基本的氣質。自古以來，飲饌之精，居止之適，娛樂之盛，無過乎明代的。這方面，不知留下多少遺韻。我們看徽州明代民居，到處有不厭精細的磚雕、窗雕。我們看至今藏家愛不釋手的明式傢俱，造型何其優雅，材質何其奢華，氣息何其怡然。我們看蘇州諸多私家園林，無論創意、佈局或情調，都將生活的愉悅昇華到極致。我們還不曾談論明代的瓷器、戲劇、繪畫、服飾、圖書……其實有個濃縮了一切的視窗，就是秦淮河畔那座座院坊和如雲的姝麗，其間的陳設、品味、才藝、情趣和慾望，對明代享樂主義之表現，可謂纖悉無遺、妙到巔毫。

就在這溫柔富貴之鄉，我們卻面對一位苦行僧般的「宰相」。他與所

---

④ 應廷吉《青燐屑》，留雲居士《明季稗史初編》，上海書店，1988，第435頁。

有享受無關，不論飲食男女。崇禎八年被任職皖南以來，他實際就是鰥夫，夫妻異地，自己也從不近女色，中間除崇禎十二年至十五年丁憂三載，一直鞍馬在外，「年四十餘，無子」。在到處聲色犬馬的氛圍中，這實在是很「另類」的存在。我們不說偎紅依翠的名士風範，也不說窮奢極慾的馬、阮之流，當時，即便歷來目為粗人的武夫，也都沉湎享樂不自拔。四鎮之一劉澤清，在淮安大興土木，宮室之麗令人咋舌。

放眼明末，無論正邪，都找不出第二個這號人物。所以，把史可法看成英雄之前，我們必須知道他的平凡或樸素。「公等皆受用人」，在那業已習慣享樂、從皇帝到文武眾官不享樂毋寧死的時代，這個生來不懂抑或不善於「受用」的人，只能像頭老黃牛，將重軛套在脖子上，一步一躓，獨自垂頭走着。而邊上的人，還投以奇怪的目光，認為他無濟於事。的確無濟於事，大廈將傾，一根獨木如何撐得住？看看滿朝上下的朝雲暮雨、恬嬉風流，即知史可法徒勞一場必不能免了。但他的意義，本不在於成功，而在力行——事不可為而為之。

六

寫本文，有兩個心願。其中之一，想把史可法從英雄光環籠罩底下往外拽一拽，而還他以血肉。材料讀得越多，越覺得那光環對他有極大遮蔽。他受的苦，他的黽勉支撐，他的心力交瘁，以及愁悶、寂寞、黯淡……這些我真切看到的東西，在光環下統統不見了，只剩下義薄雲天和高山仰止。四百多年來，崇隆每增添一點，我們與他內心的距離也拉大一點。當只能擺着凜然、威嚴的姿態，變成史公祠的一座塑像時，他就完全扁平化了，成為一個符號。

讀《史忠正公集》卷三所收十四通家書和五份遺書，對此感受格外強烈。那是人所不知的史可法；至少，在我如此。柴米油鹽、家長里短。左支右絀、半籌不納。既憂老父沉疴，復慮妻母不和，還要操心弟弟的婚事和前途。每信，從無片語豪言，更不見半點風花雪月、閒情逸致，有的只是焦勞與苦惱。我對兩個方面印象最深，一是拮据，二是庸常。

關於前者：

> 日費艱難，又添憂惱，乞父親凡事寬解……京中諸物騰
> 貴，日費艱難，前吳逢順、劉應奎寄去些須，恐不足用，不妨暫
> 貸於諸友，容男陸續補還。[1]

> 此時都中米珠薪桂（米如珠，柴如桂；極言其貴），欲寄盤
> 費恐途次差池，只得待之敵退後。諸親友處，可以借貸權宜行
> 之。有今日之苦，方知前日勸留之為是也。[2]

養家盡指望於他，而崇禎以來由於內亂邊釁，物價飛騰，僅米價即至
萬曆間十倍以上，史家捉襟見肘，不得不告貸維持。借錢的事，幾乎每信
都有提到。除了負擔父母妻弟生活，諸大家族，叔伯姑舅人等，亦不時給
予照顧、支出。例如，五嬸母不知出了何事需幫襯，史可法無奈竟讓妻子
變賣首飾：

> 五嬸母事該當相助，但此時手中空乏，不能顧人。今寄去銀
> 十五兩備用，夫人可將首飾變賣用度，將寄去銀，以數兩與之，
> 亦陰德事也。[3]

以此種種，有時書信竟至如同賬單：

> 前寄書儀有未用者，以二金奉四太爺過節，一兩奉五嬸母，
> 一兩奉舅太太過節，以二兩奉三弟買書，餘不能概及也。[4]

先前某信，史可法曾流露對寄錢回家被搶的擔心，沒想到，居然成為
現實：

> 乘此春月，當為可模急完親事。男欲寄些盤費，因途間難

---

① 史可法《家書三》，《史忠正公集》，卷三，商務印書館，民國二十五年十二月，第 36 頁。
② 史可法《家書五》，《史忠正公集》，卷三，第 37 頁。
③ 史可法《家書十一》，《史忠正公集》，卷三，第 41 頁。
④ 史可法《家書九》，《史忠正公集》，卷三，第 38 頁。

行，前令承差丁應揚寄銀三十兩，為家中雜費，竟被北兵搶去，空自逃回，是以不敢輕寄。都中親友有可借處，父親設法借之，事平路通，男自一一措還。惟望父親母親寬懷珍重要緊，勿以男為念。①

而拮据之愁，不限於家用，公職中復如是。下信談及辦公費用的極度不足：

兄巡撫年餘，僅有四百三十金公費，七百金紙贖，而歲用幾至二千兩，其不足者，皆於別項代支，尚無償補之法。近因敵犯內地，又將一年公費，捐以充餉。道途奔走，紙贖全無，窘索太甚。②

「庸常」，是我對史家氣氛的感受。這個家庭，普通到有些俗氣。那些磕磕碰碰、漚氣使性，北京的胡同人家至今猶然。家書中，為各種瑣事而周旋、勸釋、陪小心、唉聲歎氣的史可法，滿臉煙火色，浮現着地道平民的憂沮愁煩。

那是個大家庭，親眷眾多，虯結纏繞。除了「太爺」、「太太」（即父親、母親），夫人和弟弟史可模（史可法有時稱他「八哥」，大概在叔伯兄弟中排行第八），信中還提到三太爺、四太爺、舅太太、三弟（即堂弟史可程）、大舅、五嬸母、大兄，以及楊太爺和楊太太等。

關於楊太爺、楊太太，我認為就是史可法岳父岳母——也據而可知，史夫人姓楊。太爺、太太，是當時對父母的稱謂；父為「太爺」，母稱「太太」。史可法的十四封家書中，兩次提到楊太爺、楊太太，而兩次都是在寫給夫人的信中，其為夫人之父母，甚明。一次說：「楊太爺太太及闔家想俱平安，見時為我致意。」③另一次說：「不知太爺病體比前如何？又不知太太及楊太爺、楊太太近日俱安否？」④前信問安岳父母闔家，後信以雙

---

① 史可法《家書六》，《史忠正公集》，卷三，商務印書館，民國二十五年十二月，第37頁。
② 史可法《家書十二》，《史忠正公集》，卷三，第41頁。
③ 史可法《家書四》，《史忠正公集》，卷三，第36頁。
④ 史可法《家書十一》，《史忠正公集》，卷三，第40頁。

方父母並斂，意皆甚明。另外，乙酉四月二十一日揚州城破前所留遺書，也以「太太、楊太太、夫人」並提，云：「恭候太太、楊太太、夫人萬安：北兵於十八日圍揚城，至今尚未攻打，然人心已去……」[5] 此三人乃史可法之至親者，亦當無疑（其時史父已於崇禎十二年病故；未提楊太爺，諒亦如此）。所以，史夫人姓楊應該是沒有問題的。

專門講一下這個問題，是因以往朱文長有這樣一種說法：「史可法最初娶李氏為妻，次娶楊氏。因為後者較前妻身份更高，因此他視她為第一夫人，並尊稱『太太』。」[6] 不單稱史可法有正側兩室，且具體指出她們的姓氏。倘使果如朱文長所說，史可法家信和遺書中不會沒有蹤影，但我們將它們逐字讀下來，並無一丁點跡象。相反的，所有家信和遺書表明，史可法只有一位妻室。大家知道，史可法膝下無子，他在寫給夫人的《家書八》中談到此事：「如今我年已長，又無子嗣……目下分離，日後自然聚會，萬一上天見憐，生得一子，受用正自不盡，何必憂愁。」[7] 明顯地，話語只預設了一個對象，亦即收信者。換言之，對史可法來說，子嗣之談，除夫人外再無其他對象及可能；假如有側室，像「萬一上天見憐，生得一子，受用正自不盡，何必憂愁」這種話，明顯是不可以用來寬慰正室的。另外，《明史》明確記載史可法曾回絕夫人「置妾」建議，更可證他絕無側室：

> 年四十餘，無子，其妻欲置妾。太息曰：「王事方殷，敢為兒女計乎！」[8]

既如此，為什麼朱文長仍然發明了側室之說？一番旁搜遠紹，我發現大概出於《家書八》這樣一句話：「楊太太腸窄，凡事須要寬解。夫人雖苦，然上有父母、下有丈夫……」[9] 朱文長必定妄度了「楊太太腸窄」幾個字，覺得很像在調解大小老婆之爭，於是附會出一個「側室楊氏」。前

---

[5] 史可法《二十一日遺筆》，《史忠正公集》，卷三，第 44 頁。
[6] 魏斐德《洪業 —— 清朝開國史》，江蘇人民出版社，1995，第 508 頁。
[7] 史可法《家書八》，《史忠正公集》，卷三，第 38 頁。
[8] 張廷玉等《明史》卷二百七十四，中華書局，1974，第 7023 頁。
[9] 史可法《家書八》，《史忠正公集》，卷三，第 38 頁。

面，我們已經辨明，「楊太太」乃史夫人之母。而朱文長為何張冠李戴？很簡單，他將「太太」的意思搞錯了，以為明朝也和現代一樣，以「太太」稱夫人，不知道那時「太太」不是配偶而是「母親級」（媽媽或岳母）的稱謂，所以才有「他視她為第一夫人，並尊稱『太太』」這樣的無稽之談。不過，朱文長何以不但杜撰了正側二室，且指那位「正室」姓氏為李，我們就毫不知情了。我知道的是，史家確有位李氏兒媳，但她卻是史可模之妻，史可法曾在信中多次提到他們的婚事。

十四封家書，寫於崇禎十一年（1638）十一月至十二月二月之間。這時，史可法人在安徽，擔任安慶、廬州（今合肥）、太平、池州四府巡撫。北方家中，父親身患重病，幾經反覆之後死去。除了惦念父親的病情，史可法另外操心不已的，是家中幾個女人：母親尹氏、夫人楊氏和岳母楊太太。看起來，她們均非知書達禮之人，細大不捐，易生齟齬，而難於諒人，常置史可法於一地雞毛。過去，我們習慣於英偉人物身後，站着胸懷寬廣、品性高拔的女性。比如孟母三遷的故事、岳母刺字的故事；與史可法同時的左懋第，身後也有一位剛烈而識大體的母親。但這故事模式，到史可法這兒卻煙消雲散。關於岳母楊太太，前面有「腸窄」一語。又曾在給弟弟史可模信中說：「嫂子心窄性執，凡事當諫勸之。」[1] 至於老夫人尹氏，他不能口議母非，我們只見他給弟弟信中以「素多憂慮」[2]、「心窄，凡事須寬解之」[3] 微言其性情，更多的，要藉他與楊氏的通信了解。這些信，再三出現「萬萬不可灰心」[4]，「不可惹氣」[5]，「不可時時愁苦」[6]，「夫人是極好心人」[7]，「只願夫人作個大賢大孝之人」[8] 等叮嚀、央求、打氣之語，這些話語背後，一般指向婆媳麻煩。

府中三位女眷，心胸都與「窄」字沾邊。她們的日常交集，將生出多

---

[1] 史可法《家書十二》，《史忠正公集》，卷三，商務印書館，民國二十五年十二月，第 42 頁。
[2] 史可法《家書五》，《史忠正公集》，卷三，第 37 頁。
[3] 史可法《家書九》，《史忠正公集》，卷三，第 39 頁。
[4] 史可法《家書十一》，《史忠正公集》，卷三，第 40 頁。
[5] 史可法《家書八》，《史忠正公集》，卷三，第 38 頁。
[6] 史可法《家書四》，《史忠正公集》，卷三，第 36 頁。
[7] 史可法《家書八》，《史忠正公集》，卷三，第 38 頁。
[8] 史可法《家書四》，《史忠正公集》，卷三，第 36 頁。

少閒氣，一目了然。這當中，最值得同情也許是楊氏。結婚多年而終無一子，在那時是天大的煩惱。夫妻長期分離，跡近守寡不算，侍奉公婆及持家的擔子全在一肩之上。這樣的日子，即心胸豁達之人也難免愁眉不展。再者，連「夫貴妻榮」這一點，也沒沾上光。她為此責怪過丈夫，史可法當時答道：「我在任已經年半，再過年半，就該考滿、請誥封。所言覃恩，久已奉旨不准，非我不請也。」⑨覃恩，一般指皇帝給予臣民的封賞、赦免等，這裏具體所指不明，大概是楊氏可以指望的某種恩典。至於「請誥封」，後來大概沒有落實。因為未及「再過年半」，史可法丁憂去職。總之，楊氏不但身體辛苦，精神上亦無安慰，她的「心窄性執」只能日甚一日。而史可法所可指望的，仍然是她，每信不斷予以鼓勵以至懇求，崇禎十一年臘月一封長信最典型，一口氣談了奉公婆、和姑嫂（小姑子即將過門）、保信心等五件「最要緊之事」，讀來苦口婆心、煩言碎語：「太太娶了八哥媳婦，夫人更要小心，凡事務須含妨，不可存一點成心，只要求公姑歡喜，讓得人，受得苦，才是享福之人。」「何必憂愁，就是凡事不如意都有個命在，看到他人家破身亡，我們便是有福之人，務要多方勸解。」⑩

中國有「畏大人」傳統，位高權重則「異於常人」。史可法位非不高，權非不重，但我們看他的家庭生活以及所糾結之事，與常人有何不同？即有不同，似也是愁煩更多不少。我們並非廉價談論什麼「從神到人」、「從英雄到普通人」。我從中想到的是，像這種易被宏大敘事架空的歷史人物，恰恰要回到日常狀態，從生活情態切入，才能重新感知他，恢復對他的新鮮感，找到為之設身處地的情境。比如，我注意到他文字中有個常見的字眼：「苦」。通信《與楊某》，以下語自況：

> 弟事事苛細，徒自苦耳。⑪

臨難前，遺書母親：

---

⑨ 史可法《家書十一》，《史忠正公集》，卷三，第41頁。
⑩ 史可法《家書八》，《史忠正公集》，卷三，第38頁。
⑪ 史可法《與楊某》，《史忠正公集》，卷二，第29頁。

兒在宦一十八年，諸苦備嘗，不能有益於朝廷。[1]

給弟弟史可模的遺言，同樣喟歎：

揚城日夕不守。勞苦數月，落此結果，一死以報朝廷。[2]

這個「苦」字，在以往對他的議論中，似乎無人覺得可以注意一下。讚美他的人，好像不便提到「苦」，好像他如有這種心情和感受，則有損於形象。批評他的人，又無視他的「苦」，拿不成功求全責備，質問他的能力，或究竟辦成了哪一件事。但雙方其實沒有分別，都從「大人物」角度看他，想像他三頭六臂，或用三頭六臂要求他。其實他和常人一樣，也兩條胳膊兩條腿；而所處局面，無論家事國事，卻到處一地雞毛。裏裏外外看下來，史可法既當不起英雄的光環，卻也絕不該擔負某些袖手清談之輩的率意苛求。末日時刻，他有這樣的感慨：「身死封疆，實有餘恨。」[3]又說：「遭時不遇，有志未伸。」[4]他自知不成功，是失敗者，而並不需要別人似乎一針見血、震聾發聵地指出。他帶着餘恨死去，有志未伸，心留慚愧。可實際看一看，他的志怎麼個伸法？我不厭其煩，描述他的日常景狀及種種瑣事，一是還他以普通和平凡，另一面，也作為弘光政局的一番隱喻。後者的一地雞毛，毫不遜於史可法有點焦頭爛額的家中情形：七姑八嫂、人多口雜；左右掣肘而眾難群疑，上下不睦而恩牛怨李，補苴罅漏而計盡力窮，跋前躓後而動輒得咎。就像韓愈描繪過的那種情形：「月費俸錢，歲靡廩粟，子不知耕，婦不知織，乘馬從徒，安坐而食。」[5]

七

因此，繼前面講過以「凜然、威嚴的姿態」把他做成塑像那種遮蔽之

---

① 史可法《遺書二》，《史忠正公集》，卷三，商務印書館，民國二十五年十二月，第 43 頁。
② 史可法《遺書四》，《史忠正公集》，卷三，第 43 頁。
③ 史可法《遺書一》，《史忠正公集》，卷三，第 43 頁。
④ 史可法《遺書五》，《史忠正公集》，卷三，第 44 頁。
⑤ 韓愈《進學解》，《中華活頁文選》第 37 期，中華書局上海編輯所，1961，第 7 頁。

後，現在要講另一種反方向的遮蔽——因他身繫中樞、位高權重，就覺着他無所不能或應該無所不能。

後一種遮蔽，無過乎顧誠《南明史》。此書針對歷來對史可法的稱道，大做反面文章，給予幾乎全部負面的評價，其強辭奪理、略無恕憫，到了罕見而怪異的地步。在史可法研究還很稀薄的情況下，這種聲音會無形地放大。許多缺乏閱讀古籍能力，不得不藉今人著作了解歷史的讀者，很難辨別裏面的是非。

《南明史》對史可法形象的改寫，集中見第五章「弘光政權的瓦解」。不及翻至正文，我們即能於目錄看見第二節標題寫作「睢州之變和史可法南竄」。「南竄」這種詞，幾十年來都被革命話語當作一種醜化而用於匪幫敵寇，眼下竟加諸史可法，令人不由訝然，詫異作者何以鄙之如此。通讀之後，原因又並不曲晦。第一，作者對弘光間正派力量都不抱好感，在他眼中不光史可法，東林—復社這股知識分子新興政治力量亦屬醜類：「直至社稷傾覆，江山變色，東林—復社黨人仍把責任全歸之於弘光昏庸、馬阮亂政，自我標榜為正人君子，實際上他們自己也是一批追名逐利、製造傾軋的能手，對弘光朝廷的覆亡負有直接責任。」[6] 第二，史可法的「聯虜平寇」，尤為其所不滿：「似乎他在考慮同清軍作戰了。然而，史可法的真實意圖仍然是盡量避免同清方兵戎相見，繼續一廂情願地謀求與清軍配合鎮壓大順農民軍。」[7] 通過用詞，我們清楚體會到了作者的感情傾向。熟悉昔日筆法的讀者知道，「真實意圖」、「配合鎮壓」，都是用於「批判」和「揭露」的。

其實呢，史可法或明朝當局報「君父之仇」、以李自成為不共戴天之敵，乃當時倫理上必有之義，「平寇」先於「卻虜」的順序也實出必然（且不說彼時滿清擊走李自成，對明朝還算「有恩」）。本來，這都是昭然若揭、天下大白的道理，哪有什麼需要隱藏的「真實意圖」。至於「鎮壓」字眼裏所含「當代義憤」，更非情理可解；那時沒有馬克思主義，史

---

[6]　顧誠《南明史》，中國青年出版社，1997，第 168 頁。
[7]　同上書，第 169 頁。

可法也不曾讀到《中國社會各階級分析》，或「在中國封建社會裏，只有這種農民的階級鬥爭、農民的起義和農民的戰爭，才是歷史發展的真正動力。」[1] 這種論述，難道身為明朝樞臣，他還應愛戴李自成不成？

書中涉史可法而罔顧事實的筆觸，比比皆是。例如，高傑死後，高夫人請以其子拜史可法為義父，而史可法不允。顧誠說：

> 這本來是史可法增進同高部將士感情的一個機會，然而史可法卻因為高部是「流賊」出身，堅決拒絕，命高傑子拜提督江北兵馬糧餉太監高起潛為義父。由此可見史可法政治偏見之深和不通權變。[2]

「因為高部是『流賊』出身，堅決拒絕」，這樣的說法，不知其據何書何載。我從諸記看到的剛好相反。史可法不但從未以「流賊出身」嫌棄高部，反而對其格外重視、倚重，以致有一定「偏愛」。這一點，從當初高傑爭揚州時即如此，揚州市民對史可法的處理很有意見。史可法這種態度有兩個原因。一是因為高傑實力最強，史可法心中將其視為北進的希望；其次，跟高傑為人有關，他野蠻粗狠、殺人如麻，但心地直爽、尚可感化，是個魯智深式人物，後來證明確實如此。總之，史可法對高傑和他的部隊不但沒有「政治偏見」，簡直還可以說另眼相待。同樣，史可法在高傑部威望都很高，根本不像顧誠說的感情有待「增進」。而當日情勢（睢州大變後），史可法與高部間這種感情色彩，與其說該加強，不如說正好要適當淡化。他是朝廷在前線負責全局的督師，江北有四鎮，非高部一鎮，而四鎮修怨日久，睢州大變後黃得功、劉澤清等正磨拳擦掌、尋隙滋事，衝突一觸即發。往日，史可法既已令人覺得對高部不無偏倚，此時此刻，息事寧人猶且不及，再收高子為義子豈不火上澆油？高夫人之請，意圖甚明，而史可法的不便應允，也是一目了然。此與「流賊出身」何干？

從《南明史》讀到這類段落，我每每不知所措。直接看其議論，會以

---

① 毛澤東《中國革命和中國共產黨》，《毛澤東選集》第二卷，人民出版社，1991，第 625 頁。
② 顧誠《南明史》，中國青年出版社，1997，第 173 頁。

為作者於若干史實懵然無知，乃有與明確事實大相徑庭的錯判。但我們很清楚，原因不在此。作為資深的明史專家，那些並不偏僻的材料，理應在其所閱之中；恐怕，還是積年訓養下滲入思維的「階級鬥爭」意識及其史學模式起了作用。自五十年代或更早一點，以政治義理強史以就，便是當代史學根深葉茂的傳統。代表者如郭沫若，學問未必不深厚，對史實未必不胸懸明鏡，卻在具體論述上，往往義理掛帥、以今昧古。這種風韻被澤數代，直至今日仍屬可觀。

定策及督師江北以來，史可法的言策、舉措、行狀，有大量材料及記述，《南渡錄》、《甲乙事案》、《幸存錄》、《聖安本紀》、《國榷》、《明季南略》、《爝火錄》等等，載之甚明，僅史可法親上奏章，《史忠正公集》即收有二十三篇全文，它們雖經滿清改竄，卻仍不失研究工作的資料首選，而《南明史》頗置不顧，極樂意採信某些非主流言說。例如：

> 沛縣著名文人閻爾梅當時正在史可法幕中，勸他「渡河復山東，不聽；勸之西征復河南，又不聽；勸之稍留徐州為河北望，又不聽」，「一以退保揚州為上策」，即所謂：「左右有言使公懼，拔營退走揚州去。兩河義士雄心灰，號泣攀轅公不駐。」這就是被許多人盛譽為「抗清英雄」的史可法的本來面目。③

閻古古（爾梅號）其人，血氣恣揚，慷慨激昂，有俠士風：

> 破產養死士，罹獄幾瀕於死。手刃愛妾亡去，歷齊、楚、蜀、粵、秦、晉、燕塞。被株連者數十百家，時有不及附范孟博之歎。④

他是豪傑品質、激情性格，義薄雲天不假，可往往行事衝動，但憑胸臆而激於一時。他的詩，就反映着這類特點。時人論之：「出古古口中，

---

③ 同上書，第 174 頁。
④ 卓爾堪《明遺民詩》，錢仲聯主編《清詩紀事》，明遺民卷，江蘇古籍出版社，1987，第 134 頁。范孟博即范滂，東漢末名士，孟博是他的字，以氣節剛硬聞名。

都無恆語。」①「徐州閻古古爾梅，獨工七律，對仗極齊整，時有生氣，亦頗能造警句，惟粗率廓落處太多耳。」②因了這性情，加上沛縣地近山東，他以往在山東遊歷多、感情深，收復願望特別迫切，惜乎想法如其詩，「粗率廓落處太多」。他「散家財萬金，結豪傑，往來山東、河南，數有兵起，旋皆破滅」③，這種奮不顧身、不計後果、魚死網破的個人英雄主義，史可法無從效仿。兩人身份不同，閻爾梅可以「不在其位，不謀其政」，史可法不行。史可法是朝廷大臣，手下軍隊乃朝廷餉銀所養，非他個人私募的兵丁，他沒法做到閻爾梅那樣，仗義即行。況且朝中掣肘、刁難、暗算等種種複雜內情，更非以為「拋頭顱、灑熱血」即濟其事的閻爾梅所能想像者。這就是閻爾梅「數上奇計」，而史可法不能用的原因。至於「勸之稍留徐州為河北望，又不聽」，又是怎麼回事呢？彼時，高傑被害，史可法星夜趕來徐州，穩定帥位空虛、軍心浮動的高傑所部。不料，事情剛剛停妥就傳來消息，與高傑宿怨極深的黃得功聞風而動，欲進兵揚州，盡殺高部留在後方的妻子家眷。一聞此訊，高部李成棟等將即從徐州拔城而退。史可法憂心如焚，他要緊急趕往揚州制止內訌，對於閻爾梅之勸留，當然不能從命。此事原委不過如此，顧誠卻以此暗示史可法不肯抗清。說到力主「恢復」，滿朝上下我不知還有誰比史可法更切盼這種局面，唯一的幾乎每奏必言「恢復」「北進」的大臣，不就是史可法麼？凡此，顧誠不可能不清楚，然而他卻引了幾行明顯激於辭氣的詩句，來揭露史可法的「本來面目」。

閻古古雖然偏激，但忠肝義膽，他對史可法不滿係忠義所至，不存惡意。應廷吉就不一樣了。應廷吉對史可法暗懷幽怨，其於揚州之變後所著《青燐屑》，以史幕近僚身份講述許多「獨家」見聞。職是之故，它是我們較重視的參考書，然而，其中不少地方挾怨寄私，彰彰明甚，即無慧眼亦不難見——有關應廷吉之怨的由來，及《青燐屑》抹黑史可法之處，後面再具體指出——而《南明史》第五章第四節「揚州失守」，卻主要以《青

---

① 鄧漢儀《詩觀三集》，錢仲聯主編《清詩紀事》，明遺民卷，江蘇古籍出版社，1987，第 135 頁。
② 朱庭珍《筱園詩話》，錢仲聯主編《清詩紀事》，明遺民卷，第 135 頁。
③ 鄧之誠《清詩紀事初編》，錢仲聯主編《清詩紀事》，明遺民卷，第 136 頁。

燐屑》為本，盡採其意在於史可法不利的說法。如說「史可法驚惶失措，胸中漫無主見」④；又說，面對幾支逃軍，「史可法以倘若阻止他們出城投降恐生內變為理由，聽之任之，不加禁止」⑤，似乎「恐生內變」是史可法所編造的託辭；還如，「當清軍初抵城下時，總兵劉肇基建議乘敵大眾未到，立足未穩，出城一戰。史可法卻說：『銳氣不可輕試，且養全鋒以待其斃。』」⑥暗示史可法貽誤戰機、坐以待斃。情節均取自《青燐屑》，顧氏則在此基礎上變換字眼，宛轉發揮、添油加醋，像「驚慌失措」（應廷吉原話為「閣部方寸亂矣」）、「以……為理由」、「卻說」之類，皆屬此類小技巧，以將讀者印象進一步引向不佳。

最後，作者拿出了一攬子評價：

> 作為軍事家，他以堂堂督師閣部的身份經營江北將近一年，耗費了大量的人力、物力、財力，卻一籌莫展，毫無作為。直到清軍主力南下，他所節制的將領絕大多數倒戈投降，變成清朝征服南明的勁旅，史可法馭將無能由此可見。即以揚州戰役而言，史可法也沒有組織有效的抵抗……把史可法捧為巨星，無非是因為他官大；孰不知官高任重，身繫社稷安然，史可法在軍國重務上決策幾乎全部錯誤，對於弘光朝廷的土崩瓦解負有不可推卸的責任。⑦

未遑親讀史料的讀者，見了這一段，不知將把史可法想成如何渺小可鄙之人。而稍知史事者，則將極詫於作者抹煞、昧沒情理一至於斯！

上面每個具體指責，都無視明確事實，我們現在就一一辨之。

且以所謂「耗費了大量的人力、物力、財力」為例。真相是什麼？真相是：史可法督師江北，最苦無餉，名義上財政應撥錢款數額明確，事實上則遲遲不能落實，諸記以及史可法奏疏中，催討記錄正不知有多少，無

---

④ 顧誠《南明史》，中國青年出版社，1997，第 182 頁。
⑤ 同上書，第 183 頁。
⑥ 同上書，第 183 頁。
⑦ 同上書，第 184-185 頁。

奈，史可法不得不思屯田圖之，甚至親至大戶人家勸捐……我們且看幾個材料。甲申八月，為軍餉屢討不至，性格善忍的史可法罕見地發起牢騷：

> 近聞諸臣條奏，但知催兵，不知計餉。天下寧有不食之兵、不飼之馬？可以進取者，目前但有餉銀可應，臣即躬率槖鞬為諸鎮前驅。①

九月間：

> 以高傑方刻期進取，為請餉於朝，而馬士英以鎮將與可法協，為不利己，陰裁抑之。可法因疏言：「臣皇皇渡江，豈直調和四鎮哉？朝廷之設四鎮，豈直江北數郡哉？高傑請進取開、歸，直搗關、洛，其志甚銳。臣於六月請糧，今九月矣，豈有不食之卒可以殺賊乎？」士英益靳之，不發，數詔趣出師，可法舉示四鎮，皆曰：「不能給我餉，而責我戰乎？」由是坐困。②

十一月，史可法敦促朝廷下達「討賊詔書」，又提到：

> 兵行最苦無糧，搜括既不可行，勸輸亦難為繼。請將不急之工程，可已之繁費，朝夕之燕衎，左右之進獻，一切報罷……振舉朝之精神，萃萬方之物力，盡並於選將練兵一事，庶人心可鼓，天意可回。③

同月，一股清兵首次出現於黃河以南的宿遷、邳州一帶，史可法派總兵劉肇基、李棲鳳往援，同時將動向上報南京：

> 已而報至南都，士英大笑。時楊士聰在坐，驚問：「何為？」士英曰：「君以為誠有是事邪？此史道鄰妙用也。歲將暮矣，將吏例應敍功，錢糧例應銷算，為敍功、銷算地也。」④

---

① 李清《南渡錄》，《南明史料（八種）》，江蘇古籍出版社，1999，第 212 頁。
② 徐鼒《小腆紀傳》，列傳第三，史可法，中華書局，1958，第 123-124 頁。
③ 張廷玉等《明史》卷二百七十四，中華書局，1974，第 7021 頁。
④ 徐鼒《小腆紀傳》，列傳第三，史可法，第 124 頁。

馬士英念念於猜忌、掣肘，有此人在，而說史可法「耗費了大量的人力、物力、財力」，罔顧事實，豈可如此？此說之誣史可法，較馬士英聞報笑稱不過是「為敘功、銷算地也」，頗有異曲同工之處。

次如「馭將無能」。若能平心而論，都不會否認史可法固有督師之名，實則跡近光杆司令。且不說馬阮在南京始終作梗、遙加沮抑，即諸家鎮將，除高傑後為史可法所感、願供驅策，哪個不是擁兵自重、唯知自保不肯利國的軍閥？史可法對他們確不能馭，然而，原因竟是他「無能」麼？

還有揚州「沒有組織有效的抵抗」的問題。粗知當時實情者曉得，清兵迫近之前，黃得功和劉良佐已被馬士英西撤對付左良玉，而劉澤清和高部李成棟則各率大軍逃至沿江。及滿清兵臨城下，揚州守軍又有甘肅鎮李棲鳳、高歧鳳部及川軍胡尚友、韓尚良部先後逃走、投降。不要說野戰主力，稍有戰鬥力的地方部隊也不過是劉肇基所率四百餘人[5]。如此兵微將寡，你讓史可法怎樣實施對裝備紅衣大炮的多鐸大軍「有效抵抗」？史載頗明：「城內兵能戰者少，可法乃閉門堅守。」[6]當此絕境，史可法不動如山，以身殉國，我們又何忍責其更多？

而尤不可理喻，明軍的普遍望風而降，居然也歸咎於史可法。稍具理智都不可能無視兩個基本事實：諸將都降了，唯獨史可法作為督師未降；南京整個內閣班子，或降或逃，唯獨史可法未降未逃而死任上。面此事實，「他所節制的將領絕大多數倒戈投降，變成清朝征服南明的勁旅」這句話，究竟想說什麼？凡此種種，如果據而認為顧氏對史可法有一種怪異難解的敵意，實在不能算強加於他。不過，怪異難解僅是從事實或「人之常情」角度講，自顧氏本人觀念而言，卻一點不難解釋。我就從書中讀出了兩點，一是作者對史可法以「平寇」優先深深嗛恨，無法釋懷；二是出於如下一種心跡：「把史可法捧為巨星，無非是因為他官大；孰不知官高任重……」還是那個「大人物」的話題，亦即質疑史可法是否配得上「大人

---

⑤ 應廷吉《青燐屑》，《明季稗史初編》，上海書店，1988，第 441 頁。
⑥ 徐鼒《小腆紀年附考》，中華書局，2006，第 358 頁。

物」。你都官至宰輔、兵部尚書了,卻不能扭轉乾坤、一柱擎天;如此,譏而崒之,有何不可?他想必主張英雄和偉人都是偉大、光榮而正確的,而失敗和沒落如史可法者,必定不配。

<h1 style="text-align:center">八</h1>

說起來,批評史可法,也並不自顧誠《南明史》始。史可法同時代就有這樣的聲音,乃至出於「同一營壘」,例如黃宗羲。《弘光實錄鈔》剛剛開篇就說:

> 士英之所以挾可法,與可法之所以受挾於士英者,皆為定策之異議也。當是時,可法不妨明言,始之所以異議者,社稷為重、君為輕之義;委質已定,君臣分明,何嫌何疑而交構其間乎?城府洞開,小人亦失其所祕,奈何有諱言之心,授士英以引而不發之矢乎?臣嘗與劉宗周言之,宗周以為然,語之可法,不能用也。[1]

這是就定策一事,批評史可法失誤。黃宗羲認為,當時,應本着社稷為重、君為輕之義,開誠佈公,大膽陳述不迎福王朱由崧而迎潞王的道理,史可法卻懼擔嫌疑,不能坦蕩堅持,反被馬士英鑽空子,作為把柄捏在手中。單論道理本身,我投黃宗羲一票。然而黃的思想層次 —— 唾棄君主專制 —— 史可法達不到,他是傳統意義上的正派朝臣,而非叛逆者,沒有多少批判精神,要他超越禮法是不現實的。再者,史、黃還有一點不同,前者在位謀政,後者是可以率性而論的清流;這個差別遠比想像的重要。

前面的閻爾梅,也是一個著名的史可法批評者。但閻爾梅也好,黃宗羲也好,批評史可法乃是基本於政治或策略的異見,其間孰是孰非,都可以或者有待辨析和討論。應廷吉所著《青燐屑》則不同。作為以親歷記面

---

① 黃宗羲《弘光實錄鈔》,卷一,《黃宗羲全集》第二冊,浙江古籍出版社,1986,第 3-4 頁。

目出現的江北史幕見聞記，其史料價值不必抹煞。不過，文中對史可法的評論乃至某些陳述，心存芥蒂甚而捏造杜撰，是很明顯的。下面一段就比較突出。應廷吉說甲申年十一月初四在一次私下談話中，對時局倍感失望的史可法這樣說：

> 揆厥所由，職由四鎮尾大不掉。為今之計，惟斬四臣頭懸之國門，以為任事不忠之戒，或其有濟。昔之建議而封四鎮者，高弘圖也；從中主張贊成其事者，姜曰廣馬士英也。依違其間無所救正者，余也。[2]

驚人地透露，設四鎮主張出自高弘圖，姜曰廣、馬士英積極支持，自己只是別無良策而予以附和。這是《青燐屑》的獨家「爆料」，只能用聞所未聞形容。此外所有記載表明，設四鎮雖經內閣集議，但構想來自史可法；史可法本人《議設四藩疏》也明確寫道：「臣酌地利，當設四藩。」[3]我們若拿「爆料」與事實相對照，對於史可法很難不留下推卸責任、飾非掩過的壞印象。然而稍析之則可知，此必為偽說無疑。史、應二人之間，遠非可寄以心腹的關係。史幕左右甚多，這番話如非同尋常，與聞者必非應廷吉，如可逢人便說，又為何只有應廷吉知道、別人均無所載？最最明顯的，裏面有個致命漏洞，即「為今之計，惟斬四臣頭懸之國門，以為任事不忠之戒」這句話。當時，高傑已率軍北進，史可法半年來努力總算看到一點進展，他怎麼可能在這時憤然提出「斬四臣頭懸之國門」，且將高傑包括在內？其說之偽，立然可斷。

在《青燐屑》裏，這種意在抹黑史可法的筆觸，並非個別，而是處處可見。如丘磊被殺事，「雖史公奉旨而行，實東平（劉澤清）修怨為之也。」[4]微諷史可法殺丘磊以滿足劉澤清，此亦《青燐屑》獨家之說。「四方倖進之徒接踵而至……廷吉病之，白史公冶之士，究無實用……相聚

---

② 應廷吉《青燐屑》，《明季稗史初編》，卷二十四，上海書店，1988，第429頁。

③ 史可法《議設四藩疏》，《史忠正公集》，卷一，商務印書館，民國二十五年十二月，第3頁。

④ 應廷吉《青燐屑》，《明季稗史初編》，卷二十四，第429頁。

數月，既無拔萃之才，亦無破格之選。」① 說禮賢館盡收留一些無用之輩。理餉財政也很失敗，「復以周某為理餉總兵，興販米豆，官私夾帶，上下為奸。利之所入，不全在官。」②「遂議屯田」，「迄無成功」，應廷吉為指其弊，而「公不以為然，強之視屯田僉事事」。③ 軍事防務上搞形式主義，「沿河築墩，以為施放炮火之地」，應廷吉指出黃河沿岸為沙地，「土性虛浮」，「安能架炮」，「而同事諸公，方欲以築墩多少居為己功」，不聽④。後面又就揚州的失陷，歷數史可法的種種失誤（即顧誠《南明史》所樂於採用者）。覽其全文，史可法除了精神尚屬可嘉，別的一無是處，就連他宵衣旰食、夙夜辛勞，也是工作不得要領的明證（前引黃月芳的勸諫），難怪顧誠能以《青燐屑》為本，據而得出史可法「毫無作為」的結論。

由於《青燐屑》對史可法的描述幾乎都是獨出機杼的「孤證」，我們縱表懷疑，卻沒有辦法否證，特別是涉及很具體的細節時。不過，有一個辦法，我們可以看他的行文，看他的邏輯，由此確定他寫作態度是客觀唯實，還是意氣用事、昧私爽言。就此，我們可以注意兩點。第一，作者對史可法不夠重視自己，相當失望。他幾處描寫史可法不辨賢愚、不納嘉言，都與自己有關，同時對史幕中有人受到更高禮遇，怨艾不已。如：

> 盧渭是年充歲貢生，赴揚謁見，實有非分之望。公優禮有加，劇談不倦。及試職銜，識卓議高，詞采潭發，原擬壓卷；公手其文，擊節歡賞。⑤

這是暗諷史可法喜歡腴奉。這個盧渭，就是馬士英排擠史可法出京時，「率太學諸生乞留可法」⑥ 並說出「秦檜在內，李綱在外」⑦ 名言的那個人。應廷吉用顯而易見的渲染，隱指史可法對盧渭到來所予隆重禮遇，包

---

① 應廷吉《青燐屑》，《明季稗史初編》，卷二十四，上海書店，1988，第 430 頁。
② 同上書，第 430 頁。
③ 同上書，第 430 頁。
④ 同上書，第 430-431 頁。
⑤ 同上書，第 438 頁。
⑥ 梅村野史《鹿樵紀聞》，臺灣文獻叢刊第五輯，《東山國語‧鹿樵紀聞》（合訂本），臺灣大通書局，1995，第 2 頁。
⑦ 徐鼒《小腆紀年附考》，中華書局，2006，第 173 頁。

含私心。同時在別的地方一再暗示，對於像他這樣無故非親之人，史可法態度完全不同，人、言俱不能用。其中他覺得較為有力的一例，是史可法「銳意河南」、他則主張「取道於東」，認為首選應為山東，強調彼地百姓「翹望王師如雨濟旱」，「義聲直進，彼中豪傑，必有回應者」，效果一定超過河南，史可法卻拒不採納。[8] 還有幾件事，應廷吉也感到自己理由充分，都被置若罔聞。這讓他明顯負氣，並用情緒化的筆觸來表達心中不滿。比如，這麼描寫高傑的出征儀式：

> 儀徵返斾，決意河南之行。番山鷂（高傑綽號）於初十日祭旗，風吹，大纛頓折，紅衣大炮無故自裂。傑曰：此偶然耳。遂於十月十四日登舟。應廷吉私謂人曰：旗斷炮裂，已為不祥，今十四日，俗稱月忌，又為十惡大敗，何故登舟？[9]

事既荒誕，而意若怨恨，簡直是以惡意的搖脣鼓舌詛咒史可法必然失敗，一個人心胸如此，出言怎能做到公正平和？第二，我們明顯看到，他的思想有嚴重的神祕主義和命理色彩。他對此相當自鳴得意，以為不同凡響之處，極力張揚和凸顯這一點，開篇便講了一串「天徵」、「異象」，如他曾在北京遇見一種怪鳥，「所見之國亡」；又曾見一種特殊雷電，「電中聚火，人君絕世」；以及「天津撫院將臺旗竿終夜號泣」、「五鳳樓前門拴，風斷三截」，諸如此類。[10] 他號稱「三式之學皆精、天官之微更悉」[11]，居奇炫異，亟欲以此售於史幕。還舉出實例，說明自己如何靈驗：

> 八月十五日，閣部升帳，忽旋風從東南起，吹折牙旗一面，其風旋轉丹墀，良久方散。公以廷吉初至軍前，欲試其實，即命占之。占曰：「風從月德方來，為本日貴人。時當有貴臣奉王命而至者。風勢旋轉飄忽，其事為爭，音屬徵、象為火、數居四。二十日內，當有爭鬥之事。五日前後，須防失火，且損六畜。」

---

⑧ 應廷吉《青燐屑》，《明季稗史初編》，卷二十四，第 427 頁。
⑨ 同上書，第 428 頁。
⑩ 同上書，第 421 頁。
⑪ 同上書，第 424 頁。

越三日，城西北隅火焚，死一驢，毀民舍三間。匝月，遂有土橋之變，而督師高大監以王命至。公因其學之非妄也，時諮問焉。[1]

實有其事否？他姑妄說之，我們也只姑妄聽之。但毋待煩言，史可法不便聽之信之，恰恰也在於此。軍國大事非兒戲，除非瘋子才肯按照那種奇談怪論行事。所以應、史之間的情形，一點也不難於明白——清談無妨，其言難用。不過，史可法可以這麼看他，旁觀者也可以這麼看待他，應廷吉卻絕不這麼看待自己。他可能認真地相信自己那些「特異功能」，而將貨而不售歎為無理的排斥。他對自己在史幕中的遭際牢騷滿腹，對史可法則卑之無甚高論。總之，一對史可法厚此薄彼不滿，二對史可法不用其學不滿；因為這樣，他寫到史可法時很多地方都是帶着情緒的，哪怕是事實，從他筆下出來也不免變味，更不必說有些一望可知絕非事實。

九

年來的閱讀，終至於有這種感覺：假如把現存的史可法材料一件件在桌上擺開，一眼望去，簡直不知道是否有一件完全靠得住，似乎都有可疑之處——要麼無瑕得可疑，要麼又劣陋得可疑，而滿清官方審定的《史忠正公集》和應廷吉《青燐屑》便是分別的代表。這真的相當麻煩。一來人物面目不能不受很大影響，二來給我們的工作平添了難度。按我體會，不要說不曾靠自己雙眼親讀史料，即便讀過一二種的人，也不能指望去把握和確定其中的事實。陷阱太多，或明或隱，非得儘量多讀，才繞得過它們，曲折接近真相——甚至繞過了陷阱，而仍不知真相。這種情況，倒並非只在史可法那裏才遇到，很多「大人物」都是如此。人們一般只看到「大人物」彪柄青史，事跡傳廣流遠，雖死猶生。實則這僅為一面，而在另一面，名聲愈顯赫、地位愈重要，面目可能愈搞不清——因為「說法」太多。讀史可法，始終有此感覺。我們好像不難在主幹大節上把握他，但一

---

① 應廷吉《青燐屑》，《明季稗史初編》，卷二十四，上海書店，1988，第 424 頁。

到細節處，卻每每霧失樓臺。

發此感慨，是因馬上又要面對一個迷團。

本文從史可法生年疑難中開始，眼下即將收尾，情況卻並未變得更順利，相反又有疑難等待我們。那就是「史可法之死」。之前生年問題，懸之已久，我們努力一番，算是僥倖解決了。此番不同，關於他是怎麼死的，這個問題，老老實實說到現在還是無望水落石出。假如過去有人告訴我，史可法從生到死都是一筆糊塗賬，我斷然不信。然而此刻我想對讀者說的，卻正是這句話。

起初，或者說事情發生不久的時候，人們有關其下落的講述 —— 如李清《南渡錄》、顧炎武《聖安本紀》、顧苓《金陵野鈔》、夏允彝《幸存錄》、文秉《甲乙事案》等 —— 要麼不知道，要麼不能肯定。顧炎武說「不知所在」[2]，李清說「或云被執，叩之不應，見殺；或云不知所之」[3]，文秉說「可法擁七十騎突圍而出，行至班竹園地方，清兵追及，殲之，史遂死亂軍中」[4]，顧苓說「督師兵部尚書武英殿大學士史可法，不知所終」[5]，夏允彝說「揚州城破，可法死之；或云遁去未死也」[6]還可以聽聽應廷吉怎麼說。《青燐屑》以「閣部沒後」一語肯定史可法已死，卻絲毫不提是怎麼死的，稍後則引用了一名清軍將領的自敘：「有北將曰：『曩下淮揚，吾當先摧敵，若史公者，業手刃之矣。』」[7] 此人聲稱，他親手殺掉一位相貌與史可法相仿的人。這說明，連應廷吉都不直接知道史可法下落，他只能援引一個道聽途說的情節，而這情節實際僅僅是說，他殺掉了一個似乎是史可法的人。

眾說紛紜，莫衷一是。須知以上諸書有的成稿可能相當晚，距事發時或至二三十年後，但史可法下落仍舊撲朔迷離。

所有講述中，最接近「第一現場」的，當為史德威的回憶。乙酉四月二十五日：

---

② 顧炎武《聖安皇帝本紀》，《南明史料（八種）》，江蘇古籍出版社，1999，第 115 頁。
③ 李清《南渡錄》，《南明史料（八種）》，第 405 頁。
④ 文秉《甲乙事案》，《南明史料（八種）》，第 548 頁。
⑤ 顧苓《金陵野鈔》，《南明史料（八種）》，第 212 頁。
⑥ 夏允彝《幸存錄》，《明季稗史初編》，卷十五，第 309 頁。
⑦ 應廷吉《青燐屑》，《明季稗史初編》，卷二十五，第 442 頁。

閣部知勢已去，乃與德威訣，持刀自刎。參將許謹，雙手抱住，血濺衣袂，未絕；復令德威刃之，德威不忍加。相持昏絕間，（許）謹同數十人擁閣部下城，至東門，謹等被亂箭射死。閣部問：「前驅為誰？」德威以豫王答之。閣部大呼曰：「史可法在此！」北兵驚愕。眾前，執赴新城南門樓上。豫王相待如賓，口呼「先生」。①

多鐸再行勸降，史可法斷然拒絕。據史德威說，這時他因擔心身上所攜五封遺書的安全，「奔鹽商段姓家藏《遺書》」，之後再折回南城樓：

回視閣部詞色俱屬。豫王曰：「既為忠臣，當殺之以全其名。」閣部曰：「城亡與亡，我意已決。即劈屍萬段，甘之如飴。但揚州百萬生靈，既屬於爾，當示以寬大，萬不殺！」遂慨然就義於揚之南城樓上，屍為眾兵舁失。②

過程算很具體了——死於何地，為誰所殺——後來一般均依此說。但這當中是有疑點的。疑點便是史德威一度離開，然後返回南城樓這個情節。他有沒有這樣的機會？既然清軍已知捉住的是史可法，防範會如此疏鬆嗎？還有，稍前一點，眾多扈從死於亂箭，為何史德威獨活？特別是脫身後又折返南城樓，可能性如何？須知當時情形，不是街頭看熱鬧，去而復還，無異送死……基於諸多疑惑，我忍不住「以小人之心度君子之腹」——史德威會不會之前（亂箭齊發時）已趁亂逃走，而根本不曾目睹史可法被捕、被害之情形？讀其於順治四年（1647）所寫《家祭文一》，上述疑問似乎有一些線索：

四月二十有五日，維我府君授命揚之小東門，慷慨激烈，不孝侍側，肺肝摧裂，非不欲死，方思治棺，旋復被執，幾十有二日。③

---

① 史德威《史可法維揚殉節錄》，《甲申朝事小紀》，書目文獻出版社，1987，第 13-14 頁。
② 同上書，第 14 頁。
③ 史德威《家祭文一》，揚州史公祠陳列件。

在此，他的視線截止於小東門，亦即「亂箭」齊發那一刻，而不及於南城樓。嗣後，「方思治棺，旋復被執」。說明他離開了，去治棺（這確是史可法託付的事），而且似乎在辦這件事過程中被抓。稍後，他又說：

> 非不可死，夫情有所欲死，力有所能死，勢有所可死，而卒三年如一日，忍死以至於今日。④

對當日之未死，有一種愧疚。這愧疚，是緣於曾從死亡跟前逃開麼？我們有此疑惑，非為追究史德威之不死（他在艱難困苦中終生踐行史可法囑託，忠耿可敬），而是覺得他關係着史可法生命的終點。從目前看，這終點仍然存着問號，還不能畫上句號。

但這迷團的最大責任人及製造者，實際是滿清政權。他們並非如一百年後表現得那樣，對史可法足夠尊敬。當他們在揚州殺害他時，壓根兒不當回事，就像殺掉任何一個不肯投降的俘虜。史可法生前很看重死有所葬，收史德威為義子，主要也是為己了此心願，他在給母親、弟弟的遺書中都提到「得副將史德威為我了後事」⑤。據史德威說，他被抓後關在叛將許定國營中拷審，五月初一獲釋，「以全忠臣後嗣」。甫放出，即「進城找尋閣部遺骸。但見屍積如山，時天炎熱，眾屍蒸變難識，不敢妄認」，於是趕往南京向老夫人報訃（尹氏、楊氏已於史可質死後迎至南京）。又過一個多月，史德威再赴揚州，「至段宅找尋原藏《遺書》，而段門殺掠殆盡」，所幸最終「於破屋廢紙內撿出」，這便是《史忠正公集》所錄五封遺書。以後，他把史可法的衣、冠、笏三件遺物，「葬於梅花嶺旁，封坎建碑，聊遵遺命」，此即今之史公墓——實際是座衣冠塚。下葬時間，書中印作「丙午清明後一日」⑥，「丙午」（康熙五年，1666）恐為「丙戌」（順治三年）之誤。總之，揚州衣冠塚是抹不去的物證。它證實：第一，滿清將史可法草草地殺掉了；第二，史可法屍骨無存，我們相信他死於揚州，但確實不知道他於什麼時間、什麼地點、以何時、經何人殺死——自法醫學

---

④ 史德威《家祭文一》，揚州史公祠陳列件。
⑤ 史可法《遺書四》，《史忠正公集》，卷三，商務印書館，民國二十五年十二月，第 43 頁。
⑥ 史德威《史可法維揚殉節錄》，《甲申朝事小紀》，第 14 頁。

角度，他的死，至今是個無頭案。

十

乾隆十年（1745），亦即史可法犧牲整整百年，史德威子史纂寫下《家祭文二》，講述一家的悲慘經歷。他說，父親多年奔走於吳晉之間（史德威是山西人，據文秉《甲乙事案》，還是少數民族，「夷種也」[①]），「流離困苦，每至墓側，血淚交流，懼守祀之無人也。」庚戌年（1670，康熙九年），史德威「倉卒見背」，很突然地死去。當時，史纂「尚在繈褓」，母親帶他回到娘家，靠「十指針線」把史纂拉扯大。己巳年（1689，康熙二十八年）史纂大約二十歲時，母親也去世。之後，史纂生活極其艱辛，一度竟至「提攜幼子，藉眠僧榻」，寄居寺院。他說，由於這些原因，「纂數十年來，蒿目松楸，而未能上請祀典者。」實際上，史德威一死，史墓既無人祭祀，也無人照管。雍正四年（1726），史纂景況稍好，到揚州謁祖，發現已「被巨猾佔污」，墓不成墓。他找到地方官，「泣請當路驅除，築圍磚壙」，並歎道：「嗟乎！使護守維謹，何致慘遭踐踩。」[②]

乾隆九年（1744），情況始有變化。史纂說，那年揚州「詳定春秋牲牢，我祖今始得邀明禋之典」。[③]尚係地方官之所為。又三十年，徹底大變。乾隆四十年，乾隆皇帝頒旨，以史可法為忠臣楷模，隆重表彰。聖旨評價是：「節秉清剛，心存幹濟，危顛難救，正直不回。」[④]賜諡「忠正」。乾隆皇帝並親製御詩一首，題於史可法畫像；命大學士于敏中及以下七人，步其韻各作詩一首；又命于敏中專門到「內閣冊庫」找出史可法當年給多爾袞的覆信，由于敏中抄寫之後刻碑；次年正式在揚州為史可法建祠。至此，史可法鹹魚翻身，從死無葬身之地，一躍而為享有個人專屬祠堂。

---

① 文秉《甲乙事案》，《南明史料（八種）》，江蘇古籍出版社，1999，第548頁。

② 史纂《家祭文二》，揚州史公祠陳列件。

③ 同上。

④ 《欽定勝期殉節諸臣錄》，《史忠正公集》，卷首，商務印書館，民國二十五年十二月，第3頁。

故事未完。時間來到二十世紀。從「驅逐韃虜，恢復中華」到抗戰爆發，史可法成為與文天祥齊名的民族英雄。這形象一直保持到六十年代初，正如我們從史公祠諸多題辭看到的。而僅隔數年，1966 年 1 月 10 日，「文革」尚未正式開始，《文匯報》發表了《應該怎樣評價史可法 —— 評中國歷史小叢書〈史可法〉》一文，判定他為「鎮壓農民起義的劊子手」。雖然「文革」僅維持十年而破產，這評價卻並未隨之銷聲匿跡，反而似乎作為「經典」視角或關於史可法的條件反射，沉澱在一些人意識中。

我自己體會，五花八門各種評價中，以陳去病《五石脂》轉述的張伯玉一番話，與一年來感受最相投契。陳氏介紹說：「有山陽人張伯玉者，名璵若，曾以布衣參公軍，特為文祭公。」這位與應廷吉一樣的督師府昔日幕僚，如此表述史可法的意義：

> 謂公居無如何之時，值不可為之地，而極不得已之心。當夫天崩地坼、日月摧冥，不死於城頭，而死於亂軍。無骨可葬，無墓可封，天也人也？亦公自審於天人之際而為之也！⑤

天也人也？我於史可法，取那個「人」字。盡人事以聽天命。他所做的，大抵如此。

---

⑤　陳去病《五石脂》，《丹午筆記·吳城日記·五石脂》，江蘇古籍出版社，1999，第 327 頁。

Chapter 4

四鎮

孤城落日鬥兵稀

明末，理想的態度只見於士大夫、文人，而幾乎不見諸武人。整個武人集團中，脫於蒙昧、抱旨而行的例子，微乎其微。明末文武之間在精神品質上的懸殊，已經構成那個時代最具特色和興味的問題。

談明之亡，不能不談其武力；談其武力，又不能不談江北四鎮。

甲申年五月十五日，朱由崧甫由監國即皇帝位，史可法等即以「設四藩」奏聞。這是對前一日召對的覆命。它制訂了有關江北的一攬子軍事部署，主要內容是：以督師一員，駐於揚州，居中調度。下設四鎮，以劉澤清、高傑、劉良佐和黃得功分駐淮安、泗州、臨淮（鳳陽）、盧州（合肥）。四鎮的任務，近期在防務，遠期為「恢復」。淮安鎮未來沿山東方向恢復，泗州鎮未來沿開封、歸德方向恢復；臨淮鎮未來沿陳州、杞縣方向恢復；盧州鎮未來沿光州、固始方向恢復。

到最後實施時，出現以下一些變化：原擬以馬士英為督師，但馬採取準軍事政變手法，帶兵赴南京，如願以償地成為內閣首輔留在南京，而把史可法擠到揚州當督師。高傑不肯去泗州，猛攻揚州，志在必得，朝廷屈服其壓力，把他駐地改為距揚州僅三十餘里的瓜洲，使揚州危機化解。高傑改瓜洲後，為了有所抑制，史可法又把黃得功從盧州移到儀真（儀徵）。所以，最終江北軍事體系是這樣的：

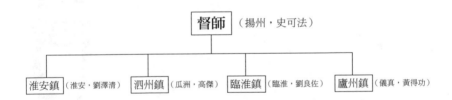

後人多因四鎮體系沒發揮任何作用，而指其是「豆腐渣工程」。這樣看問題，有失客觀。就構想和方案上而言，四鎮之設層次井然，進退可據，有呼有應，加上長江中游左良玉部，從北而西是一個流暢完整的扇形，輻射面涵蓋魯、豫、陝、鄂、川，且兼顧了近期穩守、遠期進取兩種需要，頗富邏輯性。我們看崇禎以來內憂外患、戰火連綿的明末，軍事上還沒有過這樣帶體系性的設計，如能不打折扣地付諸實施，其結果縱不估計過高，至少不至於不堪一擊。後人所以覺得是「豆腐渣工程」，是用乙酉年四五月間的一潰千里，倒過來斷言它有如聾子的耳朵 —— 擺設。然

而，世間事物因果關係並非線性，事之成敗，取決於多方面；尤其變化着的過程，常常起到意想不到的作用。所以結果不好，不一定代表最初的安排與設計不好。

二

我們先來認識四位將領。他們的簡略情況如下：劉澤清，山東曹縣人，時為山東總兵，甲申年二月，李自成進攻保定，上諭「命以兵扼真定」[①]，拒不奉命，從冀魯交界的臨清大掠南下，三月北京陷，劉澤清率兵逃過黃河。高傑，米脂人，李自成同鄉，也是李自成起義的元老，崇禎八年投降政府軍，由副遊擊、遊擊、副總兵而總兵，他在潼關失守後，從陝西而山西、河南，一路南退。劉良佐，河北人，原漕運總督兼廬、鳳、淮、揚四府巡撫朱大典部下，與劉澤清、高傑自北方潰退而來不同，他是駐於本地的將領，近年一直作戰江淮之間，官至總兵。黃得功，開原人，祖籍合肥，四鎮中他軍功最著，崇禎十六年在桐城險些捉住張獻忠，是唯一崇禎皇帝在世時已晉封伯爵者。

他們在當時明朝軍界的分量，史可法設四藩的報告給予了這樣的評價，稱此四人「優以異數，為我藩屏。」實力超群，均為干城。朱由崧看到這個評價，批示：「四藩如何優異，還着確議來行。」[②] 要求作更具體的彙報。史可法想必因此另有奏聞，可惜這個本章我們現在看不到，無法將他的論述轉告讀者。以下，根據諸記所載加以綜述，俾以略知其「優異」。

崇禎初年以來，明朝腹背受敵，戰火連年。所謂腹背受敵，是同時面對內地起義和邊地告急。圍繞這種形勢，全國主要有四大戰區：與滿清交戰的遼東戰區、以李自成為第一對手的中西部戰區（陝晉豫）、以張獻忠為第一對手的長江中游和江淮戰區，此外北直及山東也算一個 —— 其當清兵鐵騎突入關內，幾遭掩殺，尤以崇禎十一年底最慘，盧象昇戰

---

① 徐鼒《小腆紀傳》，中華書局，1958，第 729 頁。
② 李天根《爝火錄》，浙江古籍出版社，1986，第 131 頁。

死，清軍「連破五十七州縣，不知殺了多少人，昨山東濟南滿城官員家眷都殺絕了。」[1]大的戰事既集中在上述四區域，明軍主力自然也為之吸引而佈於其間。到甲申國變，中西部戰區明軍被李自成完全擊垮，遼東精銳吳三桂部降清，在長江中游的湘贛，明軍也已不支。只有皖鄂，戰況大致不失均勢，有時或能略微佔優，從而保存幾支勁旅。山東一帶，十一年底那次慘敗之後，戰事相對較少，官軍還算完好。所以，當王朝系統在南京重啟，軍隊家底首先是長期在江淮一帶作戰的部隊（左良玉、黃得功、劉良佐），其次是渡河南逃的山東一部（劉澤清），以及中西部戰區的軍力殘餘（高傑）。

這五大集團軍，規模都不小。左良玉部經多年招降納叛，部眾據說達百萬。而四鎮當中，高傑最強，人馬四十萬，有李成棟、李本深、楊繩武、王之綱、胡茂貞等「十三總兵」[2]。黃得功、劉澤清、劉良佐所部，各自兵力當在三萬至十萬之間。按四鎮方案的規定，各鎮兵額僅三萬，但這表示的是朝廷撥款時給予承認的人頭，當時財政窘迫，養不起太多軍隊，故對兵額加以限制，而實際遠不止此，清史館《貳臣傳》「劉良佐傳」說：「順治二年，豫親王多鐸下江南，福王就擒，良佐率兵十萬降。」[3]可作為各鎮實際兵力的參考。另如劉澤清，諸記也都載其在淮安擴軍，致軍費不足而由淮撫田仰為之請餉的事：「澤清益橫，選義坊之健者入部肆掠於野，巡撫田仰無如何，乃為請餉。」[4]後來左良玉兵變，真正原因也是部隊規模過大而朝廷餉糧不敷其需。當然，這裏講明朝北變後軍隊規模仍很龐大，是僅從數量言，由於軍閥化傾向很嚴重，這些軍隊能否為朝廷所用亦即是否代表明朝軍事實力，還另當別論；不過即使只是數字，從敵方角度，如此規模的軍隊仍沒法小覷。

次而看戰鬥力。左良玉部隊擴張過猛，眼下有些烏合之眾的樣子，原先它確係勁旅。崇禎十一年正月，「大破賊於郎西」，張獻忠奪路而逃，

---

① 史可法《家書八》，《史忠正公集》，卷三，商務印書館，民國二十五年十二月，第38頁。
② 抱陽生《甲申朝事小紀》，書目文獻出版社，1987，第215頁。
③ 周駿富輯《清代傳記叢刊》057，名人類16，《貳臣傳》，臺灣明文書局影印，1986，第442頁。
④ 徐鼒《小腆紀傳》，中華書局，1958，第730頁。

「追及，發兩矢，中其肩，復揮力擊之，面流血，其部下救以免」。張獻忠無奈假降，「良玉知其偽，力請擊之」，若非熊文燦執意受降，此役張獻忠恐遭全殲。⑤ 但左部不在四鎮之列，姑置不論。在四鎮範圍內，黃得功、劉良佐兩部的戰鬥力，無疑是經過考驗的。歷年在江淮之間，他們身經百戰，談不上無敵，但確取得過重要戰果。黃得功原為京營，大約於崇禎十一年移師這一帶，從那以後，張獻忠就發現遇到了一位勁敵。十五年二月，黃擊敗張獻忠某部，有一敵將，「年少嗜殺，號無敵將軍」，對黃得功不以為然，對旁人的畏懼感覺好笑，說：「汝曹何怯也！吾為汝曹擒黃將軍以來！」——

> 眾賊皆按轡觀之。無敵將軍奮勇大呼，馳至得功前，得功立擒之，橫置馬上，左手按其背，右手策馬去。賊眾大驚。⑥

甚至張獻忠本人也兩次險遭不測。十六年七月，張獻忠圍桐城，「桐急，請救於得功。得功來救，斬賊數千級。得功射獻忠，中之，復舉刀向獻忠，而得功馬蹶。乃易馬追之，獻忠逸去。」⑦ 隨後與劉良佐部合力追擊，又「大破張獻忠於潛山，斬首六千級」⑧，是為有名的潛山大捷。九月，張獻忠去而復還，再圍桐城。《桐城紀事》云，黃得功得桐城縣令告急，「日行六百餘里」，從鳳陽星夜趕來，人還未到，張獻忠派出的細作已急速回報，「呼於軍中曰：『走！走！黃家兵至矣！』」賊營皆亂，倉皇棄其軍資而去」，「桐人歡聲如沸，相慶更生」，而黃得功窮追不捨，至北峽關，「將軍追及之，獻忠呼曰：『黃將軍何相阨也！吾為將軍取公侯，留獻忠勿殺，不亦可乎？』，得功曰：『吾第欲得汝頭耳，何公侯為也！』急擊之，賊大敗。」張獻忠「以輜重牛馬遺民男女塞道」，脫險。⑨ 劉良佐部亦非等閒，除與黃得功協同，獲潛山大捷，還曾於崇禎十年擊敗「流賊羅汝

---

⑤ 張廷玉等《明史》，卷二百七十三，中華書局，1974，第6991頁。
⑥ 抱陽生《甲申朝事小紀》，第487頁。
⑦ 同上書，第488頁。
⑧ 徐鼒《小腆紀傳》，第217頁。
⑨ 抱陽生《甲申朝事小紀》，第491頁。

才合其黨搖天動等眾二十餘萬」[1]，十四年（1641），「破賊袁時中數萬眾」[2]。

　　四鎮中，有兩支是本地部隊，兩支為外來的逃軍。敗軍之將，不可以言勇，不過也要具體分析。外來的高傑一部，眼下雖為敗軍，但之前在賀人龍及孫傳庭麾下頗打過幾場硬仗。崇禎十三年（1640）與張獻忠戰，「傑隨人龍及副將李國奇大敗之鹽井」。十五年在南陽，孫傳庭遭遇李自成，其時高傑投誠未久，被用為先鋒而與舊主首次正面對壘，「遇於塚頭，大戰敗賊，追奔六十里」。李自成情形頗危，幸虧羅汝才來救，「繞出官軍後」，致其後軍左勷部「怖而先奔，眾軍皆奔，遂大潰」，本來的大勝，瞬間轉為大敗。不過大潰之中，頂在最前頭的高傑部反而「所亡失獨少」[3]，可見該部素質不一般，其真實戰鬥力並不像從山西一路南奔所表現得那樣膿包，日後通過已經降清的該部主力李成棟部連克江、浙、閩、粵，我們才看得比較清楚。但另一支外來軍劉澤清部，的確比較膿包，戰鬥力當是四鎮中唯一的軟肋。這支山東集團軍，史書上查不到一點驕人戰績，我們甚至不知道它曾有什麼像樣的作戰行為，無論在崇禎時期還是弘光時期。

三

　　千軍易得，一將難求。古代打仗，將遇良材是第一位的。古代戰爭史，似乎就是一部「名將史」。我們讀《三國》、《水滸》、《說岳》等，千軍萬馬都在其次，關鍵看將領是否「有萬夫不擋之勇」，是否「雖千萬人，吾往矣」，是否「百萬軍中取上將首級，如探囊取物一般」。裏頭或有小說家者流的誇張，但也是從古代戰爭特點而來。眼下弘光四鎮，領銜者有沒有古大將之風，配不配得上這樣的擔子，自然需要考量。

　　且從相對平淡的劉良佐說起。前面我們介紹了他一些功勛，從中約略窺見他的戎馬生涯，不過那些敍述極簡，史家們對他較細的筆墨都集中在

---

①　徐鼒《小腆紀傳》，中華書局，1958，第 729 頁。
②　計六奇《明季南略》，中華書局，2008，第 31 頁。
③　張廷玉等《明史》，卷二百七十三，中華書局，1974，第 7004 頁。

降清後，那時他幹了一件「遺臭萬年」的事——親自率軍趕到太平府板子磯，在那裏捉住弘光皇帝朱由崧再把他押回南京。他就此留下的形象，不僅是個「逆臣」，而且讓人覺得苟命貪生。不過，在有關他的不多而草草帶過的敍述中，我捕捉到一點特別的信息。那是他的綽號「花馬劉」——「嘗乘花馬陷陣，故亦號『花馬劉』云」④，「良佐殺賊亦有威名，每乘斑馬破賊，故賊中稱之曰『花馬劉』云。」⑤ 雖只是個綽號，也可以體會到一些東西。大概從宋代起，開始流行起綽號，明代更普遍。「闖王」實際是個綽號，當時不光李自成，農民軍領袖多有綽號，如「滿天星」、「闖塌天」、「八爪龍」、「過江王」、「黑心虎」之類，說明他們是成名的人物抑或以某種特徵著稱。換言之，綽號不贈無名之輩，有綽號意味着有威望、出類拔萃；哪怕出於惡意和憎恨，也是表示對方「臭名昭著」，當年閹黨就曾給每位東林要人各起過綽號。劉良佐這個「花馬劉」綽號有幾個特點：一、是對他戰鬥形象的概括；二、是褒意，是驚豔與歎奇；三、不是自封，卻是對手相贈——「每乘斑馬破賊，故賊中稱之曰『花馬劉』」。總之，對他殺陣的英姿，「賊中」不但畏之抑且慕之，以致奉上一個身手俊俏的綽號。

至於黃得功，不必說，絕對是天生武材，當時即被目為有古大將之風。這不是一般的評價，所謂古大將，不惟武功蓋世，還得品調高拔。我們從黃得功死後，竟被傳為岳飛再世這一點，體會到他的分量：

> 靖南自刎後，金陵有人忽奔真武廟中者，跳舞大呼曰：「我靖南侯也，上帝命我代岳武穆王為四將，岳已升矣！」言畢，手提右廊岳像於中，而己立其位，作握鞭狀，良久乃甦。⑥

徐州的著名文人閻爾梅，本人生性豪放、任俠，眼中英雄從來不多，連史可法他都不表佩服，但黃得功是一個。他後來寫了一首《蕪湖弔黃將軍》：

---

④ 徐鼒《小腆紀傳》，第 729 頁。
⑤ 抱陽生《甲申朝事小紀》，書目文獻出版社，1987，第 481 頁。
⑥ 同上書，第 214 頁。

艨艟百隊鎖征雲，帥纛風摧日色曛。磯底靈螺吞戰血，每逢
陰雨哭將軍！[①]

　　如借他的目光看，黃得功的威風、恢雄，仿佛不遜荷馬筆下的阿喀
琉斯。

　　別看黃得功這樣了得，有個人卻能令他讓其三分，他便是興平伯高
傑。多年前，我曾耽迷《三國志英傑傳》，裏面對一流武將以打分方式品
其高下，如「關羽：武力 98、智力 84、統御力 100」、「張飛：武力 99、
智力 42、統御力 83」、「趙云：武力 98、智力 84、統御力 87」，些微的差
別，令人玩味。而讀黃、高二將傳略，我油然有比照《英傑傳》以打分品
其強弱的趣想，他們似乎也和關、張、趙一樣，差距不過毫釐之間，可是
對這種等級的大將，毫釐之差卻又如天壤。所謂一山不容二虎，自從高傑
南渡，這對本地與外來的兩雄之間，爭強便不可避免。他們彼此一直不
服，睥睨漸積漸累，遂於甲申年九月發生「土橋之釁」。高傑派兵在高郵
附近的土橋伏擊黃得功，「得功出不意，亟舉鞭上馬，而飛矢雨集，所乘
馬值千金，中矢踣，騰上他馬逸去」[②]，險遭不測。後經史可法努力，兼以
朝中有旨，黃得功接受調停，但要高傑賠其三百馬匹的損失。「傑如命償
馬，馬羸多斃，可法自出三千金代之償，又令傑以千金為得功母贈（喪事
之費），憾始稍解焉。」[③]高傑道歉實際停留在口頭，實際行為與其說表示
歉意，不如說給予新辱。對此，黃得功卻「憾始稍解」。是出於高風亮節
嗎？不然。雖然黃得功為人忠義，但此番不然。不但此番不然，只要涉及
高傑，他都不抱這種胸襟。後來高傑睢州被害，黃得功在儀真立刻聞風而
動，打算起兵襲擊高部留在後方的家眷，並奪取揚州，足見他從未放下嫌
隙，當初的和解，只是無奈暫忍而已。高傑其人如何猛武威強，後面還會
具其形容，此刻且借黃得功的態度，曲以映襯。總之這兩人不單在明末，
置諸歷朝各代，亦不失「虎虎上將」，用《明史·黃得功傳》中一句話

---

① 抱陽生《甲申朝事小紀》，書目文獻出版社，1987，第 820 頁。
② 徐鼒《小腆紀年附考》，中華書局，2006，第 257 頁。
③ 同上書，第 258 頁。

說：「所稱萬人敵也。」④

以上略述諸軍規模、戰鬥力以及主將風采，算是替史可法「優以異數，為我藩屏」之論，作一點解釋。以往，我們由於明朝末年軍事上屢戰屢敗，遇「寇」遇「虜」都不堪一擊，容易生成一種印象，以為那時將弱兵贏。這也很自然，因為大的事實如此。不過，有時大事實、大趨勢會誤導人忽略局部或具體的情況，將兩者等量齊觀，實際可能並不一致乃至相反。明末的兵敗如山與其軍中仍有虎將、仍有戰鬥力之間，正是一對真實的矛盾。我曾引用過《祁彪佳日記》中一個資料，這裏再用一次：祁彪佳擔任蘇、松巡撫後，令麾下部隊展開大練兵，規定：「標中之兵，力必在六百斤以上，其九百斤者，則撥為衝鋒官。」⑤ 每個士兵必須做到有舉起三百公斤的力氣，如能舉四百五十公斤，就可以提拔為衝鋒官。這並非停留於紙面，後來對練兵結果做了驗收，九月十二日在「禮賢館」，「召標中新募兵過堂」，「內有未冠者五六人，皆力舉七八百斤」，「又試諸衝鋒官技力」⑥。須知祁彪佳手下這支部隊，只是地方武裝，單兵能力已如此強勁，像四鎮那樣的野戰主力，沒有道理比它低弱。

故四鎮之設，無論從思路到現實支撐，並不能以向壁虛構視之。

不過以劉澤清為四鎮之一，是明顯的敗筆。他這環節，四鎮工程確實出現一個「豆腐渣」段落。此人極擅向上爬，崇禎六年（1633）遷總兵，九年（1636）「加左都督、太子太師」⑦，幾乎爬到武職最高端。明設五軍都督府，「中軍、左軍、右軍、前軍、後軍五都督府，每府左、右都督」⑧，五軍都督府相當於五總部，左都督（正一品）相當於全軍五大總長之一。然而查一下經歷，劉澤清從來沒有確切的戰功，直到現在我也不明白他怎麼官至「左都督」。然而我們不能明白之處，可能就是他的所長。《甲申朝事小紀》有「劉澤清佚事」，說他出身微賤，原是天啟時戶部尚書郭允厚的家奴，「少無賴，為鄉里所惡」，後在本州當了一名刑警（捕盜弓

---

④ 張廷玉等《明史》，卷二百六十八，中華書局，1974，第 6903 頁。
⑤ 祁彪佳《祁忠敏公日記》，《歷代日記叢鈔》，第八冊，學苑出版社，2005，第 467 頁。
⑥ 同上書，第 488 頁。
⑦ 張廷玉等《明史》，卷二百七十三，第 7006 頁。
⑧ 張廷玉等《明史》，卷七十六，第 1856 頁。

手），「遭亂離從軍」，戰亂發生後參了軍──此說真假，蓋不可考。[1] 同書又有「四鎮紀」，寫到他有句評語：「將略本無所長。」[2] 這倒是被事實一再證明的。《明史》本傳云：「澤清為人性恇怯，懷私觀望，嘗妄報大捷邀賞賜，又詭稱墮馬被傷。」[3] 他與其他三鎮最大不同，在於不論別人各有如何重大乃至致命的缺點，稟性皆屬武夫，既以征伐陷陣為樂，亦賴此立足。這在劉澤清身上卻沒有一丁點影子，他的品類，借現在流行語似乎更像一位「文藝青年」。《明史》本傳特意寫道：「澤清頗涉文藝，好吟詠。」[4] 武將而好吟詠，要麼超越了一般武將的層次，要麼相反，只是冒牌的武夫。劉澤清應係後者。他雖然地道的行伍出身，不像袁崇煥、盧象昇那樣由文轉武，卻從來不喜歡打仗。斬關奪隘、攻城拔寨這些為軍人們普遍渴念的功業，絲毫引不起他的興趣。從一開始，軍隊在他眼中就與軍事無關，而完全是政治的工具。我們可以給他如下的定位：他與其說是軍人，不如說是典型的披着軍人外衣的政客。他在政治抑或搞陰謀詭計、害人使壞方面的天賦，遠遠超過兵馬之事。對劉澤清，我每每想起他的一位山東老鄉康生。這兩人雖然相隔三百年，但性情、風格及才具均如一奶同胞。在劉澤清，陰謀家的本性深入骨髓，他不光在明朝以政客方式操弄軍權，降清後仍出一轍而終死於斯：「大清惡其反覆，磔誅之。」[5] 他曾坦率地講過一句話：「吾擁立福王而來，以此供我休息，萬一有事，吾自擇江南一郡去耳。」[6] 清兵南下之際，他確實照此而行，只不過被馬士英下令用炮隔江打回，不能如願。言至此，看看四鎮各自結局是很有意思的：高傑慨然北進途中，因驕傲、疏放命喪叛將之手；黃得功護駕無望，於四面楚歌、山窮水盡中自裁。這兩人的結局，很符合他們的「大將風範」。劉良佐無此格調和規格，但他的投降，一是在揚州告破、大勢已去的情勢下，二是既降無詐，不反覆、不搞鬼，起碼不失職業武人的精神。唯獨劉澤清，根本不

---

① 抱陽生《甲申朝事小紀》，書目文獻出版社，1987，第 474 頁。
② 同上書，第 214 頁。
③ 張廷玉等《明史》，卷二百七十三，中華書局，1974，第 7007 頁。
④ 同上書，第 7008 頁。
⑤ 同上書，第 7007 頁。
⑥ 計六奇《明季南略》，中華書局，2008，第 30 頁。

曾與敵打其照面，聞風棄地，拔腿而逃，蓬轉萍飄，東突西奔；逃之無門則降，降而又偽，伺機再叛，一切盡出機會主義。

不必說，他便是擁兵自用、除個人利益一概不知的標準軍閥。既然如此，對這樣的人為何還寄以重任、倚為干城？我歸納了三個原因：一、他手握重兵，應有所用，不用等於資源浪費；二、「定策」中有功，就藩封伯是對他的回報；三、不但自身是山東人，還長期任山東總兵。末一點或尤重要，從四藩計劃「以劉澤清轄淮海，駐淮安，海、邳、沛、贛十一州縣隸之，恢復山東一路」[7]，看出有關他的任命山東背景是一大因素，希望將來他領着山東子弟兵在恢復山東時一馬當先。這期待本在情理之中，只是對象錯誤，劉澤清自己對它不值一哂。

四

至此，有關四鎮之設我們從各方面，兼顧優缺點，客觀地擺了一遍。印象上，應該不是紙糊的燈籠。以人選論，四人有三位算是頗堪大任或尚堪一用，以我們歷來喜歡講的「三七開」，有七成左右把握，事情即屬可觀。可是，不管以上論證如何頭頭是道，自結果言，四鎮之設確確實實沒有發揮任何作用。這又是怎麼回事呢？

問題來到這個層面，才漸至佳境。

無論讀史還是在現實中，我們一再遇見開端挺好的事，結果一出來，卻面目全非。《詩經》「大雅」有一首《蕩》，據說是召穆公因為「傷周室大壞」、「厲王無道」而寫，末句很有名：

> 天生烝民，其命匪諶。靡不有初，鮮克有終。[8]

「諶」，當相信和真實講。詩句大意是：都道百姓是上天的愛子，到頭來命運從不這樣；什麼事情剛開始看着都不錯，可是善始善終怎麼那麼

---

⑦ 李天根《爝火錄》，浙江古籍出版社，1986，第 152 頁。

⑧ 《毛詩注疏》，卷第十八，阮元校刻《十三經注疏》，中華書局，1982，第 552 頁。

難！說來也怪，三千年前中國就苦於「靡不有初，鮮克有終」，至今仍出不了這怪圈。孔子曾說：「始吾於人也，聽其言而信其行；今吾於人也，聽其言而觀其行。」[1] 看來，他也吃過這樣的苦頭。其實，這個怪圈並沒什麼大不了的祕密，一是消極因素太多，二是不肯真正為克服消極因素找辦法。消極因素萬世皆有，「消滅」云云，不過是烏托邦。對消極因素，管用的辦法不是消滅，而是用好而細的制度設計去防範和抑制。但我們（或我們文化）的性格比較空想，比較志大才疏，不愛腳踏實地計劃行事，喜歡「爆竹聲中一歲除」，喜歡一夜之間改朝換代、迎刃而解。於是我們歷史就以一種週期性變更的方式，在不斷苦盡甘來和「多行不義，必自斃，子姑待之」[2] 的想像與翹盼中輪迴，表面上總在經歷結束與開始，其實呢，因為什麼都沒做，所謂歷史向前大致不過是循環往覆而已。就像召穆公對周厲王所問「靡不有初，鮮克有終」，中國歷史一定程度上無非是在對一個厲王表示這疑問之中，期待着下一個厲王出現，然後再對他提出同樣的問題。

以上說得不免遠遙，還是回頭談四鎮之設為何也落入「鮮克有終」的窠臼。通盤想了一下，得到八個字：既無組織，又無理想。裏頭有兩個問題，我們分別論之。

「既無組織」，是指朝廷的中樞徹底爛掉了。就好比一個人，大腦休克或索性已處在腦死亡狀態。這時候，他雖有一軀四肢，卻實在僅為擺設。別人來取他性命，他是不會做出任何反應的。

四鎮方案制訂時，史可法還是內閣首輔。等皇帝將它批准，短短十天左右，南京政治核心已遭顛覆 —— 馬士英以近乎逼宮的激烈方式，率兵「入衛」，以武力相威脅，來奪史可法的權柄，索要他認為自己作為「定策」首功所應得的利益。不過，馬士英來勢雖兇，真實事態卻並沒有那麼誇張，並不至於史可法如不相讓，馬士英當真就敢造反、攻打南京。真實情況是，史可法二話沒說交了權，幾乎是欣然地離開南京、過江督師。史可法這樣做，有他的道理。一是，不迴避在「定策」問題上自己有失誤而

---

① 《論語·公冶長》，朱熹《四書章句集注》，中華書局，1983，第78頁。
② 《春秋左傳正義》，卷二，阮元校刻《十三經注疏》，中華書局，1982，第1716頁

野哭：弘光列傳

馬士英有功，基於此，雖然馬士英伸手奪權臉皮奇厚，但從自己角度言，不肯讓位也問心不安；二是，正人君子愛惜羽毛，既然受到指責，是誣是實都要暫置不論，而首先虛懷受之、退避三舍，沒有相爭的道理；三是，過江督師對他倒有些正中下懷，可以明其「鞠躬盡瘁」、無意貪戀權位的心跡。

然而，史可法的這點道理，與國家利益反而是矛盾的。此時此地他非但不宜尋求內心平衡，相反就該挺身相爭，拒不讓出首輔權位。政治的疑難就在這裏。人們都期望正派清明的政治，但實際上在政治面前不能一味正直，或者說，過於正直的人對政治的正派清明反而不利。因為正邪之間，彼此不進則退，正派一方道德上苛己過嚴，其實是給邪派騰讓空間。很多人認為，弘光朝的事不可為，從史可法慨然應允去揚州那一刻，就已經決定了。當時，諸生盧渭領銜，串聯一百多名知識分子，共同簽名和遞交請願書，要求收回派史可法江北督師的成命，內中，「秦檜在內，李綱在外，宋室終北轅」[3]一時成為名言，播於眾口。《史忠正公集》「附錄」，收有這篇《公懇留在朝疏》。在表達了對最初授史可法「東閣大學士，仍管部務」，「群心踴躍、萬姓歡呼，咸頌陛下知人善任」的鼓舞後，它這樣談論對最新事態的極度失望：

> 忽聞出代督師之命，眾心惶惑，未識所措。雖淮揚係南都門戶，畢竟朝廷是天下根本，若可法在朝，則出師命將、真可取燕雲而復帝都，固本安民，奚但保江淮而全半壁。淮揚雖急，宜別命一督臣，使可法從中調度，則兵糧有着着應手之模；萬一可法自行（離中樞而親赴前線），則雖身任督師，而中樞已更成局，實戰守有事事紛擾之漸。即後起必有善圖，而前功不無變廢。機會一失，局面盡移。此江南士民所以奔走號呼，不能不伏闕哀籲者也。[4]

主要弊患，講得很清楚，後來事情癥結也都在此。

---

③ 李天根《爝火錄》，浙江古籍出版社，1986，第162頁。
④ 《公懇留在朝疏》，《史忠正公集》，附錄，商務印書館，民國二十五年十二月，第65頁。

五

我們有「人亡政息」一語，表示政治與個人之間存在直接而密切的聯繫。這種認識，到了現代法制民主政體下，一般意義不大，甚而視為「人治」格局的表徵。其實並不盡然。現代法制民主政體較人治體制，其於政治錯誤的防範能力後者無從仰望，這固然不錯，但任何體制究竟不是美軍無人機，只要輸入程序即可自我操控，不管什麼體制底下，政治實踐最終還是落實於人。以自由選舉制來論，最終也以選出某人為結果，而選舉並不能解決此人愚賢問題，可能選出賢者，可能選出愚者，概率各佔一半。自由選舉的真正好處，不是確保勝選的必為賢者，而是確保經過一定實踐檢驗，若為愚者，人民可將其拋棄，這是它真正的功德（至今中國仍有人以未必選出賢者嘲笑自由選舉，真是愚不可及）。而古代在沒有這種制度的情形下，政治清濁對個人的依賴，幾乎是決定性的。同樣一件事，同樣一個位子，由怎樣的人做與坐，結果可至南其轅而北其轍。南京士民請願書所表達的正是這樣一種認識，我們不必挑剔他們如此依賴「清官」和「好人」，在當時，對正派政治家個人品質的依賴，這種訴求不單是無可奈何，重要的在於非常實際、完全管用。所以，「秦檜在內，李綱在外」的變化，對整個弘光朝是有決定意味的。

古時對善、惡兩種政治力量，一般以「君子」「小人」相稱。我們尊重當時語境，繼續使用這種字眼。不過對於其間的道德意味，卻認為應加剔除。古人鄙薄「小人政治」，往往與主張和嚮往「君子」情懷、人格有關，這些內容在今天已失去意義。我們延承或者認同對「小人政治」的擯棄，主要因為這種政治總是產生無窮無盡的內耗和自耗，從而傷害到歷史。換言之，我們是站在歷史的角度，而非道德的角度。有關這一點，我想談談與古人不同的看法。我認為，歷史向政治索要的，並不是道德楷模。如果道德上崇高俊美，國家卻治理得一場糊塗，這樣的政治家絕不值得稱美。反之，道德並不比人高出一頭，哪怕還有所不及，但所施之政卻確切地利國惠民，作為政治家我認他好於前者。中國在這方面走過不少彎路，以致出過很多偽君子，滿口高尚義理，實際施政卻禍國殃民，教訓極

其慘痛。

所以，我們下面抨擊「小人政治」，不是在舊有的忠奸意義上，而是基於歷史應當更具效率的價值觀。我們認為，從時間到物力，歷史都是有限的資源。對歷史正確與謬誤的判斷，應看歷史的效率是高還是低。高效的歷史，浪費最少、損耗最低；低效的歷史，則必定伴隨大量無謂的浪費與損耗。這跟我們今天追求的環保，是同一個道理。好的、理性的歷史，必是環保的歷史；而劣質的歷史，必是高耗的歷史 —— 這種高耗說明，它不斷地做着無用功。而在歷史上，「小人政治」專做這個損耗工作。

它被什麼所驅動，而拚命做這種事？說來也簡單，就是四個字：極度自私。我們說的是「極度自私」。單講自私二字，沒什麼不好，它實際上是推動歷史向前的積極因素，資本主義興起時就曾將自私作為社會動力加以弘揚。反之，倒是大公無私之類的高論有時可能別有用心，黃宗羲即曾將君權的醜惡本質揭露為「使天下之人不敢自私」，「以我之大私為天下之大公」[1] 人類經驗教訓表明，需要警覺的不是人的自私本性，而是這種「以我之大私為天下之大公」的情形。適當自私，有益無害。僅有一種情況，自私才真正變得有害，那就是當自私與權力相捆綁的時候。插上權力翅膀的自私，將打響一場貪婪、攫取的超限戰。在權力的保駕與襄助下，自私不僅成為少數人的特權、專利 —— 就像民諺所說「只許州官放火，不許百姓點燈」—— 且無所不用其極，而又無往不勝，從而惡性膨脹為「極度自私」。如果檢討一下人類文明史，會發現它從不是通過消滅自私取得進步的歷史，而是一部與「極度自私」做不懈鬥爭，並為每個人爭取合理自私的權利，從而不斷進步的歷史。

眼下，「極度自私」在弘光朝就正向惡性膨脹的高度挺進。史可法去位，不是個別職位的變動，而帶來了整整一個小人系統的啟動。它包括大學士馬士英、王鐸，兵部尚書阮大鋮，吏部尚書張捷，左都御史李沾，東平伯劉澤清，誠意伯、提督操江劉孔昭……一定程度上，也包括皇帝朱由崧和當時的錢謙益（禮部尚書）。因為信奉「極度自私」，這個系統一旦運

---

[1] 黃宗羲《明夷待訪錄》，《黃宗羲全集》第一冊，浙江古籍出版社，1985，第2頁。

轉，必產生強烈排異性，所有於它不利的人都會被一一擠走、清洗，這樣它才使自己達到最高效率。所以繼史可法後，呂大器、姜曰廣、劉宗周、高弘圖、徐石麒，也漸次消失在南京中樞之外。

這系統的一望而知的表現，是貪腐。馬士英、阮大鋮弄權填慾的事跡，過去我們一表再表，於茲無須再多贅述。簡而言之，他們完全把國家當成銀行兼當鋪，一邊取錢一邊變賣，猶恐銀行關門過早或變賣不及而被別人掠美。他們的心態，就如破產企業的高管，拚命趕在倒閉前偷拿侵佔，多多益善。讀讀見證者李清在《三垣筆記》中的記述，就知道小人系統對於受賄、賣官之類，已至明火執杖。當時有民謠：「都督多似狗，職方滿街走，相公只愛錢，皇帝但吃酒。」[1] 裏面點了馬士英（相公者也）和朱由崧，其實跟阮大鋮比起來，他們還差得遠。

六

不過，本文所欲談卻不在這個方面。那些有形、直觀的溷亂，有目即見，所貪無非鬻一爵「七百金」、「千五百金」、「三千金」[2] 之類。小人系統出於「極度自私」而幹的另一些壞事，隱蔽、間接，也不牽涉具體的錢帛數目，但嚴重後果卻可至無法衡量的地步。

我所指的是：小人系統為使攫奪過程不受干擾、攫奪成果最大化，使出渾身解數，破壞國家權力形態，擾亂其組織，使有序變無序——古人謂之朝綱蕩然、法紀廢弛。這才是歷來小人政治重創社會、歷史之最甚者。與此相比，有形、具體的招權納賂，從物質和實有層面挖國家牆角，根本不在一個量級。它拆毀的是國家形式、機制和原理。古代各種制度本來闕漏就多、粗疏不密，而再經這種淆紊，真可謂國之不國。歷來，僅有貪腐都還不足以亡國，一旦到了綱紀蕩然的時候，才徹底無可救藥。對以馬士英為首輔之後的南京，當時的人以及後世觀察家，一般都最痛心疾首於貪

① 夏完淳《續幸存錄》，留雲居士輯《明季稗史初編》，卷十六，上海古籍出版社，1988，第 327 頁。
② 李清《三垣筆記》，中華書局，1997，第 115 頁。

腐一端，現在我們要為大家指出，它真正可怕的症候，在於國事已無法做任何有組織的管理，或者說，一切需要有組織地管理的事務都不能展開。從甲申年五月到乙酉年五月，終弘光一朝，如歷夢幻，一事無成，根由就是國家組織功能喪失。當時雖然風雨飄搖，東南一隅局面尚穩，但社會未亂，中樞卻已壞死，國家遂為有身無頭的行屍走肉。

像設四鎮這樣的全局性重大軍事部署，它的實施與執行，必以正常的國家組織功能為前提。正如南京士民所強調的：「使可法從中調度，則兵糧有着着應手之模；萬一可法自行，則雖身任督師，而中樞已更成局，實戰守有事事紛擾之漸」。因此，史可法去位之更深層的意味，是從此南京將不再會發揮有效的組織功用。這不僅很快顯現出來，而且迅速發展到驚人的地步。甲申年六月，出外督師一個多月的史可法以一道《款虜疏》，敦促朝廷緊急研究對清政策。其中一段，把南京中樞的散架面貌揭示得淋漓盡致：「敵兵聞已南來，兇寇又將東突，未見廟堂議定遣何官、用何敕、辦何銀、派何從人，議論徒多，光陰已過。」③ 幾個「何」字，猶如一連串問號，懸掛在南京「廟堂」之上。這是真實寫照，朝中袞袞諸公逐日上朝、退朝，但無人知道他們究竟忙些什麼。

豈但不起組織作用，反過來還起破壞作用。孤懸在外的史可法，最後徒具「督師」之名，催餉不應，調兵不靈。馬、阮視手中權為禁臠，一味猜忌，一味刁難，不僅錢糧薪而不發，更以「摻沙子」之術，安插親信心腹加以沮抑，必欲史可法徒勞無功而後快。史可法一度灰心絕念，引咎求退。他於乙酉年一月上《自劾師久無功疏》：

> 臣本無才，謬膺討賊，亦謂猛拼一死，力殄逆氛，庶仰酬先帝之恩，光贊中興之治。豈知人情未協，時勢日艱。自舊歲五月出師，左拮右據，前疐後跋，初則調停諸鎮，和同室之戈矛，繼則躑躅河上。④

---

③ 史可法《請遣北使疏》（此題係清人所竄，原為《款虜疏》），《史忠正公集》，卷一，商務印書館，民國二十五年十二月，第 7 頁。
④ 史可法《自劾師久無功疏》，《史忠正公集》，卷一，第 21 頁。

此疏之上，事出有因。當時有個衛胤文，「欲媚士英」，提出一個「督師多餘論」，說「國家兵事問鎮臣，糧餉問部臣，督師贅疣也。」史可法因而乞罷，旨意當然不准，「切責胤文，而諭可法盡職」，「然士英心竊喜之」。不久，馬士英「擢胤文為兵部右侍郎，總督興平（高傑）營將士兵馬」。[①]

單看事實，「督師贅疣也」講得也並不錯，史可法自己都悵歎「踟躕河上」，大半年光陰，碌碌無為、只是虛拋。然而後人從中所見並非史可法無能，恰恰是小人系統在內耗、自耗上釋放着怎樣巨大的能量。有它從中作梗，就算周公復生、孔明再世，也要落個師老無功的下場。在一群碩鼠唒齧拖拽下，朝廷完全散架，不能組織起來做任何事，像設四鎮那樣的從指揮到後勤要求百密不疏、環環相扣的軍事計劃，尤其不可能貫徹實施——此即「既無組織」之謂。

七

繼而談「又無理想」。

「既無組織」是國家層面的無序，「又無理想」卻是指個人。蓋人都有理想，理想不一定是多麼高遠的東西。人的一生，小至對工作或所做任何一件事的態度，大到抱負和自我期待，都可視為理想。而理想主義，也不是非具「解放全人類」雄心方可言之，認真做人、凡事不苟、敬業惕悚、問心無愧、力求善美、所得和索取不踰乎奉獻及付出，就是理想主義。所以，理想和理想主義，都並不自天上求之，都不是超凡脫眾的品質，而應由各行各業求之，從日常生活人人自身求之。一個失去這種品質、從世人心中難覓理想和理想主義的時代，必處沒落之中，也必然從根子上出了問題。我們讀班超、班固或蘇武那樣的故事，不獨為其傳奇色彩擊節，而尤為他們矢志以行、踐己所諾而肅敬。從他們赤裸的心懷，我們看見上面刻着理想二字，得到什麼是做人有理想的啟示。明代末年，包括弘光一朝，

---

① 徐鼒《小腆紀傳》，中華書局，1958，第 127 頁。

不是沒有這樣的人。僅弘光覆滅前後那段時間，史可法、左懋第、劉宗周、高弘圖、祁彪佳、夏允彝等許多人，理想的風采均足光耀千古。雖然我們對這時代有很多指摘和嗟歎，但就理想猶存人心這點而言，它不是歷史上最可鄙、可悲的時代。然而我們也發現一個十分奇怪的現象，即在明末，理想的態度只見於士大夫、文人，而幾乎不見諸武人。整個武人集團中，脫於蒙昧、抱旨而行的例子，微乎其微。這方面稱得上完整的例子，歷弘光、隆武、魯監國、永曆四君，我覺得只有鄭成功算是一個。而大量的卻是劉澤清、鄭芝龍（鄭成功父）那種全無禮義廉恥之人。對我來說，明末文武之間在精神品質上的懸殊，已經構成那個時代最具特色和興味的問題。

我們不從劉澤清、鄭芝龍那種類型說起。由於他們的表現比較極端，反而無助說明問題。我覺得，一般性地了解明代武人的特點，從高傑入手比較合適。

無疑，他是天生的武夫，用「將遇良材」稱道他這一素質可謂實至名歸，歷來形容武將神勇的種種筆觸，他都當之無愧。關於他，我會想到尼采《悲劇的誕生》「泰坦諸神自然暴力」、「原始的泰坦諸神的恐怖秩序」、「日神前泰坦時代的特徵」、「酒神衝動的作用也是『泰坦的』和『蠻夷的』」等字眼[2]。泰坦，是希臘神話中巨眼巨手的巨人，象徵自然原始之力，西方後世每以「泰坦」表示極雄偉之事物，那艘撞冰山沉沒的巨輪「泰坦尼克號」亦得名於此。讀高傑傳敘，就仿佛面對一個泰坦式人物。

他的夫人邢氏，本為李自成之妻，《明史》載：「邢氏趫武多智，掌軍資，每日支糧仗」[3]，諸將都從她手裏領取物資。僅此有限交往，竟令邢氏心生慕戀，而決意背叛李自成，投於高傑懷抱。這一則要冒極大風險，絕對是掉腦袋的事情，二來，試想李自成何許人也 —— 堂堂「闖王」，蓋世英豪，邢氏卻肯為高傑而拋棄之，可見在這美婦眼中，高傑之魅無法抵擋。可惜我們找不到很多對高傑形容的描寫，僅於《明史》本傳見一句

---

② 尼采《悲劇的誕生》，三聯書店，1986，第 11、15 頁。
③ 張廷玉等《明史》，卷二百七十三，中華書局，1974，第 7004 頁。

「氏偉傑貌，與之通」①，據而想見他應該雄性十足、強壯偉岸，致邢氏難抑其英雄美人之思。

　　邢氏從女人的角度，為我們鑒定高傑的雄偉，尤其這鑒定是在李自成和高傑之間做出，更令人印象深刻。接着再看同為男人、武夫、自身同樣鷙悍的同行的鑒定。前面我們就此講過黃得功的例子，現在講另外一個人，他就是將高傑殺於睢州的許定國。關於此人，《明季南略》這樣寫：

　　　　許定國，河南歸德府睢州人，膂力千斤。②

具體如何，有兩個小故事。其一：

　　　　許定國嘗與眾少年聚飲，眾請曰：「欲觀公神勇。」許曰：「可！」急躍起，手攀簷前椽，全身懸空，左右換手走。長簷殆遍，顏色不變。③

其二：

　　　　許定國守河南某城，流賊闔至，箭如雨射之。定國立敵樓，以刀左右揮箭，盡兩斷，高與身齊。笑向賊曰：「若之乎？急歸人障一版，來受洒家箭！」賊挾版至，定國射之以鐵箭，枝皆貫人於版死焉。賊驚遁去。④

　　可見「膂力千斤」既無誇張，身手之健更堪驚人。然而，這樣一位驍將，對高傑卻如鼠遇貓。高傑軍抵睢州，許定國「先數十里，跪馬首迎」⑤，「下馬伏於道側」⑥，以致高傑都嫌他過分謙卑：「若總兵，奈何行此禮，顧爾眾安在？」你好歹是個總兵，這樣子，置自己部下於何地？入城後見面，許定國仍「頓首」答話，「傑見其詘服，憐而信之。」⑦ 在許定國

① 張廷玉等《明史》，卷二百七十三，中華書局，1974，第 7004 頁。
② 計六奇《明季南略》，中華書局，2008，第 157 頁。
③ 抱陽生《甲申朝事小紀》，書目文獻出版社，1987，第 220-221 頁。
④ 同上書，第 220 頁。
⑤ 徐鼒《小腆紀傳》，中華書局，1958，第 224 頁。
⑥ 鄭廉《豫變紀略》，浙江古籍出版社，1984，第 192 頁。
⑦ 徐鼒《小腆紀傳》，第 224 頁。

固是一番詭計，以軟化高傑，讓他失去警覺，但客觀上則確實自知不敵，不得不卑躬屈膝。

高傑之為虎將、猛將、強將，毋庸置疑。假使「千軍易得，一將難求」這句話有點道理，高傑就屬於那「難求」的一將。四鎮有此一將，不特為南明之幸，亦應是「虜」「寇」之憂。然而且慢匆忙判斷，我們對他了解還不夠多。

回顧高傑的過往表現，我們發現，他的力量、攻擊性以及霸氣，歷來發泄得不是地方。他與許定國有怨、與黃得功構釁；在揚州，所部「殺人則積屍盈野，淫污則辱及幼女」⑧，甚至扣留前來勸解的督師史可法，「止可法於其軍，屏其左右，易所親信者，杖、刀侍側。可法談笑不為動」。⑨勇則勇矣，橫則橫矣，天不怕地不怕，然而除了暴露體內的蠻昧與原始，恐怕連他自己也不知意欲何為。

他的許多行為相當殘暴，我們所以不把他定性為「惡」，而說「不知意欲何為」，是因確實有一種人，做很壞的事而不自知。京劇《除三害》裏周處就是如此，他橫行不法，惡貫滿盈，以致鄉親將他與惡蛟、猛虎並稱「三害」，可他本質不壞，只是靈魂暗昧，經過太守王晉指教，他幡然醒悟了，後來成為有學有節的義士。高傑幾乎是周處的翻版，我們從以後的事實相信，他先前的種種，是由於靈魂一團漆黑、一片渾沌。直到被史可法點化，他很像一頭被本能驅使着的猛獸。

自扣留史可法而「可法談笑不為動」那一幕後，他平生頭一遭知道什麼叫敬重，《明史》本傳寫道：「至是，傑感可法忠，與謀恢復。」⑩脫胎換骨，如迎新生。我們來看看他此後的言行：

> 疏言：「今日大勢，守江北以保江南，人能言之。然從曹、單渡，則黃河無險，自潁、歸入，則鳳、泗可虞。猶曰有長江天塹在耳，若何而據上游，若何而防海道，豈止瓜、儀、浦、採

---

⑧　計六奇《明季南略》，第 33 頁。
⑨　徐鼒《小腆紀傳》，第 119 頁。
⑩　張廷玉等《明史》，卷二百七十三，第 7005 頁。

為江南門戶已邪？伏乞通盤打算，定議速行，中興大業，庶幾可觀。」①

讀這樣的議論，誰都不能與過去那個暗黑、野蠻的高傑聯繫起來。變化非常驚人：他開始具有了大將的高度，表現出大將的眼光和見識，甚至還獲得大將的胸襟和覺悟——

又云：「得功與臣，猶介介前事。臣知報君雪恥而已，肯與同列較短長哉？」②

甲申年冬，他於北進途中疏言：「臣以一旅之飢軍，忍凍忍飢，惟力是視，誓欲收入人心，再整王宇。」③字字都是真實寫照。又致函清肅親王豪格：「三百年豢養士民，淪肌浹髓，忠君報國，未盡泯滅，亦祈貴國之垂鑒也。」④所剖陳的心跡，儼然是在聖賢書中浸淫頗深的儒將——雖然稿出左右幕僚，非其親筆，心意肯定是他的。豪格回了一封誘降的信：「肅王致書高大將軍：果能棄暗投明，擇主而事，決意躬求，過河面會，將軍功名不在尋常中矣。」同時支使親熟者也寫一信：

勸其早斷速行，有「大者王，小者侯，不失帶礪，世世茅社」之語。傑皆不聽，身先士卒，沿河築牆，專力備禦。⑤

到這時，高傑真如他名字一樣，既高又傑。他最後死於許定國之手，除了驕傲大意，我們更應看到是因為懷抱赤誠，真心與許定國修好、泯卻往日恩仇。為這緣故，他隨身僅帶了千餘人，「所部諸將如前三營胡茂貞、李本深、李成棟等兵最強，皆以分鎮莫得從」。到睢州一見許定國，高傑即「與之盟，約為兄弟」。許定國請高傑入城是有陰謀的，「左右不可。傑杖妄言者，遂與其傑（巡撫越其傑）等諸文武賓從俱入。從者可

---

① 徐鼒《小腆紀傳》，中華書局，1958，第 223 頁。
② 同上書。
③ 李天根《爝火錄》，浙江古籍出版社，1986，第 371 頁。
④ 同上書，第 368 頁。
⑤ 同上書，第 372 頁。

七八百人，餘皆屯於城東。」⑥ 他就這樣敞開胸懷、近乎不設防地走向一個宿敵——為了「恢復」大業。

當高傑以那種情形遇害，我們認定，他已從不折不扣的「肌肉男」，變成有理想且為之高蹈的傑出軍人。依先前的情形推想，他或許終生不能走出渾沌本能和黑暗慾望；現在，卻獻身於內心所明了和追求的事業。

他的轉變晚了一些，但仍有意義。這種意義，不是實際幫助到明朝。正如我們知道的，他出師未捷身先死。不過，他雖不曾影響明代的歷史，卻有助於我們對明代歷史某一方面的認識。他以前後的判若兩人，採取自我對比的方式，為我們講述明代武人的根本困境。還作為一面鏡子，供我們參照，去認識他的同儕。

比如黃得功。較之高傑，黃得功有他很鮮明的特點。與高傑生性愚魯不同，黃得功是那種未經教化然而根性樸正的人，他身上，始終有樸素的良善。他解救桐城一城性命後，縣人加以感謝：

> 得功深自辭讓，而勞苦將士及諸生父老，且曰：「賊已西，一二子遺，當深耕易耨，而戶口流亡，室廬已盡，今吾將獲賊牛五百給與民間，有司當勸耕毋怠。」⑦

根性的純厚，使他天然地合於兵道，「軍行紀律甚嚴，下不敢犯。」⑧ 以此根性，他原有極好的條件成為一代良將。可惜，這麼一個人最終卻無緣勇智兼備的境界，而以「肌肉男」的面目謝世。

在勇的方面，他傳奇無數，廁身史上一流武將絕不遜色。這是他的神武：

> 微時驅驢為生計。有貴州舉人楊文驄、周祚新北上，於浦口僱其驢，初未知為豪傑也。道經關山，突遇響馬六人，文驄、祚新等亦嫻弓馬，欲與之敵。得功大呼曰：「公等勿動，我往禦

---

⑥ 鄭廉《豫變紀略》，浙江古籍出版社，1984，第 192 頁。
⑦ 抱陽生《甲申朝事小紀》，書目文獻出版社，1987，第 491 頁。
⑧ 同上書，第 833 頁。

之。」時楊、周管家亦頗材武，已於驢背躍下。行李與牲口重數百斤，得功一手挾驢，一手提行囊，突撲響馬。響馬大驚，乞止之，且曰：「有言相告。」得功不聽，撲擊如故。響馬急，齊下馬羅拜曰：「老兄真英雄，吾輩願拜下風，勿失義氣。」得功方止。[1]

這是威風氣勢：

生有神勇，殺賊，賊不敢逼視。得功一部，皆為精兵。每與賊戰，輒飲酒數斗，提鐵鞭上馬，前自衝陣，而三軍隨之。得功威名振於賊中，賊相戒勿與黃將軍苦戰。……於是，江、淮之間以得功為長城矣。[2]

以及作戰裝備和戰法：

侯乃上馬，旁一卒授之弓，執左手；又一卒授之槍，掛手肘；又一卒授之鞭，跨左腿下；一卒授之鐧，跨右腿下。背後五騎，騎負一箭筒，筒箭百隨之。抽箭亂射，疾如雨，箭盡，擲弓，繼以槍。槍貫二騎，折，旋又擊死二騎。須臾擲槍，用鞭、鐧雙揮之。肉雨墜，眾軍已歌凱矣。[3]

關羽白馬坡斬顏良，曹操讚道「將軍真神人也！」[4] 我們慾以此轉贈黃得功。

他的「勇」讓人五體投地，然而談到「智」，我們卻為之痛惜不已。由於最後護駕盡忠而死，他在大家心目中形象一直相當正面。然而，細細研究弘光朝的覆滅，卻有震驚的發現：黃得功與此有很大干係，乃至可稱為一個罪人。我們來看主要經過：乙酉年一月，高傑抵睢州為許定國所害；殺高後，許立即渡河向滿清投降，並請豪格轉奏清廷發兵南下，自己願當先鋒；史可法聞睢州之變，星夜趕到徐州，立高傑子為世子，使大軍

---

① 計六奇《明季南略》，中華書局，2008，第 28 頁。
② 抱陽生《甲申朝事小紀》，書目文獻出版社，1987，第 479 頁。
③ 同上書，第 214 頁。
④ 羅貫中《三國演義》，江蘇文藝出版社，2010，第 211 頁。

重獲穩定；事情剛剛停當，突然傳來消息，黃得功聯手劉澤清，欲從儀真、淮安夾擊高部將士留於後方的家眷，奪佔揚州，徐州高部大驚，李成棟等拔營而走，史可法措手不及，也倉皇南還處理嚴重事態，河防遂為之一空，清兵以許定國為先頭部隊渡過黃河，「丙午（三月廿三日），王師破徐州」[5]……很清楚，有兩個觸發者；許定國殺高傑、引狼入室在前，黃得功內鬨火拚、致前線潰於一旦在後，兩件事接踵而來、互為表裏，情勢遂不可收拾。

對此，稍稍過甚其詞，我想說黃得功實際起了滿清內應的作用。自然，他絕無意於此；豈但無意，如以這樣的結果相告，他恐怕還難以置信。他的忠誠無可懷疑，也斷不會在明知情況下損害明朝。但在事實層面，他確實做了那樣的事。他有大將之才，心地也淳古，然而情商低得可憐，以致分不清「親者痛、仇者快」，不能辨大局與小節。前面介紹過，他與高傑之間的過節，是非在他這邊。當他點兵襲殺高部後方時，心裏大概自認正義，可這只是他個人的正義，不是從國家利益出發的正義。他在自認有理的情況下，做了愚不可及而悖逆大義的事情，並對所錯渾然不覺。

明代武人的悲劇，恐怕無過乎黃得功。一個稟賦這樣好的人，竟只能沉淪於愚昧。他尚且如此，餘者更何足論？四鎮中，另外加上左良玉，最後只走出一個高傑。他踽踽北去的身影，不僅寫下孤獨，更寫下明軍滿營的麻木。高傑感受着這孤單，於途中「疏請以重兵駐歸德，東西兼顧」，但看不到任何動靜。他希望自己動身後，黃得功能夠跟進擔當後援，不意反而「近見黃得功具疏，猶介介口角」，他大度地表示「臣若不聞」。[6]「然得功終不欲為傑後勁，而澤清尤狡橫難任，可法不得已，調劉良佐赴徐，為傑聲援。」[7] 可劉良佐應該也沒有採取實際行動，雖然史可法有此調令，我們卻沒有見到該部曾向徐州運動的記載。

高傑的踽踽獨行，令人確切領教了同儕的「空心」。為什麼會這樣？

---

[5] 梅村野史《鹿樵紀聞》，臺灣文獻叢刊第五輯，《東山國語‧鹿樵紀聞》（合訂本），臺灣大通書局，1995，第 11 頁。

[6] 李天根《爝火錄》，浙江古籍出版社，1986，第 371 頁。

[7] 同上。

假如是劉澤清、左良玉、鄭芝龍輩，不妨歸咎於心性和品質，但在黃得功那裏，繼續這種挖掘，死路一條。我們不難解釋「壞」人的「壞」，困難的是如何解釋「不壞」之人的「壞」。面對這樣的問題，解釋已經無法從個人身上求之。

八

黃宗羲《明夷待訪錄》有《兵制》三篇，專論明朝軍事制度的特點、變遷和弊病。其中，與本題相關的有以下二段：

> 國家當承平之時，武人至大帥者，干謁文臣，即其品級懸絕，亦必戎服，左握刀，右屬弓，帕首袴鞾，趨入庭拜，其門狀自稱走狗，退而與其僕隸齒。[①]

> 夫天下有不可叛之人，未嘗有不可叛之法。杜牧所謂「聖賢才能多聞博識之士」，此不可叛之人也。豪豬健狗之徒，不識禮義，喜虜掠，輕去就，緩則受吾節制，指顧簿書之間，急則擁兵自重，節制之人自然隨之上下。試觀崇禎時，督撫曾有不為大帥驅使者乎？此時法未嘗不在，未見其不可叛也。[②]

第一段講「制度」，第二段講「人」。

制度方面，抉要以言，無外《明史》「選舉二」那八個字：「終明之世，右文左武。」[③] 古以右為尊、左為卑；右文左武，就是重文輕武。黃宗羲為我們講了明朝大部分時間裏文武之間情態，一般地談重文輕武，想像不到那個樣子，由他的描寫，我們很具體地知道武人在明朝低下到什麼程度——武臣見文臣，儘管對方品級遠低於己，也要以最隆重的方式前往；既至，要加快腳步向前、行拜見禮，以示卑微，投上名帖以「走狗」自稱，退下則只能跟文官的僕從稱兄道弟。這種打壓，不惟從地位上，亦復

---

① 黃宗羲《明夷待訪錄》，《黃宗羲全集》第一冊，浙江古籍出版社，1985，第32頁。
② 同上書，第34頁。
③ 張廷玉等《明史》，卷七十，中華書局，1974，第1695頁。

及其人格，久之，武人不能堂堂正正立朝，心理上自認鄙下低賤。而朝廷所以行此右文左武制度，並非對於文化情有獨鍾，說到底，源於極權之極度自私陰暗動機。我們看得很清楚，自從秦朝始創君主極權以來，「右文左武」思路一直處在不斷生長和完善之中，從早期「狡兔死，走狗烹」的濫殺功臣試，漸至宋太祖「杯酒釋兵權」以及制度上「文武分為兩途」[④]，明承宋制而更上層樓，宋「猶文武參用。惟有明截然不相出入」[⑤]，遂達極致。這種心思，所矚皆在一個「權」字，為之大防而已。「干戈興則武夫奮，《韶》《夏》作則文儒起。」[⑥] 此為極權者所深知，故於武夫不單削其兵權，更使置於文臣之下，加以屈抑墮弱。這其實是一種賭博，因為武力有其益、害兩面性，權力既仰其保障，亦怕被它搖撼，於是極權思路賭其一端，為求不被從內部搖撼，寧肯自弱、自廢武力。

　　比之藉制度加強武力控制還要險惡的，是從人格上矮化武夫，茁壯其體魄而愚昧其靈魂，俾以打造肉身機器，亦即黃宗羲所形容的「豪豬健狗」——勇蠻之「豬」、勁健之「狗」。我們所見弘光間武人，多半帶有這種特徵。朝廷指望以虛其心實其腹的辦法，將武人養為看家護院的鷹犬，無思無智，唯聽命於主人。這想法，卑劣猶在其次，關鍵是其蠢無比，愚蠢地假設人可以沒有靈魂。人不單都有靈魂，且靈魂都有「賢達」和「愚瞽」兩種潛質，不去往彼則去往此。「多聞博識」，人人可致「賢達」——這也就是現代民主社會從每個人身上所追求的，通過教育與啟智，令人人成為聰明而理性的個體。反之是極權體制中的情形，不但不開發民智，反而施予各種蒙蔽和愚化，直至剝奪個體對自我生命的尊嚴感、榮譽感和目的性；極權者這樣做，目的在於獨私其利，因為人民愈愚昧愈便於驅策。明廷對於它的軍隊和軍人，實際就持這種策術，然而殊不知，雖不無得逞最終卻將適時收其反作用力。我們看到，等到明末威權墮地，其軍人武臣身上普遍表現出對本職毫無歸屬感和責任心，「不識禮義，喜虜掠，輕去就，緩則受吾節制，指顧簿書之間，急則擁兵自重」，陷於「有奶便是娘」

---

④　黃宗羲《明夷待訪錄》，《黃宗羲全集》第一冊，第 34 頁。
⑤　同上。
⑥　葛洪《抱樸子外篇全譯》，貴州人民出版社，1997，第 776。

的實利主義。極權者總是過於自信，以為鐵桶般制度能夠桎牢籬笆，以為給豢養的鷹犬勒轡帶嚼可保無失。然而事實卻是「天下有不可叛之人，未嘗有不可叛之法」。法在心外，雖有實無。故孔子曰：「聽訟，吾猶人也；必也使無訟乎。」[①] 威權鼎盛之時不明顯，一至亂世，立刻看出韁繩無用，正所謂「法未嘗不在，未見其不可叛也」，空心而無任何理想的軍人武夫，只能作蠅營狗苟、詐偽趨利、抱頭鼠竄狀。

就本文做個小結，大致是：我們首先摸清江北四鎮從建立到瓦解的過程中，並不只有「豆腐渣」、形同虛設的一種可能。史可法與高傑之間的情形說明，如果組織得當、主將奮起，四鎮之設所待望的屏藩江南、進取中原，非不可行。但是，這種可能曇花一現，甚至曇花未現即告夭折——所以又說明，個人間的感化不能改變整體。雖然「武人」與「文臣」可能結成「一幫一，一對紅」的關係，使某個矇昧靈魂偶然被喚醒，但很難指望那成為一種模式。在明代軍制積弊以及弘光朝徹底失去組織功能的政治環境下，本來不乏合理性的四鎮方案，注定是空中樓閣。除非南京擁有一個洗心革面而高效的軍政中樞，但那一點也不符合明朝自身的歷史邏輯。合乎邏輯的，其實是最後史可法獨守孤城，呼天不應、叫地不靈那樣一幕。「孤城落日鬥兵稀」，是唐邊塞詩人高適《燕歌行》中的一句，原描述的是邊遠征戍的情形，但我發現用於 1644—1645 年中國腹地沿江的景況，也意外地合適，遂以為題。

---

① 《禮記正義》，卷六十，阮元校刻《十三經注疏》，中華書局，1982，第 1674 頁。

Chapter 5

名姬名士

革命和愛情

秦淮香豔的大紅大紫，諸姬香名大振，根本是因復
社名士常做流連、熱烈追捧所致。因為從不曾有過像這
樣一個有組織、成規模、盤據日久的名士集團。

　　余懷《板板雜記》上卷「雅遊」:「舊院與貢院相對,僅隔一河,原為才子佳人而設。」①

　　舊院,「人稱曲中」②。曲中,就是妓院。古代青樓有所謂「雅妓」,即色藝雙全者。她們的才藝,頗為廣泛,可以是詩文、書畫、琴棋以至烹飪等,而度曲、演唱是基礎(在中國,妓女的古源是「女樂」),所以也稱較高等的歡場為「曲中」。

　　隨着需求擴大,這行業也在變化,慢慢開始出現有無才無藝而僅供肉慾、以色事人者,如舊北京之八大胡同,一解飢渴而已,別無蘊藉,連留下的故事也是粗惡的。如所皆知,當年同治皇帝私遊其間,染了一身梅毒,死得很不成樣子。

　　明末的秦淮香豔,不是這樣。「原為才子佳人而設」,點出了它的特點。其實,當時南京的歡場,已有不同類型和檔次,如「珠市」和「南市」。珠市的客人,多為富商大賈,單論美色與豪奢,此處不在秦淮之下。「其中時有麗人,惜限於地,不敢與舊院頡頏。」③公認為姿色第一的名妓王月,即屬珠市。而論品味,珠市卻距秦淮頗遠。至於南市,「卑屑所居」④,是廉價的去處。三個地點的服務對象大致固定,秦淮乃文人雅士的畛域,珠市為闊佬之樂園,南市則供下層社會消遣。

　　其之如此,環境使然。說到秦淮南岸的舊院,就不能不說北岸的貢院。

　　貢院,是科舉高級別考場,用於舉人資格的鄉試。這裏,指南京「江南貢院」,今大部已毀,明遠樓仍存,上有「江南貢院」的匾額。不過,「江南貢院」是清初南直隸改江南省後而得名,在明代,它應該叫「應天府貢院」。

　　這座貢院,可同時容二萬餘人考試。雖然各省會以及北京也有貢院,

---

① 余懷《板橋雜記》,上卷,雅遊,周瘦鵑校閱《板橋雜記(全一冊)》,上海大東書局,民國二十二年,第6頁。
② 同上。
③ 余懷《板橋雜記》,上卷,雅遊,珠市名妓附見,周瘦鵑校閱《板橋雜記(全一冊)》,第28頁。
④ 余懷《板橋雜記序》,周瘦鵑校閱《板橋雜記(全一冊)》,第1頁。

卻規模據說都不比南京。1905 年廢科舉以後，它被拆除，如今尚能從照片窺其舊貌：排排號舍，密密麻麻，櫛比鱗次，一望無際。倘若還原樣保存在秦淮岸邊，我們身臨其地、放眼一望，對「舊院與貢院遙對，僅隔一河，原為才子佳人而設」的意味，或更易了然。

它的建成，並不很早。《典故紀聞》：

> 應天初無試院，每開科，藉京衛武學為之，學地狹，每將儀門牆垣拆毀，苫蓋席舍，試畢復修。至景泰五年冬，始以應天府尹馬諒言，以永樂間錦衣衛紀綱沒官房改造試院。⑤

景泰五年即 1454 年，距明朝立國已有百年。另外，文中提到的紀綱，是朱棣手下大特務頭子，替朱棣殺人無算，《永樂大典》主纂、名臣解縉，即死彼手，而他自己最終下場也很慘，被朱棣處以剮刑。不料，貢院便建於紀綱府邸舊址，令人不免心生異樣——畢竟，在血腥酷吏與溫文爾雅之間，反差太大。

從時間上說，河對岸的勾欄瓦舍，早於貢院之建。我們從元人薩都剌《念奴嬌》「歌舞尊前，繁華鏡裏，暗換青青髮。傷心千古，秦淮一片明月」，略知其為歡場，由來頗久。另參《板橋雜記》：「洪武初年建十六樓以處官妓，輕煙淡粉，重譯來賓，稱一時之盛事。自時厥後，或廢或存，迨至百年之外，而古跡寖湮，存者惟南市珠市及舊院而已。」則南岸舊院，洪武年間已有，為官妓十六樓之一。不過，我們推想，那時它與一般青樓或無太大差別，1454 年貢院的建成，是秦淮香豔發展史的一大節點，隨着「舊院與貢院遙對」格局確立，這一帶妓院才逐漸衍為「雅遊」之地。

二

關於秦淮香豔，要抓住舊院、貢院彼此呼應這一點，從二者因果求得

---

⑤　余繼登《典故紀聞》，中華書局，1997，第 226 頁。

對它的理解。南岸的旖旎，根本以北岸的文采為背景，而北岸的文采，反過來也受着南岸的滋養與激發。兩相互動，而達成了余懷的概括：「衣冠文物，盛於江南，文采風流，甲於海內。」[①] 衣冠文物、文采風流，此八字是秦淮香豔的靈魂，抽掉它們，所謂秦淮香豔與八大胡同只怕也沒有分別，不成其「佳話」。

這八個字，還解釋了另外一個問題，即為何貢院他省亦有，卻不曾催生自己的秦淮香豔，也來一個「舊院與貢院遙對」。很簡單，各地文物、文采之盛，不能達到南京的高度。關於這一點，話題需要拉得遠一些。

中國的物質與精神文明，既因自然條件的變化，也因數次遭遇北方蠻族大的衝擊，自晉代起，就向南偏移了。東晉、六朝是第一浪潮，南宋是第二浪潮，明代是第三浪潮。經此三大浪潮，經濟文化重心南移，遂成定局。黃宗羲說：「今天下之財賦出於江南。」[②] 董含《三岡識略》也說，有明三百年，「江南賦役，百倍他省」[③]。或有誇大，但基本格局是這樣。物力如此，文亦隨之。截至唐宋（北宋），中國人文猶以北方為盛，查一查那時一流詩哲的籍貫，會發現多出於黃河流域。之後，尤其明代，明顯轉到南方，特別是集在東南一隅，北方文教則衰頹得厲害。有學者依省籍統計明代「三鼎甲」（含會試第一名的會元）人數，顯示兩個結果：一、東南一帶（蘇、皖、浙、贛、閩，大致為今華東地區）達一百九十三位，幾乎是全國其餘地方的四倍；二、其中，僅南直隸一省人數，已超過東南以外各地總和。[④]

這種盛衰之比，甚至導致明朝出臺一項特殊政策。大家可讀《明史‧選舉二》，裏面專門講到「南卷」、「北卷」問題。「初制，禮闈取士，不分南北」，但洪武丁丑年會試，「所取宋琮等五十二人，皆南士」，惹得朱元璋大怒，「怒所取之偏」，竟將主考官或殺頭或流放。[⑤] 朱元璋認為不公平，有他的道理。可是客觀上，南北兩地文教水準，反差確實很大。「北方喪

---

① 余懷《板橋雜記序》，周瘦鵑校閱《板橋雜記（全一冊）》，上海大東書局，民國二十二年，第 1 頁。
② 黃宗羲《明夷待訪錄》，《黃宗羲全集》第一冊，浙江古籍出版社，1985，第 24 頁。
③ 董含《三岡識略》，卷四，江南奏銷之禍，安雅樓藏清鈔本。
④ 陳正祥《中國文化地理》，三聯書店，1983，第 22 頁。
⑤ 張廷玉等《明史》卷七十，志第四十六，選舉二，中華書局，1974，第 1697-1698 頁。

亂之餘，人鮮知學」⑥，考生本身品質偏低，科舉競爭力無法跟南方比，所以，單靠殺人解決不了問題。迫不得已，便想出「南北卷」的辦法。強制名額分配，南人若干，北人若干，相當於把「全國統一錄取」改為「劃片錄取」，硬性規定北方士子在進士中所佔比例。

朝廷如此，是無可奈何。因為無論從文化平衡發展考慮，還是出於政治需要（官僚集團構成的合理性），都不能坐視南北差距過大。不過，儘管以「南北卷」加以扶植，終明一代，北方人材劣勢都不能徹底改觀，而只起舒緩作用。南方的強勢，不僅保持，且一直緩慢然而堅定地增長。萬曆以降，這勢頭達於頂點，東林崛起便是這樣的標誌。東南士夫勢力之強，居然足以和皇帝叫板。當中雖經閹黨摧折，而無改基本走勢，及至崇禎朝，無論朝野，政治和文化主導權已盡操東林─復社之手。

等滿清取代朱明，才真正將這勢頭扼止。滿清不獨地理上處於「北方」，更在文化上屬於「蠻夷」，明人蔑稱為「北虜」。也恰恰出於這一點，滿清入主之後，不久即着手打壓南人。康雍乾幾次大的文字獄，哭廟案、南山集案、呂留良案等，對象均為南籍士子。血雨腥風，飄散百年。這當中，除民族矛盾、文化衝突，其實也隱含地域相抗之意味。到此，南方在文化上所居壓倒優勢，以及南方士林甚囂塵上的情態，終於稍減。有清一代，其科舉、學術及文藝，雖仍以南人略佔上風，但北方卻有強勁復甦，如今因影視劇熱播而成清代文化明星的紀曉嵐、劉墉，以及曹雪芹、蒲松齡等主要的文學作者，都是北方人。類似情形，元代也曾有而更不加掩飾，民分四等，以北人、南人區分中國人而置後者於最末等，清代好歹未至於此。

近代，南北間的抑揚再譜新篇。清室的衰微，果然表現為南人重執政治文化之牛耳。晚清重臣曾國藩、李鴻章、左宗棠等，戊戌變法中的康梁譚、翁同龢，悉屬南籍。庚子之變，「東南互保」，南方數省公然拒奉清廷命令。辛亥革命，其實也不妨稱之為南方革命（而與北方義和團的護清，相映成趣）。此後「五四」直到中共創建，活躍人物陳獨秀、胡適、魯

---

⑥　張廷玉等《明史》卷六十九，志第四十五，選舉一，第 1679 頁。

迅……差不多個個來自南方。這種南北相抗，晉代迄今一千六七百年的時間，很少不與之發生關係，包括時下網絡之中，也時常引發口水戰。但這現象本身以及其中意味，實際並不口水而不無嚴肅，於中國文明的起伏、流向及況味，頗足楬櫫。

文題所限，不容我們於此着墨過多，還是收起筆頭，來談余懷所指出的秦淮香豔與衣冠文物、文采風流之間的關係。

以中國物質、精神文明重心南移為背景，會特別注意到南京這座城市的意義。在帝制以來二千多年的範圍下，南京乃唯一堪與西安、洛陽、開封、北京等爭輝的南方大城，是物質、精神文明重心南移趨勢在地理上的聚焦點，並因這趨勢而形成持續建都史。它整個歷史共有三個峰值，一、從三國孫吳經東晉到六朝；二、明代；三、中華民國。三個時間點均極重要，第一個是夷夏衝突正式成為中國現實問題的時刻，第二個是向現代轉型的前夜，第三個是中國揖別帝制、步入現代國家行列的開端。從中我們覺得，南京之於中國歷史，一來有頭等的政治意義，而更大特點在於似乎是文明的節點與標識，它的枯榮似乎總是撥動中國那根文明的琴弦，一個王朝在此崛起與消失，似乎不僅僅是政治的興廢，而每每有文化滄桑、沉浮的意味，也許，這就是為什麼古代諸大城，獨南京形成了「金陵懷古」這固定的詩吟主題，無數詩人至此難禁睹物傷情的幽思，為之感慨、懷想和悼亡。

此外從城市文明角度，二千年看下來，只有兩座城市是真正具代表性的：漢唐為長安，之後是金陵。它們既各自演繹了北南兩段繁縟，又共同呈示和見證中國文明重心的南渡史。中古以前的「西京情愫」，與中古以後的「金陵春夢」，相映成趣。漢唐時人心目中的長安，與明清時人心目中的金陵，具有同等的文化和審美價值，也唯有它們可以相提並論。《明夷待訪錄》「建都」篇曾談到長安和金陵之間歷史地位的變化：

> 或曰：有王者起，將復何都？曰：金陵。或曰：古之言形
> 勝者，以關中為上，金陵不與焉，何也？曰：時不同也。秦、漢
> 之時，關中風氣會聚，田野開闢，人物殷盛；吳、楚方脫蠻夷之

號，風氣樸略，故金陵不能與之爭勝。今關中人物不及吳、會（會稽，代指浙江）久矣⋯⋯而東南粟帛，灌輸天下，天下之有吳、會，猶富室之有倉庫匱篋也。①

此大勢一目了然。故爾我們看到金陵之於曹雪芹，一如長安之於司馬相如、王維等。「昌明隆盛之邦、詩禮簪纓之族、花柳繁華地、溫柔富貴鄉」②，這些字眼若在漢唐必屬長安，而到曹雪芹時代，卻非金陵不匹。他藉賈雨村之口，這樣描繪金陵：

> 去歲我到金陵時，因欲遊覽六朝遺跡，那日進了石頭城，從他宅門前經過，街東是寧國府，街西是榮國府，二宅相連，竟將大半條街佔了。大門外雖冷落無人，隔着圍牆一望，裏面廳殿樓閣，也還都崢嶸軒峻，就是後邊一帶花園裏，樹木山石，也都還有蔥蔚洇潤之氣，那裏像個衰敗之家？③

《紅樓夢》，是欲為中國雅文化具結、唱挽悼亡之作，所謂「悲金悼玉的『紅樓夢』」④。而作者曹雪芹，北人也，其身世是個迷團，有未到過金陵更不可確知⑤。他把故事發生地置之金陵，蓋出兩個原因：一是乃祖任江寧織造的歷史，使之對江南文明之盛夢寐傾倒，心嚮往之；二是從小說主題和內涵論，此地必為金陵而無二選——我們替他體會一下，「靨笑春桃兮，雲髻堆翠；脣綻櫻顆兮，榴齒含香」，這種氣息、情態，北地或無可尋，或縱可尋而置之其地卻韻味全失，實在是到了明清時代，典型中國文化之美，確非北方可以代表、言傳。故爾，曹氏以漢軍旗滿人，假金陵為背景敷演《紅樓夢》，是那時代的文化理想、文化想像使然，也是它的表現。

---

① 黃宗羲《明夷待訪錄》，《黃宗羲全集》第一冊，浙江古籍出版社，1985，第 20-21 頁。
② 曹雪芹《紅樓夢》，人民文學出版社，1981，第 2 頁。
③ 同上書，第 17-18 頁。
④ 同上書，第 61 頁。
⑤ 馮其庸先生在 1994 年修改後的人民文學出版社校本前言稱：「《紅樓夢》的作者偉大作家曹雪芹就是出生在南京的。直到雍正六年（1728）曹家抄沒後才全家遷回北京。」有此一說，姑備以聞。然而以紅學歷來的渾沌，我們局外人對其諸說一般難辨真假，未敢輕信。例如，即在此篇前言中，馮其庸對周汝昌等主曹雪芹祖籍為河北豐潤之說，就評論為「沒有任何根據的臆想」。

我雖無根據，然而感覺或相信曹雪芹必定讀過《板橋雜記》，且深迷戀之。因為凡有心人都不難看出，他筆下的「金陵十二釵」雖然賦予了「名媛」身份或名義，實際都有濃濃、曖昧的「曲中」韻味。大家只消看看第五回「賈寶玉神遊太虛境，警幻仙曲演紅樓夢」，只消讀「剛至房中，便有一股細細的甜香，寶玉此時便覺眼餳骨軟，連說：『好香！』入房向壁上看時，有唐伯虎畫的『海棠春睡圖』……」便知這一段所寫，哪裏是什麼閨房，分明就是風月之地。至於「紅樓」云云，也無非是避言「青樓」而已。

至此，對於秦淮香豔為何獨顯於南京，我們草草明其緣由。歸結起來，一切稟自上千年歷史所注入這座城市的文化底蘊，及其喚起的巨大的文化想像。所以，雖然各地都有貢院與娼業，然而，此貢院非彼貢院，那裏娼業亦非秦淮舊院。南京的情形，無法作為模式，移植於別處。就算各地硬搞什麼「舊院與貢院遙對」，也是有其似、無其實。

<h2 style="text-align:center">三</h2>

尤其我們現在講的一段，更有特殊性。

此即崇禎、弘光兩朝，它是秦淮香豔的真正鼎盛期。

這個時間點，過去似乎沒有如何引起注意。說起秦淮香豔，往往囫圇吞棗地以為是從來如此的悠久現象。其實要做一點細分。單講作為風月之地，秦淮的歷史當然漫長，前引余懷之述顯示，光是明代就可從洪武年間算起。然而，從普通風月場向「雅遊」之地轉化，並非一蹴而就。從現有線索推測，應該是於景泰五年北岸修建貢院之後才有可能。之前的情形，我們雖並不清楚，但從環境本身特點尚不具備來想，崇、弘間舊院那樣高、精、尖的極雅妓院，恐怕還是無源之水。貢院之建，加上金陵文化和歷史中固有積澱，兩者相互氤氳，再經百餘年含英咀華，終於崇、弘間達到絢爛的極致。而其為時並不算長，從頭到尾不過十幾年光景；換言之，真正播於人口的秦淮香豔，不過是明代之尾轉瞬即逝的事情。

根據是，我們耳熟能詳的秦淮名妓，無一出現在崇禎以前。

《板橋雜記》所記，為「崇禎庚、辛」即庚辰（1640）、辛巳（1641）年之前余懷在秦淮的聞見①，這是基本的時間窗。而它所提到的諸姬，時齡多為十來歲。如董小宛、卞賽（玉京）十八歲，李香、李媚都只有十三歲，顧媚（橫波夫人）稍長，亦僅二十多歲②。另，《板橋雜記》未載之柳如是，據陳寅恪《柳如是別傳》：「崇禎十三年庚辰之冬，河東君年二十三。」③ 從年齡看，很顯然，明末這一群星璀璨的名妓群體，都是崇禎年間湧現出來；此前，她們或甫臨人世，或尚處幼齒，不可能操此業。

由此，我們將所談的秦淮香豔，做了時間段上的固定。隨後，我們還要解釋，其道理何在？為什麼偏偏是崇禎後，而沒有早些出現？剛才說景泰五年北岸建貢院是一大節點，然而從貢院建成到崇禎，中間長達一百七十年，卻並沒有誕生類似這樣的群星璀璨的名姬群體，為何崇禎以後，卻「忽如一夜春風來，千樹萬樹梨花開」？難道我們對此，只能以「厚積薄發」之類虛言應對，而沒有稍為實證的解釋？

這樣的解釋是有的。我們可以明確指出，秦淮香豔的井噴，完全是因復社的緣故。

為此，要講一講崇禎以來的時局。1627 年，天啟皇帝朱由校一命嗚呼，臨終傳位其弟朱由檢，是為崇禎皇帝。隨着崇禎踐阼，客魏斃命，閹黨覆滅，毒霧驅散，荊棘盡掃，慘遭毒獄的東林東山再起，明代政壇上演大逆轉。而隨此登上歷史舞臺的，有不少東林之後。在崇禎元年（1628）平反冤假錯案高潮中，我們看見一批天啟黨禍冤死諸臣之子的身影，如黃宗羲（黃尊素之子）、袁勛（袁化中之子）、楊之易（楊漣之子）、周茂蘭（周順昌之子）、魏學濂（魏大中之子）。他們各自上書，替父伸冤，其中魏學濂從浙江徒步至京，伏闕訟冤，血書進奏，致「天子改容」④。可以說，憑藉新朝新政，這些東林後人強勁、搶眼的姿態，躍入社會和歷史視野。等大局已定，東林重為朝堂主流，朝堂之外的主導則為復社，而核心

① 余懷《板橋雜記》，上卷，雅遊，周瘦鵑校閱《板橋雜記（全一冊）》，上海大東書局，民國二十二年，第 8 頁。
② 孟森《橫波夫人考》，《心史叢刊》二集，大東書局，民國二十五年。
③ 陳寅恪《柳如是別傳》，三聯書店，2001，第 574 頁。
④ 計六奇《明季北略》，中華書局，1984，第 609 頁。

骨幹恰恰是東林名宿之後。復社之於東林的關係可以這麼理解：一是政治上為東林之後備軍，二是思想文化上各引導着不同層面——東林「處廟堂之高」，復社「居江湖之遠」。東林在廟堂有多大勢力，復社在江湖也毫不遜之。

與此相應還有一點：東林縱橫馳騁，主要是政治中心北京；復社左右風流，則更多依憑南京這座文化中心。一來這由北京、南京在明朝的不同特色所決定，二來復社老巢本為「吳下」。說到這，有個小故事：

> 壬申，方密之吳遊回，與府君言曰：「吳下事與朝局表裏，先辨氣類，凡閹黨皆在所擯，吾輩奈何奉為盟主？曷早自異諸！」[①]

講的是方以智勸錢秉鐙與阮大鋮決裂事。這三人，都是皖中桐城人氏，當時，阮大鋮在桐城組建中江社，錢秉鐙為其社友。壬申，即崇禎五年（1632），在蘇南遊歷的方以智返桐，帶回消息，說那裏「與朝局表裏，先辨氣類」。此語準確描述了復社特徵，「朝局」便即東林，言復社以東林為其裏，而己為東林之表，「先辨氣類」則是一切從政治上劃清界限，凡政治上屬於奸邪、小人，斷不往來。不過，當時這風氣還只限於「吳下」，桐城近在咫尺，猶未省之，所以錢秉鐙尚與阮大鋮共結詩社。經方以智指點，「不習朝事」的錢秉鐙，由此知時下潮流，立刻疏遠阮大鋮，不再參加中江社活動。

眉史氏《復社紀略》之「復社總綱」，有復社醞釀、草創及發展壯大的簡要時間表。崇禎二年（1629）第一次集會，於蘇州尹山湖舉行，稱「尹山大會」。崇禎三年（1630）第二次集會就進軍南京，稱「金陵大會」。是年，一些復社領袖在科舉中全面開花，「鄉試，楊廷樞中解元。張溥、吳偉業並經魁。吳昌時、陳子龍並中式。」[②]翌年會試，吳偉業（梅村）高中頭名（會元），繼而殿試連捷中了榜眼；張溥則為會試「會魁」

---

① 錢掜祿《先公田間府君年譜》，《國粹學報》，國粹學報館，1910年，第七十五期。
② 眉史氏《復社紀略》，中國歷史研究社編《東林始末》，神州國光社，1947，第167頁。

（大致相當前五名）。由此，復社名聲大振。再過一年，即壬申崇禎五年，舉行著名的「虎丘大會」，「張溥為盟主，合諸社為一，定名復社。」③ 方以智回鄉勸說錢秉鐙事，恰在此年，我們推測他不但出席了「虎丘大會」，而且是帶着大會精神返鄉，將復社影響擴大到江右。

復社開展的政治思想鬥爭，暫且按下。眼下單講一個時間問題，即我們已由上述時間表發現，復社崛起與舊院名聲鵲起，時間上完全咬合。僅出於偶然，還是確有因果關係？

答案不言而喻。秦淮香豔的大紅大紫，諸姬香名大振，根本是因復社名士常做流連、熱烈追捧所致。明代過去也不乏風流才子，然而到復社這兒，才稱得上「於斯為盛」。因為從不曾有過像這樣一個有組織、成規模、盤據日久的名士集團。他們以群體形態出現，聲勢浩大，能量極為驚人，登高一呼，天下翕然。只要他們熱炒，沒有哪件事、哪個人不名動天下。

這本是個青春叛逆人群，多世家子，加上時局有利，正在春風得意、揮斥方遒之中，其放浪疏狂、恣肆無忌，人們多少年後說起，仍舊咋舌：

> 聞復社大集時，四方士之挈舟相赴者，動以千計。山塘上下，途為之塞，社中眉目，往往招邀俊侶，經過趙李。或泛扁舟，張樂歡飲。則野芳浜外，斟酌橋邊，酒樽花氣，月色波光，相為掩映。④

崇禎十年，蘇州一個被復社排斥的名叫陸文聲的人，上疏告了一狀，除政治攻擊外，專門提到復社「宴會則酒池肉林」，蓋言其一貫聲色蕩靡。陸文聲別有用心，但所指之事並非捏造。復社名士與秦淮諸姬非同一般的關係，後面我們還會詳敍，眼下且藉一事，覷其大略：

> 南都新立，有秀水姚潛北若者，英年樂於取友，盡收質庫所有私錢，載酒徵歌，大會復社同人於秦淮河上，幾二千人，聚其

---

③ 同上書，第 168 頁。
④ 陳去病《五石脂》，《丹午筆記·吳城日記·五石脂》，江蘇古籍出版社，1999，第 353 頁。

文為《國門廣業》。時阮集之（大鋮）填《燕子箋》傳奇，盛行於白門（南京）。是日，勾隊未有演此者。故北若詩云：「柳岸花溪澹濘天，恣攜紅袖放鐙（燈）船。梨園弟子覘人意，隊隊停歌燕子箋。」[1]

這個姚淛（表字北若），本人無甚名堂，但很以結交名人為幸。他想討復社的歡心，竟傾其家產，在秦淮河上搞一次兩千人規模大聚會，並徵集詩文成其一書以為紀念。關於同一件事，我們正好有一位在場者作見證，他叫陳梁（表字則梁），曾與張明弼（表字公亮）、冒辟疆等人結為兄弟，《同人集》收有他幾十通書信或便條，都與當時南京復社活動有關，其中一個條子，是通知冒辟疆來參加這次「十二樓船大會」的：

> 姚北若以十二樓船，大會《國門廣業》，不特海內名人咸集，曲中殊艷共二十餘人，無一不到，真勝事也！辟疆即來，我輩舟中勒卣代作主也。[2]

勒卣即周勒卣，與陳子龍等並為「雲間六子」（雲間，松江古稱）。至於「曲中」，余懷已講過就是舊院的別稱。從姚淛想出的討好的點子與方式，我們便知復社同人們所好是什麼了——這天，姚淛居然把舊院二十多位「殊艷」都請來，「無一不到」，可見他確下了大本錢，更可見復社與舊院關係確不一般。

四

在復社與舊院關係史上，庚午（崇禎三年）大概對彼此都是關鍵的年度。這一年，復社士子聚集南京，舉行了「金陵大會」。而之所以搞了一個「金陵大會」，是這年乃大比之期，四方舉子齊赴南京，沉寂三載（鄉試三年一期）的貢院重新喧闐，人如潮湧。同時值得一提，這是「一舉粉

---

① 吳翌鳳《鐙窗叢錄》，卷一，《涵芬樓祕笈》，第九集，六種八冊一函，商務印書館，民國九年。
② 冒襄《同人集》，卷之四，書，水繪庵清刻本，北京師範大學圖書館藏，第二十三頁。

碎客魏集團」以來首次鄉試。人人揚眉吐氣、心高氣爽、騷動不寧，都有一股做點什麼的興奮。

復社的萌芽，幾年前出現，但影響區域還未踰蘇州左近。本期鄉試，提供了絕好的會盟四方之士機會，所以在尹山、金陵、虎丘三次「大會」中，這次最具里程碑意義，它令復社真正變成了號令整個東南青年士林的組織。

黃宗羲是本期鄉試的參加者。他後來寫有《思舊錄》，歷言平生所交師友，其中每每可見「庚午」這個關鍵字。張溥條記道：

> 庚午，同試於南都，為會於秦淮舟中，皆一時同年，楊維斗、陳臥子、彭燕，又吳駿公、萬年少、蔣楚珍、吳來之，尚有數人忘之，其以下第與者，沈眉生、沈治先及餘三人而已。③

這是一份令人眼暈的名單。張溥不必說，復社創始者；以下，維斗是楊廷樞，臥子是陳子龍，駿公是吳梅村，年少是萬壽祺，眉生、治先是沈壽民、沈壽國兄弟，再加上一個黃宗羲⋯⋯個個風華絕代，都是中國文化史上奪目之星。

要注意「為會於秦淮舟中」。「秦淮舟」何物？便是有名的秦淮燈船：

> 秦淮燈船，天下所無。兩岸河房，雕欄畫檻，綺窗絲障，十里珠簾。主稱既醉，客曰未晞。遊楫往來，指目曰：某名姬在某河房，以得魁首者為勝。④

秦淮燈船未必興於庚午，但一定自此而盛。過去，何曾有過這麼多抱團、囂張、風雅而輕狂的舉子，三天兩頭在此邀妓同船、聚遊酣飲。只有在他們手中，秦淮才變成一片熱土。

「韓上桂」一條，記了在舊院的另一番經歷。韓上桂，時為南京國監丞，庚午年黃宗羲在南京「與之為鄰」。他大宴名士於曲中，讓伶人演唱

---

③ 黃宗羲《思舊錄》，《黃宗羲全集》第一冊，浙江古籍出版社，1985，第361頁。

④ 余懷《板橋雜記》，上卷，雅遊，周瘦鵑校閱《板橋雜記（全一冊）》，上海大東書局，民國二十二年，第3頁。

自己所作詞曲，凡為名士擊節叫好者，當場給予重賞，出手極闊：

> 伶人習其填詞，會名士呈技，珠釵翠鈿，掛滿臺端，觀者一
> 讚，則伶人摘之而去。在舊院所作相如記，女優傅靈修為《文君
> 取酒》一摺，便齎百金。[1]

「張自烈」條下，寫到一班復社公子「無日不相徵逐」，尤其是《桃花
扇》主角侯方域的行狀：

> 而社中與予尤密者，宣城梅朗三（梅朗中）、宜興陳定生
> （陳貞慧）、廣陵冒辟疆、商丘侯朝宗、無錫顧子方（顧杲）、
> 桐城方密之（方以智）及爾公（張自烈），無日不相徵逐也。朝
> 宗侑酒，必以紅裙，余謂爾公曰：「朝宗之大人方在獄，豈宜有
> 此？」爾公曰：「朝宗素性不耐寂寞。」余曰：「夫人不耐寂寞，
> 則亦何所不至？吾輩不言，終為損友。」爾公以為然。[2]

世所稱的「明末四公子」悉在座。而侯方域的形象，與《桃花扇》之
中有所出入。「大人方在獄」，指其父侯恂獲罪被逮，而朝宗照舊追聲逐
色。此實為復社人等常態，黃宗羲看上去似較持重，但亦不知他於「吾輩
不言」的看法是否果行。

不過，侯方域雖癡於風情而不拔，但畢竟父厄家遠，在南京囊橐頗
空，不能大弄，否則，後來也不會有阮大鋮託人轉致三百金欲予收買之
事。「四公子」中風頭真正強勁的，是方以智：

> 己卯歲牛女渡河之夕，大集諸姬於方密之僑居水閣。四方賢
> 豪，車騎盈閭巷。梨園子弟，三班駢演。閣外環列舟航如堵牆。
> 品藻花案，設立層臺，以坐狀元。[3]

---

① 黃宗羲《思舊錄》，《黃宗羲全集》第一冊，浙江古籍出版社，1985，第 353 頁。
② 同上書，第 358-359 頁。
③ 余懷《板橋雜記》，中卷，麗品，周瘦鵑校閱《板橋雜記（全一冊）》，上海大東書局，民國二十二
　年，第 28-29 頁。

「狀元」在此指參加獻演諸姬之優勝者。這次活動，不妨名之「秦淮名姬選美、才藝大賽」。

「四公子」另兩位，宜興陳貞慧、如皋冒辟疆，也出手不凡。舊院名姬李小大（《板橋雜記》稱「李大娘」），紅極一時，「定生（陳貞慧）訪之，屢送過千七百金，猶未輕晤。」[4]冒氏晚年，一位世家晚輩於賦詩時歎道：「江左一時風流人物，今復存者，惟我辟疆先生，年登八十……」此語竟令耄耋辟疆唏噓不已，和其詩：「寒秀齋深遠黛樓，十年酣臥此芳遊。媚行煙視花難想，豔坐香薰月亦愁……」詩餘，意猶不盡，專門寫了一段跋，來回憶往昔風流，而時間的起點就是庚午年：

> 余庚午與君家龍侯、超宗，追隨舊院。其時名姝擅譽者，何止十數輩。後次尾、定生、審之、克咸、勒卣、舒章、漁仲、朝宗、湘客、惠連、年少、百史、如須輩，咸把臂同遊，眠食其中，各踞一勝，共睹歡場。[5]

列於其間的，是一些復社名士的表字。「咸把臂同遊，眠食其中，各踞一勝」，足見他們整天泡在歡場之中。所以，如果說自庚午年起，舊院已是復社的宿營地，應該沒有多少誇張成分。

當中，還有魏大中之子魏學濂（表字子一）的一椿趣事。壬午（1642）鄉試頭場，冒、魏夜半交卷，一同出來，且談且走，魏一直把冒送到寓所門口，正待別去：

> 忽有女郎攜奩衾入。子一變色去，即至則梁（陳梁）兄寓，回札交責甚厲。余躬至兩兄處，述所以。子一自父兄難後，不衣帛兼味，不觀劇見女郎。知董姬經年矢志相從……子一肅衣冠揖之，為作美人畫，題詩於上。[6]

---

④ 冒襄《和書雲先生己巳夏寓桃葉渡口感懷原韻》，《同人集》，卷之十一，己巳唱和，水繪庵清刻本，北京師範大學圖書館藏，第二十四頁。

⑤ 同上。

⑥ 冒襄《往昔行跋》，《同人集》，卷之九，往昔行，水繪庵清刻本，北京師範大學圖書館藏，第五頁。

這個女郎、董姬，便是董小宛。半夜抱衾至，一望即知為妓女，故爾魏學濂大驚失色，匆匆而逃。隨即，聯合冒辟疆結義兄弟陳梁，致信譴責——陳梁完全是混跡舊院的同夥，此時只是裝清純而已——冒辟疆見信，專程前來鄭重解釋董小宛人品如何，魏學濂方始釋然。然而不久，魏自己也成了舊院常客。《板橋雜記》說到李香（即李香君）的成名：

> 余有詩贈之云：「生小傾城是李香，懷中婀娜袖中藏。何緣十二巫峰女，夢裏偏來見楚王。」武塘魏子一為書於粉壁，貴竹楊龍友寫崇蘭詭石於左偏。時人稱為三絕。由是，香之名盛於南曲。四方才士，爭一識面以為榮。[1]

從「不觀劇見女郎」，到「為書於粉壁」、活躍於捧妓行列，魏學濂之變可謂大矣。

五

不過，如果只看到復社、舊院之間「狹邪」一面，則所見差矣。

庚午、南京、復社，這三個關鍵字相聯，是有濃厚政治意味的。《思舊錄》周鑣條記道：

> 庚午，南中為大會，仲馭招余入社。[2]

「大會」，是「金陵大會」；「招余入社」，組織、動員也。黃宗羲話雖甚簡，我們卻不難感受當時的緊鑼密鼓。酒肆、寓所、遊船、街頭、妓院……為某日某件事，南京到處有人串聯、拜訪或邀約。那種氣氛，古時少見，現代人反而不陌生——我們一般稱之「鬧風潮」或「鬧革命」。或許，我的思考方式過多摻雜了現代生活的影響，但復社傳遞過來的信息，的確喚起了我對革命的聯想。

---

① 余懷《板橋雜記》，中卷，麗品，周瘦鵑校閱《板橋雜記（全一冊）》，上海大東書局，民國二十二年，第27-28頁。
② 黃宗羲《思舊錄》，《黃宗羲全集》第一冊，浙江古籍出版社，1985，第352頁。

茅盾回憶錄「一九二七年大革命」一節，講到熱烈革命氣氛中，也飄散濃郁的荷爾蒙氣息：流行「五分鐘戀愛觀」[3]，幾位漂亮革命美人，「一些單身男子就天天晚上往她們的宿舍裏跑，而且賴着不走」[4]。昂奮、激情似乎會傳染，就連早有家室的茅盾自己，也不免心旌搖盪：「有一次，開完一個小會，正逢大雨，我帶有傘，而在會上遇見的極熟悉的一位女同志卻沒有傘。於是我送她回家，兩人共持一傘，此時，各種形象，特別是女性的形象在我的想像中紛紛出現，忽來忽往，或隱或顯」。[5] 這是大革命時期的廣州、武漢和上海，而其風範，我們於明末的南京，好像亦覺眼熟。

革命與荷爾蒙，總是相互刺激。雖然名士挾妓在中國算是老套子，但此番秦淮河邊的喧譁，應該越出了那種單純的放浪形骸。我們讀《同人集》，復社諸人當時的體驗與後日的懷想，都不僅止於荷爾蒙發作，而明顯是革命情緒與荷爾蒙並作。於情場得意中自我崇高，又在自我崇高中征服情場。政治正確為他們贏得了性的肯定，而性的肯定又令政治激情益發高揚。對崇、弘間的秦淮風情，看不到革命的羅曼諦克，只看到偎紅依翠，實際沒有讀懂那個時代。

從庚午年起，南京似乎就有明末「青年革命中心」意味。北方饑荒和戰亂，離此尚遠，京師政壇的犬牙交錯，這裏亦無蹤影。思想和文化，南京一邊倒地處在復社影響之下。阮大鋮曾警告：「孔門弟子三千，而維斗等聚徒至萬，不反何待？」[6] 言復社勢力之大，足以造反，意在危言聳聽，但復社勢力駭人卻是真的。其所集會，規模動至上萬人，山呼海嘯。東南一帶，文脈盡為所控，有人憤憤不平：「東南利孔久湮，復社渠魁聚斂」[7]，《思舊錄》吳應箕條一筆記載，可證不虛：「復社《國表四集》，為其所選，故聲價愈高。嘗於西湖舟中，贊房書羅炌之文，次日杭人無不買之。坊人應手不給，即時重刻，其為人所重如此。」[8] 幾有一言興邦的能量。南京既為

---

③ 茅盾《我走過的道路》，上，人民文學出版社，1981，第 357 頁。

④ 同上書，第 361 頁。

⑤ 同上書，第 351-352 頁。

⑥ 朱希祖《書劉刻貴池本留都防亂揭姓氏後》，《明季史料題跋》，中華書局，1961，第 23-24 頁。

⑦ 同上書，第 23 頁。

⑧ 黃宗羲《思舊錄》，《黃宗羲全集》第一冊，第 357 頁。

留都，政治神經發達而密佈。復社在別處影響，或多體現為文化追星與膜拜，在南京，則以政治能量表現出來。談到南京那段時間，吳梅村說：

> 往者天下多故，江左尚晏然，一時高門子弟才地自許者，相遇於南中，刻壇墠，立名氏。陽羨陳定生、歸德侯朝宗與辟疆為三人，皆貴公子。定生、朝宗儀觀偉然，雄懷顧盼，辟疆舉止蘊藉，吐納風流，視之雖若不同，其好名節、持議論一也。以此深相結，義所不可，抗言排之。品核執政，裁量公卿，雖甚強梗，不能有所屈撓。[①]

這些人，連舉人都不是，陳貞慧不過貢生，侯、冒只是諸生。然而，「執政」為所品評，「公卿」任憑短長。「雖甚強梗，不能有所屈撓」，是指對有很大權勢的人，也不放在眼裏。之能若此，其實並非因為「貴公子」身份。過去，「明末四公子」名頭太響，一般都以為他們來頭驚人。實際上，這三人當中，陳、冒的父親都不是什麼大官，侯方域之父侯恂地位雖高，此時卻是罪臣。他們「雄懷顧盼」，真正原因是身後有復社這一強大組織的背景。

說到這一點，倒也真顯出明末的某種特別，亦即，言論和精英派別、組織的力量，對政治影響越來越大，政治話語權一定程度上獨立於官職或行政權力。而這特點，始顯於復社，其前驅東林仍是在朝政範圍以內謀求對於君權的獨立性，復社領袖與骨幹大多都沒有進入政壇，他們是通過思想、輿論，通過掌握文化領導權，獲取實際政治影響力。在只有「廟堂政治」的帝制中國，這既是新的政治意識，也是新的政治現象。他們實際上是在搞一場革命，讀一讀黃宗羲《明夷待訪錄》學校篇，便知他們乃是有意為之，並非步入仕途之前的權宜之計，「必使治天下之具皆出於學校，而後設學校之意始備」[②]，復社就是這樣的「學校」——一種置於政權之外而「品核執政，裁量公卿」的獨立政治力量。

他們試圖挑戰政治秩序，開闢從官場之外參與政治的新途徑。我們不

---

① 吳梅村《冒辟疆五十壽序》，《吳梅村全集》，卷第三十六，文集十四，上海古籍出版社，1990，第773頁。
② 黃宗羲《明夷待訪錄》，《黃宗羲全集》第一冊，浙江古籍出版社，1985，第10頁。

必說他們嘗試的是民主政治，但他們的確想要打破官僚系統的政治壟斷。他們的組織化，明確指向這意圖。他們有組織的行動，則將這意圖直接付諸實踐。

關於組織起來，典型事例是桃葉渡大會。事在丙子（1636），而起於乙亥（1635）冬。丙子年，又逢大比，為了備考，舉子們去年冬天就陸續來到南京，溫習熱身。魏學濂也在其中。奇怪的是，他在南京不敢拋頭露面，和一個朋友在馬祿街祕密租了間房子，隱身避跡。為什麼呢？因為阮大鋮之故。他的父親魏大中，慘死黨禍。天啟四年（1624），吏科都給事中職缺，阮大鋮循例應補，且事先得同鄉左光斗允諾支持，不意，東林大佬以該職重要，認為應安排同志任之，臨時變卦，以魏大中頂掉阮大鋮。此為阮大鋮與東林反目之始。崇禎元年，昭雪期間，魏學濂千里赴京，伏闕陳冤，血書進奏，指阮大鋮以私怨陷其父致死（其實並無實據），阮大鋮就此名列逆案，廢斥還籍，彼此怨仇益深。就在乙亥年，因「流氛逼上江」，阮大鋮已從懷寧流寓南京。「懷寧（指阮大鋮）在南京，氣焰反熾。子一帣帣就試，傳懷寧欲甘心焉」，好像到處打聽魏學濂下處，意欲尋仇。冒辟疆從陳梁那裏聽說此事，當即往訪。叩門之際，情形還頗為緊張，一番試探，知來者為友，魏學濂才敢出見。冒辟疆叫他們不要怕：「舊京何地？應制（科舉）何事？懷寧即剛狠，安能肆害？」大家湊了一百多兩銀子，替魏學濂在桃葉河房冒辟疆寓所旁租房，這裏「前後廳堂樓閣凡九，食客日百人，又在通都大市」，眾目睽睽之下，又有冒辟疆守視，看阮大鋮如何加害。縱如此，魏學濂「猶鰓鰓慮懷」，擔驚受怕。事實證明，冒辟疆是對的。「場畢，果亡恙也。」魏學濂從聯合起來嚐到甜頭，考試結束後，於觀濤日「大會同難兄弟同人」。觀濤日即八月十五，以揚州、鎮江一帶「秋月觀濤」得名。「同難兄弟」，則是東林冤死諸臣遺孤，據冒辟疆說，只有「楊忠烈公（楊漣）公子在楚不至」。「一時同人咸大快余此舉，而懷寧飲恨矣。」③

---

③ 冒襄《往昔行跋》，《同人集》，卷之九，往昔行，水繪庵清刻本，北京師範大學圖書館藏，第三 -
四頁。

桃葉渡大會，大長志氣，轟動一時。如果說，這件事基本還是被動防禦，兩年後《留都防亂揭帖》就是主動出擊了。那是復社政治鬥爭史上輝煌一頁，在南京人脈極廣的阮大鋮，居然被逼得遁形荒郊，不敢入城。歷史上，揭帖事件有兩個突出的意義：一、它的成功，完全是思想、輿論的成功，整個過程，復社學子手無寸鐵，亦未以靠山為後臺，僅仗禿筆擊走阮大鋮。二、表面看來，只是趕跑阮大鋮，但我以為更重要的是第一次作為這樣的實驗，顯示從精神和思想上組織起來，可以在權力之外單獨形成社會改革力量，而這一點，跟三百年後火燒趙家樓的「五四」發揮，沒什麼兩樣，故而如果寫中國的學生運動史，第一頁應該從這兒寫起。

諸般跡象顯示，崇禎年間的南京城，是帝制中國一座非典型城市。而典型的帝制城市，當如北京那樣，一切在體制內發生，哪怕變革也只能指望朝堂、官僚體系中的進步力量，那裏的民間社會，看不見主動性，政治只是有權人內部的遊戲。相形之下，此時南京，從傳統角度說簡直是令人陌生的城市。體制和官僚系統似乎失位，阮大鋮廣交政界，卻無人替他出頭，那些毛頭學子，不但佔領思想文化制高點、引領輿論，也在社會現實層面呼風喚雨、興風作浪。它某些側影，完全不像僅有「民氓」與「有司」的標準古代城市，兩者之間似乎出現了第三者，一種不符合古代城市秩序與特點的新興力量，而我們在近現代革命時期的城市，倒時常看見這樣的自由的人流。

六

能夠為明末南京上述獨特氛圍作表徵的，與接踵不斷的盛大集會、街談巷議的政治熱情、集體圍觀的大字報之類的景觀同時，還有秦淮河上岸邊容光煥發、縱情蕩冶的情侶。將十七世紀初南京上下打量一番，我們最鮮明的印象，集中在兩個字眼。一個是「革命」，另一個是「愛情」。不妨說，革命與愛情相結合，是那段時間南京的基本風貌。這真是罕見的情形，整個帝制時代，我不知道還有第二座城市曾有過這種狀態。

清代同治間詩人秦際唐讀《板橋雜記》寫道：

笙歌畫舫月沉沉，邂逅才子訂賞音。福慧幾生修得到，家家夫婿是東林。[1]

他將從書中得來的印象，歸結於「家家夫婿是東林」。雖詩家極言之語，未必真到「家家」地步，但秦淮名姬與「東林」訂情，確一時風行，要不然《桃花扇》亦無託名士名姬抒興亡之歎的靈感。舉如李媚姐與余懷、葛嫩與孫臨、顧媚與龔鼎孳、董小宛與冒辟疆、卞玉京與吳梅村、馬嬌與楊龍友（楊以同鄉關係，甲乙間與馬士英近，而累其名聲，其實崇禎時他本與東林、復社過從甚密）、李香與侯方域、柳如是與錢謙益，等等。

革命與愛情結合，是近代喜歡的文藝題材，也是近代以來才有的題材，如外國的《牛虻》、中國的《青春之歌》。過去愛情題材，則不出愛情本身，一直到《牡丹亭》、《紅樓夢》，實際都沒越過《子夜歌》「始欲識郎時，兩心望如一。理絲入殘機，可悟不成匹」的層面，雖亦足動人，但在現代人看來，終究是缺少一些寬廣的東西。

可這一貫的愛情模式，到《桃花扇》卻一下子打破了。我們從孔尚任筆下所見，不再是老套的郎情妾意，而是全新的革命加愛情。中國愛情文學真正破了古典藩籬而有近代意味，就得從《桃花扇》算起，大家如果把它跟古典文學任何有關愛情的詩歌、小說、戲劇做對比，可以一眼看出這作品處在前所未有的格局中。為什麼能夠這樣？就應了藝術源於生活那句老生常談，《桃花扇》的跳出舊窠臼，並非孔尚任拍拍腦門悟出來的結果，完全來自崇、弘間秦淮兩岸現實本身。這部劇作，幾乎是非虛構作品，孔尚任是在幾十種史著和親自走訪基礎上，依照史實寫成，劇中主題、情節、人物，都是生活本身所奉獻。所以，《桃花扇》之奇，首先在於現實之奇，是明末南京的全新愛情，哺育了這部作品。

事實上，只要對秦淮香豔有深入了解，都必在其男歡女愛中看到一些更具重量和力度的東西。所以，繼《桃花扇》後，從同樣背景引出的另一名作——陳寅恪的《柳如是別傳》，也登高望遠，煌煌其言：

---

① 秦際唐《題余澹心板橋雜記》，李金堂校注《板橋雜記（外一種）》，前言，上海古籍出版社，2000，第 6 頁。

披尋錢柳之篇什於殘闕毀禁之餘，往往窺見其孤懷遺恨，有可以令人感泣不能自已者焉。夫三戶亡秦之志，九章哀郢之辭，即發自當日之士大夫，猶應珍惜引申，以表彰我民族獨立之精神、自由之思想。①

以「自由之思想」而贈一妓一士，很應該被深思和回味，可惜不少人於此書徒然作為學問來膜拜，老先生的滿腔激情、縈郁索結都看不見了。

李香與侯方域引出《桃花扇》，柳如是與錢謙益引出《柳如是別傳》。兩作都力能扛鼎，思其緣由，作者的功力及貢獻之外，我們亦訝於那個時代蘊藏之富、氣象之奇，短短十幾年，卻有那麼多瑰意奇行、可風可傳的人與事。以我所知，像顧媚與龔鼎孳、董小宛與冒辟疆、卞玉京與吳梅村的故事，精彩豐饒都不遜色，可惜還沒有大手筆來寫。

卞玉京事，晚年吳梅村有《過錦樹林玉京道人墓並傳》，敘之極悲。卞的身世，連吳梅村也不知其詳，只聽說她是「秦淮人」，大概父母原來就是幹這行的。《板橋雜記》：「曲中女郎，多親生之，母故憐惜倍至。」②鴇兒即親生母親。卞玉京大概也是這種情況。她本來只有姓，無名，「姓卞氏」。《板橋雜記》記為「卞賽，一曰賽賽」③，不大像本名，可能是藝名或昵稱。「玉京」也不是名字，「後為女道士，自稱玉京道人」④。她和吳梅村相遇，不在秦淮而在蘇州。「年十八，僑虎丘之山塘。」⑤對此，可參《五石脂》：

明時舊院姝麗，賦性好遊。往往雅慕金閭繁盛，輕裝一舸，翩然戾止。於是白傳堤邊，真娘墓畔，載賃皋廡，小闢香巢。吳中人士以其自南都來也，特號曰「京幫」，所以別於土著也。就中若卞玉京、董小宛諸姬，風流文采，傾倒一時。⑥

---

① 陳寅恪《柳如是別傳》，三聯書店，2001，第4頁。
② 余懷《板橋雜記》，上卷，雅遊，周瘦鵑校閱《板橋雜記（全一冊）》，上海大東書局，民國二十二年，第5頁。
③ 余懷《板橋雜記》，中卷，麗品，周瘦鵑校閱《板橋雜記（全一冊）》，第20頁。
④ 同上。
⑤ 吳梅村《過錦樹林玉京道人墓並傳》，《吳梅村全集》，上海古籍出版社，1990，第250頁。下同不贅。
⑥ 陳去病《五石脂》，《丹午筆記・吳城日記・五石脂》，江蘇古籍出版社，1999，第354-355頁。

吳對她的印象，一是修養極佳，「知書，工小楷，能畫蘭，能琴」，一是極潔淨，「所居湘簾棐几，嚴淨無纖塵」，一是全身之美集中在眼睛上，「雙眸泓然，日與佳墨良紙相映徹」，說它們潭水般深湛，是被精美文化潤澤而成。又寫她的為人：「見客初亦不甚酬對，少焉諧謔間作，一坐傾靡。與之久者，時見有怨恨色，問之輒亂以它語」。以對比，寫出才趣靈雅——「其警慧雖文士莫及」——和內心的矜持、寡歡、鬱紆。而其內在性格，通過如下場景，電光火石般突然迸發：

> 與鹿樵生（吳梅村別號）一見，遂欲以身許，酒酣拊几而顧
> 曰：「亦有意乎？」生固為若弗解者，長歎凝睇，後亦竟無復言。

「酒酣拊几而顧曰：『亦有意乎？』」寥然幾個字，人物躍然紙上，有聲有色，意態畢呈。從「不甚酬對」，瞬間變而火辣直率。「欲以身許」之意，非願薦枕席那樣簡單，而是願結同心。也不知當時被嚇住了，還是其他原因，吳梅村竟不敢接話，「長歎凝睇」，卞玉京則只此一言，不復啟齒。五六年後，喪亂之餘，卞、吳有過重逢。那是錢謙益因吳梅村久不能忘懷於卞，出面撮合。又是一段有聲有色的故事：

> 尚書某公者，張具請為生必致之，眾客皆停杯不御，已報
> 「至矣」，有頃，回車入內宅，屢呼之終不肯出。生抑怏自失，殆
> 不能為情，歸賦中詩以告絕，已而歎曰：「吾自負之，可奈何！」

由此，知當初「亦有意乎」出言之慎重和鄭重，亦知吳梅村囁囁嚅嚅傷之何深，更知她敢愛敢恨、孤潔自傲的個性。然而，至此其實還有我們所不知道的深情。在拒不相見之後數月，卞玉京終於見了吳梅村一次：

> 踰數月，玉京忽至，有婢曰柔柔者隨之，嘗著黃衣作道
> 人裝，呼柔柔取所攜琴來，為生鼓一再行，泫然曰：「吾在秦
> 淮，見中山（中山王徐達）故第有女絕世，名在南內選擇中，
> 未入宮而亂作，軍府以一鞭驅之去。吾儕淪落，分也，又復誰
> 怨乎？」

可見在卞氏而言,「亦有意乎」的主動,實出於未以妓視己,同時以為吳梅村是不計物議的脫俗之士,不料,卻錯看或高看了他。吳「長歎凝睇」,剎那間提醒了卞玉京,「吾儕淪落,分也」。這樣一個從不輕許、「嚴淨無纖塵」的女子,終於覺得遇上心儀可託之人,而吐露心曲,卻遭當頭一棒,實在是錐心之痛。此後,卞玉京「持課誦戒律甚嚴」,「用三年力,刺舌血為保御書《法華經》」。鄭保御是一位年七十餘的浙江老翁,他收留了卞玉京,照顧她的生活。「又十年而卒,葬於惠山」[1],從十八歲與吳梅村相遇算來,一生應不到四十歲。

我一直覺得刺舌血寫經的舉止,有無盡的意味。卞吳故事的陰差陽錯、失諸交臂、悲涼慘澹,以及人性、心理的細微與複雜,真是讓人愁腸百結。到了現代,忽然生出吳梅村是《紅樓夢》作者之說。所以有此鑿附,恐怕也只因為卞吳情史過於淒離,以為非有此經歷不足以去寫《紅樓夢》。

與卞玉京的淒離不同,顧媚故事完全是另一種風格。顧媚嫁龔鼎孳被捧為至寶,後來甲申之變竟引出龔鼎孳「降賊之後,每見人則曰:『我原要死,小妾不肯。』」的奇聞(小妾,即顧媚),以及入清後顧媚在京施手庇護義士遺民閻爾梅(「閻古古被難,夫人匿之側室中,卒以脫禍。」[2])等,人或知之。我們這裏且講點她不太出名之前的一些事。

早在龔鼎孳現身前,顧媚就與一班復社文人打得火熱,尤與冒辟疆結義五兄弟最密切。這五人是冒辟疆、陳梁、張公亮、劉漁仲、呂霖生,結盟地點,正是顧媚所居眉樓:「歲丙子(1636),金沙張公亮、呂霖生,鹽官陳則梁,漳浦劉漁仲,如皋冒辟疆盟於眉樓。」[3]《同人集》所存陳梁數十通書信便箋中,涉及顧媚甚多,稱謂既密且奇:媚兄(或眉兄),而觀其口吻,介乎愛敬、憐護之間,中有一信曰:

---

① 余懷《板橋雜記》,中卷,麗品,周瘦鵑校閱《板橋雜記(全一冊)》,上海大東書局,民國二十二年,第21頁。
② 孟森《橫波夫人考》,《心史叢刊》二集,大東書局,民國二十五年,第51頁。
③ 余懷《板橋雜記》,下卷,軼事,周瘦鵑校閱《板橋雜記(全一冊)》,第35頁。

眉兄今日畫扇有一字，我力勸彼出風塵，尋道伴，為結果
　　計。辟疆相見亦以此語勸之。邀眉可解彼怒，當面禁其，此後弗
　　出以消彼招致之心，何如？④

　　「彼」之所指，蓋即《板橋雜記》說到的「浙東一傖父」（傖父，鄙
稱，意略近今「老土」、「土老冒」），那是顧媚當時的一件大麻煩：

　　然豔之者雖多，妒之者亦不少。適浙東一傖父，與一詞客爭
　　寵，合江右某孝廉互謀，使酒罵座，訟之儀司，誣以盜匿金犀酒
　　器，意在逮辱眉娘也。⑤

　　此事沸沸揚揚，而那個幫兇「江右某孝廉」是誰，諸記皆未明指，連
孟森考據甚細的《橫波夫人考》，也沒有點出其人。我讀黃宗羲《思舊錄》
時，意外找到答案：

　　一日，禮部陶英人邀飲，次尾出一紙，欲拘顧媚，余引燭燒
　　之，亦一笑而罷。⑥

　　次尾，是吳應箕的表字。過去關於他，我聽到的都是好名聲，不料在
這件事中扮演了惡人的角色。「欲拘」，與「意在逮辱眉娘」互見，但余懷
「訟之儀司」之述易使人以為已驚動官府，實際還沒有 —— 吳應箕寫的那
紙狀子，被黃宗羲當場親手燒掉了。事情可能是爭風吃醋，也可能是顧媚
恃驕不買賬所致，但以勢欺人實在過分。據余懷說，是他仗義執言擺平。
而陳梁則是就此事為顧媚長久計，勸她「出風塵」，找個人嫁掉，正如孟
森所說：「至陳則梁苦勸，然後果於從良。」終於跟了龔鼎孳，此乃後話。
就先前言，顧媚惹那樣的麻煩，並不意外，那時她大紅大紫，自己也愛周
旋、享受男性追逐，像個大眾情人。孟森據其所見《旋聞見錄》，說顧媚
曾與一個叫劉芳的文人「約為夫婦，橫波後背約，而芳以情死」，稱「此

---

④　陳梁《書》，《同人集》，卷之四，書，水繪庵清刻本，北京師範大學圖書館藏，第三十一頁。
⑤　余懷《板橋雜記》，中卷，麗品，周瘦鵑校閱《板橋雜記（全一冊）》，第 16 頁。
⑥　黃宗羲《思舊錄》，《黃宗羲全集》第一冊，浙江古籍出版社，1985，第 357 頁。

亦橫波少年一負心事」。[1] 我在陳梁那裏也讀到類似的情節，但發生在張公亮身上：

> 頃，張公亮過我。知媚兄明日作主請公亮。公亮辭以有方密之席，彼云：「即赴方席，一更二更過我不妨。」[2]

完全是命令的、不容拒絕的口氣，可見顧媚確恃驕慣了。張公亮應是她諸多情人中的一個，她對這樣一位大才子，內心大概不無愛慕，然而恃驕的性情使她喜歡捉弄人，讓別人圍着自己轉卻摸不透。劉芳就是這樣癡情地死了，張公亮也頭暈腦脹。他在一首詩裏寫到對顧媚猶疑彷徨的心理：

> 揭來秦淮道上初見顧眉生，倭墜為髻珠作祖。本歌巴蜀舞邯鄲，乃具雙目如星復若月。脂窗粉榻能鑒人，黃衫綠衣辨鴻碩。何年曾識琴張名，癡心便欲擲紅拂。顧我自憎瓦礫姿，女人慕色慕少恐負之。以茲君贈如意珠，我反長賦孤鴻辭……[3]

隱約說，顧媚有意嫁給他，但他沒有接受。孟森先生不以為然，視之「然則亦一詞客邀寵者也」，「殆橫波果有心許之事耶，或亦劉芳之類耳。」我覺得倒也不排除相反的可能：劉芳的前車之鑒，讓張公亮對顧媚不敢輕信。

七

人類的駘蕩淫佚，並不僅當朽腐沒落時，面臨解放或處在渴望解放的苦悶之下，亦有所表現。北美六十年代性解放，多半就是社會變革苦悶所致，它與左派思潮、黑人民權運動、藍調搖滾、大麻、反戰同生共隨。我

---

① 孟森《橫波夫人考》，《心史叢刊》二集，大東書局，民國二十五年，第29-30頁。
② 陳梁《書》，《同人集》，卷之四，書，水繪庵清刻本，北京師範大學圖書館藏，第二十二頁。
③ 張公亮《結交行同盟眉樓即席作》，《同人集》，卷之五，五子同盟詩，水繪庵清刻本，北京師範大學圖書館藏，第二十五頁。

們對明末崇、弘間南京的秦淮香豔，也覺得可以如是觀，而非區區「反禮教」之類陳詞濫調可明了者。

讀《同人集》、《板橋雜記》等，每每想到秦淮河畔的情形與「世紀末」時期巴黎塞納河左岸頗有幾分相似。那裏，充斥着從精神和肉體自我放逐，自比波希米亞人，以漂泊、流浪為樂事的反傳統藝術家。而崇、弘之間的南京，也有一個飄浮無根、萍水相逢、客居遊蕩的群體 —— 那些因趕考而聚集南京的青年舉子，很多人後來已經忘掉原來的目的，或把它降到次要的位置，他們幾年以至十幾年滯留南京（冒辟疆、侯方域都是如此），參加一輪又一輪鄉試，而一次又一次失利，卻仿佛樂此不疲、心滿意足。

冒辟疆於桃葉渡大會即席賦詩放歌，頭四句說：

> 昨日浪飲桃花南，今日浪飲惡木西。自笑飄流若無主，逃酣寄傲天地寬。④

看看那些字眼：昨日浪飲、今日浪飲、飄流、無主、天地寬，這難道不是解放的一代嗎？

他們熱愛和享受南京的氛圍，在秦淮安營紮寨，少數有錢可以住得闊綽，多數只是像三十年代上海左翼文人那樣住小閣樓、亭子間，卻體會着自由、無羈、思想充實、四方「同人」其樂融融的全新生活，「今日姚兄送我一舟，即泊小寓河亭之下，又送媚兄來，朱爾兼、顧仲恭、張幼青諸兄俱在我舟，吾兄可竟到我處……」⑤「送我入場，感辟疆。多此三日夜辛苦，又當怪辟疆也。明早乞同去侯朝老處，與李香快譚（談）。」⑥ 讀此，覺得這些明代書生的生存情狀沒有任何方巾氣，倒與很多現代自由知識分子、學生思想群落的景象，不分軒輊。

對這些精神流浪者，舊院成為極好的潤滑劑。性的風騷和思想的風

---

④ 冒辟疆《五子同盟詩》，《同人集》，卷之五·五子同盟詩，水繪庵清刻本，北京師範大學圖書館藏，第二十四頁。

⑤ 陳梁《書》，《同人集》，卷之四，書，水繪庵清刻本，北京師範大學圖書館藏，第二十二頁。

⑥ 同上書，第二十九頁。

騷，天然投合，彼此激發，新鮮和解放的生命意識在放浪、馳蕩之中獲得更多的能量和刺激。整個古代，只有在崇、弘之際的南京，嬌娃麗姬才超越買歡賣笑角色，而成為眾星捧月的社交中心，和近代歐洲名媛一樣，她們的居處，分明就是南京的思想和文化沙龍。《板橋雜記》寫到李十娘：

> 性嗜潔，能鼓琴清歌，略涉文墨，愛文人才士。所居曲房祕室，帷帳尊彝，楚楚有致；中構長軒，軒左種老梅一樹，花時香雪霏拂几榻，軒右種梧桐二株，臣竹十數竿，晨夕洗桐拭竹，翠色可餐。入其室者，疑非塵境。余每有同人詩文之會，必至其家，每客用一精婢侍硯席，磨隃麋，燕都梁，供茗果。暮則合樂酒宴，盡歡而散。然賓主秩然，不及於亂。[1]

　　這樣的場所，明顯不僅是男歡女愛之地，而演變為公共思想的空間。它的出現，證明了南京公共思想的活躍，也證明了開展這種思想交流的強烈需求。它是對「廟堂」式思想空間的打破、破除，這裏所論所談，必非冠帶之說、繭疥之思，而無忌無拘、放任自由。它是自由思想地帶，也是個性地帶，「狹邪之遊，君子所戒」[2]，青樓非書齋，君子可留書齋不必來此，來此即不必道貌岸然，而要嬉笑怒罵、真性示人。然而，秦淮河畔的個性，不再是「獨坐幽篁裏，彈琴復長嘯」，不再是魏晉風度，不再是孤高自許、自外於世，這裏的個性解放指向社會解放，以歷史變革為己任，追求群體價值認同……

　　聚會、宴飲、放談，追逐名媛、沉湎愛情。這樣的場景，我們在十八世紀歐洲（尤其法國）許多小說、戲劇、詩歌、傳記、繪畫中見過。比它早一百年，「衣冠文物，盛於江南，文采風流，甲於海內」的南京，也曾有過。這既非巧合，也非形似，而發乎同樣的時代和精神氣質。可惜「千

---

① 余懷《板橋雜記》，中卷，麗品，周瘦鵑校閱《板橋雜記（全一冊）》，上海大東書局，民國二十二年，第10-11頁。
② 余懷《後跋》，周瘦鵑校閱《板橋雜記（全一冊）》，第45頁。

古江潮恨朔風」[3]，白山黑水的寒流，將此一掃而空。又可惜時湮代遠，中間隔了三四百年之後，今人既不知道也不理解當時究竟發生了什麼，說起秦淮香豔，僅目之為花間月下。

余懷以將近耄耋之年寫就的《板橋雜記》，而今似乎已成一篇花柳實錄，只從窺淫的角度引起閱讀興趣。無人去思考，那顆古稀之心，何以被年少之際狹邪往事久久稽淹；也無人注意他自序中的表白：

> 聊記見聞，用編汗簡，效東京夢華之錄，標崖公蜆斗之名。
> 豈徒狹邪之是述、豔冶之是傳也哉！

東京夢華之錄，即《東京夢華錄》。此書乃孟元老南渡之後，為繁華汴梁獻上的追憶。余懷效之，以《板橋雜記》為錦繡南京──尤其是崇、弘間我所稱的那段「革命和愛情」──奠祭。書中歎道，鼎革後，「間亦過之，蒿藜滿眼」。「紅牙碧串，妙舞清歌，不可得而聞也；洞房綺疏，湘簾繡幕，不可得而見也；名花瑤草，錦瑟犀毗，不可得而賞也」[4]。尤侗為該書題言，亦曰：「未及百年，美人黃土矣！回首夢華，可勝慨哉！」[5]

豈止現在，清代初年，便已不能理解秦淮香豔的內涵。尤侗說，余懷把《板橋雜記》手稿交給他，「示予為序」，有人看到了書稿，不以為然說：「曼翁少年，近於青樓薄倖，老來弄墨，興復不淺；子方洗心學道，何為案頭著阿堵物？」[6] 既貶損了余懷，也批評了尤侗。尤侗答以「曼翁紙上有妓，而曼翁筆下故無妓也。」此有妓、無妓之辨，人竟多已不能識，正像尤侗感歎的，「未及百年」而如隔世。透過那位不知其名的俗儒、腐儒之所謂「洗心學道」四字，我們看見明末的個性覺醒、解放，和自由精神，在清代怎樣蕩然一空。

上世紀三十年代，周瘦鵑先生為大東書局校編《板橋雜記》，將大約作於清乾隆庚戌年（1790，據黎松門《續板橋雜記序》）的珠泉居士《續

---

③ 錢謙益《觀閩中林初文孝廉畫像讀徐新公傳書斷句詩二首示其子遺民古度》，《有學集》，上海古籍出版社，1996，第 35 頁。

④ 余懷《板橋雜記序》，周瘦鵑校閱《板橋雜記（全一冊）》，第 1-2 頁。

⑤ 尤侗《題板橋雜記》，周瘦鵑校閱《板橋雜記（全一冊）》，第 1 頁。

⑥ 同上。

板橋雜記》同時收入。從提供和保存資料角度，很值得感謝，然而，就其文自身言，實有狗尾續貂之感。正像秦淮河水原本活淨、如今卻污濁不堪一樣，珠泉居士津津樂道的「十數年來，裙屐笙歌，依然繁豔」，徒具風塵味，蘊藉全無——此秦淮非彼秦淮，續之何為？

余懷《後跋》說：

> 余甲申以前，詩文盡焚棄。中有贈答名妓篇語甚多，亦如前塵昔夢，不復記憶。但抽毫點注，我心寫兮。亦泗水潛夫記《武林舊事》之意也，知我罪我，余烏足以知之！[1]

他寫的不是事和人，是心。而這顆心永遠留在了「甲申以前」，那是中國的一段不幸夭折的歷史，是一種我們今天已經觸摸不到的過去。

---

① 余懷《後跋》，周瘦鵑校閱《板橋雜記（全一冊）》，上海大東書局，民國二十二年，第 46 頁。

野哭：弘光列傳

Chapter 6

黃宗羲

裸葬的情懷

自從注意到黃宗羲晚年有變，我即希望遇見可釋疑解惑的疏詮，而遲遲未得 —— 直至不期然讀到與裸葬有關的材料。那一刻，積疑紛然披解，我有抵達祕境之感。

康熙二十七年（1688），七十八歲的黃宗羲開始考慮後事。他寫信給遠在北京的兒子黃百家：

> 吾死後，即於次日舁至壙中，殮以時服，一被一褥，安放石牀，不用棺槨，不作佛事，不做七七，凡鼓吹、巫覡、銘旌、紙錢、紙旛，一概不用。[①]

黃百家是因修《明史》而被清廷徵召至京。一見信，他便「皇遽告辭」，請假回鄉。上司得知，也當即特准其「在家纂輯，攜書亟歸」。總之，信中的想法，任何人看來都足堪驚駭。

厚葬，是中國重要而根深蒂固的傳統，它來自居正統地位的儒家倫理。春秋末年，比孔子後起、同樣在魯國推銷其學說因而與儒家有思想競爭關係的墨子，曾以詆毀的口氣談道：

> 厚葬久喪，重（讀 chóng）為棺槨，多為衣衾……此足以喪天下。[②]

黃宗羲眼下表示要做的，似在迎合墨子的批判，兩者驚人地吻合。

我們來看他的具體打算：一、死後第二天就入土——這是反對「久喪」（繁瑣冗長的過程）。二、「殮以時服」，下葬時只想和日常一樣着裝——這是拒絕專門置辦壽衣，反對「多為衣衾」。三、所有大操大辦、烏煙瘴氣的套路，那些意在營造哀榮氣氛的厚葬風俗與手法，他欲一應擯除。四、最驚世駭俗的，當係「安放石牀，不用棺槨」。棺槨，是厚葬的內容重點和集中體現。以往每個中國人，一俟人到中年，即以擁有一口好棺木為餘生奮鬥目標。它與人之間，有標識貧富賤貴之差的意義。富貴的程度及等級每提高一步，都在棺木上有所表現。《莊子·天下》：「天子棺槨

---

① 黃百家《先遺獻文孝公梨洲府君行略》，《南雷詩文集附錄》，《黃宗羲全集》，第十一冊，浙江古籍出版社，1993，第 426 頁。
② 《墨子校注》，卷之十二，公孟第四十八，中華書局，1993，第 706 頁。

七重，諸侯五重，大夫三重，士再重。」③ 槨，是棺外所套大棺。天子從裏到外有七層，諸侯五層，為官者可以三層，知識分子可有二層，普通平民有棺無槨。這就是墨子「重為棺槨」一語的具體內容。倘依古制，黃宗羲可享受一棺一槨的待遇，而他的意思是什麼也不要——實際上，他想要裸葬。

我們暫不探討他這麼做的原因，而先指出其後果。以當時論，以上想法倘然果行，有兩點是一定的。第一，黃宗羲本人將被目為離經叛道。第二，子女親屬必然背負沉重巨大的不孝罵名。

黃宗羲不是墨子，不是任何意義上的儒家反對者。相反，他是地地道道的名教中人，是明末尤其自清朝康熙年以來享譽儒林的耆宿、大儒。裸葬之念，根本踰越、違背了儒家的「核心價值觀」。這一點，他當然十分清楚。

真正的壓力在子女親屬身上。就黃宗羲本人而言，既然抱定一種價值觀，是可以不顧物議，以「身後是非誰管得」的態度，超然去往另一個世界。而子女親屬無法做到超脫，他們將繼續留在人世，去面對強大的輿論和習俗。儒家倫理有如一張蛛網，覆蓋生活每個角落；何況蛛網早不僅結在外部世界，也佈滿和裹住了每個人自己的心靈。

所以，願望能否實現，直接和最大的障礙或許恰恰是家人。黃宗羲給黃百家寫信，距其終辭人世，尚有七年。之所以早早放出風聲，一定出於周詳的考慮。第一，以此表示，裸葬意願不是心血來潮，而是鄭重的決定；第二，留出充分時間做家人的工作，使他們最終能夠消化這一想法。畢竟，身後事將由家人料理。他本人再堅決，願望都有兩種可能：被執行，或者不被執行。他需要防範因家人思想不通，死後在身不由己情況下，葬事被處理成所反感的樣子。

事情正如所料，七年中，親屬一直設法勸他收回成命，但他從不稍動。康熙三十四年（1695，他於這年逝世），年踰八秩的黃宗羲，把當初藉書信吐露的心聲，正式立為遺囑，此即收在《黃宗羲全集》第一冊的《梨

---

③ 《莊子集釋》，卷十下，天下第三十三，中華書局，1985，第 1074 頁。

洲末命》。明確規定：「吾死後，即於次日之蚤，用棕棚抬至壙中。一被一褥，不得增益。棕棚抽出，安放石牀。壙中須令香氣充滿，不可用紙塊錢串一毫入之；隨掩壙門，莫令香氣出外。」又新增有關祭掃的要求：一、「上墳須擇天氣晴明」——必須是陽光燦爛的日子，斷不可恪守俗期而在陰雨天致祭（「清明時節雨紛紛」）；二、「凡世俗所行折齋、做七」，這些神神鬼鬼的儀式，「一概掃除」；三、憑弔者不得攜紙錢、燭火之類，「盡行卻之」，對那些「相厚之至」而堅持有所表示的親友，可以告知歡迎他們「於墳上植梅五株」。[1]

對這份正式遺囑，親屬也不甘心接受。過去七年，黃宗羲三子中長子、次子相繼歿故，眼下，三子百家是遺囑唯一執行人。這意味着全部壓力，俱落其一人肩上，他難以支承，便求族中長者做父親工作，使事情稍稍可行。黃百家提出：「諸命皆可遵，獨不用棺槨一事，奈何？」擱棄其他爭議，只請黃宗羲同意用棺。但在黃宗羲，裸葬正是不可更改的。為此，他端出父道尊嚴的架子：「噫！以父之身，父不能得之子耶？」父親的吩咐，兒子可以不照辦麼？

他知道，光靠「父為子綱」不行，還要講更多的道理。他專門作了一篇《葬制或問》，徵史稽古，論證裸葬之舉既有充分依據，更為不少先賢所實踐。主要引述了四件材料：第一，《西京雜記》記載，直到漢代，「所發之塚，多不用棺」，說明裸葬不單曾經很普遍，且更合古風、古意。第二，東漢大儒、《孟子章句》作者趙歧「敕其子曰：『我死之日，墓中聚沙為牀，布簟白衣，散髮其上，覆以單被。即日便下，下訖便掩。』」第三，宋代命理大師陳希夷，著名的「陳摶老祖」，「令門人鑿張超谷，置屍於中」。第四，漢武帝時「楊王孫裸葬，而子從之，古今未有議其子之不孝者」。[2]

楊王孫的例子，是專講給黃百家、幫他打消顧慮的。楊王孫是實行裸葬的代表人物，他的特點在於，「家業千金」、以極富之人而堅決抵制厚葬，立遺言：「吾欲贏（通「裸」）葬，以反吾真，必亡（勿）易吾意。死

---

① 黃宗羲《梨洲末命》，《黃宗羲全集》，第一冊，浙江古籍出版社，1993，第 191 頁。
② 黃百家《先遺獻文孝公梨洲府君行略》，《南雷詩文集附錄》，《黃宗羲全集》，第十一冊，第 426-427 頁。

則為布囊盛屍，入地七尺，既下，從足引脫其囊，以身親土。」其子萬般為難，「欲默而不從，重廢父命，欲從，心又不忍」，便請父親的至交祁侯代為相勸，祁侯給楊王孫寫了一封信，楊王孫修書作答，條分縷析，祁侯完全折服，「曰：『善。』遂臝葬。」③

《葬制或問》，便是黃宗羲版《答祁侯書》。文章替反對者設想了各種理由，並揣摩他們可能的心態及做法。其中寫道：「問者曰：『諍之不可。父死之後，陰行古制，使其父不背於聖人，不亦可乎？』」顯然是給兒子打預防針，戒之不得陽奉陰違，嚴厲指出：「惡！是何言也！孝子之居喪，必誠必信……父之不善，尚不敢欺。父之不循流俗，何不善之有？」敢作此想，豈止不孝，何異欺父、叛父。

又將兩首詩，付諸子手：

> 築墓經今已八年，夢魂落此亦欣然。莫教輸與鳶蟻笑，一把枯骸不自專。

> 年來賴汝苦支撐，雞骨支牀得暫寧。若使松聲翻惡浪，萬端瓦裂喪平生。

鳶蟻，指大大小小生靈。松聲，以墓旁常植松柏，借喻墓園環境。他說：別讓我一把枯骨不能自專，連鳶蟻之類都不如；別讓我於九泉下聽到那樣的消息，兒子在人世違我意願，令我一生瓦全亦不可得。話說得很重，也相當懇切。

黃百家述至此，枉然歎道：「嗚呼！嚴命如此，不孝百家敢不遵乎？」④

二

這件事，我知道得有點晚。

---

③ 班固《漢書》，卷六十七，楊胡朱梅雲傳第三十七，中華書局，2002，第 2907-2909 頁。
④ 黃百家《先遺獻文孝公梨洲府君行略》，《南雷詩文集附錄》，《黃宗羲全集》，第十一冊，第 428 頁。

我對黃宗羲的閱讀，可追溯到大學時代，記得是從古代文學作品選的課程上第一次讀到《原君》，很為之震撼。然而，我們這些並非對他做專門研究的人，閱讀上有個特點，就是不系統，東一榔頭西一棒，讀到什麼盡屬隨機，不是循序而進。當時讀《原君》，我就似乎並不知道那是《明夷待訪錄》中的一篇，抑或雖然知道，也未想到找來全書把其他篇什都通讀一遍。我無非由《原君》而對黃宗羲留下深刻印象，以後如果再「隨機」與其文字相遇，就會留意讀一讀。這麼散漫、零亂地讀了幾十年，日積月累，所讀過的黃宗羲，單論數量倒也頗屬可觀。後來我終於擁有全部十二冊《黃宗羲全集》的時候，曾經將陸續讀過的篇章做了一番估摸，發現居然已佔到十之六七。然而，是無序的，從中無法得到他完整的思想脈絡、過程。

　　接觸到裸葬這件事之前，我正陷在一種苦惱中。多年雜泛的閱讀，使我對黃宗羲其人累積起不少困惑。原因正如上面所說，不是讀得少，恰恰是讀得並不少但毫無系統，這種情況最易似是而非。

　　以黃宗羲的名氣，對他有一定了解，並無須太多閱讀。比如問及黃宗羲何許人，能答以君主制的批判者、抗清志士和明遺民的，應該不少，而這未必對黃宗羲著作與生平有多深涉獵，因為他的作品為各種人文課程所必選，經歷一定教育者，總會遇到。

　　拿上述三點描述黃宗羲，一般來說，大致不錯。但若多讀，就知道這其實太粗略。黃的一生，跨度非常大，活了八十五歲，歷經六位皇帝（明代四位，萬曆、天啟、崇禎、弘光；清代二位，順治、康熙），其間改朝換代、山河易色，從漢族眼光看中國整體地亡了一次，更兼恰逢中國從「百代都行秦政法」[1]開始向新文明過渡、轉化的節骨眼兒，用黃宗羲本人的話講，叫做「天崩地解」，而他又正是這一歷史與思想的滄桑過程最具代表性的表達者……如此之人，他生命和精神內涵的豐富性，少有可比。他曾從文明使命、歷史責任的意義，隱約以當世孔子自期，這並非自命不

---

[1]　毛澤東《七律·讀〈封建論〉呈郭老》，《建國以來毛澤東文稿》，第十三冊，中央文獻出版社，1998，第361頁。

凡，而是以時代的局面和格調，二者之間確有很多相似之處。這樣的跨度，這樣的閱歷，這樣的時代交集，都凝匯一身，使他無法三言兩語被概括。我自己體會就是，隨着閱讀增多，與其說認識愈益清朗了，毋如說轉而含糊，至有扞格之感，對先前所知似乎反而動搖起來……

這動搖，是他不再追隨魯王、離開舟山回到現實或公開狀態、從而慢慢結束抗清活動的晚年生命軌跡，所帶給我的。

在那以後，他發生了很大的變化。這樣的變化，對他僅具粗略知識的人，往往了解不到。比如，他跟呂留良之間的反目；比如，他稱頌康熙皇帝「聖天子」；比如，《明夷待訪錄》「待訪」之所指是否為清政權，包括他派兒子黃百家代替自己參加清廷的《明史》編修工作……這些，導致他的晚年陷入很大爭議。

章太炎曾經激烈批評他「俟虜之下問」[2]，邀滿清盼睞（「虜」是對滿清的蔑稱）。陳寅恪認為，《明夷待訪錄》寫作時間值得注意，恰當「永曆延平傾覆之逝」（按：《明夷待訪錄》於康熙元年（1662）始作，翌年完稿，然而也是 1662 年，南明最後一位君主永曆皇帝在緬甸被俘，效忠明朝的最後一位大將、年僅三十九歲的延平王鄭成功在臺灣病死，此二事標誌反清復明希望徹底熄滅），暗示黃宗羲寫《明夷待訪錄》與這一背景之間絕非巧合，稱該書主旨是「自命為殷箕子」，而「以清聖祖（即康熙皇帝）比周武王」[3]，意思和章太炎相仿，亦指黃宗羲倚望清廷的賞識。

以章、陳的分量，他們既然對黃宗羲加以明確指摘，自然不會輕率出脣。除了引起重大質疑的《明夷待訪錄》，我自己讀黃宗羲晚年詩文，也發現不少與清朝「和解」、妥協的跡象，較之以往激烈的反清立場，確實大大後退了。

以往我對黃宗羲，雖未目之為完人，卻覺得「英雄」二字於他是相配的。他的嫉惡如仇、敢作敢為、仗劍俠遊，在一般書生身上很少見。作為大儒、傑出思想家，對「大智」他自然受之無愧，而他又並非思想的巨

---

② 章太炎《説林·衡三老》，《民報》第九號，1906 年 5 月 12 日。
③ 陳寅恪《柳如是別傳》，三聯書店，2001，第 861 頁。

人、行動的矮子，我們看他前半生，很少窩在書齋裏，而是積極投身社會政治，不辭危艱，捐軀赴難，所以「大智」之外也堪稱「大勇」。大智亦復大勇，這樣的人難得一見，尤其在滿口「子曰詩云」的文人儒士中間。那時關於他，想到的往往是豪勝卓犖、重義輕身這樣一些詞。

因此，目睹他晚年一些行狀——開始奉清朝正朔，讚美清朝的統治，支持弟子參加清朝科舉考試，跟朝中要人來往⋯⋯感覺極突然，盡出意表之外。所謂「突然」，不止是前後反差過大，更因為似乎找不到答案，無解。

人間滄桑，天翻地覆未足奇。不論人事與世事，陵谷變遷，我們正不知見過多少，歷來並不因其幅度之大而驚愕失色。原因是變化再巨，其實都有跡可尋，只要仔細認真，總找得到合理解釋。但在黃宗羲身上，至少我以往未能尋獲令我疑無可疑的線索。變化，是確實的；很多人基於這確實而得出了結論或看法，如章太炎，如陳寅恪。但以我看，並不踏實。倘若我們只掌握了變化的現象，而尚未找到變化的由頭，那麼，此時就對那變化來一番品評，恐怕並非其時。章、陳認為黃宗羲之變，是為了博滿清之青眼；其實，這也是呂留良與黃宗羲反目的根本理由。但這解釋卻得不到事實支持；事實是，黃宗羲堅持了遺民身份，本人至終不曾為清朝所用（徵用的旨意曾經發出，卻遭婉拒）。你無法認為，一個人有那樣的動機卻不採取那樣的行動。

除章、陳或呂留良的理解，關於黃宗羲晚年變化，還有其他解釋嗎？以我所知，沒有。自從注意到黃宗羲晚年有變，我即希望遇見可釋疑解惑的疏詮，而遲遲未得——直至不期然讀到與裸葬有關的材料。那一刻，積疑紛然披解，我有抵達祕境之感。

三

《魯之春秋》黃宗羲傳：

> 南都破，得免，歸。與弟宗炎、宗會，糾合黃竹浦子弟數百

人起兵，隨督師孫嘉績軍營於江上，江上呼為世忠營。①

南都即南京；「得免」，指清軍南下前，阮大鋮緊鑼密鼓迫害復社諸人，黃宗羲也是逮捕對象，幸因南京失陷而事寢。脫身後，回到家鄉黃竹浦，組織義軍，起兵抗清。

以上敘述頗簡，中間缺一些環節，茲以《明遺民錄》參補：

> 南都亡，踉蹌還浙東。時宗周已殉國，魯王監國，孫嘉績、熊汝霖兵起，乃糾合黃竹清宗族子弟數百人，隨諸軍於江上，人呼之為「世忠」。黃竹浦者，宗羲所居之鄉也。宗羲請如唐李泌故事，以布衣參軍事，不許，授職方主事。②

「踉蹌還浙東」到起兵之間，有三個比較重要的情節，即老師劉宗周的死、孫嘉績與熊汝霖在餘姚舉義，以及魯王監國。劉宗周是出於絕望殉國，以不食而死。清軍攻下南京，弘光皇帝朱由崧被俘，明朝諸臣遂在杭州擁朱由崧的叔父潞王朱常淓登位，但潞王自己無此心情，不久，清軍一到，他即獻降。這時候，孫嘉績、熊汝霖卻在餘姚率先樹起反抗旗幟，殺掉滿清委派的縣令；很快，章正宸、鄭遵謙等在紹興，錢肅樂、王之仁等在寧波，張國維等在東陽，亦各起事。甲申國變後，從北方避難到浙的明宗室共五位，其中有一位魯肅王，名叫朱以海，人在台州。他這一支乃朱元璋十世孫，與萬曆皇帝朱翊鈞（天啟、崇禎、弘光，都是朱翊鈞之孫）只算旁親，但浙江起義者認為，「時入浙五王，惟王最賢」③。「時張國維至台州，與陳函輝、宋之普、柯夏卿及鄭遵謙、熊汝霖、孫嘉績等合謀定議，斬北使犸旗，擁戴魯王監國，此乙酉六月二十七日戊寅也。」④

黃氏故里黃竹浦，就在熊汝霖、孫嘉績首義地餘姚。所以，黃家三兄弟很快聞風而動，從鄉下發動抵抗。另外，還有一層劉宗周的關係。浙東為蕺山學派老巢，劉門弟子眾多，首義的熊汝霖即列《蕺山弟子籍》名

---

① 李聿求《魯之春秋》，卷十，浙江古籍出版社，1984，第100頁。
② 孫靜庵《明遺民錄》，浙江古籍出版社，1985，第69頁。
③ 錢海岳《南明史》第二冊，本紀五，監國魯王，中華書局，2006，第286-287頁。
④ 計六奇《明季南略》，中華書局，1984，第2877頁。

冊，繼之而起的另一位起義領導者章正宸，也是劉宗周門徒：「僉都御史祁彪佳、給事中章正宸與宗羲，時稱宗周三大弟子。」[①] 師出同門，聲氣相通，而一呼百應。黃宗羲追隨魯監國，有這層關係。當時除朱以海，還有被鄭鴻逵、黃宗周在福建擁為紹武皇帝的朱聿鍵。

這就是南京失陷以後，南中國風起雲湧的反清復明運動。黃宗羲是它的積極參予者，為之獻身十多年，從三十來歲到五十歲，整個壯年盡付於此。

這種抵抗，主要是民間性質的。國家已經崩坍，軍隊實際也已瓦解，無從在朝廷層面組織和供給抵抗活動。起義隊伍，多依憑宗族姓氏，由有聲望的士紳大戶領頭，毀家為貲，自集人馬、自籌錢糧，是民間自發的救國行為，之稱「義師」，「義」字含義就在於此。

黃宗羲兄弟組建的黃竹浦義軍，號「世忠營」。這個旗號，是對宋名將韓世忠的祧緒。鎮江金山之戰，韓世忠大敗金兀朮，「是役也，兀朮兵號十萬，世忠僅八千餘人。」[②] 後「守楚州十餘年，兵僅三萬，而金人不敢犯。」[③] 由韓世忠這些事跡，可以窺知黃家軍自命「世忠營」的寄意，一是高蹈民族大義，二是以力寡死戰精神自勵。

關於黃宗羲「請如唐李泌故事，以布衣參軍事」，事見《新唐書》。李泌，中唐時人，神童，「及長，博學，善治《易》」，喜遊名山，不入官學，無功名。

> 肅宗即位靈武，物色求訪，會泌亦自至。已謁見，陳天下所以成敗事，帝悅，欲授以官，固辭，願以客從。入議國事出陪輿輦，眾指曰：「着黃者聖人（龍袍黃色），着白者山人。」[④]

不光李泌，「世忠營」所比附的韓世忠，初亦為布衣身份，「世忠曰：『吾以布衣百戰……』」[⑤]。黃宗羲請求以布衣加入抗清運動，首先因為他確

---

① 李聿求《魯之春秋》，卷十，浙江古籍出版社，1984，第 100 頁。
② 脫脫等《宋史》，卷三百六十四，中華書局，2000，第 11362 頁。
③ 同上書，第 11367 頁。
④ 歐陽修、宋祁《新唐書》，卷一百三十九，中華書局，1975，第 4632 頁。
⑤ 脫脫等《宋史》，卷三百六十四，第 11367 頁。

實僅為布衣。他取得的功名止於生員，幾次應試都未果，還沒有做官的資格。但這主要不是資質問題，而是一種個人意願，主動要求保持布衣身份，如同李泌的「願以客從」。其中深意，以後再談。但監國不允，還是給他安排了官職，先封為監察御史兼兵部職方司主事，最後官至左副都御史。

四

可是，黃宗羲對那些職銜好像並不當回事。今存他的一幅親筆手跡《自題》，裏面將自己一生劃為三段：

> 初錮之為黨人，繼指之為遊俠，終廁之於儒林。其為人也，
> 蓋三變而至今。⑥

分別指老、中、青三個階段。青少年，因閹黨迫害其父黃尊素而受牽連，故曰「錮之為黨人」；晚年潛心著書立說，真正成為學者；中年，便是投身抗清活動這一段，他很奇怪地用了「遊俠」來形容。考諸《史記》，司馬遷對其首創的「遊俠」一詞有此定義：

> 今遊俠，其行雖不軌於正義，然其言必信，其行必果，已諾
> 必誠，不愛其軀，赴士之阨困，既已存亡死生矣，而不矜其能，
> 羞伐其德，蓋亦有足多者焉。⑦

這裏的「正義」，並非今天作為「邪惡」反義詞的意思，而主要指「合法」、「正途」、「正統」。又說：

> 而布衣之徒，設取予然諾，千里誦義，為死不顧世，此亦有
> 所長，非苟而已也。⑧

---

⑥ 黃炳垕《黃宗羲年譜》，中華書局，1993，插頁。
⑦ 司馬遷《史記》，卷一百二十四，遊俠列傳第六十四，上海古籍出版社，1997，第2399頁。
⑧ 同上書，第2400頁。

可見，「遊俠」特徵是以布衣取義，這也正是當初黃宗羲請「以布衣參軍事」的注腳。從一開始請「以布衣參軍事」，到晚年自認為「遊俠」，黃宗羲對於他在反清鬥爭中的姿態，一直在堅持着什麼。這究竟包含何意，答案其實就藏在「不軌於正義」幾個字裏，讀者可先留意，原委以後便知。

以下，我們且把黃宗羲的十年反清活動，做極簡的交待。極簡，並非慳吝篇幅，而是事跡本身實在不算豐厚。雖然浙東起義者們的熱血和勇毅，很可感佩，但客觀上力量極孱弱，方方面面情勢都佔不到任何便宜，內部組織又十分的渙散，確實是乏善可陳。順便說一下，自滿清在南京得手以後，明朝殘餘力量的反抗相較而言以粵、桂、滇等地略顯可觀，福建因為鄭成功亦稍有聲色，浙東的情形卻基本只是給人以卵擊石之感。

起兵後，黃宗羲的戰鬥經歷實際僅一次。那是第二年（1646）初夏，黃宗羲的西進之策獲支持，於是得到總共三千的兵力，另有朱大定、陳潛夫等的小股部隊「數百人附之」，計劃「渡江，劄（通「札」，駐紮之意）譚山，將取海寧」。這三千主力，好不容易方才湊得，「兩督師（指孫嘉績、熊汝霖）所將皆奇零殘卒，不能成軍」。[1] 但抵抗力量對此次行動卻頗寄厚望，「嘉績蒿目望之，俟捷音至，欲令義興伯鄭遵謙夾攻杭城」[2]，一旦得手，就要奪取杭州。這顯然不切實際。行動剛一開始，未能渡江便大敗，「以江上兵潰而返」——說來也是天不作美，是歲，正趕上大旱，「夏旱水涸，有浴於江者，徒步往返」。清軍北人，本來恐水，此時大膽放馬試之，「不及於腹」，於是揮兵過江。這邊義師則被衝得七零八落，「走死不暇」，苦苦聚集的三千人馬登時煙消雲散，連監國朱以海也從紹興倉皇出逃，「上由江門出海」，直接漂泊海上了。[3]

黃宗羲失去和朱以海的聯繫，以所剩五百人逃入四明山，「結寨自固」，暫所棲身，然非長久之計。稍作喘息，黃宗羲決定喬裝打扮自己下山，去訪朱以海下落。他「再三申戒，以山民皆貧，不可就之求糧」。可

---

① 黃宗羲《行朝錄》，《黃宗羲全集》，第二冊，浙江古籍出版社，1993，第130頁。

② 李聿求《魯之春秋》，卷十，浙江古籍出版社，1984，第101頁。

③ 黃宗羲《行朝錄》，《黃宗羲全集》，第二冊，第130頁。

話雖如此，部隊也並非不明白這道理，終不能白白餓死。黃宗羲走後不久，「部下糧絕，不得已取之山民。」而山民看來也無甚政治覺悟，不因你是抗清武裝就甘心被搶，「以語邏卒，導之焚寨」，向滿清的偵探告發了這支武裝的存在，且為之當嚮導，「夜半火起」，黃宗羲手下汪涵、茅瀚二將「出戰死之」，餘者或死或逃。而黃宗羲查訪空手而回，回來則「無所歸」，山寨早已蕩為平地，只好潛回黃竹浦，「而跡捕之檄累下」，從此過着東躲西藏的日子。④

他主要躲避的地點，是化安山。在那人跡罕見之地，他用研究曆法和數學打發時間。我們往往只知他是人文學者，其實，黃宗羲算得上近世重要的科學家。清代曆算之學以梅文鼎成就最高，全祖望卻說：「梅徵君文鼎本《周髀》言曆，世驚以為不傳之祕，而不知公實開之。」⑤稱梅氏先驅實為黃宗羲。而其自云：「勾股之術，乃周公、商高之遺，而後人失之，使西人得以竊其傳。」⑥一是認為中國數學衰落已久了，言下之意，到他這兒才重續舊脈。其次，似乎他的曆法與數學得之「西人」，當然，以他看來西方這類學問源出中國，他不過使之回了娘家而已，但由此看出，他是中國近世較早向西方學習自然科學的人物之一，具體經過我們並不清楚，有人推測可能從前在北京遊歷時與湯若望等有過交往。避禍二三年間，他總共寫了十幾種曆法、數學著作，如《勾股圖說》、《開方命算》、《割圓八線解》等，惜多佚，僅存名錄。

藏身兩年後，1649 年（即順治六年，為尊重此時黃宗羲的立場，我們不書清朝年號）他終和魯王重新接上頭。這時，魯王經過一段萍飄，落腳於寧海以南、台州以東的健跳所（所，為明朝的軍事防衛單位）。黃宗羲趕去從亡。朱以海之所以落腳健跳，是因地處海邊，敵退我駐，敵來我跑，可隨時遁入大海。這種日子，實在無聊得很。黃宗羲述之：「諸臣無所事事，則相徵逐而為詩。……愁苦之極，景物相觸，信筆成什」，形容

④　李聿求《魯之春秋》，卷十，第 101 頁。
⑤　全祖望《梨洲先生神道碑文》，黃炳垕《黃宗羲年譜》，附錄，中華書局，1993，第 94 頁。
⑥　同上。

「寄命舟楫波濤」。①

　　無聊猶在其次，窮途末路才是揮之不去的感受；說是有了落腳點，實際上大多時間漂於海上，魯王君臣的光景，即令俄底修斯見了也自歎弗如。「每日朝於水殿」②，「以海水為金湯，舟楫為宮殿」③。古代城牆、宮牆繞以護河，稱「金湯」；眼下，朱以海的「金湯」便是海水。「水殿」云云，說來好聽，其實就是破船而已。黃宗羲這些筆墨，似幽默而實苦澀，苦中作樂況味躍然紙上。還有更具體的摹繪：

> 海泊中最苦於水，侵晨洗沐，不過一盞。艙大周身，穴而下，兩人側臥，仍蓋所下之穴，無異處於棺中也。御舟稍大，名河船，其頂即為朝房（金鑾殿），諸臣議事在焉。落日狂濤，君臣相對，亂礁窮島，衣冠聚談。是故金鰲橘火，零丁飄絮，未罄其形容也。④

　　「無異處於棺中」，他日後堅持裸葬，或與這段壓抑記憶有關抑未可知。他感慨：「有天下者，以茲亡國之慘，圖之殿壁，可以得師矣！」倘把如上情景繪於宮牆，那些為君的就明白絕不可做亡國之人了。

　　不過，這日子在他並不長：

> 公之從亡也，太夫人尚居故里，而中朝詔下，以勝國遺臣不順命者，錄其家口以聞，公聞而歎曰：「主上以忠臣之後仗我，我以所棲棲不忍去也，今方寸亂矣，吾不能為姜伯約矣。」乃陳情監國，得請，變姓名，間行歸家。⑤

　　勝國，不是戰勝國，相反，恰係亡國。姜伯約，即姜維，伯約是其表字，他在諸葛亮死後輔佐後主北復中原事業。陳情，指因奉孝之故提出辭職請求，晉武帝時李密寫了千古傳誦的《陳情表》，後遂以「陳情」指此

----

① 黃宗羲《海外慟哭記》，《黃宗羲全集》，第二冊，浙江古籍出版社，1993，第 209 頁。
② 黃宗羲《行朝錄》，《黃宗羲全集》，第二冊，第 138 頁。
③ 同上書，第 141 頁。
④ 同上。
⑤ 全祖望《梨洲先生神道碑文》，黃炳垕《黃宗羲年譜》，附錄，中華書局，1993，第 90-91 頁。

類事。當時，滿清為撲滅抵抗運動，下令對所有參與者的家屬予以登記，其實就是以株連相威脅。黃宗羲說，為了母親不受牽累，他要回家。

黃宗羲辭去，直接理由是滿清這道政令，而我以為，也只是一個理由罷了。其他從亡者，故里自然也各有親眷，所受威脅是相同的，卻並未都就此辭去。不過，黃宗羲找了個藉口離開，又不等於當反清運動的逃兵。其實，從很早以前，對於黃宗羲我們就應該有將「反清」與「復明」區分來看的意識。在很多別的抵抗者那樣，兩者可能勾連並立，在黃宗羲卻並非如此。這幾乎是理解黃宗羲時最最關鍵的一點。

「吾不能為姜伯約」，潛臺詞是對追隨魯王抗清，已不認為還有希望。前面引用他對健跳情形的描寫，那種筆觸，墨瀋之間，充滿乏竭空虛，呆在這裏，徒自淒苦而已。他不願做這樣無謂的事，或通過與魯王不離不棄來表達什麼。

就這樣，他離開健跳，回黃竹浦了。然而不數月，他又回來——此時魯王已移駕舟山。為什麼呢？因為魯王召他充當副使，去日本長崎乞師。顯然，只要有事可做，只要實實在在有益於抗清事業，他還是不辭驅策的。關於出使日本，黃宗羲後在《行朝錄》卷八《日本乞師》中未有一語提及自己，那是出於避諱，而事情本身是確實的。全祖望《梨洲先生神道碑文》：「監國由健跳至翁洲（即舟山），復召公副馮公京第乞師日本，抵長崎，不得請。」[6] 其後人黃炳垕所撰《黃宗羲年譜》亦載：「十月，監國由健跳至舟山，復召公偕馮侍郎躋仲京第、副澄波將軍阮美，乞師日本。」[7]

乞師，便是向日本借兵，請日本援華打滿清，「訴中國喪亂，願借一旅，以齊之存衞、秦之存楚故事望之。」最早是乙酉年（1645）秋，由一個名叫周鶴芝的日本通首先聯絡。據說「大將軍慨然，約明年四月發兵三萬，一切戰艦、軍資、器械，自取其國之餘財，中以供大兵中華數年之用」，只待「中國使臣之至」，經正式外交途徑確認。其後，戊子年（1648），御史馮京第與黃斌卿之弟黃孝卿到了長崎，但正趕上西方天主教

---

⑥　同上書，第 91 頁。
⑦　黃炳垕《黃宗羲年譜》，第 27 頁。

徒擾日，日本對外戒嚴，馮京第不得登岸，「於舟中朝服拜哭而已」，後遇日本某「如中國巡方御史」的官員，「京第因致其血書」，日王見後，「曰：『中國喪亂，我不遑恤，而使其使臣哭於我國，我國之恥也。』與大將軍言之，議發各島罪人。」擬以日本列島獄中犯人組成軍隊，蓋以此令其立功贖罪也。馮京第得到答覆後先回，留黃孝卿留日作為聯絡人。日本打算援華，並非虛言，因為馮京第回國時，日方贈款「洪武錢數十萬」令其攜回，當時，日本還不掌握鑄錢技術，故「但用中國古錢」，洪武年間所鑄之錢，中國都已少見了，「舟山之用洪武錢，由此也」。應該說援華行動已經開始，問題是，留日代表中國的黃孝卿造成了很不好的影響。如今，日本 AV 發達，其實其聲色之盛，自古而然，黃孝卿在長崎即為此出醜：

> 長崎多官妓，皆居大宅，無壁落，以綾幔分為私室。每月夜，每懸琉璃燈，諸妓各賽琵琶，中國之所未有。孝卿樂之，忘其為乞師而來者，見輕於其國，其國出師意亦荒矣。

喪國之人，處聲色而樂之，被人瞧不起，出兵事因而擱淺。但當時浙閩抗清力量實在單弱，故對於日本援兵的想望很難割棄。又過一年，己丑（1649）冬，乃再遣使節赴日，這就是黃宗羲參與的一次，算來已經是第三次乞師。黃宗羲記述：

> 十一月朔，出普陀，十日，至五島山，與長崎相距一望。是夜大風，黑浪兼天，兩紅魚乘空上下，船不知所往。十二日，舵工驚曰：「此高麗界也！」轉帆而南。又明日，乃進長崎。

然而這次中國使團未獲日人信任，原因似乎是充當聯絡人的湛微和尚在日名聲不佳。黃宗羲則談了以其觀察得來的印象：

> 日本自寬永享國三十餘年，母后承之，其子復辟，改元義明，承平久矣，其人多好詩書、法帖、名畫、古奇器、二十一史、十三經，異日價千金者，捆載既多，不過一二百金。故老不見兵革之事，本國且忘武務，豈能渡海為人復仇乎？

說日本生活太好，耽於安逸，不可能涉兵革之事。因是親歷，這一有關十七世紀中葉日本情況的講述，頗為真切。[1]

乞師不成，回國後，黃宗羲仍返故里，而非在魯王身邊留下。說明他接受使日，是臨時的，不代表在健跳「陳情」辭職的想法有所改變。略加分析，從中顯而易見，同意出使乃是因為這件事或能實際幫助到抗清事業，故不辭遠涉，而有一段奇歷。此更證實，健跳之別，不等於「當反清運動的逃兵」。

之後，黃宗羲轉入地下，繼續抗清。他只是不再作為魯王駕下「左副都御史」而已，某種意義上，現在他是一名「自由戰士」，獨立的民間抵抗者。他為義師傳遞情報、營救抗清志士、替抗清武裝籌措經費、策反清軍將領……與他合作的，主要是錢謙益，兩人聯手做了許多事。最大的行動，是為反攻長江的鄭成功大軍充當內應。這種地下獨立抗清，持續多年。大致以 1659 年鄭成功攻打南京而功虧一簣為標誌，黃宗羲終於感覺無望，漸漸放棄努力，變得離群索居、沉默寡言。對此，他曾寫《怪說》一文，述其「坐雪交亭中」之狀：

> 不知日之蚤晚，倦則出門行塍畝間，已復就坐，如是而日、而月、而歲，其所憑之几，雙肘隱然。[2]

除偶爾散步田間，天天整日枯坐，以致雙肘支於几案上，隱隱磨出印痕。那必是痛苦的思索，並在內心與一種情感和生命惜別。又五年，老友和同志錢謙益病故，他益形孤單。

他不能不意識到，歷史的一頁，業已翻了過去。

五

他自己的人生也將翻開新的一頁，上面寫着一個「終」字：「初錮之為

---

① 黃宗羲《行朝錄》，《黃宗羲全集》，第二冊，浙江古籍出版社，1993，第 180-183 頁。
② 黃宗羲《怪說》，《黃宗羲全集》，第十一冊，第 72 頁。

黨人，繼指之為遊俠，終廁之於儒林。」那是他最後的歸宿。

　　儘管後來人們差不多只知道他是一位大儒，可實際上，他和「儒林」這個字眼的關係很不諧順，很費周折。

　　他一生的功名，僅至生員為止。他於十三歲（天啟三年，1623）「補仁和博士弟子員」（仁和縣今不存，已為杭州市郊一部分），成為一個縣學學生，而這竟是他一生最高學歷。生員，俗稱秀才，是被地方官學錄取的學生，算是一種正式功名，但沒有做官資格。在明代，做官通常須有舉人以上資格，最起碼也得是貢生（由地方官學選拔出來，進入國子監即國家最高學府的學生）。以上二者，黃宗羲畢生不曾獲得，更不必說進士出身。

　　他幾度鄉試（舉人資格考試），全部暴腮。二十歲（崇禎三年，1630）在南京「始入場屋」，落榜；文震孟讀了他的考卷，「嗟歎久之，謂：『異日當以大著作名世，一時得失，不足計也。』」竟似已預見他功名無望，將來只能以「大著作名世」。二十六歲（崇禎九年，1636），在杭州第二次參加投考，也未果。二十九歲（崇禎十二年，1639）又到南京應試，仍然貨而不售。三十二歲（崇禎十五年，1642），長途北上，試於北京，還是鎩羽，「陽羨周相國延儒欲薦公為中書舍人，力辭不就」，周延儒大概看在烈士後代份上，見他一考再考不中，想「薦」（不經科舉正途）他做個小官，被拒絕了。從頭到尾，四回鄉試，屢戰屢敗。

　　以他的才具，大家都莫名其妙。曾有朋友來黃竹浦鄉下造訪，「村路泥滑。同來沈長生不能插腳，元子笑言：『黃竹浦，固難於登龍門也。』」①

　　從自身找原因，他小的時候不很以舉業為念。「課程既畢，竊買演義，如《三國》、《殘唐》之類數十冊，藏之帳中，俟父母熟睡，則發火而觀之。」②用全祖望的話說，「垂髫讀書，即不瑣守章句」，「每夜分，秉燭觀書，不及經藝」。③總之，不是循規蹈矩的好學生。等到父親捲入黨禍，他的家庭與生活又失去了平靜，備歷坎坷，「無暇更理經生之業，不讀書者五年」。南京第一次參加鄉試時，對科舉完全一竅不通，由新結識的好友

①　黃炳垕《黃宗羲年譜》，中華書局，1993，第 11-20 頁。
②　黃宗羲《家母求文節略》，《黃宗羲全集》，第十一冊，浙江古籍出版社，1993，第 24 頁。
③　全祖望《梨洲先生神道碑文》，黃炳垕《黃宗羲年譜》，附錄，第 85 頁。

沈壽民（眉生）臨時輔導，手把手地教他，「開導理路，諄諄講習，遂入場屋。」④

有些大才槃槃之人，對科舉不屑一顧，壓根兒不入那個籠套，比如前面提到的唐代李泌。黃宗羲倒非如此。他對舉業很上心，花了很大工夫，從二十歲到三十來歲，十幾年光陰盡付其間。後來談起這一點，他很懊悔，覺得是徒耗生命，並痛惜當老師劉宗周在世時，自己因為「志在舉業，不能有得」，沒有珍惜學習的機會，「聊備蕺山門人之一數耳」⑤，只能說濫竽充數。他回憶崇禎七年陪老師從嘉善乘船去省城杭州，舟中劉宗周談了好些學問上的事，黃宗羲承認：「弟是時茫然。」⑥什麼也沒聽懂。

在科舉魔障裏，他着實兜了好些年圈子。最終破門而出，得感謝生活和現實：

> 天移地轉，僵餓深山，盡發藏書而讀之，近二十年，胸中窒礙解剝，始知曩日之孤負為不可贖也。⑦

關鍵在於，科舉那種鑄模子、格式化的路子，跟他的才具天然地格格不入，然而，那時他卻並不自知。他足夠刻苦和勤奮，「年二十二，讀二十一史，日限丹鉛一本⋯⋯手不去編，寒夜抄書，必達雞唱，暑則穴帳通光，以避蚊蚋。」⑧「既盡發家藏書，讀之不足，則抄之同里世學樓鈕氏、淡生堂祁氏，南中則千頃齋黃氏，吳中則絳雲樓錢氏，窮年搜討。」⑨換一個平庸之才，這麼努力，總會有所回報；在他，效果卻很微寡。古往今來的經驗顯示，考試，僅為普通人才之間比試高低而設，而不世之才，於其中反倒每每顯得低能。因為後者巨大的創造性秉賦，很難適應規格化思維的要求和訓練。黃宗羲的情況，正是如此。在練習舉業的過程中，他心智的泉眼從未捅開，處在「學而不思」的狀態，可是，卻又做不到如天

---

④ 黃宗羲《思舊錄》，《黃宗羲全集》，第一冊，第 349 頁。
⑤ 黃宗羲《惲仲昇文集序》，《黃宗羲全集》，第十冊，第 4 頁。
⑥ 黃宗羲《與顧梁汾書》，《黃宗羲全集》，第十冊，第 204 頁。
⑦ 黃宗羲《惲仲昇文集序》，《黃宗羲全集》，第十冊，第 4 頁。
⑧ 邵廷采《遺獻黃文孝先生傳》，黃炳垕《黃宗羲年譜》，附錄，第 79 頁。
⑨ 全祖望《梨洲先生神道碑文》，黃炳垕《黃宗羲年譜》，附錄，第 87 頁。

生擅長或適合應試者那樣，真真正正機械、心如枯水、渾渾噩噩地死讀書和讀死書。

這樣，直到中年，黃宗羲竟然還是一副碌碌無為的樣子，功名蹭蹬以外，文章學問也沒有什麼建樹。簡直可以這樣說，倘使他只活四十歲，今天便不會有多少人談到他——依了先前的情形，誰也看不出他將來有成為中國三百年屈指可數的文化巨擘的潛質，雖然文震孟似乎有一番先見之明，然揆以實際，「異日當以大著作名世」云云，沒準只是浮泛的客套罷了，因為那時從他身上，實在看不出來什麼這類根苗。

一切就像突然來臨。這個時間，大體在 1649 年，以黃宗羲離開健跳、離開魯王，以及從日本乞師失敗而歸作為標誌。全祖望說：「海氛漸滅，公無復望，乃奉太夫人返里門，於是始畢力於著述。」[1] 邵廷采則說：「遂奉太夫人避居山中，大啟蕺山書，深研默究。」[2] 他自己也有個總結：

> 受業蕺山時，頗喜為氣節斬斬一流，又不免牽纏科舉之習，所得尚淺。患難之餘，始多深造，於是胸中窒礙為之盡釋，而追恨為過時之學。

總之，是突然開竅的。何以致之的呢？「患難之餘，始多深造」，這句是關鍵。前面引過他一段話，也講到「天移地轉，僵餓深山，盡發藏書而讀之」，意思相同。過去，為了舉業，為了求出身和功名，他也頭懸梁、錐刺股地苦讀，但全無感覺，更不必說開竅；如今，經過了喪亂、顛沛流離、苦海浮槎，讀書一下子閃現了全新的意義，煥發了奪目的光澤，是如此充盈、豐滿、厚實。

歸根到底，在於他終於發現了自己，走向自己。他這種人，注定不能在名韁利鎖的驅趕之下讀書和為學，不少讀書人屬於此類，而黃宗羲不是，或者說真正的思想者都不是。對黃宗羲，那反而是一種毀壞，會把他變得比一般讀書人還要乏善可陳。一旦與別人展開試卷的優秀上的競爭

---

① 全祖望《梨洲先生神道碑文》，黃炳垕《黃宗羲年譜》，附錄，中華書局，1993，第 91 頁。
② 邵廷采《遺獻黃文孝先生傳》，黃炳垕《黃宗羲年譜》，附錄，第 80 頁。

較量，他簡直一無是處；一方面，那是為循規蹈矩、缺乏真正創造性、只適合平步青雲的人預備的遊戲，另一方面，他自身種種優長——獨立的思考與發現、深刻的憂患、巨大的心靈、求知解惑的飢渴與能力等等，全都丟在一邊，沒有用武之地。所以從頭看過，「初錮之為黨人，繼指之為遊俠，終廁之於儒林」，初、繼、終，這三部曲在黃宗羲竟是環環相扣、缺一不可。他非得有那樣的初，那樣的繼，才有那樣的終。我們也曾講過阮大鋮的故事，他就無須什麼初和繼，而是三腳兩步，一下就廁於儒林。這還不算什麼，那時還有「連中三元」的極品，接連解元、會元、狀元，一馬平川、略無停頓、直登儒林。但顯然，那是另一種儒林。中國自古便有兩種儒林，黃宗羲所「廁」的，不是考試專家、職場寵兒所「廁」的儒林。這就是為什麼他得等到四十歲後，歷了許多磨難、看了許多滄桑，才開竅，才找到讀書和為學的感覺。當然，也是他自己走了彎路，去跟考試天才們就試卷的優秀一爭短長，而浪擲了不少的時光。就此言，那個「天崩地解」、「天移地轉」的時代，於他既為不幸，又是一大幸運。如非這現實的激發、刺痛和歷練，他也許還覺悟不過來，也許還握不住自己的本質。現在，他無疑牢牢抓在手裏，而所有的苦難、愀然和悲悶，都化為一筆巨資，助他一躍登上時代思想之巔。

六

如下的反思，說明了他的覺悟：

> 舉業盛而聖學亡。舉業之士，亦知其非聖學也，第以仕宦之途寄跡焉爾，而世之庸妄者，遂執其成說，以裁量古今之學術，有一語不與之相合者，愕眙而視曰：「此離經也，此背訓也。」於是六經之傳注，歷代之治亂，人物之臧否，莫不各有一定之說。此一定之說者，皆膚論瞽言，未嘗深求其故，取證於心，其書數卷可盡也，其學終朝可畢也。③

③ 黃宗羲《惲仲昇文集序》，《黃宗羲全集》，第十冊，浙江古籍出版社，1993，第 4 頁。

他加以批判的，無疑正是他打算反其道而行的。所謂不能離經背訓、所謂一定之說，在他看來都是膚論瞽言，中國正應該以「深求其故」打破膚論、以「取證於心」擺脫瞽言。

他的貢獻，凸顯於兩個主要的方面。一是有明一代思想源流、思維方式、價值觀的系統探究、總結，尤其是批判；二是從文明或人類正義的高度，對整個中國歷史作深刻反思。他的工作，實際上從中國精神資源內部，疏通了古典與未來的關係，打開了中國文化自我更生（注意，是自我更生，而非仰賴異國文明的灌輸及引導）之門。因此，他實際為我國之但丁、彼特拉克、伏爾泰、盧梭、孟德斯鳩式人物，他的存在，提示類似的思想進步或突破，在前現代的中國已是事實。可惜，由於滿清的異族統治，由於這統治必然要有的對漢族尤其是明遺民知識分子、思想者言論學說的箝制、禁毀和打壓，黃宗羲以及他這一批人的思想成果無法進入和影響中國的歷史與現實。這是關於中國社會─歷史轉型之較歐洲白白損失和晚遲了二百年，我們能夠認定的重大原因。

他做了一件很要緊的事情，就是重新發現和解釋孟子。孟子為儒家亞聖，地位緊隨孔子之後，儒家思想也常稱作孔孟之道。但這兩大聖賢之間，在思想色彩的層面其實有相當的不同。孔子致力於「立」，孟子致力於「破」；孔子熱誠地追求理想、向人描繪美好和諧的景象，孟子則嫉惡如仇，專注於暴露現實的醜陋與弊端，是暴政和民賊獨夫的毫不容情的批判者；孔子的話語文質彬彬、溫良敦厚，孟子出言犀利、擅長駁論。某種意義上，孟子之於中國精神文明的意義或在孔子之上，他更多地是一位反對者，為中國提供了批判現實的傳統，因而是獨大、專制權力所害怕和反感的人。朱元璋曾想把他從文廟配享中驅撤，後又大幅刪削《孟子》，規定科舉考試只能以閹割後的《孟子節文》為本。在一意向中國學習文化的我們的東鄰日本，孟子思想也不受歡迎，原因同樣為着他對君權加以肆無忌憚的攻擊。孟子思想，應是中國古代文化質地最好的一部分，甚至置諸整個古代世界，也未有可與之爭輝者。它在二千三百年前就觸及了含着民主、民約論意味的政治理性，此實足證明中國人對於進步的思想有傑出原創能力，以及中國的文明高度原本並不低於世界的水準。

它的存在，能夠擊破要將民主意識或傳統外在於中國的企圖，以及所謂民主不合中國國情的抹黑中國人和中國文化的奇談怪論。1669 年，黃宗羲作《孟子師說》七卷，他解釋此作直接原因，是劉宗周對儒家基本經典都有闡說，「獨《孟子》無成書」，所以他替老師來做這件事，「以補所未備」。這大概是動因之一，但我以為，更重要的在於黃宗羲本人思想與孟子有特殊的血緣關係，視《孟子》為中國最優秀的精神寶庫，而必予以推重、張揚，使它在中國歷史進化中發揮現實作用。在對《孟子》的討論中，他強烈突出、渲染了天下為公、君輕民貴、正義（仁義）乃倫理之本的認識：

> 伊尹之志，以救民為主，所謂「民為貴，君為輕」也。「放太甲於桐」與「放桀於南巢」，其義一也。向使桀能遷善改過，未嘗不可復立，太甲不能賢，豈可又反之乎？[1]

太甲是商湯之後第四代帝君，因為失道無德，被他的宰相伊尹放於桐宮，令其悔過，三年後，伊尹認為太甲已經自新，將他迎回復位。桀是夏代末位君主，在中國開暴君的先河，商湯推翻了他，把他放逐在南巢。黃宗羲認為，對那些虐害人民的暴君，可以推翻，可以流放，可以誅殺（《明夷待訪錄》裏有此明言），人民則有權起來革命——這些都是自古就有的道理。還說，歡迎壞君主改正，雖然是桀，改了也允許接着當他的帝君，太甲如果不改，能被迎回嗎？——這語氣，在當時真可謂「悖亂」之至了。對於伊尹懲處君上，黃宗羲稱讚是對的，因為伊尹意在「救民」，是從人民利益出發；把君主放到比人民次要的位置，才是正確的倫理次序，而非顛倒過來。談到《孟子》「伯夷辟紂」這一章，他出於擯棄忠君之論，力改《史記》對伯夷、叔齊商亡後「義不食周粟」在首陽山餓死的說法，並把《論語》的相關意思一併重新解說——實際是加以消解：

> 《論語》稱伯夷、叔齊餓於首陽之下，民到於今稱之。蓋二

---

[1] 黃宗羲《孟子師說》，《黃宗羲全集》，第一冊，浙江古籍出版社，1993，第 156 頁。

子遜國而至首陽，故餓也。民稱之者，稱其遜國高風也。①

說伯、叔二人根本不是不食周粟餓死，而是恥於在紂王暴政下做孤竹國的諸侯，主動棄國逃亡，而在逃亡途中餓死。人民之稱道他們，所稱道的也並非他們對商朝的忠實，而是他們的「遜國高風」，亦即對暴政的拋棄和不合作。又引了王安石的話：「夫商衰而紂以不仁殘天下，天下孰不病紂，而尤者伯夷也。」意思是，天下無有不恨紂王的，伯夷其實恰恰是最恨的一個。

十二冊《黃宗羲全集》，踰九千頁，洋洋大觀，這裏只能權舉一隅，稍窺他的探索。而對他遺諸我們的精神財富居何等價值，且藉兩位學者的評價，取一概觀的認識。首先是侯外廬，他說：「此書（《明夷待訪錄》前於盧梭『民約論』一個世紀」，又說：「此書類似『人權宣言』，尤以『原君』、『原臣』、『原法』諸篇明顯地表現出民主主義思想。」②又說：「宗羲是中國近代第一個把歷史上所謂農業為本工商為末的觀點顛倒過來，具有工商業自由生產的理想的人」③，以及「宗羲的經濟思想，已有『國民之富』的萌芽。」④尤其他還說：「『明夷待訪錄』之合於恩格斯所指的『近代推論的思維方法』，就不是梁啟超所能知道的。」⑤次如金耀基《中國民本思想史》，亦指《明夷待訪錄》「較之盧梭之《民約論》已着先鞭」，《原君》、《原臣》、《學校》諸篇，「置諸洛克《政府論》中可無遜色」，⑥說黃宗羲對「人民為政治之主體」之肯定，「逼近了西洋近代『主權在民』的思想」⑦，盛稱其「與孟子先後輝映，與盧梭東西媲美」。⑧

---

① 黃宗羲《孟子師說》，《黃宗羲全集》，第一冊，浙江古籍出版社，1993，第 95 頁。
② 侯外廬《中國思想通史》第五卷《中國早期啟蒙思想史 —— 十七世紀至十九世紀世紀四十年代》，人民出版社，1956，第 155 頁。
③ 同上書，第 145 頁。
④ 同上書，第 150 頁。
⑤ 同上書，第 156 頁。
⑥ 金耀基《中國民本思想史》，臺灣商務印書館，1997，第 150 頁。
⑦ 同上書，第 151 頁。
⑧ 同上書，第 155 頁。

七

我們要着重探一探他晚年一樁公案。這件事，關係到他思想的走向以及我們對他的看法。

1660 年，黃宗羲年滿五十。這一年，呂留良來與他會面。呂小他九歲，1619 年生。他們的聚首，是黃宗羲二弟宗炎（表字晦木）引見的。去年，呂留良先遇到黃宗炎，為此，他鄭重地寫了一篇《友硯堂記》，作為紀念：

> 己亥，遇餘姚黃晦木。童時曾識之季臣兄坐上，拜之東寺僧寮，蓋十八年矣。當崇禎間，晦木兄弟三人，以忠端公後，又皆負奇博學，東林前輩皆加敬禮，所與遊者負重名，如梅朗三、劉伯宗、沈崑銅、吳次尾、沈眉山、陸文虎、萬履安、王玄趾、魏子一者，離離不數人，天下咸慕重之，一二新進名士欲遊其門不可得，至有被謾罵去者。既亂，諸子皆亡略盡，而晦木氣浩岸如故，後起不知淵源，習俗變壞，益畏遠之，然晦木固不能一日無友者，左右前後顧則索然爾矣。於是得予，則喜曰：「是可為吾友。」晦木求友之急至此，蓋可悲矣。晦木性亦嗜研（硯），時端州適開水坑，同吧有官於粵者，予從購石十餘枚，與晦木品其高下。晦木又喜以為有同好也，謂予曰：「予兄及弟子所知也，有鄞高旦中者。此非天下之友也，而予兄弟之友也。」戊子，遂與旦中來，其秋，太沖（黃宗羲表字）先生亦以晦木言，會予於孤山。晦木、旦中曰：「何如？」太沖曰：「斯可矣。」予謝不敢為友，固命之。因各以研贈予，從予嗜也。其研，有出自梅朗三、陸文虎、萬履安者。[9]

「友硯堂」的名號便因這番以硯訂交而來。自呂留良筆下，我們知道

---

9 呂留良《友硯齋記》，《呂晚村先生文集》，卷六，《續修四庫全書》，一四一一·集部·別集類，上海古籍出版社，2001，第 175 頁。

黃氏三兄弟的名望，確是人所仰慕的。但他也透露，「既亂」亦即亡國之後，許多舊友「皆亡略盡」，而世態炎涼，「習俗變壞」，對明確抗清的黃氏兄弟（八年前黃宗炎因此被捕，險死）「畏遠之」。在這種情形下，呂留良表示願意成為黃宗炎的朋友。交往一年後，黃宗炎認為他可以信任，先介紹他認識高旦中，不久帶他去見黃宗羲，地點便在如今西湖景區中央的孤山。見面過程頗可玩味，「何如？」「斯可矣。」似乎請黃宗羲鑒其人品而定，呂留良心中或許稍感彆扭，故有「謝不敢為友」的表示，但黃宗羲隨後態度是熱情的，他和宗炎、旦中各贈一方硯給呂留良，原主人俱為一時名節之士，現在轉贈留良，是很重的友情。

我們故事的主要情節，由這四位朋友構成。這裏要單表一表高旦中。從剛才《友硯齋記》的記敘，我們窺見呂留良與黃宗炎的結交，是因反清立場引為同志，這自然也是高旦中的背景。他本名高斗魁，寧波人。寧波高氏是望族，卻因高旦中的抗清活動，耗掉了大部分家財，全祖望隱晦地稱之為「以好義落其家」：

> 是時江上諸遺民，日有患難，先生為之奔走，多所全活。

其於黃宗炎，恩義尤重。「餘姚黃先生晦木自亡命後無以資生，五子諸婦困於窮餓，先生念無可以賑之者，始賣藥於蘇湖之間，以其所入濟之，又不足，則輾轉稱貸於人以繼之。」[1] 依呂留良之說，不單黃宗炎，連黃宗羲結束「遊俠」之後的生活，也是靠高旦中接濟的：

> 若旦中之醫，則固太沖兄弟欲藉其資力以存活，故從與旦中
> 提囊出行，其本末某所新見具悉。[2]

所以這四位朋友，第一實在是以共同的反清意志為紐帶，第二大家的風節品質都很高亮，本該以佳話始、以美談終，不想後來卻鬧得那麼不堪。

訂交後，他們友誼極篤，癸卯年（1663）春夏間，黃宗羲欣然接受呂

---

① 全祖望《續甬上耆舊詩》，卷四十一，《高隱君斗魁》，清抄本，杭州圖書館縮微品，1995。
② 呂留良《與魏方公書》，《呂晚村先生文集》，卷二，《續修四庫全書》，一四一一．集部．別集類，上海古籍出版社，2001，第92頁。

留良聘請，到語溪呂家梅花閣做家庭教師，與呂留良一道給呂家子侄教書。據呂留良長子呂葆中所撰《行略》：

> 時高旦中先生自鄞至，黃晦木先生兄弟自剡至，與同里吳孟舉、自牧諸先生以詩文相唱和。[3]

四友之間，真是其樂融融。他們逐日相聚，談道論義，各出詩篇，用黃宗羲的話講：「座中無有不成章。」當時，黃宗羲正在寫他最重要的著作《明夷待訪錄》（起稿於 1662，成於 1663 年冬），而呂留良也處在思想上與過去——他在入清後曾參加科舉，並熱衷編寫科舉輔導材料賺錢——決裂的關鍵期，所以此時他們的聚首，對中國近代思想史實在是應該矚目的事件。尤其呂留良，與黃宗羲交往，對他反清思想應有很大推動。他那首著名的七言詩，就是認識黃宗羲後寫成的：

> 誰教失腳下漁磯？心跡年年處處違。
> 雅集圖中衣帽改，黨人碑裏姓名非。
> 苟全始識譚何易，餓死今知事最微。
> 醒便行吟埋亦可，無慚尺布裹頭歸！[4]

視參加清朝科舉為失足，「醒便行吟」是說現在終於覺醒了，從此高舉民族大義。幾年後，生員考試前夕，呂留良造訪縣學教諭陳執齋寓所，當面出示以上之詩，「告以將棄諸生」，宣佈放棄秀才身份、拒絕清政府的出身：

> 執齋始愕眙不得應，既而聞其終曲本末，乃起揖曰：「此真古人所難，但恨向日知君未識君耳！」於是詰旦傳唱（考試前點名），先君不復入，遂以學法除名，一郡大駴，親知無不奔問彷徨，為之氣短，而先君方怡然自快。[5]

---

③ 包齎《清呂晚村先生留良年譜》，臺灣商務印書館，1978，第 61 頁。
④ 呂留良《耦耕詩》其二，《呂晚村詩》，悵悵集，《續修四庫全書》，一四一一·集部·別集類，第19頁。
⑤ 呂葆中《行略》，《清呂晚村先生留良年譜》，臺灣商務印書館，1978，第 68 頁。

黃宗羲逗留月餘，因三弟黃宗會病危「馳歸」，這段呂家西席經歷也告結束。但他們聯繫仍是頻密的，常有書信詩文往還。黃宗羲曾幾次來語溪會呂留良，單單 1664 年，就於二月、十月來了兩趟，而呂也曾去黃竹浦回拜。[1] 比較有特殊意義的一次，是甲辰年（1644）四月，宗羲、宗炎、高旦中、呂留良四位朋友「同至常熟」。常熟是錢謙益的鄉里，那時，他患了大病，黃宗羲等專程前來探他。我們已經知道，黃、錢是地下抗清的同志，兩人有許多「不足與外人道」的祕密，此番黃宗羲既偕呂留良同來，自是視為可寄心腹的生死之交了。也正是這次探望中，發生了戲劇性的小故事。錢謙益長年支持抗清，「破產餉義師，負債益重」，此時「臥病於東城故第，自知不起，貧甚，為身後慮」。[2] 所謂「身後」，指棺木。正好有位當官的求其三文，潤筆頗豐，但自己已寫不動，就臨時抓黃宗羲的差：

> 一見公以喪事相託，公未之答，虞山言：「顧鹽臺求文三篇，潤筆千金，使人代草，不合我意，知非兄不可。」即導公入室，反鎖於外。公急欲出，二鼓而畢，虞山叩首稱謝。[3]

故事既具情見性，也使人感慨不已。

這樣親密的友情，前後持續了六年。《黃宗羲年譜》中呂、黃最後一次打交道的記錄，為丙午年（1666）：

> 五月望，東歸，旋復之語溪。……祁氏曠園之書，亂後遷至化鹿寺。公過郡，與書賈入山翻閱三晝夜，載十捆而出。[4]

未直接提到呂留良，實際此行卻是兩人商量要共同辦一樁事。「祁氏」，即紹興祁家，世代書香，藏書極豐且精，「曠園」（或稱「曠亭」），即其藏書處。黃宗羲《思舊錄》曾記昔年在祁彪佳書房的見聞：

> 入公書室，朱紅小榻數十張，頓放書籍，每本皆有牙籤，風

---

① 黃炳垕《黃宗羲年譜》，中華書局，1993，第 32-33 頁。
② 錢仲聯主編《清詩紀事·明遺民卷》，江蘇古籍出版社，1987，第 286 頁。
③ 黃炳垕《黃宗羲年譜》，第 32 頁。
④ 同上書，第 34 頁。

178   **野哭：弘光列傳**

過鏗然。公知余好書，以為佳否，余曰：「此等書皆閶門市肆所有，腰纏數百金，便可一時暴富。唯夷度先生公之父所積，真希世之寶也。」⑤

夷度先生，即祁彪佳父親祁承爜，大藏書家。祁彪佳的意思，自然想聽對自己書房的好感，黃宗羲卻貶了眼前、獨讚乃父所藏，不知何意。只是從中可見，他對祁氏「曠園」心儀已久。明亡，祁彪佳殉國，其子等又因牽連抗清，或死或放，祁家由是散渙，藏書暫存化鹿寺（在紹興若耶山，若耶山又名化鹿山），準備低價處理。黃宗羲此來語溪，便是與呂留良商議共同出資收購事。談妥後，黃宗羲去了紹興，呂留良沒去。結果發生了齟齬。全祖望說：

> 吾聞淡生堂（祁氏藏書樓號）書之初出也，其啟爭端多矣。初，南雷黃公講學於石門，其時用晦（呂留良的表字）父子俱北面執經，已而以三千金淡生堂書，南雷亦以束修之入參焉。⑥

亦即，購書款主要來自呂留良，黃宗羲僅以束修（教書費）入股。然而，書到手後的分配，正好顛倒過來：

> 曠園之書，其精華歸於南雷，其奇零歸於石門。⑦

全祖望並且說，後來人們只知道呂、黃之間不可收拾，「豈知其濫觴之始，特因淡生堂數種百起，是可為一笑者也。」還說，呂留良所出三千金，也並不是自己的，「而出之同里吳君孟舉」，且亦「及購至，取其精者，以其餘歸之孟舉。於是孟舉亦與之絕。」⑧和黃宗羲做法一般無二。總之，收購祁家藏書之事，真是一個很大的風波，活活拆散了當時浙省兩大知識分子。

其實，我們既不知此事的確切經過（呂留良方面有不同說法），也不

---

⑤ 黃宗羲《思舊錄》，《黃宗羲全集》，第一冊，浙江古籍出版社，1993，第 344-345 頁。
⑥ 全祖望《小山堂祁氏遺書記》，《鮚埼亭集外編》，卷十七，乾隆四十一年刻本，第十四頁。
⑦ 全祖望《小山堂藏書記》，《鮚埼亭集外編》，卷十七，乾隆四十一年刻本，第六頁。
⑧ 全祖望《小山堂祁氏遺書記》，《鮚埼亭集外編》，卷十七，乾隆四十一年刻本，第十五頁。

知它在呂、黃交惡中是否真有全祖望講的那種關鍵作用，只是覺着事情倘僅因「可為一笑者也」而起，有些講不通。實際上，四年後的一件事，可能更足以表示深刻的對立。

1670 年高旦中不幸去世，冬天下葬，黃、呂等各自趕來，黃宗羲還親自撰寫墓誌銘。《黃宗羲年譜》：「冬，為甬上高旦中題主，至鳥石山。」[①] 呂葆中《行略》：「時會葬高先生於鄞之鳥石山，先君芒鞋冒雪，哭而往。」[②] 初無異常，然而，那篇墓誌銘，引出了大悲爭。呂留良以幾乎忍無可忍語氣，對其大加撻伐，謂之「固極無理」、「詞氣甚倨」，不滿主要在於：「凡銘之義，稱美而不稱惡，原與史法不同。稱人之惡則傷仁，稱惡而以深文巧詆之，尤不仁之甚。」[③] 感到不妥的，非止呂留良，據黃宗羲《與李杲堂陳介眉書》：

> 萬充宗傳諭：以高旦中志銘中有兩語，欲弟易之，稍就圓融：其一謂旦中之醫行世，未必純以其術；其一謂身名就剝之句。弟文不足傳世，亦何難遷就其說？但念杲堂、介眉，方以古文起浙河，芟除黃茅白葦之習，此等處未嘗熟諳，將來為名文之累不少，故略言之，蓋不因鄙文也。[④]

這是另外兩個人，請黃門弟子萬斯大（表字充宗）捎口信，希望黃宗羲就兩個說法加以修改。黃堅持不改，理由一是那些話在高旦中生前自己就當面講過，「生前之論如此，死後而忽更之，不特欺世人，且欺旦中矣。」二是別人以為不中聽，在他卻不過是對好友一番惋惜之情，「哀之至故言之切也。」可能他心中確作此想，也可能如呂留良認為的別有原因；但他的固執是一目了然的。我曾將黃比為明代魯迅，認為這兩位越中老鄉骨頭一樣硬，也一樣尖刻、堅頑，要他們低頭，幾乎不可能，黃宗羲對大家的批評、勸說，就明確表示他要「一以古人為法，寧不喜於今

---

① 黃炳垕《黃宗羲年譜》，中華書局，1993，第 34 頁。
② 包齎《清呂晚村先生留良年譜》，臺灣商務印書館，1978，第 82 頁。
③ 呂留良《與魏方公書》，《呂晚村先生文集》，卷二，《續修四庫全書》，一四一一‧集部‧別集類，上海古籍出版社，2001，第 91 頁。
④ 黃宗羲《與李杲堂陳介眉書》，《黃宗羲全集》，第十冊，浙江古籍出版社，1993，第 154 頁。

人」，哪怕別人講得有道理，哪怕在墓誌銘中批評逝者確有些「違仁」，哪怕被批評者於己有恩有義——黃宗羲所不滿的高旦中因行醫掙錢而疏怠學問，本來正是毀家救友、為黃氏兄弟付出的犧牲。

除對高旦中「深文巧詆」，志銘另外有個地方，更令呂留良不滿：

> 旦中臨絕有句云：「明月岡頭人不見，青松樹下影相親！」此幽清哀怨之音也。太沖改「不見」為「共見」，且訓之曰：「形寄松下，神留明月，神不可見，即墮鬼趣。」⑤

死者遺詩而大筆一揮擅改，這大概就是「甚倨」的表現。可問題好像不這麼簡單，《呂留良年譜》的作者包齎說：

> 在表面上看去好像是文藝問題，但我們仔細看看，實在是重大的民族思想問題。他說的「明月」並不是「山間之明月」的明月，他說的「青松」也不是黃山的青松，他說的明月就是那勝國的明朝，他說的青松就是新興的統治者清朝……意會這兩句詩就是復明還未實現，我人已先死了！這就是「出師未捷身先死，長教英雄淚滿襟」的意思。如其硬要抓住字面，都不免要「墮入鬼趣」。太沖改「不」為「共」，就因犯了太捨不得字面的緣故。⑥

結合高旦中一生，結合此為其臨終絕筆之詩，也結合呂留良「幽清哀怨」的點評，包齎的分析是很讓人贊同的。

但是，黃宗羲改詩，恐怕卻不是「太捨不得字面的緣故」，單單字面之爭，呂留良也不必這樣錙銖必較，他必有別的外人見所不及的解讀。高旦中1670年亡故，而在這之前兩年，黃宗羲的甬上證人書院正式創辦，這引起了他昔日密友的嚴重不安。那麼，辦書院收徒授學，有何不安的呢？呂留良的弟子嚴鴻逵透露，老師親口對他講了這樣的話：「公於此事

---

⑤ 呂留良《與魏方公書》，《呂晚村先生文集》，卷二，《續修四庫全書》，一四一一‧集部‧別集類，第93頁。

⑥ 包齎《清呂晚村先生留良年譜》，第94頁。

云云，蓋太沖方借名講學，干瀆當事，醜狀畢露」。[①] 原來，黃宗羲意在參與時事、授徒應舉。而呂留良剛剛放棄功名、自請除名，二者行徑誠如冰炭了。但這矛盾、分歧，難道僅只存在於呂、黃之間麼？非也。黃宗羲最親近的弟弟宗炎，也自此與他疏遠了，嚴鴻逵甚至說「晦木因與太沖惡……」不光是疏遠，且到了交惡的程度。後來，呂留良去世，黃宗炎痛哭流涕，寫《哭呂石門四首》，大讚他「晚年解鷔腕，棄去真俊傑。」「自放草野後，恥從公卿後。」[②] 其於乃兄授徒應舉的鄙薄，推而可知。由此，益覺高旦中臨終「明月岡頭人不見，青松樹下影相親」的感慨，和黃宗羲對它的「一字之易」，各有隱情。高旦中之所以用「不」，黃宗羲之所以要改為「共」，四友之間大概心知肚明，旁人卻不免以為只是文字的歧見。

這四位因排滿而相惜相厚的朋友，如今竟至於睚眦相向了。又十多年，留良、宗炎亦次第作古，當年孤山聚首的人影，只剩下黃宗羲自己，而他告別人生的狀態、心懷，身邊已無人可以注目和體會。

八

約自十七世紀六十年代中期起，黃宗羲接受了滿清入主的事實，抑或承認了清政府之合法性，此毋庸置疑。清末，新的排滿興起時，黃宗羲的「思想身份」成了一個很大的問題。一些想借重其革命性思想的維新者，為其後期而棘手以至惶惑，只好矢口否認他對滿清的接受和承認；反之，另一些維新者出於同樣原因則感到極大失望，而亟詆其晚節不保。及至當代，因為功利和實用主義的義理的引導，具體說看在清朝和康熙替中國大拓了疆土的份上，有人又把他的晚年表現當成順應潮流、與時俱進加以歌美。

以上態度之種種，都混淆了許多東西。而不加混淆的辦法，就是，凡為事實的都原原本本承認，捨此以外不添油加醋。黃宗羲的最後二十五

① 卞僧慧《呂留良年譜長編》，中華書局，2003，第 237 頁。
② 全祖望《續甬上耆舊詩》，卷三十九，《寓公鷦鴣先生黃宗炎》，清抄本，杭州圖書館縮微品，1995。

年，只有兩個事實。一、他確實不再反對清政府，二、他從沒有跑到清政府裏做事。我們不需要講太多太複雜的話，只把這兩條講清楚，黃宗羲的晚年自然隨之清楚。

先說放棄對滿清的敵對態度。這在他有很多表現，比如，與官府或其官長交往、鼓勵弟子參加旨在從政的科舉考試。下面，再增加兩條證據。

一是開始奉清朝正朔。他給亡母姚氏所寫傳記，以很明確的歷史時間概念開頭：

> 先妣姚太夫人，生於萬曆甲午二月初二日，卒於康熙庚申正
> 月初十日，享年八十有七。③

承認母親身跨兩個王朝、曾經是它們分別的子民。同類寫法，例子很多，如《紫環姜公墓表銘》、《高古處府君墓表》、《毛烈婦墓表》等等。對於他這樣深知、極重曆律與王統關係的曆法專家（他曾是魯王曆法的編制者），這種書法，作為完全接受改朝換代之事實的標誌，是沒有半點爭議的。

而變化不單顯現於使用清朝年號上，隨之而來的，是文字裏大量的第二類證據，即他漸漸習慣了從正面和肯定的角度談論滿清。有篇碑文，不光用了康熙年號，且以「王師下江南」稱清軍南下。④ 又一墓誌銘，以此句起首：「新朝天下初定，未有號令……」⑤ 餘如《鄉賢呈詞》：「幸遇聖朝，干戈載戢，文教放興。」⑥《餘姚縣重修儒學記》：「聖天子崇儒尚文，諸君子振起以復盛時人物，行將於廟學卜之矣。」⑦ 尤其是康熙二十六年（1687）—— 之前我們未書清朝年號，現在據他本人態度相應地變一下 ——給徐乾學的信，對滿清的讚揚已完全達到流暢、坦然、毫無心理障礙的狀態：

> 去歲得侍函丈，不異布衣骨肉之歡。公卿不下士久矣，何幸

---

③ 黃宗羲《移史館先妣姚太夫人事略》，《黃宗羲全集》，第十冊，浙江古籍出版社，1993，第 529 頁。

④ 黃宗羲《山西右參政顧之丘公墓碑》，《黃宗羲全集》，第十冊，第 253 頁。

⑤ 黃宗羲《奉議大夫刑郎中深柳張公墓誌銘》，《黃宗羲全集》，第十一冊，第 36 頁。

⑥ 黃宗羲《鄉賢呈詞》，《黃宗羲全集》，第十一冊，第 30 頁。

⑦ 黃宗羲《餘姚縣重修儒學記》，《黃宗羲全集》，第十冊，第 129 頁。

身當其盛也。今聖主特召，入參密勿，古今儒者遭遇之隆，蓋未
有兩。五百年名世，於今見之。朝野相賀，拭目以觀太平，非尋
常之宣麻不關世運也。①

至於「皇上仁風篤烈，救現在之兵災，除當來之苦集」之句，都有點
肉麻。這封信有求於徐乾學（為父親祠堂碑文、兒子太學學籍以及自己築
墓費用等三事），不免揀好聽的說，雖然過甚其辭，但已經融入現實、自
認為清朝子民的心態，並非假裝。

從堅持抗清十多年、瀕於九死、一變至此，似乎可以說面目全非了。
不過且慢，先不急於這麼說。我們再來看一封信，那是康熙十七年（1678）
寫給門人陳錫嘏（表字介眉）的。這時，黃宗羲已經和呂留良等鬧翻，證
人書院培養的弟子已有一大批考取滿清的舉人、進士並入朝為官，陳錫嘏
便是其中之一。陳於康熙十五年（1676）登進士第，刻下正在翰林院做着
編修。是年，康熙皇帝下了一道徵選令，要將全國仍處民間的碩學俊彥都
網羅上來，當時掌翰林院的侍讀學士、《明史》總裁葉方藹，向康熙舉薦
了黃宗羲，得到批准，葉遂擬下正式公文要地方將黃宗羲送到中央。此事
被陳錫嘏知道，大驚失色，萬一公文一到，黃宗羲來個拒不應召，便騎虎
難下。他代老師做了個主，立刻求見葉方藹，訴其原委，葉雖為貴官，骨
子裏也是學者，能夠體諒，於是按下未發。事既穩，陳錫嘏把經過寫信告
訴老師，這便有了黃宗羲的答書：

> 吾兄與國雯書見及。言都下諸公，欲以不肖姓名塵之薦牘，
> 葉訒菴先生且於經筵御前面奏，其後訒菴移文吏部，吾兄力止。
> 始聞之而駭，已喟然而歎，且喜兄之知我也。

證明陳錫嘏的估計完全正確。而有意味的是下面一段：

> 某年近七十，不學而廢，稍涉人事，便如行霧露中，老母年
> 登九十，子婦死喪略盡。家近山海，兵聲不時撼動，塵起鏑鳴，

---

① 黃宗羲《與徐乾學書》，《黃宗羲全集》，第十一冊，浙江古籍出版社，1993，第 68-69 頁。

則扶持遁命。二十年以來，不敢妄渡錢塘，渡亦不敢一月留也，母子相依，以延漏刻，若復使之待詔金馬，魏野所謂斷送老頭皮也。

魏野是宋代高士，一生守寒不為官，「不喜巾幘，無貴賤，皆紗帽白衣以見」[②]，他也曾有推辭皇帝徵召的故事，然檢《宋史》本傳，未見「老頭皮」之說，應係黃宗羲誤記，其當出宋人筆記《侯鯖錄》卷六：「今日捉將官裏去，這回斷送老頭皮。」[③] 相當於說，做官等於「完蛋」──這時，我們又想起了當年黃宗羲對魯王「請以布衣從」的往事。最後，再次感謝陳錫嘏解圍：「非兄知我，何以有是乎？」並以此作結：「訒菴先生處，意欲通書，然草野而通書朝貴，非分所宜。」順便說一下，《與陳介眉庶常書》寫得情致生動、文采斐然，全不是《與徐乾學書》那麼虛浮客套。這種不同，恐怕不在於收信人──他和徐乾學的關係並不浮泛──而在事情不同，《與陳介眉庶常書》所談之事，明顯觸動了他的心曲，把全副情感和筆墨都調動起來，是真正的垂文自見之作。[④]

某種意義上，黃宗羲的晚年，全在這兩封信中。一個，是經常與當局、官員打交道以致有些密切的黃宗羲；一個，是迴避直接、正式為清朝做事或成其座上賓的黃宗羲。他於這二者，似有一道惟自己才看得清的分界線，而又拿捏得極好，總是將將在可迎可拒之間。那也是沒辦法的事，既然他打算放棄「遊俠」生涯回到日常狀態，奉母、養家、過活、讀書、治學，總得有個態度，有個對策。何況他對甲乙以來的中國，以及整個歷史、社會的道理，還有自己與眾不同乃至越於時代所能理解程度之外的思考。

九

對於《明夷待訪錄》，只要受過一定教育，很少未曾耳聞。但是，知道這部名著尚有其前身的人，或寥寥無幾。但對我們來說，黃宗羲思想變

---

② 脫脫等《宋史》，卷四百五十七，隱逸上，中華書局，1977，第 13430 頁。
③ 趙令畤等《侯鯖錄 墨客揮犀 續墨客揮犀》，中華書局，2002，第 164 頁。
④ 黃宗羲《與陳介眉庶常書》，《黃宗羲全集》，第十冊，第 1610-1612 頁。

化軌跡和最後的精神密碼，都藏在這兩件係出同源而又存在重大差異的文本之中。

他自己是這麼交待的：

> 癸巳秋，為書一卷，留之篋中。後十年，續有《明夷待訪錄》之作，則其大者多採入焉，而其餘棄之。[1]

這卷寫完後未公開的文稿，便是《留書》——「留之篋中」之書也。癸巳年，即順治十年（1653）。那時，他脫離魯王，做了一名獨立的「自由戰士」，進入真正的「遊俠」情狀，而《留書》自然反映着那時的思想狀態。過了十年 —— 清朝已從順治來到康熙時期 —— 他卻把它改寫了，有的保留，有的「棄之」。在我們看來，所棄的那些，無疑大有文章。

《留書》原八篇，今存其五：《文質》、《封建》、《衛所》、《朋黨》、《史》，不存的《田賦》、《制科》和《將》三篇，有目無文，「鈔者謂已入《明夷待訪錄》。故不錄。」[2] 以此觀之，《明夷待訪錄》雖由此而來，卻是做了重大調整的。

這個調整，就是對「夷夏之防」主旨的拋棄。這在《留書》，乃是貫穿始終的綱領，作者全部思考，都以它為總攝。其中最突出也最重要的，為《文質》、《史》和《封建》三篇。

所謂「文質」，換了我們今天的語彙，便是「文明」與「野蠻」，是講這二者的高下、衝突、格格不入，以及文明之難之艱之易毀滅。他從蘇洵的一個論斷講起，「人之喜文而惡質與忠也，猶水之不肯避下而就高也」，那意思，在我們看來並不錯，但黃宗羲卻拿了許多歷史現象來證明，情形與蘇洵所論並不相符，毋寧說剛好相反。就像一切對現實易抱不滿之感的思想者一樣，他是一位古典的推崇者，認為人類並非變得越來越好，而總是越來越墮落的。他覺得，「周之盛時」，文化是更精美更考究的，後來卻更粗鄙。接着，又加以橫向的比較，以周同時代的「要荒之人」為例，問

---

① 黃宗羲《留書題辭》，《黃宗羲全集》，第十一冊，浙江古籍出版社，1993，第 14 頁。
② 《留書》編者注，《黃宗羲全集》，第十一冊，第 1 頁。

何以周的文化如此之盛，而以外「要荒之人」卻是那樣一種形容——「其形科頭露紒，未嘗有冕服也；其食污尊抔飲，未嘗有俎豆也；其居處若鳥獸，未嘗有長幼男女之別也。」就此，他自問自答：

> 然則同是時也，中國之人既喜文而惡質與忠，彼要荒之人何獨不然與？是故中國而無後聖之作，雖周之盛時，亦未必不如要荒；要荒之人而後聖有作，亦未必不如魯、衛之士也。[3]

區別或關鍵在是否有聖人作，而「聖人」者，並非俗所以為偉大光榮、徒供匍匐膜拜之神靈也，其實就是於文明能創、能厚、能弘揚的人傑。他認為，周之盛是因為湧現了有光大文明的力量的人，周以外的「要荒」，則因沒有這樣的人物。他覺得普遍來看，人性是懶惰而不肯上進的，假如沒有大智大傑出世，實行創造、引領和教化，一般的人們都寧願選擇和安於「質」（野蠻）而非主動追求文明。他又駁斥了一位古人由余。這個由余在游說秦穆公時說，歷來文明愈發達，疆土都越來越小，可見文明無用而有害。黃宗羲斥之：

> 嗚呼！由余之所謂道，戎狄之道也。[4]

他終於點出了自己的反對對象：戎狄之道。同時也看出戎狄之道在他那裏，不必限於異族，中國歷史上秦代就是實行戎狄之道的。他說：「繆公之諡為『繆』，不亦宜乎！」繆，是錯誤、乖誤的意思。秦繆公與這稱號，不是很般配嗎？

《文質》篇相當於主腦、總綱，是《留書》立言的基石。其他的思考和觀點，都植根在茲。既然視文明為天，而以「戎狄」為文明對立面，那時，他對「戎狄」的敵視真是處在無以過之的地步，覺得他們唯以毀壞文明為能事。所以《史》篇中說：「後之夷狄，其誰不欲入亂中國乎？」「宋之亡於蒙古，千古之痛也。」這種認識，完全地解釋了他曾經的九死一生

---

③ 黃宗羲《留書》，《黃宗羲全集》，第十一冊，第3頁。
④ 同上書，第4頁。

致力於抗清的行為。他還強調，史學必須強烈突出夷夏之防的觀念，他對《宋史》竟由蒙古人修成，痛心疾首，而批評本朝（朱明）光復中華之後，對此置之罔顧：

> 本朝因而不改。德祐（宋恭帝趙㬎的年號）君中國二年，降，書瀛國公，端宗、帝昺（南宋末代君主趙昺）不列《本紀》，其崩也，皆書曰「殂」；虜兵入寇則曰大元，嗚呼！此豈有宋一代之辱乎？①

在他看來，此豈僅為宋人之辱，也是整個華夏和文明人的恥辱。面此，我們並不懷疑，他今後思想學術將會沿着這樣的觀念走下去。

《封建》篇有更堪驚異的思想。黃宗羲明白表示，不贊成中國搞大一統、中央集權，主張類似聯邦制或邦聯制國體。這主張，一則係出對秦代制度的厭惡與擯斥（秦為大一統、中央集權的創立者），其二便是從夷夏之防角度考慮。他說：

> 秦未有天下，夷狄之為患於中國也，不過侵盜而已。其甚者，殺幽王於驪山，奔襄王於汜邑。然幽王之禍，申侯召之；襄王之禍，子帶為內應。其時之戎狄，皆役屬於申侯、子帶，非自能為主者也。及秦滅六國，然後竭天下之力以築長城，徙謫戍以充之，於是天下不勝其苦……自秦自至今一千八百七十四年，中國為夷狄所割者四百二十八年，為所據者二百二十六年。……乃自堯以至於秦二千一百三十七年，獨無所事，此何也？豈夷狄怯於昔而勇於今哉？則封建與不封建之故也。②

「封建」是封藩建屏，這裏所指，應相當於以統一的國家而實行充分地方自治。他所論的秦以前二千多年歷史，因為並不確實，算不得數。但我們知道他想法的根源，來自對獨大的極權的反感，認為這制度，既不利於

---

① 黃宗羲《留書》，《黃宗羲全集》，第十一冊，浙江古籍出版社，1993，第 11 頁。
② 同上書，第 4-5 頁。

中國的安全，更損害了中國的建設與文明：

> 古之有天下者，日用其精神於禮樂刑政，故能致治隆平。後
> 之有天下者，其精神日用之疆場，故其為治出於苟且。[3]

一位三四百年前的古人，能有這樣的立場、視角、襟抱，我們今人有時反而不如。而他對中國需要破除大一統、中央集權，很自信：「後之聖人復起，必將慟然於斯言。」

看了他這些主張，而回瞻其與呂留良的關係，就不難明白初遇的時候，他們是何等心靈投契。其實可以推斷，呂留良應是因與黃宗羲交往，而得到激勵和啟發，一躍成為堅定的「夷夏之防」論者和反清鬥士。根據是，第一、黃宗羲《留書》的思想表達遠遠在前；第二、呂的大變，確是孤山之會後發生的。

但是，有個不幸的交錯。前面曾講，黃宗羲接受聘請到語溪梅花閣做西席時，正在《明夷待訪錄》寫作之中。這個寫作，促成了也標誌着黃宗羲思想的轉折性發展。就是說，他那時剛好在變化的開端。然而，呂留良卻無此思想的進展；他所遇見的黃宗羲，是夷夏論殘餘期或尾聲的黃宗羲，而他自己，則剛剛走入這種思想，勃勃然方興，兩個人就在這樣的瞬間相遇。此後，黃宗羲已棄夷夏論而沿《明夷待訪錄》的方向去了。呂留良相反，在夷夏論的方向行之益遠，終為清初這一思想的大旗，害得後來雍正皇帝不辭辛苦，親撰《大義覺迷錄》跟他論戰，並起其屍於地下而戮之。

他們以後的分歧究竟何在呢？或者說，黃宗羲究竟怎樣拋棄了夷夏論呢？把《留書》和《明夷待訪錄》對照起來讀，就非常明白。兩者的價值核心未變，均以文明為天、以文明為己任、以文明為衡量一切是非的標準，但在《留書》中，主要批判對象是夷狄，亦即那些化外的、野蠻的民族，覺得他們是文明的大敵，而《明夷待訪錄》中，居於這個位置的，已悄然變成了暴政、獨夫、以天下為一姓之私產的極權制度。他這方面的

---

③ 同上書，第6頁。

論述聞名天下，毋待在此再予贅引。我們只須指出，這是一個根本的變化，可謂思想的飛躍。此後，黃宗羲復經《孟子師說》的探察，而完全跳出「忠君」、「家天下」的窠臼，來到一般儒家知識分子根本不能想望的眼界。撇開日常瑣事糾葛不論，僅就思想層面論，他後來不被昔日同道同志理解，實在是後者沒有與他一道形成思想的飛躍。

一個重要原因是，很少有人如他那樣，親歷極權、暴政對家庭的迫害，創巨痛深。「屠毒天下之肝腦，離散天下之子女，以博我一人之產業，曾不慘然！」這句話，這「慘然」二字，一般人豈能道出？不要說別人，即便他幾個弟弟，都未必如他一樣有切膚之痛。他有那樣正派、善良的父親，卻只因正派、善良，被全無人性地虐害而死。他作為長子，自小被父親攜於任上，從寧國到北京，很多事情他親眼所見。獨大的極權如何毀滅一個人、一個家庭，從頭到尾他悉收眼底，而為之怵目驚心、刻骨難忘。他之能在崇禎初平反冤假錯案中，以一介少年，袖藏長錐，獨至京城，當着崇禎皇帝面，對酷吏奸臣奮力一刺，實是悲憤所致、憤恨已極。對那個喪盡天理的明朝，他內心真的引不起一絲「忠」的情感，只不過暫還無力從思想、理論上去確認罷了。

我們曾隱約其辭，對於他的自命「遊俠」留下伏筆，現在可以挑明：他在乙酉之後的十幾年，實際是只抗清、不復明。抗清與復明，對很多志士是一而二、二而一，黃宗羲絕不可能具這種情感。反清是因「夷狄」乃文明對立面，然而「復明」又是為何？是要恢復那個以人民為仇讎的醜惡政權麼？不過，早期他應該沒有想明白，應該在糾結中，應該還解決不了這樣的矛盾。他思想暫還不能越過夷夏論更往前一步；滿清之為「夷」、朱明之為「夏」，這道障礙還橫亙在他胸間。然而，他明顯表現出困擾和猶疑，試圖以「布衣」加入反抗、不肯像真正的「忠臣」那樣追隨魯王到天涯海角、末了以「自由戰士」姿態獨立從事反清活動，都反映這種心跡。

他是在苦思中，走出逼仄的。那萌芽，其實在強烈反清的《留書》中，已經閃現，那就是「中國而無後聖之作，雖周之盛時，亦未必不如要荒；要荒之人而後聖有作，亦未必不如魯、衛之士」。沒有「後聖」的中國，未必不能變得和野蠻民族一樣；「要荒之人」如有「後聖」，也未必不

能是禮義之邦。他的思想一步步清晰起來：國家、民族、制度、文化，根本只在「正義」；合於「正義」，不論何國、何族、何種文明，就應推崇、趨往與效仿，如否，則唾之棄之。我因而想起孟德斯鳩「能以最合乎眾人的傾向與好尚的方式引導眾人，乃是最完善的政府」之論，想起雨果所說「絕對正確的革命之上，還有一個絕對正確的人道主義」。這樣的黃宗羲，已徹底站到了文明的高度，以及人類的高度：

> 蓋天下之治亂，不在一姓之興亡，而在萬民之憂樂。[1]

真是光芒萬丈的一語，它至大至尊的道理，不要說將近四百年以前，即在當下，亦非人人皆已了然者。

故爾，道出此語的黃宗羲，不可能懷抱「復明」之想。毋如說，「以天下之利盡歸於己，以天下之害盡歸於人」的朱明之死，自他看來咎由自取、死不足惜。益至晚年，他益愈明了這一點，乃於回首往事時，援司馬遷之義，稱其反清生涯為「遊俠」——是「千里誦義」、為文明而戰，絕非為某「一姓」效勞也。

十

當七十八歲的黃宗羲決定裸葬時，他的心胸已邁過了許多溝壑。尋常之人站不到那樣的高度，不免反而因自己的一葉障目而對他困惑以至非議。比如對康熙皇帝的態度問題，眾人眼睛還盯着「愛新覺羅」這麼個異族姓氏，而黃宗羲目光卻已投在了別處。眾人只想到他不該作為一個「中國人」而稱道一個「外來統治者」，卻不曾單獨地看看這「外來統治者」表現如何、做了哪些事、壞事多還是好事多、比過去的朱姓漢家君主如何，尤其是普通的中國人——老百姓得失如何……當然，這些問題不簡單，有千頭萬緒的內容纏繞其中，誰也沒法一語廓清。但黃宗羲無疑有他的道理，那道理也許距現實有些遠，也許再過一千年就是人間很普通的道

---

① 黃宗羲《明夷待訪錄》，《黃宗羲全集》，第一冊，浙江古籍出版社，1993，第5頁。

理——因此也許是現實還裏在沉重因襲裏，一層一層的走不出來。

無論如何，他基本是走出來了，裸葬便是最好的表徵。

體會一下：不要棺木、不要紙塊錢串、不要做七七、凡世俗所行一概掃除，這是與「一定之說」、「膚論瞽言」、種種可笑的束縛人的習規決裂；「斂以時服」，不刻意着明朝裝束表示遺民身份，只如平時衣着，這是順其自然，去身份化、以自我回歸。

以上是「不要」，而他又「要」什麼呢？要三池荷花、要「相厚之至者」每人於墳上植五株梅樹、要與自然親近、與鳶蟻們的平等與融洽⋯⋯古時，沒有我們嘴邊的時髦詞「自由」，卻並非沒有那意識或精神。「莫教輸與鳶蟻笑，一把枯骨不自專。」自專，差不多是自由的意思吧，至少是自主。「殘骸桎梏向黃泉，習慣滔滔成自然。」[1] 這一句，意思清楚多了——他不願意自己的身體納在習慣的桎梏裏，就算死掉了，那把骨頭也不願進入桎梏。

康熙三十四年七月三日，為「文明」思考終生的黃宗羲，用死亡完成了最後一次思想過程。遺願得到遵從：

> 不孝百家謹遵末命，於次日舁至化安山，不用棺槨，安臥壙中石牀，前設石几，置所著述圖書其上，即塞壙門。[2]

隨後，弟子們討論給他上一個怎樣的私諡。首先確定下來「文」字，皆無異議。第二個字，有人提出「孝」，仇兆鰲不可，主張用「節」：

> 先生抗蹈海之蹤，而高不事之守，直使商山可五，首陽可三，此宇內正氣之宗，有明三百年綱常所繫也。諡以「文節」，乃不失先生之大全矣！[3]

仇兆鰲學問很好，此番議論卻不讓人佩服。說什麼乃師一生行跡，足令「義不食周粟」的首陽二賢平添一位，變成三賢；尤其還扯到「有明

---

① 黃宗羲《剡中築基雜言》，《黃宗羲全集》，第十一冊，浙江古籍出版社，1993，第 322 頁。
② 黃百家《先遺獻文孝公梨洲府君行略》，《南雷詩文集附錄》，《黃宗羲全集》，第十一冊，第 417 頁。
③ 萬言《文孝梨洲先生私諡議》，《黃宗羲全集》，第十一冊，第 415-416 頁。

三百年綱常」，若黃宗羲有知，恐歎其死讀書、讀死書矣。眾同門相執不下，遂「共就先生像前決之，得『文孝』二字」。——黃宗羲真是把「自專」進行到底了，竟然冥冥中替自己確定了「文孝」之諡。「文」，是他一生的事業、內涵和理想。「孝」，則有袖錐刺賊、替父伸冤的少年壯舉和多年「負母流離」為依據。

以上過程，由門生萬言完整錄於《文孝梨洲先生私諡議》。根據這記載，自由思想者黃宗羲於死後拒絕將自己與「節」字聯繫起來。

Chapter 7

阮大鋮

詩與人

他的瘋掉，實不驚人。我有關他的閱讀，視線一直愈益集中到一點：此人被人格分裂折磨已久。可惜，由於滿足於談論「奸臣」那一面，他這深刻的精神困境，不論當時或以後，都還不曾引起注意。

我們讀小說，不喜歡「扁平人物」；看戲，亦覺面具化角色最乏味。而阮大鋮在眾人印象中，相當程度上卻如此。我對他最早的認知，來自多年前所看黑白影片《桃花扇》，一身綾羅綢緞，一張蒼白的臉，還有卑劣下作的目光……後來開始讀點弘光史料，印象也還如此。他在《明史》中，入了「奸臣傳」。這於他，本是實至名歸、罪有應得，但中國官史卻有個毛病，戴倫理、意識形態帽子，一入「奸臣傳」，只能是萬人唾罵的嘴臉。其實即便入了「奸臣傳」，也可以不只述其奸，仍給他一個完全的描述。說到這一點，不能不怪罪我們思想上一貫缺少客觀態度，抑或不肯採取這種態度。好人好事沒有缺陷，壞人壞事一無是處。這很沒意思，況且，根本沒這樣的人。愛憎固不可沒有，但愛憎不能搞得一黑一白。非黑即白，通常不是真相，多半有瞞與騙——無論以什麼名義。到頭來，難免因事實被犧牲，引來翻案文章。這種文章我們見得可真不少，過去有關秦始皇和曹操，都是很有名的例子，近來聽說秦檜也有翻案文章可做。從中應該反思中國文化裏頭客觀精神的匱闕，梁啟超認為從孔子《春秋》開始就是這樣，「為目的而犧牲事實」[1]。1921 年，他在反思中國史學傳統時，說了一段深中肯綮卻一直不被記取的話：

> 吾儕今日所渴求者，在得一近於客觀性質的歷史。我國人無論治何種學問，皆含有主觀的作用，攙以他項目的，而絕不願為純客觀的研究。例如文學，歐人自希臘以來即有「為文學而文學」之觀念。我國不然，必曰因文見道。道其目的，而文則其手段也。結果則不誠無物，道與文兩敗俱傷。惟史亦然，從不肯為歷史而治歷史，而必侈懸一更高更美之目的，如「明道」、「經世」等，一切史跡，則以供吾目的之芻狗而已。其結果必至強史就我，而史家之信用乃墜地。此惡習起自孔子，而二千年之史無

---

[1] 梁啟超《中國歷史研究法》，華東師大出版社，1995，第 20 頁。

不播其毒。②

責任是否由孔子一人承擔，另當別論，二千年「無不播其毒」則實有其事。至今，「得一近於客觀性質的歷史」，還是難乎其難的幻想。比如剛才所說的翻案文章，它本是因某人某事有失客觀而起，但我們明明看到，許多翻案文章自身也不求事實、求客觀，也「攙以他項目的」，如敵人擁護我們反對、敵人反對我們擁護之類。所以自古以來，我們的史學只有擁護／反對的一種，沒有「近於客觀性質的歷史」。這問題如何緊要，一般並不在意。大家眼裏，歷史時過境遷，是翻過的一頁，陳芝麻爛穀子，既當不了飯吃，又死不了人，總之與現實和自己沒啥關係。表面或許是這樣。然而，一個民族和國家如何對待歷史，是精神品質問題。對歷史不求其誠，其他方面都不免苟且。這就是為何我近來屢言史學重要，乃至認為，中國若要變好其實須從史學的改良開始。

眼下，我們就藉着阮大鋮，做一點點這樣的實事。首先，這不是一篇翻案文字。幾年前寫嚴嵩，我也曾有此表示。一來我對那種文章不抱興趣，假如確有必要，應本着有一份材料說一份話的原則，用考據和辨正的方法說清事實，不必擺出戰鬥的翻案姿態。二來，阮大鋮無案可翻，基本史實清楚，基本評價我也不存異議。既如此，照過去的習慣思維，簡直就沒什麼文章可做。但我覺得恰恰不是這樣。在我看來，如果意欲使我們的史學有所改益，阮大鋮這種情形反而是極好的憑藉：我們不改變對他的評價，但並不意味着拒絕深入了解這個人；我們記着他在歷史上扮演的角色、所起的作用，但不覺得為了強調這一點可以故意遮蔽、掩蓋其他事實；我們確實掌握了他靈魂中某個突出方面，但不認為、不相信他從頭到尾只有一張面孔。世無完美之人已是常識，同樣，世無「完醜」之人也應是常識——即便是入了「奸臣傳」的人。達此認識，並不會寬容邪惡，只會增進理性，而理性一直是我們文化和我們自身欠缺的素質。我們警惕偏見，認為偏見有礙文明，懂得凡當偏見發生，受害的不止是偏見承受者，

---

② 梁啟超《中國歷史研究法》，第 44-45 頁。

也有我們自己。但一般人心中，偏見之防似乎僅限於好人和常人，不包括壞人。其實，偏見之防如果達於理性，應對所有人 —— 不論好壞 —— 概無例外。正如對罪犯，法律只追究其違法事實，此外則仍予常人的尊重。我們不會因為是蓋棺論定的反面人物，就有理由對他收起公正。任何偏見，不論施諸何人，都不符合文明的利益。

二

關於阮大鋮，我有把握講兩點：首先，他肯定是歷史上一個醜類；其次，他又肯定因醜類的緣故遭遇了嚴重偏見。人們對前者不乏了解，對後者卻幾無所知。長久以來，大家只記得他是奸臣，使阮大鋮三個字被「奸臣」所整除，其餘則隱匿不見、遺忘殆盡。故而，本文既要說說一個醜類，也打算談談這個醜類所受的偏見。

我們從其籍貫講起。在《明史》「奸臣傳」中，馬士英與阮大鋮作為有明一代第九、第十位大奸臣，雙雙連袂登場：

> 馬士英，貴陽人。萬曆四十四年（1616），與懷寧阮大鋮同中會試。[1]

說他是懷寧人。自《明史》以阮大鋮為懷寧人，此說即為主導。如《小腆紀傳》阮大鋮傳：

> 阮大鋮，字圓海，懷寧人。萬曆丙辰，與馬士英同年中會試。[2]

明顯承自《明史》。但這錯誤不自《明史》始，與阮大鋮同時代的人，已認他是懷寧人。例如，張岱《石匱書後集》阮大鋮傳寫道：

> 阮大鋮，懷寧人；萬曆丙辰進士。[3]

---

① 張廷玉等《明史》卷三百零八，中華書局，1974，第 7937 頁。
② 徐鼒《小腆紀傳》，中華書局，1958，第 706 頁。
③ 張岱《石匱書後集列傳》，周駿富輯《明代傳記叢刊·綜錄類 11》，明文書局，1991，第 395 頁。

張岱當年在南京與阮大鋮頗有交誼，彼此熟識，居然也以為他是懷寧人。

然而，這是錯的。民國四年（1915）《懷寧縣志》選舉表云：「大鋮為桐城人，《太學題名碑》可考，《明史》誤以大鋮為懷寧人，附識於此以正之。」[④] 阮大鋮是桐城人；更確切地說，桐城人、懷寧籍。古時「籍」與今天相反，今指籍貫、祖籍，古時指隸籍何地，相當於戶口所在地，而「某地人」反倒指的是籍貫和祖籍。所以，說阮大鋮懷寧人，肯定錯了。

《明史》乃官史。國家為修官史，專立史館，館內延攬的均為飽學之士，又在廣徵史料、組織完備基礎上，經年累月研究、編撰、芟定，通常是嚴謹慎重的。但我們認為，至少在涉及阮大鋮時，《明史》或史館諸人，態度有失嚴謹。他們顯然未做起碼的核實、徵考工作，當時，明明有材料可落實阮大鋮是桐城人，這些材料也並不難找，結果卻草率寫成懷寧人。原因我們並不真正了解，作為可能的推測，很難說與阮大鋮「奸臣」、「小人」的定位無關。對「奸臣」、「小人」，心裏先存輕慢鄙薄，認為對他把握住大節即可，細枝末節則無須嚴審。這是不是一種偏見，或是否反映了一種偏見呢？

桐城、懷寧相距不遠，同屬安慶府；桐城人也罷，懷寧人也罷，差別似乎很小，馬虎一點的人或認為，些許之誤無關緊要。事情卻不這麼簡單。以阮大鋮為懷寧人，會造成他身世以及生平思想變化方面諸多盲點、空白區。懷寧、桐城雖距不遠，意義有很大不同。明清兩代，尤其明末清初這一段，桐城在中國政治文化地理上是特殊的地點，政治、學術和文學都俊彥輩出，形成一個人數眾多、持續長久的桐城士夫群落。阮大鋮不單是其中一員，他的社會生涯及人際交往更與之密不可分。他好些事情都有桐城背景，例如與錢秉鐙、方以智的關係（這兩位都是桐城人）。尤其是決定他一生的「黨爭」問題，即由桐城淵源而來──當初，若非與左光斗的同鄉之誼，阮大鋮與東林未必至有齟齬。總之，失掉桐城背景，他身上

---

④　朱倓《明季桐城中江社考》，《國立中央研究院歷史語言研究所集刊》，第一本第二分，民國十九年，第 253 頁。

有很多地方我們看不清，也解釋不了。

阮大鋮曾祖名阮鶚，嘉靖間官至右副都御史。與他同時代，後於隆慶年間任內閣首輔的李春芳（即《南渡錄》、《三垣筆記》等書作者李清的高祖），寫有《阮公墓誌銘》。文中說：

> 晉黃門侍郎遙集自陳留受節鎮皖，樂江山之勝，因家焉。歷唐諱樅江者以大將軍顯，宋諱師簡者以進士顯，文武後先輝映。①

這裏將阮家始祖溯至晉代的阮遙集，說他受命鎮皖，從陳留郡（今河南開封一帶）遷桐城，因喜桐城江山（「江」讀「偶」，桐城、溧陽、宜興各有一處江山②）風景，安家定居於此；傳到唐代，出了一位大將軍，名叫阮樅江；宋代又出一位進士，名叫阮師簡。這些材料，應出於阮家提供，而李春芳加以照錄。其中不少信息，對我們有用。比如阮大鋮把劇本《牟尼合》冠以「遙集堂新編《馬郎俠牟尼合記》」，這個「遙集堂」名號，顯然是為紀念阮遙集而起。他還有一個書齋，名「詠懷堂」，大名鼎鼎的《詠懷堂詩集》即得名於此，而這個名號來自另一先祖，以下我們就會說到。

關於阮家先祖，若追溯得比阮遙集更早些，可閱阮氏後人阮易路於清代道光年間所修《阮氏宗譜》。其云：

> 七世阮咸，瑀長子熙子……傳至三十世樅江。③

樅江，我們已知道是在唐代做大將軍的那位，但這兒又出現三個名字：阮咸、阮瑀、阮熙，他們又是誰？先說阮瑀。魏文帝曹丕有一名篇《典論·論文》，其中說：

> 今之文人，魯國孔融，廣陵陳琳孔璋，山陽王粲仲宣，北海徐幹偉長，陳留阮瑀元瑜，汝南應瑒德璉，東平劉楨公幹。斯七子者，於學無所遺，於辭無所假，咸以自騁騄騠於千里，仰齊足

---

① 李春芳《都察院右副都御史江峰阮公墓誌銘》，《李文定公貽安堂集》，卷七，李戴刻本，明萬曆十七年，國家圖書館藏（縮微片）。
② 《康熙字典》，子集下，上海共和書局石印，民國己巳年，第12頁。
③ 《阮氏宗譜》，阮易路修，文煥堂活字本，清道光十年，國家圖書館藏。

而並馳。④

他說，當今文苑，有七人並駕齊驅，而阮瑀（表字元瑜）就在這七人之列。單這麼講，大概還引不起我們太多興致，所以要明確一下——曹丕這段話，便是文學史上「建安七子」之說的出處；換言之，所知最早的阮大鋮始祖，乃是「建安七子」之一阮瑀。

接着講阮咸。由《阮氏宗譜》「瑀長子熙子」這句，知阮咸係阮瑀長子阮熙所出，亦即阮瑀之孫。但僅僅如此麼？阮咸自己在歷史上有何名堂沒有？我們在《晉書》中找到阮咸的傳記，且摘數段：

> 咸字仲容。父熙，武都太守。咸任達不拘……⑤

宗譜無誤，阮咸的確是阮熙之子、阮瑀之孫。他以「任達不拘」出名，喜歡、擅長兩件事，音樂和飲酒：

> 咸妙解音律，善彈琵琶。雖處世不交人事，惟共親知弦歌酣
> 宴而已。⑥

下面是他驚世駭俗舉止中的一個：

> 宗人間間共集，不復用杯觴斟酌，以大盆盛酒，圓坐相向，
> 大酌更飲。時有群豕來飲其酒，咸直接去其上，便共飲之。⑦

一群豬跑來喝他的酒，他為之由衷高興，騎着豬，與它們抱頭共飲。魏晉有著名的「竹林七賢」，到《世說新語》裏找一找，從中可發現阮咸的大名——沒錯，他就是「竹林七賢」的一員。不但如此，我們還得提到七賢中另一位，隨嵇康之後排名第二的阮籍。《晉書》阮咸傳：

> 與叔父籍為竹林之遊，當世禮法者譏其所為。⑧

---

④ 曹丕《典論論文》，郭紹虞主編《中國歷代文論選》上冊，中華書局，1962，第 124 頁。
⑤ 同上書，第 1362 頁。
⑥ 同上書，第 1363 頁。
⑦ 同上書，第 1363 頁。
⑧ 同上書，第 1362 頁。

是的，阮籍、阮咸乃是叔侄。換言之，阮籍也是阮瑀之子、阮熙旳兄弟。實際上，前引李春芳《阮公墓誌銘》那段話前頭，就有「系出步兵」幾個字（阮籍官步兵校尉，史稱阮步兵），我們賣個關子，故意隱去，現在才來抖這個「包袱」。

至此，對阮大鋮的根源我們總算摸清 —— 具體講，桐城阮家是阮咸這支的嗣息，在晉代，由阮咸之後阮遙集從陳留遷至桐城 —— 他祖上，有一人廁身「建安七子」，兩位名列「竹林七賢」。如此燦然的家史，古今可得幾例？阮大鋮自己也十分引以為榮，前曾說他另有一個書齋名號「詠懷堂」，正是暗中祖述阮籍。阮籍在文學史上，以《詠懷詩》垂世。《晉書》阮籍傳：「籍能屬文，初不留意。作《詠懷詩》八十餘篇，為世所重。」[1]

由這根源，我們更知道以阮大鋮為懷寧人，是必須澄清的錯誤，它在多方面使我們失去阮大鋮的端緒。我們雖詫異阮瑀、阮籍、阮咸等逸塵超俗的名字後面，最終尾隨一個猥劣的後裔，卻也不禁感到，阮大鋮那不世出的才情稟賦，終有了可以解釋的泉源。在他們之間做這種勾連，貌似是想像，其實有很堅實的事實依據：阮咸有音樂天賦，是古代音樂史的重要人物，無獨有偶，其若干代之後人阮大鋮，偏偏也具有同樣的極特出的稟賦。阮大鋮戲曲獨步天下，最重要原因不在文學上（儘管其劇作在文學上也極出色），而在音律的精通，為此他很驕傲地將自己置於湯顯祖之上。阮籍詠懷詩流芳千古，阮大鋮以詠懷堂自命，似乎託祖自蔭，其實不然，《詠懷堂詩集》藝術質地絲毫不令乃祖蒙羞，而配得上克紹箕裘。我們的確鄙其為人，然而，對阮瑀、阮籍、阮咸到阮大鋮的上千年血脈流淌，不得不歎作奇觀，而視為中國最盛產藝術天才的家族。

三

自那位宋代進士阮師簡後，桐城皖山阮家看來中落了，在元代寂寂無

---

[1]　房玄齡等《晉書》，卷四十九，中華書局，1974，第 1361 頁。

聞。《桐城耆舊傳》說，宋亡後阮家「戒子孫不得仕宦」[②]。到了明代，故芬重吐，重新有人做官，但真正談得上門楣光大，有待阮大鋮的曾祖阮鶚。

阮鶚在明史上算個名人。大家若讀過高陽小說《草莽英雄》，可找到他的形象：「阮鶚是胡宗憲一榜的同學，本是浙江的督學使者；一向喜歡談兵，眼見倭患日深，百姓非設法自保不可，因而每到一地，合集秀才講話，總是勸他們習武。」又說：「胡、阮的交情本來很好，但到這時候卻生了意見。胡宗憲主張招撫；阮鶚決意作戰到底——當然胡宗憲的主撫別有深意，只是不便透露……」[③]他被看成明代桐城阮家的一個轉折點，《桐城耆舊傳·阮愛公傳弟十六》：「終元之世，子孫皆不仕。其在桐城者，至先生季子鶚，始為顯仕。」[④]雖然阮鶚政治生涯結局不幸，但他的顯達卻構成契機和刺激，令阮家從此「高位運行」。阮鶚以下三代，連續出了四位進士，儼然望族。婚配也多與進士門第聯姻，阮大鋮之妻吳氏便是如此。這意味着門風以及文化、經濟積累，否則，很難出阮大鋮那樣的人物。

阮大鋮生父阮以巽，只是個廩生。不過，阮大鋮自幼過繼給伯父阮以鼎，他是萬曆二十六年（1598）進士，「子一，即大鋮，舉應天癸卯鄉試，蓋公弟之子也，娶參政吳公岳秀孫女。女一，適進士倪公應眷字善。孫女一，許聘太僕少卿方公大美孫某。」[⑤]過繼的經歷，對阮大鋮想必也蠻重要，進士之家自非廩生可比。

阮大鋮成長得到兩位進士薰陶，一是嗣父阮以鼎，再則叔祖阮自華（表字堅之）。從資料看，阮自華影響應在嗣父之上，是阮大鋮成長史不可不提的人物。

阮鶚起，阮家的有功名者不稀奇，但似乎只是從政做官，或者居鄉為紳，對文學之好以及富於文采方面，少有拔尖的。阮自華是個例外。錢謙益《列朝詩集小傳》寫到了他：

---

② 馬其昶《桐城耆舊傳》，黃山書社，1990，第 61 頁。
③ 高陽《草莽英雄》，海南出版社，1996，第 297-298 頁。
④ 馬其昶《桐城耆舊傳》，第 61 頁
⑤ 顧起元《中大夫河南等處承宣佈政使司右參政兼按察司僉事盛唐阮公墓誌銘》，沈雲龍主編《明人文集叢刊 23·嬾真草堂集》，卷二十二，臺北文海出版社，1970，影印本。

嗜酒，為長夜之飲。為理官時，直指行部，扶醉入謁，甫下拜，咯嘔狼藉，噴污直指衫袖，遂致露章（被人以奏章公開參糾）。晚為郡守，不視吏事，賓客滿堂，分箋賦詩，遨遊山水間，稱風流太守。嘗大會詞客於凌霄臺，推屠長卿（屠隆）為祭酒，絲竹殷地，列炬熏天，宴集之盛，傳播海內。復為直指所糾而罷。堅之記誦奧博，捃摭富有，漢魏樂府至枚（乘）李（白）古詩，無不摹擬。[1]

凌霄臺詩會，轟動一時，其盛況還可參以《列朝詩集小傳》屠隆條：

> 阮堅之司理晉安，以癸卯中秋，在會詞人於烏石山之凌霄臺，名士宴集者七十餘人，而長卿為祭酒，梨園數部，觀者如堵。[2]

我們覺得，從阮自華的身上，才算見到阮家先祖的風範，阮瑀、阮籍、阮咸的遙響，到他這裏又重新迴蕩和甦醒了。有趣的是，癸卯年（萬曆三十一年，1603）正是阮大鋮中舉那一年，這不光是時間上引人遐思的交集，從「梨園數部」幾個字所透露的阮自華對戲劇的偏好，更讓我們在祖孫間找到特殊聯繫。而且，他不單以自己的意趣，對阮大鋮潛移默化，也給予了直接的指點和引領：

> 居恆語其從孫集之（集之是阮大鋮的表字）：「詩，豈時流貴人、時文名士所能為，以子之才，不思單出獨樹，自致千古，日與某某相唱酬，吾悲其詩之日下也！」[3]

這種眼界，對阮大鋮一定有寶貴的作用。它一面會藉平時談詩論藝的臧否，從見識和境界上給阮大鋮好的影響；一面，還轉化為人際交往，通過與一流人物友近，帶給阮大鋮不一般的藝術氛圍，使他的心氣一開始就

---

① 錢謙益《列朝詩集小傳》，丁集下，周駿富輯《明代傳記叢刊・學林類 9》，明文書局，1991，第 686 頁。
② 錢謙益《列朝詩集小傳》，丁集上，周駿富輯《明代傳記叢刊・學林類 9》，第 485 頁。
③ 錢謙益《列朝詩集小傳》，丁集下，周駿富輯《明代傳記叢刊・學林類 9》，第 686 頁。

保持在相當高度。除錢謙益提到的屠隆，湯顯祖、「三袁」之一的袁中道（小修）、名僧達觀，都與阮自華過從。王世貞、袁中道為他詩集寫過序。而晚生後輩的佼佼者，也聚在他周圍，敬其詩藝詩學，以他為師。明末奇才方以智，青年時即曾隨阮自華學過《離騷》。[④] 總之，阮自華對阮大鋮是非常好的土壤和環境，是他成長史不可或缺的環節；若無這種影響，歷史上阮大鋮或將失其一半的面貌。

連阮大鋮變成懷寧人，似乎也是阮自華的作用。《桐城耆舊傳·阮巡撫傳弟二十二》：

> 萬曆二十六年，子自華及孫以鼎同舉進士。華官福建邵武府知府，鼎官河南布政使司參政。其後移居懷寧，遂為懷寧人。[⑤]

何時移居，講得很不具體，然可得兩點，一是肯定在萬曆二十六年即阮自華、阮以鼎叔侄同舉進士之後，二是從輩份論，移居的主意應當出自阮自華。萬曆二十六年，西曆為 1598 年，是年阮大鋮多大呢？鄭雷《阮大鋮叢考》一文，對他生年考得甚詳，說他生於萬曆十五年丁亥（1587）八月 [⑥]。據之而知，萬曆二十六年，阮大鋮年十一歲。不過，揣《桐城耆舊傳》「其後」之口吻，移居不一定就在當年，也可能再過幾年。從《懷寧縣志》「大鋮為桐城人，《太學題名碑》可考」的表述看，一直到登了進士，他的戶口也還屬於桐城。鄭雷解釋為「應試時仍佔籍桐城」，意即人已遷居懷寧，卻以桐城籍參加考試。就此我們認為，阮大鋮隨叔祖搬懷寧，首先是絕不早於十一歲，其次還可能在度過整個少年時代之後。

四

少年阮大鋮沒有「奸惡」的苗頭。不但少年沒有，青年時期亦無劣

---

④　劉致中《阮大鋮家世考》，《文獻季刊》，2004 年 7 月第 3 期。
⑤　馬其昶《桐城耆舊傳》，黃山書社，1990，第 81 頁。
⑥　鄭雷《阮大鋮叢考（上）》，華僑大學學報（哲學社會科學版），2004 年第 1 期。

跡。他諸事順遂、一帆風順。十六歲（萬曆三十一年）就成為舉人，時人驚為「天資駿發，名冠賢書」[1]。二十九歲（萬曆四十四年）高中進士。科舉途中如此順利的例子鳳毛麟角，功名蹭蹬的滋味他分毫未嚐。這既拜絕頂聰明天資所賜，同時是勤讀苦學的收穫。《詠懷堂詩集》有這樣的篇什，憶及當年在桐城發憤潛讀的情形。至此為止，他的人生很符合聰明加勤奮的成功規律。從這經驗推求其內心，可想見他一定從中自信，憑藉過人的才情而輔以刻苦的努力，凡願皆能所償，而人生無非如此。如果他做此想，後來的現實，無疑是給了他迎頭痛擊。

我們對於人的醜惡，不認為與生俱來，而認為源自環境和社會現實的雕刻與塑造，教育的缺失或不良、門風敗壞、交友錯誤、貧窮生活對心靈的扭曲等等，都可以成為惡的溫牀。但奇怪的是，這些因素在阮大鋮那裏一個也找不到。他無論哪方面擁有的，皆可謂佳良。他的家境、教育，還有少年得意的經歷，一般難以想望。而最令人慨歎的，是阮家門風。我曾設法從其先人同輩、近親遠支，找尋用於解釋其「奸惡品質」的元素。然而徒勞。這個誕生了有明一代奸臣之殿的家族，沒有負面的記載，相反，多令人起敬。

阮師簡，阮家可考的頭一位進士，名晉卿（師簡是他的表字）。他是南宋咸淳間進士，做官不久，「宋遂亡。自臨安以宗人起義不就，聞元兵渡江，不食死。」[2] 就是為這緣故，晉卿的兒子雪堂「痛父之志」，立下家規，禁子孫出仕元朝。他們絕料不到，將近四百年後，在與南宋末年差不多的情形中，阮家將要出現一位認賊作父的敗類。

在近處，令阮家「中興」的阮鶚，也是個光前裕後的人物。他最為人所厚的德行，是在杭州救了數十萬百姓性命：

> 俄改浙江提學副使。時，浙久患倭寇，公至，即督諸生習弓矢，講陣法。未幾，浙城戒嚴，屬邑士民竟趨城下。城門閉，

---

① 康熙《懷寧縣志》，卷二十五，文學志。轉自鄭雷《阮大鋮叢考（上）》，華僑大學學報（哲學社會科學版），2004 年第 1 期。
② 馬其昶《桐城耆舊傳》，黃山書社，1990，第 61 頁。

議者禁毋得開門，懼賊闌入。士女數十萬哭城下，公憤甚，曰：「賊去我尚一舍，奈何坐棄吾民以委賊乎？」即手劍開武林門，陳兵月城中，令負輜重者左，婦孺右，以次進，毋相踐。士卒皆傳餐，馬上更休，如此者四五日，盡存活之。③

為這件功德，杭州人為阮鶚立祠紀念，祠堂到清代中葉還在：

> 杭州武林門外，舊有公祠，雍正初彭城李公巡撫浙江，飭有司重葺之，是公之有造於浙，民久不忘。④

阮鶚為宦生涯的頂峰，是抗倭史上著名的解桐鄉之圍：

> 賊首徐海眾三萬攻乍浦，公募壯勇突賊圍，攻之，潛兵夜擊賊嘉興臨平山。追至皂林，賊悉，眾奔桐鄉。公先已馳入，與知縣金燕死守，相持四十餘日。賊勢分，而總制胡宗憲因得從容高方略以誘賊，戮其魁，桐鄉之圍亦解。⑤

《草莽英雄》寫的就是這一段。之後他任福建巡撫，卻在那裏走了麥城，《桐城耆舊傳》說：「是時閩軍窳不可用，公益持重不輕戰」⑥，《明史》則說他接受倭寇賄賂、「斂括民財」⑦，總之受到彈劾、被逮下獄。消息傳來，「浙人爭詣岳武穆祠為公祈禳」⑧，閩人則無此反應。好像他在浙閩兩地官聲大相逕庭，何以至此，真相可見李春芳所寫墓誌銘。李春芳說，阮鶚以功蒙聖眷，引起嫉妒，在浙江時即已為「用公而忌者愈忿，謀奪公柄，移公專鎮閩」，打發他到事情難辦的福建，繼而「力謀傾公，乃指摘公糜費儲餉……」⑨所指，似為胡宗憲。阮鶚的政治生涯就此結束，好在丟官沒丟命，從獄中放出，落職為民。他雖為罪臣，卻實在是蒙冤。

---

③ 同上書，第 80 頁。
④ 同上書，第 81 頁。
⑤ 同上書，第 80 頁。
⑥ 同上書，第 80 頁。
⑦ 張廷玉等《明史》卷二百零五，中華書局，1974，第 5415 頁。
⑧ 馬其昶《桐城耆舊傳》，第 80 頁。
⑨ 李春芳《都察院右副都御史　峰阮公墓誌銘》，《李文定公貽安堂集》，卷七，李戴刻本，明萬曆十七年，國家圖書館藏（縮微品）。

《桐城耆舊傳》和《阮氏宗譜》均載，長子自崙（即阮大鋮祖父）當時就替父訴冤，「不報」，沒有結果；萬曆間次子（《宗譜》作「季子」）自華「復泣血疏陳」，終得改正，「詔復爵，賜祭葬，祀『鄉賢』」。[①] 依陳繼儒所記，「詔復原官」則早得多，在萬曆之前的隆慶朝：「及隆慶丁卯，奉詔復原官，而公以是冬歿。」[②] 據此，阮鶚趕上了在有生之年洗冤。兩說孰是，雖未確知，但以李春芳所作墓誌銘推測，隆慶說應屬可靠。「隆慶丁卯」即隆慶元年（1567），阮鶚卒於是年冬，李春芳則恰恰是從隆慶二年（1568）七月開始任首輔，阮家因而借重，替死者求墓誌銘，時間很吻合，而李春芳之肯應允，應該就因阮鶚已恢復名譽，據此在墓誌銘給阮鶚做出重新評價。

敘至此，忽然想到，後來阮大鋮身陷逆案，十餘年鍥而不捨、碌碌謀復，未知乃祖往事是否作為家族記憶，暗中發揮着作用？這非常可能。阮大鋮逆案問題，世人雖以為彰彰明甚，其實事出有因、其來有自，他本人一直認為是蒙冤受屈。他這麼想的時候，祖輩不屈不撓抗爭、終於翻身的往事，應該是一種不小的激勵。

阮鶚以下，阮家其他在朝為官之人，聲譽都不錯。阮鶚之侄阮自崙，嘉靖三十五年（1556）進士，曾「忤嚴嵩」，以刑部主事貶為沔陽州判。當地很多百姓因無力完納賦稅被關押，阮自崙「乃出官錢抵逋，一日脫二百餘人於獄」。又因清理境內宗親景王所奪民田「被論」，所幸嘉靖皇帝「原其無罪」。後轉任濮州，「平役法，均田賦，民深戴之。」最終還是因為「復觸權要」，從滄州太守任上卸職。[③] 阮大鋮嗣父阮以鼎，雖無阮自崙那樣突出的事跡，卻也規規矩矩做官。他被任命為河南參政時，「以積勞病亟圖歸省」，本想回鄉養病，但「銓曹以中州缺官久，趣公至任」，他也就身抱沉疴赴任，「公輿疾驅入境，病大作，浸尋至不起」，竟死在任上。而

---

① 馬其昶《桐城耆舊傳》，黃山書社，1990，第81頁。
② 陳繼儒《阬山阮中丞外傳》，《陳眉公先生全集》，卷三十，國家圖書館館藏湖北省圖書館1988年縮微製品。
③ 馬其昶《桐城耆舊傳》，第81頁。

「居官十三年，田廬無所增。」④ 反觀阮大鋮，廢斥居懷寧間，行賄納賂、把持鄉訟，「彌月之內，多則巨萬，少亦數千」⑤，誠不知當作何解。阮以鼎彌留之際，祖父阮自崙不顧高齡，千里奔豫，「攜阮大鋮視公署中，得執手與公訣」⑥，阮大鋮等於親睹嗣父勞死職內。有父如此，他何以成為那樣狼貪鼠竊的人呢？

五

以上毛舉細務，不厭瑣末，就為顯示一點：所謂的「壞種」（黃裳先生語⑦）既沒有什麼根由，也沒有前科；變化，是極其突然的事。

這猝然之變，在天啟四年。其最簡要情節，即如他曾經的朋友張岱所述：「天啟間，為吏科都給事中；廁身魏璫，與楊、左為仇。」⑧ 魏璫即魏忠賢，楊、左分別是楊漣、左光斗。不過，這麼簡要的敘述雖能看出是非，卻看不出原委。欲知原委，非得看他另一位舊友、青年時代與阮大鋮深入交往的桐城老鄉錢秉鐙（後改名澄之）所著《皖髯事實》。此傳在《藏山閣集》中題《皖髯事實》，亦以《阮大鋮本末小紀》見於《所知錄》卷六，二者實一也。錢、阮關係非比尋常，彼此十分知根知底；而且敘事態度上，錢氏跟齎負「導向」使命的官方的《明史》畢竟不同，雖有是非，卻不至於只突出是非而抹去別的真實細節，故為了解阮大鋮所必看。以下便是阮大鋮之變始末：

　　皖人阮大鋮，少有才譽，萬曆丙辰通籍（通籍，開始做官），授行人，考選給事中，清流自命。同鄉左公光斗在臺中，有重望，引為同心。其人器量褊淺，幾微得失，見於顏面。急權

<hr>

④ 顧起元《中大夫河南等處承宣佈政使司右參政兼按察司僉事盛唐阮公墓誌銘》，沈雲龍主編《明人文集叢刊 23・嫩真草堂集》，卷二十二，臺北文海出版社，1970，影印本。

⑤ 《留都防亂公揭》，《國粹學報》，國粹學報館，1910 年，第七十四期。

⑥ 顧起元《中大夫河南等處承宣佈政使司右參政兼按察司僉事盛唐阮公墓誌銘》，沈雲龍主編《明人文集叢刊 23・嫩真草堂集》，卷二十二，影印本。

⑦ 黃裳《詠懷堂詩》，《讀書》，1981 年第 6 期。

⑧ 張岱《石匱書後集列傳》，周駿富輯《明代傳記叢刊・綜錄類 11》，明文書局，1991，第 395 頁。

勢，善矜伐，悻悻然小丈夫也。天啟四年冬，將行考察，會吏
掌科（吏科都給事中）缺，以次應補者，江西劉弘化在籍，有丁
憂信，後資無踰大鋮，大鋮亦方假回。左時已轉僉院，急招入
京。大鋮既至，而當事諸公，意屬魏公大中，以察典重大，大鋮
淺躁，語易泄，不足與共事也。左意遂中變，語大鋮曰：「某公
艱信已確，但撫按疏久未至，奈何？現在工科缺出，且宜暫補，
俟其疏至，再行改題，可乎？」大鋮業心知其故，謬曰：「可。」
於是具疏題補工科都給事中。凡再題而命不下，諸公怪之。而外
議喧傳吏科缺出已久，不得已，乃更以吏科請，疏朝上而命夕
下，蓋大鋮於此時始走捷徑，叛東林也。大鋮到任未數日，即請
終養歸，以缺讓魏公大中，與楊左諸公同掌察典。歸語所親曰：
「我便善歸，看左某如何歸耳。」楊左禍機伏於此時矣。①

　　裏頭，有這樣幾點重要事實與關節：一、吏科都給事中一職出缺，
按照資歷應授此職者，第一順序為江西劉弘化，第二便是阮大鋮；而劉丁
憂（凡丁憂，官員都應離職回鄉守制二十七個月），已被排除，所以正常
情況，此位置非阮大鋮莫屬。二、以上是從公事公辦角度說，從私人關係
或政治人脈角度，阮大鋮與朝中實權派的東林近邇，尤與桐城老鄉——我
們再次看到桐城背景——左光斗友善，以至「引為同心」，而左光斗已允
該職將歸阮大鋮，並親自將正在回鄉休假的阮大鋮「急召入京」。三、阮
大鋮趕到北京後，卻被當頭潑了一瓢冷水，東林大佬經過密議，否定了左
光斗的承諾；就此而言，東林背棄在先，而阮大鋮叛東林在後。四、東林
方面的變故，係出其政治集團利益之考慮，所謂「察典重大，大鋮淺躁，
語易泄，不足與共事也」，以吏科之掌關乎人事重權，決定安排可信任、
放心之人；這種考慮，從與閹黨鬥爭角度說可以理解，但對阮大鋮個人，
無疑是嚴重不公。五、對阮大鋮爽約、不公已甚不妥，復不具實相告而另
捏詭辭，不但錯上加錯，亦屬欺人太甚。六、阮大鋮何等聰明之人，如此

———————————

① 錢秉鐙《皖髯事實》，《藏山閣集》，黃山書社，2004，第432頁。

伎倆豈瞞得住他？在先被拋棄、繼遭哄騙情況下，他轉投東林對立面魏忠賢懷抱，而東林渾然不覺，堪稱顢頇，此時，阮大鋮終於讓人見識了他的「機敏滑賊」[②]——先假魏閹之手得到他本該得到的吏科都給事中一職，幾天後卻又主動去職，把位子讓給魏大中，回家等着看東林的好戲，「楊左禍機伏於此時矣」。

以後之事，另當別論，僅就阮大鋮的突變而言，覽其全過程我們可指責阮大鋮之處甚少，責任明顯幾乎全在東林方面。對阮大鋮必加譴責，只能責其兩點：一、不高風亮節，不能將那官職視如敝履；二、對不平與不公，不知隱忍而反戈一擊。可是，這樣的要求僅合於聖賢，無法用於阮大鋮。他的反應，是遭受類似境況時，泰半之人會有的反應。作為旁觀者，我們必須說：事態是東林一手造成，東林是導致阮大鋮乍然轉變的主因。至於輔因，可從阮大鋮自身尋找。錢秉鐙以對他的熟知，特意指出「器量褊淺，幾微得失，見於顏面」，尤其「悻悻然小丈夫」一語，是切近如錢秉鐙方能道出的誅心之論——氣質細敏，感受深刻，極在意別人對自己的態度，每有「生命不能承受之輕」，抗擊打能力差，難以面對坎坷。回想先前所述他自幼一路坦途的成長史、成材史，或更能體會天啟四年這番挫折將如何折斷他脆弱的心靈。

六

這個過去並無什麼污點的人，終在三十七歲，眼看步入不惑之年的時候，因一場宦海風波，從原本的受害者，一夜之間捲入污泥濁水，且一發而不可收，愈行愈遠，直至變成一個齷齪的人。

我們細予分辨，從起因上必須講明一點，他叛出東林、委身閹黨，是政治原因，而非理念或意識形態的選擇。政治原因，是指遭東林拋棄後，他審時度勢迅即認清，只有閹黨可助他反戈一擊。在這過程中，他一面抱上述政治目的，一面又以得位後的迅速抽身，顯示自己在理念和意

---

② 張廷玉等《明史》卷三百零八，中華書局，1974，第 7937 頁。

識形態上不喜歡或至少不看好閹黨，內心並不糊塗，而是明鏡高懸。某種意義上，他深知這次挑戰東林，是一次意識形態的玩火，亦即邁出了與「奸惡」同流的危險一步。他明知如此而仍然敢行，除了實難咽下那口氣，還因他自認為思前慮後，有很好的佈局。一旦泄忿，馬上撤退，脫其干係。他會覺得，自己一箭雙雕、兩全其美，既讓東林嚐了厲害，又不真與魏忠賢綁在一起。他其實做了兩個預言，一是「我便善歸，看左某如何歸耳」，看出東林禍到臨頭；二是以逃之夭夭的行為，表示已料到閹黨可得勢一時，卻終將沒有好下場。天啟四年，他在政壇弈出的這兩手棋，應該說算路頗深。

可惜，人生正如行棋，也總有算不到處。有關他對觸發天啟黨禍所起的作用，錢秉鐙寫道：「次年春難作，毒遍海內。」[1]《南疆逸史》說：「未幾，汪文言獄起，連殺璉、光斗等六人……」[2] 亦即，慘案恰在他向東林發難不久很快爆發。這一時間上的咬合，本身並無太多必然性，東林、閹黨之間矛盾醞釀已久，其爆發既非一日之功，更不是阮大鋮所能左右，故爾錢秉鐙一面點出時間的咬合，一面講了句公道話：「其實非大鋮所能為也。」[3] 不過，阮大鋮的倒戈及出賣在時間上的特殊性，仍成為一個標誌，而被普遍認為是慘案導火索。之後，他性情中「幾微得失，見於顏面」的輕薄一面，也替自己惹了一些嫌疑。《南疆逸史》說：「是時，大鋮里居未與事也。然對客則詡詡自矜其能，謂『我坐而運籌，能殺人於千里』，欲使人畏己。由是人皆指目，謂魏閹之惡，大鋮實導之。」[4] 類似的表現，阮大鋮是有的，但以上描述不合情理，不大可信。同樣情形，錢秉鐙所述方覺絲絲入扣：「大鋮方里居，雖對客不言，而眉間栩栩有伯仁由我之意。」[5] 對客不言，是抽身撤退策略的繼續，而「眉間」之意卻暴露了他「悻悻然小丈夫」的心性。這才是阮大鋮：頭腦明睿，但自控弱，好自矜，不能喜怒不形於色。

---

[1]　錢秉鐙《皖髯事實》，《藏山閣集》，黃山書社，2004，第 432 頁。
[2]　溫睿臨《南疆逸史》，中華書局，1959，第 445 頁。
[3]　錢秉鐙《皖髯事實》，《藏山閣集》，第 432 頁。
[4]　溫睿臨《南疆逸史》，第 445 頁。
[5]　錢秉鐙《皖髯事實》，《藏山閣集》，第 432 頁。

以後二三年，他徘徊清醒與難捺之間。這是他的自我搏鬥，是體內明睿與愚蠢兩種力量的撕咬。他對大局認識不成問題，卻有動搖的時候。「丙寅冬，召起太常寺少卿，數月即回，心知魏閹不可久恃。」[6] 丙寅即天啟六年（1626）。他沒禁住誘惑，居然赴任，但馬上後悔，又在短時間內後退。閹黨陣營中，他是唯一料定魏忠賢必敗而未雨綢繆的人。「凡有書幣往候，隨即購其名刺出」。一邊勾結，一邊銷毀證據。後來魏氏覆滅，追查餘黨，雖然東林亟盼獲得阮大鋮罪證，花了不少氣力，卻竟然「無片字可據」，末了只能用「陰行贊導」的不實之詞給他定罪。

應該說，阮大鋮不是被東林打敗的，而是被自己打敗。假如他能完全聽從其過人的聰睇，而抑制住耐不得寂寞、蠢蠢欲動、性情輕躁的另一面，或連「陰行贊導」的罪名都可躲過。他不該在魏氏垮臺前一年，接受太常寺少卿職位，更不該於翌年崇禎即位之初，引火焚身。後一次失誤最嚴重，令他以傑出預判為基礎的苦心佈局，付諸東流：

> 先帝即位之初，舉朝皆閹餘黨，東林虛無一人，於是楊維垣乘虛倡議，以東林、崔魏並提而論，蓋兩非之；不意倪公元璐於詞林中毅然抗疏，極詆其謬，分別邪正，引繩批根，維垣為之理屈詞窮。而大鋮在籍，既聞閹敗，急作二疏，遣齎入京。其一疏特參崔魏，一疏為七年合算，以熹宗在位凡七年，四年以後亂政者魏忠賢，而為之羽翼者崔呈秀輩也；四年以前亂政者則為王安，而羽翼安者東林也。諭役特示維垣，若局面全翻，則上前疏；脫猶未定，即上合算之疏。是時維垣方與倪公相持，得大鋮疏，大喜，即上之。從此東林諸公切齒大鋮倍於諸閹黨矣。[7]

何謂「聰明反被聰明誤」，這裏的阮大鋮就是典型。當其「急作二疏，遣齎入京」時，大概很為自己的聰明而興奮，一如孔明付錦囊之計於趙雲。所出之計，也確實高妙。翻手是雲覆手則為雨、魚和熊掌兼得、萬

---

[6] 同上書，第 432-433 頁。
[7] 同上書，第 433 頁。

無一失、立於不敗之地……似乎都可形容其高妙。而他因何有此衝動？僅僅是神算子的自我陶醉？還是因見楊維垣身陷難局，一時技癢，沒能忍住出手的慾望？他確有這種性情，以及表現慾。但關鍵不在這裏。大家注意「七年合算之疏」當中一個詞：天啟四年。以此為界，「四年以後亂政者魏忠賢，而為之羽翼者崔呈秀輩也；四年以前亂政者則為王安，而羽翼安者東林也。」我們知道，他與東林分道揚鑣、借閹黨之力得到吏科都給事中職位然後抽身還鄉，即在該年。玩味一下，他制訂這個時間表，暗藏兩個動機：一、希望東林與魏忠賢一樣被清算，這是幾年來他內心最熾熱的飢渴。二、以天啟四年為界劃分東林、魏黨專擅期，極利於他自我保護——相對於天啟四年以前，他是東林受害者，相對於天啟四年之後，他則以遠居鄉里、置身事外而摘清與魏黨的關係。所以「七年合算」是個很完美的設計，細針密線、機關算盡。唯有一點，對形勢完全誤讀。當時，魏忠賢雖走投無路自盡身亡，但整個局面尚不明朗，此即錢秉鐙所講「舉朝皆閹餘黨，東林虛無一人」，阮大鋮誤判形勢，客觀上與此有關，但根本而言，他錯在沒能辨認什麼是暫時混沌，什麼是大勢所趨。以其思謀能力，本不難辨認，但對東林的刻骨仇恨，終於使蠢蠢欲動的機會主義情緒佔據上風，在不該出手時出手。他用幾年的時間，抹去、掩蓋與閹黨的關係，現在卻衝動一時，提出什麼「七年合算」，以為能捅東林一刀，結果鑄成大錯。

這是他命運的真正轉折點。過去，不論天啟四年職位之爭，乃至天啟六年昏頭出任太常寺少卿，雖都是污點、嫌疑，卻尚不足以把他推上風口浪尖。此番不然，錢秉鐙言之甚明：「從此東林諸公切齒大鋮倍於諸閹黨矣。」「七年合算」之說一出，他身陷逆案的結局再也不可避免了。

有個重要然而不大被注意的事實：「七年合算」之疏前，阮大鋮不僅安然無恙，且在起用名單中；不但被起用，還官升一級——「崇禎元年，奉優旨起升光祿卿」。足見他在新時代的開端，順利而美好，「東林諸公切齒大鋮倍於諸閹黨」既是以後的變故，原本甚至可以避免。只因投機性情間歇性發作，引火焚身，親手把自己推向逆案，「旋被劾罷回」，處分是「削奪配贖」，削去官職、剝奪身份，但免於法辦，允許他贖罪為民，「十七年

不能吐氣矣」。[①] 十七年，是崇禎皇帝在位的總年數。因為是「欽定逆案」，與個別、孤立案件不同，一損俱損，除非整個案子推翻，否則身入其中，永遠不得翻身。

阮大鋮咎由自取，但就事論事，整個過程東林方面可謂相當霸道。前面說過，阮大鋮被指從逆時，「無片字可據」。這意味着什麼？意味着從法律角度，罪名不能成立。若在今日，即便人人皆知、人人皆信某人犯有某罪，但只要沒有疑無可疑的證據，輒不得論其罪。美國辛普森案就是一例，當時由於警方幾點重大失誤，致辛普森無罪釋放，美國民眾眼睜睜看着必為其人的辛普森逍遙法外，亦無可如何，因為大家懂得，對法律的信守，比辛普森受懲遠為重要。我們不會要求十七世紀初明朝具有這種法治水準，但即以當時眼光看，東林對待阮大鋮亦難辭黨同伐異之嫌。阮大鋮獲罪，不光是全無證據，實際上，導致他名列逆案的，並非是與閹黨的關係，而是「七年合算」之疏。這道奏疏，無非提出以天啟四年前為東林專擅期，不論它如何混淆了是非，歸根結底，只是一番言論而已。所以，阮大鋮實際是以言獲罪。

根據眼下所知，關於阮大鋮與東林的恩怨，我們約可這樣概括：恩怨之起，是因東林有負阮大鋮，阮大鋮隨即叛東林而與魏黨近邇，藉此得到了他本應得到而在東林把持下被剝奪的職位，還以顏色後他迅速離職回鄉。其間，他與魏黨保持聯繫，還曾得到任命，然僅就與東林冤獄的關係而言，他一是不在「犯罪現場」，二是沒有實施罪行所需職權，應該不負任何責任。崇禎即位，他代楊維垣草疏，提出「七年合算」，用心確在打擊東林，然事情本身無踰乎建言獻策，東林將其打入逆案，亦屬恃權傾軋。這是繼天啟四年後，東林再次重創阮大鋮；較諸上回平白奪其職位，這次由於逆案的「欽定」性質，東林從政治上徹底葬送了阮大鋮。縱觀兩次恩怨，撇開阮大鋮人品不論，東林都扮演了「加害者」角色，一次完全理虧，另一次道德正確而過程毫無公正可言。

---

① 錢秉鐙《皖髯事實》，《藏山閣集》，黃山書社，2004，第 433 頁。

七

整個十七年，阮大鋮都如過街老鼠，極度孤立。錢秉鐙在鄉先與之善，然後避如瘟疫一事，便很表現他惡劣的境地。廢斥裏居，阮大鋮寄意詩文，一來是才情自逞，二來藉此交友、消其寂寞。「當是時，大鋮發憤為詩，抒其才藻，以博人之稱譽，今南京盋山精舍所刻《詠懷堂詩》十卷，大都皆為其罷官里居時所作。」[1]「一與時忤，便留神著述。」[2] 崇禎五年（壬申），中江社在桐城成立。朱倓說：「明季結社，其數盈百，而勢力之偉大，無如復社；而與復社隱然相抗與之敵對者，其惟中江社。」[3] 該社實際領袖，便是阮大鋮。錢秉鐙之子錢捃祿所撰《先公田間府君年譜》（錢秉鐙晚號田間老人）講述了由來：

> 邑人舉中江大社，六皖名士皆在，府君與三伯與焉，首事潘次魯、方聖羽也。次魯為閹黨汝楨子，聖羽則皖髯門人，皖髯陰為之主，以薦達名流餌諸士，由是一社皆在其門，皖髯與余家世戚，門內素不以為嫌，府君鄉居，不習朝事，漫從之入社。[4]

從中可見，當時一般外省對朝中政治派別、意識形態對立，不甚以為意，例如錢家明知阮大鋮以逆案廢斥，卻仍以「世戚」視之，「門內素不以為嫌」，所以阮大鋮的文望詩名猶具號召力，而能羅致「六皖名士」，結成大社。但情形很快有變。同年，方以智到「吳下」（蘇南一帶）遊歷一番，而我們知道蘇南乃東林淵藪，他回來時，帶來外面的消息，並促錢秉鐙與阮大鋮決裂：

---

[1] 朱倓《明季桐城中江社考》，《國立中央研究院院歷史語言研究所集刊》，第一本第二分，民國十九年，第 254 頁。

[2] 葉燦《詩序》，《詠懷堂詩集．詠懷堂詩外集》，《續修四庫全書》，集部．別集類，上海古籍出版社，2001，第 328 頁。

[3] 朱倓《明季桐城中江社考》，《國立中央研究院院歷史語言研究所集刊》，第一本第二分，第 251 頁。

[4] 錢捃祿《先公田間府君年譜》，《國粹學報》，國粹學報館，1910 年，第七十五期。

壬申，方密之吳遊回，與府君言曰：「吳下事與朝局表裏，先
　　辨氣類，凡閹黨皆在所擯，吾輩奈何奉為盟主？曷早自異諸！」
　　因私結數子課文；其中江社期，謝不至，諸公既知有異心矣。⑤

　　「不習朝事」的錢秉鐙，由此知時下潮流，立刻疏遠阮大鋮，不再參加中江社活動。

　　錢秉鐙對阮大鋮的疏遠，應有相當代表性。它顯示，阮大鋮繼從官場敗歸後，又因輿論影響在社會中益形孤立；其次，復社正在取代東林，成為他的主要煩惱。東林和復社，兩者一脈相承，這種關係中有兩個要點：第一，如果東林是朝堂政治的主流，復社則控制着在野的思想導向；第二，復社是以諸生為主體的青春知識團體，它許多重要人物，本身就是東林名宿之後，人稱「小東林」。阮大鋮既被逐出政壇，鬥爭空間則從朝堂移至社會，復社開始扮演鬥爭主角。錢秉鐙在方以智勸說下走向阮大鋮對立面，就顯出這種作用。而最著名的例子，無過乎轟動一時的崇禎十一年秋《留都防亂揭帖》事件，復社精英發動聲勢浩大的「痛打落水狗」行動，迫使客居南京的阮大鋮遁跡牛首山。

　　列名逆案以來，阮大鋮與東林—復社之間發生的一切，通常看作正邪之斥。其實，還有一種解讀，即生存空間的攘取。一方不斷地擠壓，另一方則作懸崖邊的抵抗，而看起來兩邊各有理由。阮大鋮政治上已經是失敗者，他失掉了以求取功名為目標的人生，甚至失掉了回歸的希望，剩下的不過是以文會友、「抒其才藻，以博人之稱譽」，然而，連這點空間也不斷遭擠壓，他的感受只能是「逼人太甚」。而在東林—復社看來，灰溜溜鎩羽而歸的阮大鋮，是隆冬之蛇，假死不僵，甚至假死都談不上，不甘寂寞、四處活動、心懷叵測，念念不忘東山再起，對這樣的人如果掉以輕心，何啻姑息養奸？

---

⑤　同上。

八

談到阮大鋮「人還在，心不死」，確有其事。他積極謀復，拜見回籍首輔周延儒，重賄之，周當時表示「倘得再出，必起君。」崇禎十四年，周延儒果然再召入閣，但因阻力太大，難踐其諾，遂提出一個曲線方案：「倘意中有所為一人交者，當用為督撫，俟其以邊才轉薦，我相機圖之，必有以報耳。」[①] 阮大鋮無奈，如言薦一人，便是當時也謫居南京的同年進士馬士英，周延儒「即拔士英為鳳督」——此即馬、阮特殊關係的由來，弘光格局則由此鑄成。過去，對於他的積極謀復，多從東林視角看，乃覺適足證明其人之險惡。但換換視角，感受似乎不同。困獸猶鬥，而況人乎？窮寇勿追，而東林—復社留給阮大鋮的餘地，確實太小。錢秉鐙事後反思，指出：「攻之愈急，則其機愈深；鬱之愈久，則其發愈毒。譬如囚猛虎於阱中，環而攻擊之者不遺餘力，一旦跳躍而出，有不遭其搏噬者幾人哉？」[②] 隱指阮大鋮最終走到那一步，是東林—復社為淵驅魚、為叢驅雀，是逼其成奸。

方方面面看下來，截止眼前，我們對阮大鋮其實仍無從斷其是非。天啟四年延綿至此的事態，起因在東林，之後情節無非是雙方圍繞積怨的反彈和互動，踰此範圍之外的問題還沒有出現。

質變，發生在甲申國變後。自那時起，阮大鋮與東林—復社之間已不單是個人齟齬，他的行為開始從是非難斷的恩恩怨怨變成禍國殃民。

甲申四月至乙酉五月，我們終於握有阮大鋮是「奸臣」的證據。歸納一下，有三大表現：一、公權私用。二、損害國家利益。三、招權納賄。過去，關於其人其事我們保持中立，或者竟認為他與東林—復社之間，道理較多在他一邊。現在，要完全站到反對者的立場上了。因為他所幹的一切，都有了新的性質。

他的問題，不在於借定策搶班奪權、交通中貴謀求起復升遷，而在

---

① 錢秉鐙《皖髯事實》，《藏山閣集》，黃山書社，2004，第 434 頁。
② 同上書，第 435 頁。

於權力到手後用來濁亂朝政；不在於對權力的追逐，而在於對權力的理解 —— 完全是為個人利益服務。不在於結黨串通、翻案復仇、構陷東林 —— 復社 —— 考慮到東林 —— 復社也曾對他「環而攻之者不遺餘力」—— 而在於除了這種事不曾做別的，「雖居兵部，職巡江，顧一切軍事不問，惟阻撓六部權」[3]，他對弘光朝的貢獻，只是從內部將其搞垮。甚至，也不在於搞了權錢交易，而在於駭人聽聞地達到權即錢、錢即權的變態地步，「納金則糾者免、薦者予。否則反是。」「白丁隸役輸厚金，立躋大帥，都人語云：『職方賤如狗，都督滿街走。』其謬誕黷貨如此。」[4] 從曾祖阮鶚那裏，阮家人就喜歡談兵，有軍事抱負。當年厚賂周延儒謀復，他也冀以邊才召，如今在弘光朝終替自己搞到兵部尚書職銜，算是滿足了這一自我想像。但他更大愛好其實是掌控用人權。「吏部尚書缺，馬輔士英欲用張司馬國維」，阮大鋮卻暗中運作，通過太監搞到中旨直接任命張捷，「內傳忽出，士英撫牀驚愕，自此始憚大鋮矣。」[5] 蓋因吏部司組織人事，安插私人，一利於貶黜宿仇，二實便於賣官，故阮氏為此不惜得罪老友馬士英而與奪食。這件事，令人油然記起曩往阮大鋮與東林結怨，因吏科都給事中之職而起，而一朝之忿、啣恨之深，於茲盡得其解。

九

現在，我們大概可予阮氏其人一個總的了斷：迄今那種主導性的，將他一言以蔽，視為奸惡、小人和「壞種」的見解，值得商榷。一言以蔽，不如分而論之來得客觀。亦即，前後有兩個阮大鋮；一個是弘光前的，一個是弘光中及以後。前者我們無由鄙之，後者才是四百年來眾口所談的阮大鋮。倘若就弘光前阮大鋮 —— 包括其遭際 —— 做一鑒定，我們推薦夏完淳《續幸存錄》的論述：

③ 徐鼒《小腆紀傳》，中華書局，1958，第 708 頁。
④ 同上。
⑤ 李清《三垣筆記》，中華書局，1997，第 118 頁。

阮圓海之意，十七年閒居草野，只欲一官。其自署門曰：「無子一身輕，有官萬事足。」當事或以貴撫或以豫撫任之，其願大足矣。圓海原有小人之才，且阿璫（媚事閹黨）亦無實指。持論太苛，釀成奇禍，不可謂非君子之過。阮之阿璫，原為枉案。十七年田野，斤斤以十七年合算（「十」字衍，應為「七年合算」）為楊左之通王安、呈秀之通忠賢，同為通內，遂犯君子之忌。若目以為阿璫，烏能免其反擊乎？[①]

「阮之阿璫，原為枉案」，「持論太苛，釀成奇禍」，所論極平，至為公允，弘光以前應如此作結。弘光之後，性質全變。阮大鋮怙權為惡，意無旁顧，其間「朋黨勢成，門戶大起」，表面上是冤怨相報，而揆諸現實，大敵當前、國勢危殆，「清兵之事，置之蔑聞。當清之初入也（指清兵入關時），我一旅北征，山東、河南人心回應，歲幣之供，清可去也。士英漠然不問，但與大鋮等章（通「彰」）賄賂、樹彼此而已。」[②] 故而我們對阮大鋮所為，不能僅以傾東林─復社視之，必須指出，他是實實在在地損國家、害社稷，不管有何種前因舊緣，均不可釋其惡。至於「以銓部為奇貨」、濫鬻官爵、瘋貪狂纛，更是禍國鐵證，絕無遁辭。

李清曾精細地說，馬士英是「貪庸誤國」，阮大鋮是「貪奸誤國」。[③] 一字之差，點出異同。我們藉此談另一話題。

話題就是從「庸」、「奸」之別引出。平時，我們一見到「奸」，反應都在「醜」和「惡」上。可是若論醜惡，馬阮彼此彼此，誰都不是好東西。所以，李清特以「庸」、「奸」論之，意思並非他們惡有大小，而是說，醜惡的特色各異、原因有別。馬士英誤國，一以貪，一以庸；貪，乃私慾所致，庸，則是水平和能力。我看過很多對馬士英的評論，對他的人品，沒有不認為低劣的，但普遍來說，不覺得他具很大危害性。夏完淳講過這麼一句話，值得體會：「馬是小人中之君子，阮是小人中之小人。」[④]

---

① 夏完淳《續幸存錄》，《明季稗史初編》，上海書店，1988，第 326 頁。
② 同上。
③ 李清《三垣筆記》，中華書局，1997，第 119 頁。
④ 夏完淳《續幸存錄》，《明季稗史初編》，第 326 頁。

這可不是表揚馬士英，而是說他實屬樗櫟之材，才力所囿，壞雖壞，壞的能量究竟有限。阮大鋮截然不同，李清置馬士英於「庸」，而以「奸」字贈阮大鋮，包含才具的評價。換言之，只有醜惡不足為「奸」，才、惡相濟，方可達「奸」的層次。

這其實有不少實例。古代視為頭號權奸的曹操，大家都知道他是犖犖大才。在明代，嚴嵩的「奸名」無出其右，然而很多人不知道，他同時是大才子，學問文章均屬一流，聰明過人，與心思極細的嘉靖皇帝周旋十幾年，而滴水不露。在我們當代，也有一位此等人物康生，此人陰狡之至而博雅多識、靈慧機巧，別的不論，單說書法他就能左右開弓且都達很高造詣，似脫常人左右半腦掣其一端的局限⋯⋯

醜惡的人到處都是，醜惡而配伍奇才的人輒百不一遇，而非後者不足以言「奸」。阮大鋮、馬士英之間，區別就在這裏。兩人皆貪，是他們的共同點和攜手的基礎，但僅此成不了搭檔、組合，還取決於另一條件，即才智上彼此借重、依存。倘使馬士英聰明勁兒不減阮大鋮，阮大鋮多半要另選合作者；反過來，如果阮大鋮乃是庸才，馬士英亦將嫌其多餘。惟因一「庸」一「奸」，配置合理，才一拍即合。我們知道，馬士英脫穎而出，源自周延儒對阮大鋮建議曲線謀復時阮大鋮的推薦，這推薦，一定考慮了後者便於操控。不僅如此，馬士英後來以定策而攫得首輔之位，也都出自阮大鋮幕後出謀劃策。可以說，馬士英之有今天，全拜阮大鋮所賜，雖然南京陷落後，馬士英對過度依賴阮大鋮感到懊悔：「士英亦以南渡之壞半由大鋮，而已居其惡，意固不平，由是漸相矛盾。」[5] 但他忘記了，沒有阮大鋮，他或者什麼也不是。

一開始，我們就提出扁平人物、面具化問題，這是重點。如果寫來寫去，末了阮大鋮仍只能被「看扁」，則本文之作亦可休矣。一直以來，奸臣話語都是我們扁平化思維的突出代表，其源蓋出於用單一、極端的道德褒貶將歷史敍事徹底覆蓋。歷史敍事肯定不能排除道德批判，問題不在這裏。問題在於只剩下道德批判，其餘一切剔除得一乾二淨。舊戲裏面，曹

---

⑤　錢秉鐙《皖髯事實》，《藏山閣集》，黃山書社，2004，第435頁。

操、嚴嵩塗着大白臉，猶未登場，格調已定。電影《桃花扇》雖是當代作品，卻也還是把阮大鋮搞成獐頭鼠目、脅肩諂笑的模樣，生怕不如此觀眾不曉得他是甚等樣人。在中國，不但早已習慣奸臣如此這般，乃至一聞奸臣二字，大家能自動在腦海中畫出這副形容。其實多半相反，「奸」不是普通壞蛋的層次，醜惡而至於奸，這種人往往既有千夫所指的一面，又有正常情形下大家所欣賞、以為出類拔萃、願意在自己身上也看到的東西。單論稟賦，歷史上很多奸臣該算人中之傑，只是心性所致，沒走正道。人類的所長與所短，被他們攬於一身；他們的複雜性其實是超過一般人的，人性在他們身上遭遇更多的矛盾衝突，自我分離、自我撕裂的情形往往更為嚴重。這樣的人，明明更適宜性格和心理的多面考察，怎麼反倒是扁平的呢？

反思起來，都在於太功利。中國的許多不好，小至產品粗製濫造，大至道德上心粗氣浮，都是因為急功近利。我們對道德，歷來重實用不重認識，急於拿出簡簡單單的標準，樹立好壞典型，來垂範、戒告社會。至於人性的多面與複雜，則置之不論；不單不論，還恨不得擯於視聽之外，倘若有人談起，往往斥為給丑類「塗脂抹粉」。以阮大鋮為例，他的奸臣身份確定以後，大家就好像心頭一塊石頭落了地，皆大歡喜，從此這個人就打入另冊、束之高閣，有關他的探問幾乎絕跡。1981 年，黃裳先生作《詠懷堂詩》一文，是幾十年來寥寥無幾的一篇有關阮大鋮的文章，但它結尾卻是這樣的：

> 四十五年前魯迅說過：「要論中國人，必須不被搽在表面的自欺欺人的脂粉所誆騙，卻看看他的筋骨和脊梁。」這裏不但指出了鑒別古今一切人物的好方法，也是堅定信心鼓舞鬥志的有效的手段。是我們應該牢牢記住的。[1]

脂粉，是一種理解。複雜性，是另一種理解。筆者主張後者。我因而想到在西方似乎從沒有哪個人物由於是壞人而被束之高閣的現象，相反越

---

① 黃裳《詠懷堂詩》，《讀書》，1981 年第 6 期。

是這種人，大家探究的願望越強烈，無論一般犯罪者還是獨夫巨奸，往往引得作家反覆書寫。那是因為，裏面有一種人性信念，認為壞人的意義不在於壞，而在於人性不知何故在他們那裏被強烈扭曲和壓抑。知道一個人的壞，何須吹灰之力，了解他們為什麼壞才最重要、對社會最有參考的價值。我們卻是相反的。我們滿足於判定一個人的壞，然後把他掃入歷史垃圾箱。我們不想真正認識人性，認真取得教益。由此受影響的，恐怕不僅是文學深度，更在於民族思維和心智是成熟或幼稚。

十

因此，我們雖不作翻案文章，卻打算還一個真實的阮大鋮。所謂真實，不是說以往主流敍事和評價呈現的阮大鋮有假，而是指它們以扁平化、面具化，遮蔽掉他奸臣以外的許多東西，致迄今廣為人知的阮大鋮，並不完整，有不少缺失。

不過，復原完整的阮大鋮，又談何容易。奸臣下場，不光令其面目扁平，也讓相關材料流失慘重。以劇作論，全部十一種今僅存世四種；詩歌方面，「清代藏書家於其詩率少著錄」，《明史》「削其詩不登《藝文志》」，「朱彝尊《明詩綜》不載大鋮姓字，附論於李忠毅詩前，曰：『儉壬反覆，真同鬼蜮，雖有《詠懷堂詩》，吾不屑錄之。』」[2]「終滿清二百八十年之際，除《燕子箋》、《春燈謎》兩傳奇外，殆無人能舉《詠懷堂詩》之名者矣。」[3] 即便如此，現有材料所能補充於我們的認識，也將大大有異於只是一介小丑的阮大鋮。

把目光移出政治，我們將面對一個全才人物，以致可以說他凡所涉足，不處頂尖、即為大家。

先從一本書說起。目前所知「我國第一部系統全面論述造園藝術的專

---

② 柳詒徵《詠懷堂詩集跋》，胡金望、汪長林點校《詠懷堂詩集》，附錄，黃山書社，2004，第529頁。
③ 胡先驌《讀阮大鋮詠懷堂詩集》，胡金望、汪長林點校《詠懷堂詩集》，附錄，第531頁。

書」①、日本人尊為「世界最古之造園書籍」②的計成（表字無否）《園冶》，便是阮氏出品。據闞鐸《園冶識語》對日本內閣文庫所藏明刻本的描述：

> 睹末頁之印記，一圓形楷書「安慶阮衙藏板，如有翻刻千里必治」十四字，一方形篆書「扈冶堂圖書記」六字，知為安慶阮氏所刻。③

由此來看，阮氏出品似成規模和品牌，常遭盜版。而《園冶》這樣的書由他出版，又同時說明很多問題。比如對園林藝術的造詣、見識和感情。這種書，不同於馮夢龍所刻印的小說、傳記，也不是復社學閥壟斷下的科舉選文，那些書，都可大量印行，很有賺頭，《園冶》卻是冷門的專業書籍。古時印書，一頁一雕，貲用甚高。阮大鋮出此書，明擺着無錢可掙，又非因巴結討好（作者計成完全是個窮藝術家），而只出於對造園的懂與愛。說到「懂」，阮大鋮於造園不止於鑒賞，也是實踐家。其為《園冶》所寫敘中，談到曾親試造園：「予因剪蓬蒿甌脫，資營掌勺，讀書鼓琴中。」④若非如此，造園高手計成也不會引他為知己。《詠懷堂詩集》、《詠懷堂詩外集》中，以園為題的篇什甚多。舉一例，《改築集園詩六章》，其六：

> 高情無刺促，小閣領清芬。月湧千燈墻，霞敷千齋文。塢深花失曙，林迥葉留曛。不識羊求侶（王莽時「歸隱」典故），誰來就白雲。⑤

隱者格調以外，對園藝細微之妙的把握，更可體會，如「塢深花失曙，林迥葉留曛」一句。他曾專門為計成寫過一首詩，刻畫這位造園家的同時，表達自己對園林藝術的穎悟：

---

① 羅哲文《總序》，《園冶注譯》，中國建築工業出版社，1998，卷首（無頁碼）。
② 同上。
③ 闞鐸《園冶識語》，《園冶注譯》，第 23 頁。
④ 阮大鋮《冶敘》，《園冶注譯》，第 32 頁。
⑤ 阮大鋮《改築集園詩六章》，其六，胡金望、汪長林點校《詠懷堂詩集》，黃山書社，2004，第 236 頁。

無否東南秀，其人即幽石。一起江山寢（寢即夢），獨創煙霞格。縮地自瀛壺（瀛洲），移情就寒碧。精衛服厖呼，祖龍（嬴政因是「始皇」，後世稱之祖龍）遜鞭策。有時理清詠，秋蘭吐芳澤。靜意瑩心神，逸響越疇昔。露坐蟲聲間，與君共閒夕。弄琴復銜觴，悠然林月白。⑥

讚歎計成作為天才園藝家，如其造設一樣，自己也是挺秀東南的幽石。形容高超的園藝，能喚醒江山於夢中，將從來只是幻想的瀛洲化為現實，濃縮於方寸之地，而鬼斧神工，連填海之精衛、求仙之帝王也願供驅策。

九十年代末，我在計成故鄉江蘇同里鎮，意外見到《園冶》而購之。也就是讀了此書，而隱約意識到對阮大鋮有進一步探究的餘地。

之前，除了奸臣身份，只知道他還是個戲劇家。但所謂知道，也很空洞。說起來，大學期間我還特別在意古典戲曲，畢業論文寫的就是湯（顯祖）沈（璟）之爭，然而當時所讀戲曲史著作，都沒有給阮大鋮什麼具體的評價。他的戲劇家身份所以未被埋沒，其實主要也是這可以作為他籠絡弘光皇帝使其墮落的誤國證據，孔尚任《桃花扇》就是這樣處理的。

戲劇，確被他用為上述工具，但他於戲劇的意義卻遠不止此。我們可簡簡單單而絕無虛浮地說：他是中國戲劇史上的巨子，他對這領域的貢獻，可以排到前五名。

曾有精研京劇之先生某，專門與我探討阮大鋮作為京劇淵源的可能。據他研究，以往將京劇前身「徽班」認作徽州徽劇是錯誤的，所謂「徽班」其實是安慶府一帶的戲班。他在安慶民間訪到一些民謠，描述了該地梨園以阮大鋮為祖、戲劇如何因阮大鋮而興起。京劇源自安慶、安慶戲劇興於阮氏，這線索令他推想，阮大鋮或為京劇之祖。他向我求證阮氏在懷寧從事戲劇的具體情形，可惜我所知有限，抑或資料本身就有限，未能給以確切的回答。

---

⑥ 阮大鋮《計無否理石兼閱其詩》，胡金望、汪長林點校《詠懷堂詩集》，第 249 頁。

目前所知的是，阮大鋮確係逐退之後，居鄉期間開始了戲劇活動。例如其名作《春燈謎》自序云：「茲編也，山樵所以娛親而戲為之也。」[1] 意思是，為娛樂親友寫了這部戲，而所署日期「崇禎癸酉三月望日」即1633年4月22日，時在崇禎六年，而他避居南京為翌年，故可肯定其戲劇活動始於懷寧而非南京。當時有人說：「金陵歌舞諸部甲天下，而懷寧歌者為冠，所歌詞皆出其主人。」[2] 所指即阮大鋮，似乎阮氏在南京的私人劇團，就是從懷寧帶過去的，唯不知此懷寧家班所習弋陽腔還是崑腔。我們暫無他從事戲劇早於逐退（崇禎元年）的資料，但自年齡言，彼時他已四十一歲，不可能於此時方接觸戲劇且頓成大器，而必有一積累潛習過程，從前文所述阮自華凌霄臺「梨園數部，觀者如堵」盛況看，阮大鋮之於戲劇應有家學淵源，實際修研或早至少年亦未可知。

但他戲劇才華井噴，的確是在官場失意閒居鄉里之時。他的劇作，有兩點他人無可比擬之處。一是真正原創，情節人物不借自改編，盡出自己虛構：「其事臆也，於稗官野說無取焉。」[3] 古人寫戲，多從舊史傳說取材，很少自創，而阮大鋮緣何不肯如此？以下的話，顯示了個性：「蓋稗野亦臆也，則吾寧吾臆之愈。」[4] 不屑拾人牙慧，這既是驕傲，也是更好的創作意識。二是他大破文人劇作的格局，真正將劇本與戲曲自身規律熔於一爐，不但在文學層面上求善美，更在戲劇表演層面求當行，別人作品往往可讀不可演，他的作品則首先便於演、利於演，在舞臺上大放碩采：

> 余詞不敢較王茗，而羞勝之二：王茗不能度曲，予薄能之。
> 雖按拍不甚勻合，然凡棘喉殢齒之音，早於填時推敲小當，故易
> 歌演也。……即歌板外一種頻（顰）笑歡愁，載於衣褶眉稜者，
> 亦如虎頭（顧愷之乳名）、道子，絲絲描出，勝右丞自舞《鬱輪

---

① 阮大鋮《春燈謎自序》，《阮大鋮戲曲四種》，黃山書社，1993，第5頁。
② 陳維崧《奉賀冒巢民老伯暨母蘇孺人五十雙壽序》，冒襄《同人集》，卷之二，水繪庵清刻本，北京師範大學圖書館藏。
③ 阮大鋮《春燈謎自序》，《阮大鋮戲曲四種》，第5頁。
④ 同上。

（王維曾作曲《郁輪袍》，此處似指其同時亦為歌舞）遠矣，又一
快也。⑤

玉茗，指湯顯祖。阮大鋮很尊敬湯顯祖，卻明白無誤地表示，自己比
他略勝一籌：彼「不能度曲」，己「薄能之」而「易歌演」。其實他足夠謙
虛了，考慮到戲曲藝術特性，從整體戲劇觀而非單一文學角度看，阮大鋮
是比湯顯祖更先進的。湯顯祖僅為騷人墨客，阮大鋮則以詩人兼音樂家，
打一比方，湯顯祖只寫了歌劇腳本，阮大鋮卻在寫腳本同時連曲子也譜
好。除音律的考究、切合，阮大鋮寫戲又極注意人物刻畫上文學與表演兩
種因素的結合，在劇本中已充分預留表演空間，此即他所說「歌板外一種
頻笑歡愁，載於衣褶眉稜者」。對此，他不掩得意，覺得自己劇作之善摹
人物，堪比顧愷之、吳道子，乃至蘇軾讚為「詩中有畫，畫中有詩」的王
維，竟不在其話下。

他是否過於狂妄呢？一點也不。從前引時人「金陵歌舞諸部甲天下，
而懷寧歌者為冠」的評論，可知他的獨步天下，乃世所公認，連政治上的
敵人也不持異議。更堪奇者，他還不單是作家、音樂家，乃至是表演藝術
家，能親自登場演戲——黃宗羲好友沈士柱以罵他為目的而寫《阮大鋮祭
文》說：「弘光半載，公塗面登場，自為玩弄。」⑥意在醜之，卻讓我們對
其才能又多知一種。所以，他能自任劇團導演、藝術總監，阮家私班是他
一手調教，每戲親為演員講解。大家可讀《桃花扇》中有關段落，尤其是
曾親睹阮家班演出的張岱的描述：

> 阮圓海家優講關目，講情理，講筋節，與他班孟浪不同。
> 然其所打院本，又皆主人自製，筆筆勾勒，苦心盡出，與他班鹵
> 莽者又不同。故所搬演，本本出色，腳腳出色，齣齣出色，句句
> 出色，字字出色。余在其家看《十錯認》、《摩尼珠》（張岱或誤
> 記，應為《牟尼合》）、《燕子箋》三劇，其串架鬥筍（劇情銜接

---

⑤ 同上書，第6頁。
⑥ 沈士柱《阮大鋮祭文》，胡金望、汪長林點校《詠懷堂詩集》，黃山書社，2004，第520頁。

和轉合）、插科打諢、意色眼目（演員表情及交流），主人細細
與之講明。①

張岱是大玩家、大鑒賞家，他既如此高看阮氏戲劇，必非虛譽。「本本
出色，腳腳出色，齣齣出色，句句出色，字字出色」，這樣完全沒有保留
的好評，捨此我還不曾見過。

以上，我們對阮大鋮的超世之才，印象應該已經很深。然而，有關
他的重新認識，或許剛剛開始。此人才華與成就，為人所知的較之實際，
相差太遠。論到其中偏頗，我最吃驚的還不是他本人如何遭淹抑，而是與
之沾惹的人和事，也會隨之滅跡。即如《園冶》一書，今天造園界奉為至
寶，卻「終有清一代二百六十八年間，寂然無聞」②，「有清三百年來，除李
笠翁《閒情偶寄》有一語道及，此外未見著錄」③，若非東鄰日本有藏，幾
乎絕世。為什麼？就因作者計成與阮大鋮是朋友，「不免被人目為『阮氏
門客』，遭人白眼，遂並其有裨世用的專著，亦同遭不幸而被摒棄。」④ 政
治、道德可以講，但講到不管不顧、萬事皆可拋的地步，也真是民族和文
化的可悲。

十一

為此，我們更多地談一談他的詩及其中國詩歌史地位。在他，這是被
遮蔽最嚴重的方面；在中國文化，同樣是無必要的損失。

阮詩的再發現史，令人感慨。與計成《園冶》命運一樣，阮大鋮人亡
之後，「其能文之名，因之亦泯」，前引胡先驌言已明，有清二百八十年，
無人知《詠懷堂詩》，「其集既未為《四庫》所收，士君子復深鄙其人，世
間遂少流行之刻本。」⑤1916 年，陳寅恪的老師、國學大家王伯沆先生費盡

---

① 張岱《陶庵夢憶·西湖夢尋》，上海古籍出版社，1982，第 73-74 頁。
② 陳植《園冶注譯序》，《園冶注譯》，中國建築工業出版社，1998，第 5 頁。
③ 闞鐸《園冶識語》，《園冶注譯》，第 23 頁。
④ 陳植《園冶注譯序》，《園冶注譯》，第 5 頁。
⑤ 胡先驌《讀阮大鋮詠懷堂詩集》，胡金望、汪長林點校《詠懷堂詩集》，附錄，黃山書社，2004，第
   532 頁。

心力，覓得《詠懷堂詩集》、《詩外集》四冊⑥，惜僅至崇禎十一年（戊寅）止。1921 年，柳詒徵先生又偶然從南京舊書肆發現《辛巳詩》一冊，使發現的阮詩推至崇禎十四年（辛巳），「阮詩之存於天壤間殆具於是」⑦。因王、柳兩先生的重大成果，1928 年，南京國立中央大學國學圖書館盋山精舍以刻本印行《詠懷堂詩集》，不惜重金，品質極精。⑧此書一出，即為國學界矚目，飽學之士紛予評論，沉寂三百年的阮大鋮研究終於打破，翌年朱倓作《明季桐城中江社考》，於《歷史語言研究所集刊》第一本第一分發表，是為現代重啟阮大鋮學術研究的首篇專論。

反應為何如此強烈？因為人們意識到，發現了中國詩史上一位極重要的詩人。

先看陳寅恪之父、國學耆宿、名詩人陳三立（散原）如何評價。阮大鋮詩集發現者王伯沆，曾從陳三立學，後聘為陳寅恪昆仲家學業師，因這層關係，阮詩發現後陳三立得以先睹。他在扉頁上先後兩次寫下題記，一云：

> 大鋮猾賊，事具《明史》本傳，為世唾罵久矣。獨其詩新逸可誦，比於嚴分宜（嵩）、趙文華兩集似尚過之，乃是小人無不多才也。⑨

所論還未盡脫君子、小人畛域之囿。為此大概意猶未竟，陳三立又第二次寫下感想。此番略無猶豫，而發為激賞：

> 芳絜深微，妙緒紛披。具體儲韋，追蹤陶謝。不以人廢言，吾當標為五百年作者。⑩

儲韋指儲光羲、韋應物，陶謝蓋即陶淵明、謝靈運。認為，阮詩有如儲韋再現，可稱陶謝的傳人。接下來，評論非常驚人：假如不以人廢言，

---

⑥ 據柳詒徵有《詠懷堂詩集跋》，當發現於丁氏八千卷樓。
⑦ 胡先驌《讀阮大鋮詠懷堂詩集》，胡金望、汪長林點校《詠懷堂詩集》，附錄，第 532 頁。
⑧ 《詠懷堂詩集》刻印一年後，又有新發現，而出盋山精舍 1929 年版《詠懷堂詩補遺》。
⑨ 陳三立《詠懷堂詩集題記》，胡金望、汪長林點校《詠懷堂詩集》，附錄，第 528 頁。
⑩ 同上書，第 528 頁。

陳三立願視阮大鋮為明清至今五百年詩史上第一人！後來柳詒徵購得《辛巳詩》，陳三立讀後又題，歎為「可居之奇貨」。

繼有章炳麟的評論。他對阮詩的品調，見解和陳三立相近，但更具體地提出阮詩不同體類之間的高下：

> 大鋮五言古詩以王孟意趣而兼謝客之精練。律詩微不逮[1]，七言又次之。然榷論明代詩人如大鋮者尠矣。潘岳、宋之問險詖不後於大鋮，其詩至今存，君子不以人廢言也。[2]

王孟即王維、孟浩然；謝客為謝靈運，他幼年曾被寄養，呼「客兒」，後因稱「謝客」。章炳麟認為，阮大鋮五古最佳，兼備王、孟、謝之長；排第二位的是律詩，七言古詩較弱。這應合乎實際，阮大鋮特愛陶淵明，而陶詩多為五古，他所學自然也於五古用力最多。章氏還說，論人品，潘岳、宋之問都不比阮大鋮更高，詩作卻流傳下來；顯然覺得詩與人應該分開。

對阮詩發現有重大貢獻的柳詒徵先生，在跋中講了有關詩集發現和印行，並及阮大鋮身世的一些情況，末了特意引夏完淳《續幸存錄》說阮大鋮「阿瑙原為枉案」的話，感慨道：

> 夫以東林子弟躬受大鋮荼毒者，而為怨詞若此，使大鋮丁甲申之變，終已不出，讀其詩者挹其恬曠之致，於品節或益加恕焉，未可知也。然則君子之於小人固不可疾之已甚，而負才怙智不甘枯寂，積苦摧挫，妄冀倒行逆施，以圖一逞，卒舉其絕人之才，隨身名而喪之者，良足悲已。[3]

歎之「絕人之才」。此外，似認為阮大鋮人生分水嶺為「甲申之變」，即若無以後那些事，歷史評價可以是另外的樣子。此與本文所論合。

錢仲聯先生對於阮詩風格，感受略同，而視之極高，「阮石巢詩，集

---

① 黃山書社版印為「律詩散不逮」，疑誤，據它本改。
② 章炳麟《詠懷堂詩集題記》，胡金望、汪長林點校《詠懷堂詩集》，附錄，黃山書社，2004，第 529 頁。
③ 柳詒徵《詠懷堂詩集跋》，胡金望、汪長林點校《詠懷堂詩集》，附錄，第 530-531 頁。

孟浩然、韋應物及孟郊、謝翱之長於一手。」與別人僅表看法不同，他結合一首五古，作細緻文本分析，以證所言。因稍長，這裏割愛不引，而從若干字眼如「高遠」、「十分舒適恬美」、「雕琢而仍歸於自然」、「以閒淡之筆，寫空靈之境」等，可以領略。尤其末句總評「全首結構嚴整，意境清深，鍾譚諸家，自當望而卻步」④，道出了阮詩的歷史地位。鍾譚即鍾惺、譚元春，他們的竟陵派執明末詩壇牛耳，但在阮詩面前，卻「望而卻步」。

益山精舍《詠懷堂詩集》附錄所載諸名家論、跋，以胡先驌《讀阮大鋮詠懷堂詩集》篇幅最長，也以它論述、展開最深最廣。它給阮大鋮如下歷史定位：

> 有明一代唯一之詩人⑤

認同於陳三立「吾當標為五百年作者」之說，而又甚之，不惜贈以「唯一」。文章開篇第一言便說：「吾國自來之習尚，即以道德為人生唯一之要素。」作者面對阮詩，痛感這種偏見的鄙陋。他一面破除偏陋，一面梳理中國詩歌源流，指有「人文」、「自然」兩派，「二者之人生觀截然不同，其詩之意味亦以迥異」，而阮大鋮「則自然派之子裔也」。復論阮詩在自然派中居何高度：

> 詠懷堂詩在自然派詩家中別樹一幟。吾嘗遍讀陶公及王、
> 孟、韋、柳諸賢之詩，雖覺其閒適有餘，然尚欠崇拜自然之熱
> 誠，如英詩人威至威斯（即華茲華斯，William Wordsworth）之
> 「最微末之花皆能動淚」之精神，在陶韋諸賢集中未嘗一見也。
> 如陶公《歸田園居》、《飲酒》⋯⋯然皆靜勝有餘，玄驚不足，
> 且時為人事所牽，率未能擺落一切，冥心孤往也。惟詠懷堂詩，
> 始時能窺自然的祕藏，為絕詣之冥賞。故如「春風鮮沉冥，霽
> 心難與昧」；「林煙日以和，眾鳥天機鳴。澤氣若蠕動，瘁物亦

---

④ 錢仲聯《評阮大鋮詩》，胡金望、汪長林點校《詠懷堂詩集》，附錄，第 538-539 頁。
⑤ 胡先驌《讀阮大鋮詠懷堂詩集》，胡金望、汪長林點校《詠懷堂詩集》，附錄，第 532 頁。

懷榮」；「息影人春煙，形釋神亦愉」；「臥起春風中，百情皆有屬」；「春風蕩繁圍，孰物能自持。人居形氣中，安得不因之」；「山川若始生」；「水煙將柳色，一氣綠光浮。坐久領禽語，始知非夢遊」；「隱幾淡忘心，懼為松雲有」；「息機入空翠，夢覺了不分。靜抱虛白意，高枕鴻濛雲」等詩句非泛泛模範山水，嘯傲風月之詩人所能作也，甚且非尋常山林隱逸所能作也。必愛好自然，崇拜自然如宗教者，始克為之。①

文中尚有諸多精細到字詞的分析、闡發，惜不能盡引。

胡先生推崇阮詩，可謂傾心之極、溢於言表。我們不一定均予接受，但不能不了解他何以至此。這一方面如其文所言，有文學史的品鑒為依據，有他破除偏陋的主張為內涵，也有中西文學比較為座標，而另一方面，更重要的在於胡先驌跨人文、自然兩個科學領域的身份和地位。此文純以文人、哲人面目示人，所顯示的舊詩造詣與視野，不輸於人文學者。其實，這篇阮大鋮詩評，僅為其人文厚養的吉光片羽，須知，他曾於1919年發表《中國文學改良論》，針砭陳獨秀、胡適所倡文學革命，更於1921年與梅光迪、吳宓共創《學衡》雜誌，為學衡派中堅。然而他更是一位科學巨擘，尤有意義的是，他的領域並非數學、化學等那一類自然科學——他是中國近現代生物學尤其是植物分類學的奠基者。對他這一地位，毋待多言，只須知道毛澤東對他以「中國生物學界的老祖宗」②相稱，即窺一斑。作為這樣一位與自然風物關係最直接最緊密的科學家，胡先驌於阮詩所評，除大家可體會的文學與審美理由，必有一般所感悟、領會不到處。故爾，由他來稱道、發揚阮詩「非尋常山林隱逸所能作也。必愛好自然，崇拜自然如宗教者」，至少對我來說，說服力非同一般；我亦由此知「有明一代唯一之詩人」，包含了什麼含義。

---

① 胡先驌《讀阮大鋮詠懷堂詩集》，胡金望、汪長林點校《詠懷堂詩集》，附錄，黃山書社，2004，第533-534頁。
② 陸定一《對於學術性質、藝術性質、技術性質的問題要讓它自由》，《陸定一文集》，人民出版社，1992，第495頁。

十二

然而積重難返。儘管給予阮詩高度評價的，皆為碩學大師，也仍不敵以人廢言的傳統。迄今為止，哪一本文學史曾給阮大鋮應有地位？不要說應有的地位，一席之地也談不上。連我們這些中文系出身的人，都從未從課堂上知道阮大鋮能詩，更不知其成就如此之高。

但我個人對阮詩所更關注的，還不是成就與地位。那的確值得反思，但補正工作要由古代文學史、詩歌史研究者們來做。我從中思考和提出的，是另外的問題。

很清楚的，對他的詩作，諸家都認為屬於陶謝王孟一脈，且極得其純與正 —— 我之困惑即由此來。

這派作品，是我私衷最抱好感的古詩流向。尤其陶淵明詩，我置之心中最高位置。不單那種極樸、極淡，是我理解的最好的詩藝，還因為它們的純任率真，是我極感親切的人生態度。「狗吠深巷中，雞鳴桑樹顛」；「披草共來往，相見無雜言」；「採菊東籬下，悠然見南山」……品得其意，人生熨貼。照理，我們都會認為，這樣的心懷，與阮大鋮那種人相距何遠？雖然他曾下大的功夫來研摩，自云：

> 吾里居八年以來，蕭然無一事，惟日讀書作詩，以此為生活耳。無刻不詩，無日不詩，如少時習應舉文字故態。……吾詩淵源於三百篇，而沉酣於楚騷文選，以陶王為宗宜，以沈宋為法門，而出入於高岑韋柳諸大家之間，晝而誦，暮而思，舉古人之神情骨法，反覆揣摩，想像出入，鉥心劌肝，刳腸刻腎……③

然而我們明明知道，技術層面可以學，風格層面一定程度亦能摹仿，心性卻沒法由外植入。它根植自身，乃是襟抱中固有之物。以阮詩對照其為人，我一度完全想不明白這個問題。因為在他詩中，有許多感受、意

---

③ 葉燦《詩序》，《詠懷堂詩集·詠懷堂詩外集》，《續修四庫全書》，集部·別集類，上海古籍出版社，2001，第 326-327 頁。

動，確非技巧和風格可以解釋，而是無此心斷斷乎到不了。前面胡先驌文章列舉了一些，我也隨手摘一句：「村煖杏花久，門香湖草初。」[1] 前半句猶可，後半句如非化心於自然而眷戀之，根本不能體會。我們不懷疑陶、王等將啟發他如何寫詩，但我們不相信別人能代替他思考和感覺。這樣的心靈，的的確確只能是他自己的。可是，難道不奇怪麼？一個那樣權焰、貪婪、羈於名韁利鎖的人，卻有如此澄靜、鬆恬、溫柔的心境，能張開每個毛孔去呼吸自然的氣息。請勿以「虛偽」、「假相」論之，心到不了，誰也寫不出這句子。那些感受，清晰地呈現於阮大鋮心間。他的靈魂，可以際會這樣的美、愉快和單純……後來我發現，自己一直在迴避一種似乎不可思議的可能性，亦即，儘管此人在社會或政治方面有很多醜陋表現，但自我精神世界確有着清淨的角落。如果脫離外部生活實際、回到內心、單獨面對自己，他可以聽見這樣的心聲，專注它、凝視它，並確切從中領受幸福。

我於是得了一種啟示或假設：對於阮大鋮，其詩與其人，或許可以分開。所謂分開，並非忽爾是人、忽爾是魔鬼，而是說他的心靈具有兩面性，他存在自我分裂，受到這兩面的爭奪和撕扯。進而，我還有一個推想，當他行種種醜惡之際，未必沒有自我鄙視和憎厭 —— 他其實知道，自己做的某些事，是卑污的。

十三

清軍兵臨之前，阮大鋮逃離南京。錢秉鐙說，他出逃的路線是先到今安徽境內的太平縣，再從太平逃奔浙東，在金華投朱大典。朱大典是個沒有黨派色彩的正派人，錢秉鐙說他跟阮大鋮「交好」，所以收留了他，然而金華的士紳不樂意，「公檄聲其罪，逐之出境」。阮大鋮轉投紹興方國安，馬士英也在那裏。在紹興呆了近一年，其間，開始通敵，「杭越書

---

① 阮大鋮《同白瑕仲石塘糊上行即望其所居》，《詠懷堂詩集 · 詠懷堂詩外集》，《續修四庫全書》，集部 · 別集類，上海古籍出版社，2001，第 354 頁。

信，往來不絕，大鋮因是潛通降表於北，且以江東虛實啟聞北帥」，為滿清當臥底。「丙戌（1646）六月，貝勒渡江（錢塘江），馬士英與方國安等走台州，大鋮獨至江頭迎降，蓋馮銓已薦為軍前內院矣。」[2] 到此為止，阮大鋮寫完自己從受害者一變權奸，再變叛國者的明朝篇章。

而他的清朝篇章，極短暫，轉瞬即逝。其之死也，去降未久，具體日期不可確考，然據《小腆紀傳》「越數日，始舁板扉上，天暑，屍蟲四出」[3] 描述，知當時天氣猶熱，應不遲於八月。

從降清至離世，阮大鋮這兩個月左右的餘生，幸有《皖髯事實》為我們備述。情節來自其間一直與阮大鋮左右相處的目擊者，「耿君字伯良，粵東反正，擢升司空，戊子（1648）冬在端州劉侍郎舟中，敘其事甚詳，袁總憲在坐，屬予紀之。」[4] 如果錢秉鐙所言為實，下面一切應十分可靠。

這些記述，每個細節都給人異樣感，為了確認，我反覆讀了多遍，終於相信，降清後的阮大鋮出了問題。

其時，「大兵所過，野無青草」，清軍上自內院下至從征官僅飯疏食，伙食很差。阮大鋮卻每每可備一桌盛饌，「邀諸公大暢其口腹」。眾人皆訝，問從何而來。阮大鋮這樣回答：「小小運籌耳。吾之用兵，不可測度，蓋不翅（同「啻」）此矣。」驢脣不對馬嘴，別人只是好奇豐饌從何而來，他卻誇耀自己兵法。

清軍營中，初不知其戲劇大師名頭，後漸耳聞，乃詢之自己能唱否：

> 即起執板頓足，高唱以侑諸公酒。諸公北人，不省吳音，乃改唱弋陽腔（附識：此可證阮大鋮確會弋陽腔），始點頭稱善，皆歎曰：「阮公真才子也！」每夜坐諸公帳內劇談，聽者倦，既寐有鼾聲，乃出。遍歷諸帳，皆如是。詰朝天未明，又已入坐帳中，聒而與之語，或育其枕上詩。諸公勞頓之餘，不堪其擾，皆勸曰：「公精神異人，盍少睡一休息。」大鋮曰：「吾生平不知倦

---

[2] 錢秉鐙《皖髯事實》，《藏山閣集》，黃山書社，2004，第435頁。
[3] 徐鼒《小腆紀傳》，中華書局，1958，第709頁。
[4] 錢秉鐙《皖髯事實》，《藏山閣集》，第438頁。

欲休，六十年猶一日也。」

假如前一情節，猶不足憑，到了這裏，輒可以斷言：阮大鋮已經精神失常。或曰，其乖常表現，是為了討好清軍。這種因素，應亦存在。但討好清軍的動機，無助於解釋他的亢奮、誇張、整夜不眠、不顧體統、於他人態度和反應（厭倦、不堪其擾）渾然不覺等狀。這是明顯的自我意識模糊、自制力喪失、精神紊亂的表現。我們可以不認為他已徹底瘋掉，但不得不說他有瘋掉的跡象，或處在了瘋掉的邊緣。

情況還在發展。一天，忽然臉腫，大家為他擔憂，對負責的人說：「老漢（是年阮虛歲六十）不宜腫面，君可相謂，令暫駐衢州，俟我輩入關取建寧後，遣人相迓。」負責人把大家意見告訴阮大鋮：

> 大鋮驚曰：「我何病？我雖年六十，能騎生馬，挽強弓，鐵錚錚漢子也。幸語諸公，我仇人多，此必有東林、復社諸奸徒，潛在此間（離間）我，願諸公勿聽。」又曰：「福建巡撫已在我掌握中，諸公為此言，得毋有異志耶？」

他的反應，所說每個字，皆可入《狂人日記》而無不當。所謂此必有東林復社奸徒、所謂福建巡撫已在我掌握中，是典型的妄想狂症話語。

隨後，他便死在莫名的精神亢奮中：

> 於是與大鋮同行，既抵關下，皆騎，按轡緩行上嶺。大鋮獨下馬徒步而前，諸公呼曰：「嶺路長，且騎，俟到險峻處，乃下。」大鋮左牽馬，右指騎者曰：「何怯也，汝看我筋力百倍於汝後生！」蓋示壯以信其無病也。言訖鼓勇先登，不復望見。久之諸公始至五通嶺，為仙霞最高處，見大鋮馬拋路口，身踞石坐，喘息始定。呼之騎不應，馬上以鞭掣其辮，亦不動，視之，死矣。

直接死因，係心臟病突發——臉部水腫，正是心功能不全的明確信號。間接死因，則是精神失常。綜合來看，精神失常中，他無視身體症

候，反在登仙霞嶺時棄馬徒步，昂揚身先，遂致心臟病突發。

有明一代奸臣之殿，阮瑀、阮籍、阮咸的後人，明代頂級戲劇家、詩人和藝術全才，阮大鋮、阮圓海、阮石巢、阮鬍子，最終作為精神病患者死去。

近六百年來，阮大鋮之死從無明說，本文以此圓之。雖出於分析，但嚴格依據史料，並無添油加醋。讀者明鑒。

關於他何以在降清之後瘋掉，還可補充一個材料。或許受曾祖阮鶚業績感召，眾所周知，阮大鋮平生抱負，是自視「邊才」，很願意在抵禦外侵方面有所作為。他屢有表示，一般不以為意。但南明史研究先驅者陳去病，讀了《燕子箋》，認為阮大鋮是嚴肅的，其有攘虜之心「實未昧也」：

> 而余尤愛其《刺奸》、《平胡》諸摺。覺令班超、傅介子復生，其志節亦不過爾爾。如云：「望天天護佑，仗三盞龍泉，掃除腥垢。肯做畫虎無成，反落他人後。踰垣入，匕首投，這羯奴頭在吾手。」詞氣何等壯烈。又其詩云：「霜重笳聲黯不流，龍泉已斬月支頭。捷書一奏天顏喜，麟閣高標郭細侯。」句亦可當凱歌讀。[1]

他覺得劇中情感出於肺腑，真摯強烈，堪比邊塞英雄班超、傅介子。傅介子，便是李白《塞下曲》「願將腰下劍，直為斬樓蘭」詩句所歌頌的斬殺樓蘭王的西漢孤膽勇士。假如陳氏所論有參考的價值，那麼可以想像，一個曾懷此等抱負的人，卻以降附「羯奴」收場，小丑般混跡其間，其苦悶與不堪，將不止於面目全非、攬鏡自嫌。

從這角度，他的瘋掉，實不驚人。我有關他的閱讀，視線一直愈益集中到一點：此人被人格分裂折磨已久。可惜，由於滿足於談論「奸臣」那一面，他這深刻的精神困境，不論當時或以後，都還不曾引起注意。

---

① 陳去病《五石脂》，《丹午筆記·吳城日記·五石脂》，江蘇古籍出版社，1999，第 352 頁。

Chapter 8

夏完淳 才子＋英雄

歷來說「文史不分家」，實際文與史斷乎不同，善治史者固然未必有頂尖的文才，但頂尖的文才更未必可以成為一流的史家，因為一流史家所應備的胸襟、識學，實在是很難達到的。完淳竟以猶未弱冠的少年，將二者集於一身。

一

　　1931 年，魯迅將郭沫若一語定為「才子＋流氓」——其實，並不專指
郭沫若，而是整個創造社都一網在內的。那篇《上海文藝之一瞥》的講演
中原說的是：「新才子派的創造社……」不過，郭沫若和張資平被特別地
點了一下名：「這就是說，郭沫若和張資平兩位先生的稿件……我想，也
是有些才子＋流氓式的。」① 彼時，郭沫若因了大革命失敗，躲在日本避風
頭，他所見的魯迅文章，是經日人譯成日文的，與原文自稍有出入，於是
到郭那裏，「才子＋流氓」變成「才子＋痞棍」，意雖相近，卻益發惡劣
些，郭大忿：「這一段文章做得真是煞費苦心，直言之，便是『郭沫若輩乃
下等之流氓痞棍也』。」② 就為此不忿，他專門作了一部自傳體的《創造十
年》來表白和洗刷自己。

　　魯迅＋號之後的部分，只能說歷來見仁見智，前頭兩個字則鮮聞異
議。雖然民國初年以盛產才子著稱，若論到才情的廣博、辭藻的天縱，在
郭氏面前卻都不免落些下風。但我們眼下要講的主角卻並不是他，只是借
重他，來引出一位古人。早年，我之注意起這位古人，即因郭沫若而起。
那時我的驚訝在於，居然有這樣一個人，讓我們公認的郭大才子五體投
地，不吝筆墨、連篇累牘，寫了好些詩文外加一部五幕大型劇作，那便是
《南冠草》。須知郭泰斗的劇作，豈泛泛之輩可廁其間而居一席之地？更不
必說還是舞臺中央眾星拱月的主角。

　　此人是誰呢？他姓夏名完淳，表字存古，明末華亭人氏。

　　這姓名，想來如今很多人聞所未聞，全不知其何方神聖。也罷，且看
郭大才子如何談論他：

> 夏完淳無疑地是一位「神童」。五歲知「五經」，九歲善詞
> 賦古文，十五從軍，十七殉國。不僅文辭出眾，而且行事亦可驚
> 人。在中國歷史上實在是值得特別表彰的人物。

---

① 魯迅《上海文藝之一瞥》，《魯迅全集》第 4 卷，人民文學出版社，1957，第 233 頁。
② 《恩怨錄·魯迅和他的論敵文選》，今日中國出版社，1996，第 545 頁。

「神童」這個名稱，近來不見使用了，間或在文字上稱人為「天才」或「才子」，差不多等於是罵人的詞令。但有這種幼慧早熟的人存在，卻是無可否認的事實。[3]

　　原來，也是一位「神童」、「才子」，難怪郭氏惺惺相惜，於心若戚戚然焉。當年他捱魯迅譏罵時，曾一邊委屈，一邊替古往今來的「天才」辯護說：「無論在怎樣的社會裏，天才是不能否認的，不同的只是天才的解釋罷了。」[4] 眼下相隔了十多年（《夏完淳》一文發表於 1943 年），仍不能放下，又說：「我不願意摹仿一般輕薄的時髦談客，一動筆便要嘲笑『神童』，奚落『才子』——這樣的名稱我們假使不高興就改稱為『怪物』或其他的惡名都可以，但總不能否認人間世中是有這種現象的存在。」這「輕薄的時髦談客」，其指魯迅無疑。由此看來，夏完淳所以引郭氏一再吮毫揮墨，竟是拜魯迅罵「才子」之所賜，隱然地成為郭氏藉以澆自家塊壘的酒杯了。

　　以上略微講些題外話，博君一燦。其實，郭沫若寫《南冠草》，態度是認真的，即便有一番慕惜其才的私衷，主要和直接的原因還是為其事跡所感奮。

　　說到夏完淳，確實是我們史上少有的大才子，郭沫若再才高八斗，跟他一比，也只好矮掉半截。諸君如若不信，現成有一本厚至七八百頁的《夏完淳集箋校》，不妨找來翻翻，看看有誰可以想像那是一位享年不過十七歲的少年取得的成就。筆者回首自己十七歲之時，尚滿腦子語錄和社論，以為美國人民的日子比我們遠愧弗如，除了這一點點知識，便「不知有漢、無論魏晉」。如今的十七之齡一代，自然遠勝我輩，至少會做習題、會玩電腦、曉得美國人民日子並不太慘，然而，倘若也寫一部《夏完淳集》，恐怕搜遍全國也找不出半個這樣的十七齡童。還有一條，頂頂重要，夏完淳夏才子的大名後頭，從來無人附以「流氓」二字，一定「＋」上兩個字，只能是「英雄」。他是一位傳奇的英雄，任何人提起，只能豎

③　郭沫若《夏完淳》，《郭沫若全集》，文學編，第七卷，人民文學出版社，1986，第 413 頁。
④　《恩怨錄·魯迅和他的論敵文選》，第 540-541 頁。

大拇指。怎樣傳奇，又如何英雄呢？一時似乎還找不出特別適合當代人理解力、一望可知的例子。就姑以劉胡蘭為例罷 —— 劉胡蘭自然沒有夏完淳的才學，其實事跡也無甚可比之處，但兩人都是未成年而捐軀就義者，偉人「生的偉大，死的光榮」題辭，前半句不敢妄言，後半句加之於夏完淳，他是絕對配得上的。所以，郭沫若稱之「在中國歷史上實在是值得特別表彰的人物」，單論這句話，倒真是不折不扣、允當之至。

二

我們從他祖父這一輩講起。

夏家「世為華亭人」[①]，是地道的華亭人。而華亭又是哪兒？便是如今上海松江。明代的時候，有松江府，下轄華亭等數縣，府治便在華亭。民國初，華亭縣改名松江縣，華亭古名從此消失。松江另有一個古稱，叫「雲間」，那時詩文中常出現「雲間」的地名，所以也先一併交待。在今日上海，松江已算郊縣，可倒退二百年剛好得顛倒過來，松江才是這一帶的中心、文采人物的淵藪，特別是明末，松江文氣之盛，海內聞名。

從前，夏家在當地並不突出。完淳的祖父諱時正，字行之，別號方餘，後輩都尊他「方餘先生」。幼年夏時正很聰慧，學業出類拔萃，童子試名列第一，但不知怎的，後來功名一直不順。陳子龍所寫傳記說：「久困省試，則刻意為古文詞、詩歌，其才浩漫，縱橫變合，不局局於繩墨。」[②]省試，即考取舉人之鄉試，夏時正一再敗北，止步於生員。久之，便死了心。所謂「刻意為古文詞、詩歌」，就是不再鑽研應時的八股制藝，轉而聽憑所好，寫作古文和詩歌。這其實是科場失意的表現。

方餘先生自己功名不順，教子卻大獲成功。他有二子，長子之旭沒能超過他，也到諸生為止，次子允彝卻不但考取舉人，還終於登了進士。他的教子，頗有「魔鬼」的況味：

---

① 陳子龍《夏方餘先生傳》，《夏完淳集箋校》，上海古籍出版社，1991，第 505 頁。
② 同上。

先生嚴責課之。夕不奏文，即弗授餐，或不當意，稿必三四易，常中夜父子枵然相對，卒弗去也。③

佈置的文章不完成，就不給飯吃；就算完成，倘不滿意，也得來來回回改。更絕的是，不光不讓兒子吃飯，自己也陪着餓肚子，父子們經常大半夜相向而坐，飢腸轆轆，紋絲不動。

夏時正活了六十八歲，不算高壽，卻是從他算起祖孫三代男性家庭成員唯一善終的人。

老二夏允彝，亦即完淳的父親，是明末士林極具影響的人物。陳子龍說：「余自為童子時，長樂君以舉於鄉，有盛譽。」夏允彝曾在福建長樂做知縣，所以稱他「長樂君」。夏允彝中舉在萬曆四十六年（1618），而陳子龍生於萬曆三十六年（1608），是時年方十歲，故云自己還是「童子」。夏的中舉轟動閭里，他留有很深印象。可是，足足過了十九年，到崇禎十年，夏允彝才成為進士。會試、殿試在鄉試的翌年舉行，每三年一次，據此可推算出，他足足考了六輪。陳子龍也是這年舉的進士，竟然做了同年兄弟。當時，夏四十一歲，陳二十九歲。

然後，夏允彝就去做了長樂縣的知縣，政績很好，年終吏部考核中被定為全國優秀縣長。張岱述其事：

摘伏如神，旁邑有疑獄不能決，上官多下長樂令決之。塚宰建德鄭公，薦天下廉能吏七人，以公為首。召見，將特擢，以丁內艱歸，未及用。④

侯玄涵《吏部夏瑗公傳》亦同：

五年，邑大治。癸未，塚宰上計，舉天下廉卓第一，上每朝群臣，諮天下廉吏，大學士方岳貢首以公名進，上頷焉若素知者，書公名御屏，將膺殊命，會丁母喪歸。⑤

---

③ 同上書，第 506 頁。
④ 張岱《江南死義列傳》，《夏完淳集箋校》，第 528 頁。
⑤ 侯玄涵《吏部夏瑗公傳》，《夏完淳集箋校》，第 518 頁。

都說他考評第一，引起崇禎皇帝注意，將委重用，事因喪母服制而寢。

不光官聲這麼好，他在文化界的地位，更被推重，這是因為他和陳子龍一道，創辦了明末重要的思想團體「幾社」：

> 是時東林方講學蘇州，高才生張溥、楊廷樞等慕之，結文會名曰復社，允彝與同邑陳子龍、何剛、徐孚遠、王光承輩，亦結幾社相應和，名重海內。[1]

按以上所述，幾社創建是受復社影響且是對它的回應，源起大概如此。但後人常把它們視為各自兩個社團，而不知崇禎二年經尹山大會已統一為一個組織。眉史氏（沈眉史）《復社紀略》：

> 是時江北匡社、中洲端社、松江幾社、萊陽邑社、浙東超社、浙西莊社、黃州質社，與江南應社，各分壇坫，天如（張溥）乃合諸社為一，而為之立規條，定課程……因名曰「復社」……又於各郡邑中推擇一人為長，司糾彈要約，往來傳置。」[2]

據此來看，「復社」名稱的意思，就取自「合併各社」。照沈眉史後面開列的名單，松江府社員共九人，而夏允彝列其首，可能他就是「於各郡邑中推擇一人為長」而產生的松江府復社之長。

吳偉業也說：

> 初，先生（指張溥，吳受業於他）起里中，諸老生頗共非笑其業以為怪。一時同志：蘇州曰楊維斗廷樞，曰徐九一汧，松江曰夏彝仲允彝，曰陳臥子子龍；而同里最親善曰張受先采，讀書先生七錄齋……乃與燕趙衛之賢者為文言志，申要約而後去。[3]

與沈眉史所述乃同一事，即各地思想社團達成統一組織的「尹山大

---

① 王鴻緒《夏允彝傳》，《夏完淳集箋校》，上海古籍出版社，1991，第 521 頁。
② 眉史氏《復社紀略》，中國歷史研究社編《東林始末》，神州國光社，1947，第 181 頁。
③ 同上書，第 184 頁。

會」,而夏允彝和陳子龍作為幾社代表參與了這一合併過程。

人們一向以為,在中國,政黨政治一則是近代以降始有,二來為西方輸入之舶來品。這兩個知識,並為錯誤。中國自萬曆末期起已有政黨政治,此毋待置疑。東林與閹黨的慘烈鬥爭,有很突出的黨派色彩,雙方雖各不承認黨派之名——「黨」這個字,從黑,古時候不是好字眼——但又各視對方為「黨」,而在自己陣營內部都以明確的意識抱為同志。整個明末,萬曆、泰昌、天啟、崇禎、弘光五朝,政治已完全黨派化,除了黨派政治再無其他形式。其中,萬曆末為黨派政治形成期,泰昌至天啟初東林黨主政,天啟四年汪文言案標誌着魏黨埒臺,崇禎元年魏黨垮臺、東林重新上臺,甲申國變後朱由崧即位、魏黨殘餘在南京奪回大權。而政黨政治在形態上的發展,也很明顯。初,東林有政黨之實,但尚無明確組織形態,而十幾年下來,黨派政治的事實卻已然培育出了自覺的黨派意識,從而有崇、弘間風起雲湧的民間結社運動。這些社團雖往往以思想、學術為標榜,真正指向卻無疑都在政治,目的是憑藉思想認同,結成統一訴求的政治力量,最終干預社會和現實。這是以往東林的鬥爭所指明的方向,但比東林更進一步的是,後起的年輕一代開始謀求組織化,懂得組織形態的重要。復社所謂「立規條,定課程」,所謂「為文言志,申要約」,其實就是今天之「黨章」,而「於各郡邑中推擇一人為長,司糾彈要約,往來傳置」,則於具體組織層面求內部秩序、領導系統的嚴密建設。故爾,復社完全可視為中國歷史上第一個完整意義的政黨;其作為政黨組織,已不惟有其實,亦略具其形。它於崇禎二年、三年、五年,連續舉行三次「大會」(尹山大會、金陵大會、虎丘大會),相當於後世黨代會;並在南京領導、實施了統一的政治行動——「防亂揭帖」倒阮事件;又在崇禎死國之後,就新君選定擁戴事宜,與東林大佬合謀運作……凡此種種,非政黨則不足以言之。

作為復社骨幹,夏允彝自可視為我國較早的政黨活動家。「北都變聞,慟哭累日……扁舟渡江,走謁尚書史可法,與謀興復,聞福王立,乃還。」此行,無疑是含着黨務色彩的。嗣後,也因此被馬、阮揪住不放,興師問罪:

其年五月，擢吏部考功司主事，疏請終制，不赴。及馬士
英、阮大鋮亂政……劾允彝及其同官文德翼居喪授職為非制。[1]

　　儘管夏允彝不曾到任，但對他的新任命明顯是基於黨派原因做出的
安排——弘光即位前，南京政局尚握於東林之手——且為着黨派利益，
將禮法置於不顧了。從禮法角度，官員居喪不能出來做事。這條小辮子，
馬、阮可謂逮個正着。馬、阮當然並非對捍衛禮法感興趣，他們目的也在
黨爭，禮法不過是打擊政敵的武器，就像如今不同政黨間經常拿道德做文
章、攻擊對方，卻把自己打扮得很高尚一樣。

　　對政黨政治，平時我們易於或更多看到它的傾軋和不擇手段，這固然
是不錯的。然而三四百年前，這情形亦適足表現一種政治競爭的開展，它
實際是君權萎縮、政治的重心向職業政治家集團轉移所致。在明代，這變
化明顯以嘉靖為分水嶺，嘉靖是最後一個把大臣玩得團團轉的皇帝，之後
則顛倒過來了。而且，這還不能都用君主黯弱來解釋，萬曆、泰昌、天啟
幾位，固然昏碌得不理朝政，崇禎皇帝可並不那樣。崇禎皇帝很積極、很
勤奮，甚至到了待己苛苦的地步，很願意讓乾綱獨奮的有為君主形象在自
己身上重現，可他根本玩不轉了，政治已經變成朝中黨派遊戲，沒皇帝什
麼事，他臨死前說君非亡國之君、臣皆亡國之臣，一部分就是在抱怨這種
過去所不曾有的現實。

　　馬、阮其勢洶洶，咄咄逼人，虧得弘光朝轉瞬即逝，不能拿夏允彝
怎樣。乙酉之變消息傳來，他「彷徨山澤間，欲有所為。聞友人徐石麒、
侯峒曾、黃淳耀、徐汧等皆死，乃以八月中賦《絕命詞》，自投深淵以
死。」[2] 具體過程，與他有親戚關係的侯玄涵所知更詳。侯家是嘉定名門，
滿清製造「嘉定三屠」慘案，即由玄涵的伯父侯峒曾所領導的抗清而起，
玄涵的兄長玄洵娶了夏允彝之女、夏完淳的異母姊夏淑吉為妻。他所寫
《吏部夏瑗公傳》記述：

---

① 　王鴻緒《夏允彝傳》，《夏完淳集箋校》，上海古籍出版社，1991，第522頁。
② 　同上。

乙酉夏，王師南下，士大夫相率奉手板入謁，公獨不可。時江南總兵吳志葵頓兵海上，同郡給事中陳子龍、孝廉徐孚遠，陰與陳湖亡命起兵湖中，志葵故公門生，子龍說公以尺書招之。志葵與參將魯之璵率舟師三千，自吳淞口入澱、泖，窺蘇州。[3]

行動以失敗告終，敗軍逃往海上。有人勸說夏允彝也「入海趨閩」。入海，是隨敗軍一起逃走；趨閩，指投奔福建。當時唐王朱聿鍵由鄭鴻逵、鄭芝龍（鄭成功父）和黃道周擁戴，在福州即了皇帝位，而夏允彝自己曾在福建為官，有很好的官聲。他拒絕逃走，說：「舉事一不當，而行遁求生，何以示萬世」，「吾將從虞求、廣成遊」。虞求為徐石麒，廣成為侯峒曾。他於《絕命詞》中寫道：

少受父訓，長荷國恩，以身殉國，無愧忠貞。南都繼沒，猶望中興；中興望杳，安忍長存！[4]

這時，完淳年方十五。

三

完淳一直以父親為榜樣，而父親也對他特別鍾愛——那或因是獨子的原因——把他隨時帶在身邊，包括當年在長樂任知縣。夏允彝弟子蔡嗣襄說：「彝仲每見余輩，必令存古陪。」有意識地給以薰陶，讓他長見識：

存古時年十二歲，秀目豎眉，舉止如一老成人。出所為詩賦相示，已成帙，席間，抵掌談烽警及九邊情形，娓娓可聽，其伯父止之曰：「有客在座，小子可嘖嘖焉？」[5]

伯父止之，父親卻沒說什麼，他心裏其實是暗中鼓勵和讚賞的。

---

③　侯玄涵《吏部夏瑗公傳》，《夏完淳集箋校》，上海古籍出版社，1991，第 519 頁。
④　同上。
⑤　蔡嗣襄《夏存古傳》，《夏完淳集箋校》，第 546 頁。

古人都有名、字、號；當然，得是有身份的人家，窮人一般不專門起名，只以排行為名，吳晗就曾考證朱元璋本名重八，元璋是後起的。名、字、號中間，名和字由父親或更高的長輩起，號由自己起。字之於名，有解釋或引申的作用，故又稱「表字」。夏允彝給兒子起名完淳；淳，是質樸、純粹的意思，完淳，便是質樸、純粹的極致，而儒者眼中，這種極致只有古時候才見得着，所以又將他的表字定為「存古」，希望他能夠留存古代的精神。

中國人對於起名，有很神祕的看法，認為足可決定一生。此雖無妄，但有時候以其名揆其人，確有種種吻合之處。或許名字中的含義，自動形成和散發長久的心理暗示，到頭來，反以此方式影響了人的一生亦未可知。

完淳便與其名和字很是投緣。有關他的早慧文才，那是眾所公認、交口稱讚的，如說：「操筆立就，奇麗可觀」[1]，「為文千言立就，如風發泉湧」[2]，「幼以神童名，有雋才」[3]，「弱冠才藻橫逸，江左罕儷」[4] 等等。不過，這些只是一般地表彰他的不凡，還不能具見他的性情。說到這一點，得佩服一下郭沫若。他雖為身名所累，但慧悟確有過人之處，對夏完淳，他的眼光就很敏銳，不單稱其文采，更注意到他「六朝以後的史事人物便很少提及，詩不提李、杜、元、白，文不提韓、柳、歐、蘇，詞不提周、柳、蘇、辛，曲不提關、白、鄭、馬，甚至如行跡相似之文天祥、陸秀夫之類的宋人亦絕未提及。」[5] 這就不是泛泛而談，而是知人之論。

慕古，似乎是他與生俱來的天性。前面蔡嗣襄講，看到十二歲的完淳，留下了「舉止如一老成人」的印象。這其實也是他文章的格調。一般這種年齡的孩子，不論才情多麼卓穎，我們所能想像的總是不越於「青春文學」之上的寫作，總是逗留在「少年不識愁滋味」的情狀。蓋因才華歸才華，年少者的情懷卻一定與其人生經驗相埒。但在完淳這兒，我卻遭遇了極大的意外。若他僅是「弱冠才藻橫逸」，在我們，也無非視為三百年

① 《增修紫隄村志》，《夏完淳集箋校》，上海古籍出版社，1991，第 544 頁。
② 王弘撰《夏孝子傳》，《夏完淳集箋校》，第 545 頁。
③ 查繼佐《行取知縣夏公傳》，《夏完淳集箋校》，第 531 頁。
④ 溫睿臨《夏允彝傳》，《夏完淳集箋校》，第 538 頁。
⑤ 郭沫若《夏完淳》，《郭沫若全集》，文學編，第七卷，人民文學出版社，1986，第 442 頁。

前「80後」，雖然是更可歎絕的「80後」。可他根本不是這樣。他詩文所透出的眼界、胸次，那種歷史厚度、那種憂患滄桑，以及心靈所觸摸、感應、縈繞的東西，全非那年紀所能有。他最早引世人驚詫的，是一篇擬庾信的《大哀賦》，後人陳去病盛譽「幾疑開府復生」[6]。我們都知道杜甫名句：「庾信文章老更成」，那是歷來中國文學臻於「老境」的象徵，而這十來歲的少年，一出手便追摹着這種境界。似乎我們應該注意一下他感興趣的文體，那時，他完全沉浸在興於漢代而自隋唐後基本死掉、連成年人都鮮有問津抑或不能駕馭的大賦，連續寫下《大哀賦》、《寒泛賦》、《江妃賦》、《秋郊賦》等十餘篇，仿佛非此恢宏鋪排、一唱三歎的文體，就不足承載他浩廣恣洋的情感。漢賦以外，他還喜歡莊子之文、屈宋騷體和樂府歌行，都是開闊而古遠的樣式。實際去讀他作品，所得感受將比別人所不吝讚賞於他的，還令人稱奇，因為大家一般只是指出他身懷異秉，其實，更所罕見的是他的襟抱；關於後者，呆會兒我們結合他的事跡，再具體舉一些詩文為例。

此刻，橫在這十五歲少年跟前的，是天塌地陷的一幕：他敬愛的父親，撇下家人，慘烈殉國：「投松塘死。水淺自伏而絕，背衣猶未濕也。」[7] 怎麼「自伏而絕」的呢？據說，由於水非常淺，夏允彝「懷石沉嵩塘以死」[8] —— 死死抱住一塊石頭，生生溺斃了自己，那該是何等無悔與決絕！

四

我很想知道完淳目睹父親這般姿態的屍首後，內心是何感受。不料，長於文墨的他竟不曾寫過祭文來悼念父親，翻遍《夏完淳集箋校》和民國二十八年商務印書館版《夏內史集》，只見到《六哀詩》中一首《先考功》，將父親與徐石麒、侯峒曾、黃蜚等一道推重，並不是從父子角度吐

---

[6] 陳去病《五石脂》，《丹午筆記‧吳城日記‧五石脂》，江蘇古籍出版社，1999，第 290 頁。
[7] 《增修紫隄村志》，《夏完淳集箋校》，第 544 頁。
[8] 朱溶《忠義錄》，《夏完淳集箋校》，第 528 頁。

訴私衷。倒是大姊淑吉在父親就義週年之際，寫過三首詩：

> 輕生一訣答君恩，伯道無兒總莫論。
> 不忍迴腸思昨歲，楞嚴朗誦一招魂。
> 翻疑愛重摘人天，子女緣微各可憐。
> 拜慰九京無一語，花香解脫已經年。
> 望繫安危一代尊，天涯多士昔盈門。
> 丘山零落無人過，夜月鳥啼自斷魂。[1]

父親死後，淑吉入了空門，故云「楞嚴朗誦一招魂」。「子女緣微各可憐」一句，最見心聲，因為父親死得太早，做子女的難免生出「緣微」之感，所以「輕生」二字略露怨艾。不過，對父親所抱之志還是理解和尊重的，認為那選擇於他是「花香解脫」。而從「望繫安危一代尊，天涯多士昔盈門。丘山零落無人過，夜月鳥啼自斷魂」兩句看，夏允彝身後是有些寂寞的，從前賓客盈門，現在卻「無人」來墳上看望。

不知完淳是否也和大姊一樣，歎息「子女緣微各可憐」？他的無所表示，是真的不做表示嗎？我曾找到一個跡象，說明他自父死後，一直在設法不去面對這件事。那是他寫《續幸存錄》時，敘其原委，講到父親臨終前如何囑託他代為完成那未竟之作，可他卻足足一年不敢看父親遺作一眼：

> 嗚呼！手澤存焉！父書猶不忍讀，可況續其遺書耶！然先志不可違也。自草土以來，恆思纂述，而哀瘠之餘，形神俱涸，一經置筆，念及先忠惠風雨一編，便淒然自廢。景光如逝，忽焉小祥矣。[2]

辭世週年曰「小祥」，所以他確實經過了一年，才強逼着自己從迴避中走出來。

---

[1] 夏淑吉《先考功忌日三首》，引自《郭沫若全集》，文學編，第七卷，人民文學出版社，1986，第418頁。

[2] 夏完淳《續幸存錄》，自序，《夏完淳集箋校》，上海古籍出版社，1991，第422頁。

恐怕不光是極度悲傷，我更覺着還有一種可能，即他或許感到父親的死對於自己，已根本超出了文字所能表達的限度。我們換個角度來看，自夏允彝赴水那天起，完淳可以說無時無刻不在對父親做出回應——只是從來不用文字罷了。一直到犧牲為止，他的筆是從來沒有停下的，詩、文、傳記，以及給親人們的遺書等等，寫了很多很多，卻就是不曾專為父親寫點什麼。我想來想去，對此只有一個解釋，即：凡涉及父親的，都無法形諸筆墨，而只能化為行動。

完淳從此成為「無家」之人。他把妻女（當時他已有一女）送回外家，自己就像孤魂野鬼，在曠野裏四處奔走，不斷地投身到不同的起義隊伍。屈大均《皇明四朝成仁錄》之《吳江起義傳》，概括了他後兩年的生命：

> 從其師陳子龍起兵太湖，遵父遺命盡以家財餉軍魯監國，遙授編修。子龍戰敗，完淳走吳易軍，為參謀。易敗，復與吳聖兆連謀反正，被執，至留者。[3]

吳聖兆即吳勝兆，原係明軍李成棟部將，時已降清，為松江提督；他於 1647 年起兵反正，時稱「丁亥之變」。

以上過程，《東山國語》有較細的講述——

父親死後，完淳「作表潛通海上達魯王，為奸者所覺。北鎮吳勝兆得其表，寢匿不出。吳本舊將，就降於北，頗懷舊，縱完淳去。」他先是悄悄上書給在浙東稱監國的魯王，被截獲，但吳勝兆瞞下這事，放過了他。之後完淳「私入太湖受盟而還」，找到在太湖中打遊擊的義師，祕密加入他們，之後返回，想必是替義師做偵探。而滿清防範甚嚴，四處耳目，或對完淳有所注意，「時多窺伺，避禍，以舟為家」，為甩掉盯梢，完淳一度只能漂泊湖上。[4]

年底，他躲到浙江嘉善岳父錢栴的家。

---

③ 屈大均《皇明四朝成仁錄》（一），明代傳記叢刊·名人類，臺灣明文書局，1991，第 484 頁。
④ 沈起《東山國語補》，臺灣文獻叢刊第五輯，《東山國語·鹿樵紀聞》（合訂本），臺灣大通書局，1995，第 101 頁。

錢栴，表字彥林，是個舉人，其父錢士晉做過雲南巡撫。說起他們翁婿，還有一個小故事。完淳十三歲時，隨父赴長樂之任，路過嘉善，可能也是為與錢家小姐錢秦篆訂婚，專門拜見錢栴：

> 時四方多故，兵食交困，完淳啟謝曰：「處今日時勢，大人所閱何書？何重何事？」彥林方以童子視之，欲致答，倉猝中未能持一論，但曰：「吾與君家阿翁所學略同。」[1]

錢栴措手不及，倉猝答道：我和你爸爸觀點差不多吧。估計這一見一問，未來的老丈人便再也不「以童子視之」了。

錢栴也是抗清義士。南京陷落後，與堂兄錢棅起兵，錢棅在嘉善守城，他則率兒子錢熙、錢默援協嘉興。兩城次第告破，錢棅入太湖打遊擊，「遇大兵大戰，身被四創而死」；錢栴則逃往浙東投奔魯王，之後回到故里，圖謀再起。一年後，「丁亥，栴預吳勝兆密謀」。[2]

「丁亥之變」是這樣發生的：

> 丙戌（1646），雲間北鎮吳勝兆志不忘舊，欲以兵起，恐失援，知陳臥子（陳子龍）與半村（錢栴人稱「半村先生」）密，隱通於完淳。完淳喜，往合臥子，約海上舟山黃斌卿以海師進吳淞。吳淞守者係勝兆腹心，樂內應。完淳日往來其間，故常在舟中。斌卿業與陳、夏訂期，將至淞，忽颶風大作，覆十餘舟，斌卿幾不免，退歸。勝兆至期，置酒高會，宴諸文武優戲。酒半，起穿優服語眾曰：「此我明制服也。」首戴進賢，令眾皆易服。復曰：「用夏變夷，在此一刻。」同謀者已預備明製，易服拜見。中有府屬明職降北者，反以為不可。勝兆怒，立殺二人。眾懼，聽約束。於是城中縉紳士庶皆踴躍因臥子、存古輸情於勝兆。踰日，海師不至，聞斌卿覆舟之變。武弁中有北籍者，是

---

① 沈起《東山國語補》，臺灣文獻叢刊第五輯，《東山國語‧鹿樵紀聞》（合訂本），臺灣大通書局，1995，第101頁。
② 李聿求《魯之春秋》，錢栴傳，浙江古籍出版社，1984，第135-136頁。

夕不得已易服，原非本志，懼禍，詭言請事。勝兆已中戰，問：「何事？」曰：「請密語。」入密室，猝起殺勝兆，舉其首號於眾曰：「蘇州土督有密諭，令斬叛者。蘇州大軍即至矣。眾震駭，皆從滿服。往索臥子，已逸去。

這是太湖流域最後一次較大的起義。「蘇州土督」，即清江寧巡撫土國寶。文中可知，完淳所起作用，是在「叛軍」與民間抗清義師之間充當「交通」，傳遞信息、串通聯絡。起義本身，不啻飛蛾撲火，實際上也只在脫掉滿服、重換漢裝的意義上發生，但僅僅幾天又換回了滿服，此外則實際未發生別的事。然而，歷史不得以成敗論英雄，飛蛾撲火之中，自有一腔熱血，適為民族精神不死之證。

五

對於飛蛾撲火，完淳早就了然於胸，毋如說，他根本是抱了這種態度走完人生最後的兩年。他有五言詩《精衛》：

北風蕩天地，有鳥鳴空林。志長羽翼短，銜石墮浮流。崇山日以高，滄海日以深。愧非補天匹，延頸振哀音。辛苦徒自力，慷慨誰為心！惜哉志不申，道遠固難任。滔滔東逝波，勞勞成古今。[3]

箋者曰：「當是乙酉國難後作，藉精衛以明心志。」精衛，是徒勞而不屈的象徵。詩中以「北風」喻滿清，而以鳴於空林的小鳥自比。他知道自己有志力薄、有心無力，相反，滿清統治卻一天天強大、穩固起來（崇山日以高，滄海日以深），他知道自己補不了天，所能做的無非是於世上發出一點悲傷的哀鳴罷了，但他只想盡這樣一點點的力量，不辭徒勞，也不怕徒勞，他願意這樣匯入歷史河流，成為歷史的一部分。

又有詠刺秦義士荊軻的《易水歌》：

---

③　夏完淳《精衛》，《夏完淳集箋校》，上海古籍出版社，1991，第146頁。

白日蒼茫落易水，悲風動地蕭條起。

荊卿入秦功不成，遺恨驪山暮煙紫。

昔年此地別燕丹，哀歌變徵風雨闌。

白虹翕翕貫燕市，黃金臺下陰雲寒。

袖中寶刀霜華重，此事千秋竟成夢。

十三殺人徒爾為，百二河山儼不動。

嗚呼，荊卿磊落殊不倫，漸離慷慨得其真。

長安無限屠刀肆，猶有吹簫擊筑人！[1]

古人視秦為反文明的黑暗時代，在完淳眼中，滿清便是「當代的秦」。和《精衛》一樣，詩中同樣明示，雖然反抗難逃「功不成」、「徒爾為」的下場，反抗者卻仍是偉大無倫的英雄。這種偉大無倫在於，「長安無限屠刀肆，猶有吹簫擊筑人」，中國需要這種證明。

《六君詠》[2]，為緬懷乙酉年六大死國名臣而作，分別是史可法、黃道周、劉宗周、徐汧、金聲和祁彪佳，他們或毅然自裁，或戰至最後一刻。完淳此作，歌美忠義的寓意無邊多言，關鍵是他在詩中表現的精神高度，與所寫對象略無差異，而難以置信作者僅為十六七歲的孩子。他評史可法：「忠清卓犖姿，夙昔事戎馬。隆望震華夷，嘉名澤風雅。」歎之「出師計不成，戰死維揚野」，以「西風五丈原，冥冥雲能駕」稱讚史可法的精神可與諸葛亮比肩。評黃道周「漳浦介以廉」，一生正直、清白，也指出「戎馬非所長」，但認為這不重要，重要的是「破胡雖不成，報國心已畢。」說劉宗周「劉公執法臣，威儀世所則」，劉宗周司職監察工作，官左都御史，認為他對職守之忠，堪為天下之表，次而說「弟子三千人，紹興鄒魯跡」，孟子鄒人，孔子魯人，意謂劉宗周對儒學的貢獻，可比作當世孔孟。徐汧在清兵下蘇州、發佈薙髮令後，不是簡單一死了之，而是在虎丘以鄭重儀式公開自裁，圍觀者達數千人，以此向世人昭示氣節，完淳盛讚他「始知風雅儒，大勇甘溝壑」。金聲是清軍南下後，皖南抗清的領

---

① 夏完淳《易水歌》，《夏完淳集箋校》，上海古籍出版社，1991，第 171 頁。

② 同上書，第 111-121 頁，以下不贅。

袖，兵敗被執，拒降，臨刑「謂刑者曰：『但絕我氣，無斷我頭。』於是，撚鬚仰面，飲刃而沒。」③完淳慟之曰：「輕生貴任俠，英爽殊逼人。功名盡一劍，壯志苦不伸。」祁彪佳是劉宗周得意弟子，世代書香，紹興祁氏曠園淡生堂，是明末最大私家藏書家，他的死，也和出身、家門一樣，在六人中最恬淡寧靜，當時他收到清軍「檄諸生投謁」的命令，對妻子說「此非辭命所能卻，若身至杭州，辭以疾，或得歸耳。」「陽為治裝將行者，家人信之不為意。至夜分，潛出寓園外放生碣下，投水死。先書於几云：『某月日已治棺，寄葮山戒珠寺，可即殮我。』其從容就義如此。」④所以完淳提到他，筆下也浮動着一種唯美的光彩：「中丞多風姿，簡貴出塵表。修飾好羽翼，凌雲獨矯矯。」我們看他這些評隲，絲毫沒有因對象均為名高望重的前輩而仰視的目光，儼然是平起平坐的朋友，而其從容沉靜、不溫不火、娓娓道來的語氣，以及恰如其分、約言抉要的見地，實在不是年方十六七歲的少年所能至。這當中，除遠超常人的縱覽飽讀，更難得的是言談背後的高卓眼界。

他最後同時亦為其生平最傑出之創作，乃詩集《南冠草》。郭沫若的劇名即取於此。那是他從被捕起，沿途以及獄中吟得，可以說是這非凡少年向人間辭行而留下的心路歷程。「草」字易解，未定之稿也，所謂「文之蒿草」，尚不足以稱文，故為草。「南冠」卻有典故，出《左傳‧成公九年》：「南冠而縶者」，當時，晉景公援鄭伐楚，捉到楚臣為俘，而有此語；完淳在此藉以自指——對滿清來說，他也是「南冠而縶者」。

其第一首《五律‧別雲間》說：

> 三年羈旅客，今日又南冠。無限河山淚，誰言天地寬！已知
> 泉路近，欲別故鄉難。毅魄歸來日，靈旗空際看。

首句可謂是對父親死後自己生命歷程的總結：父死三載，他也流浪了三年，而終以囚徒結束。「無限河山淚，誰言天地寬」，何時讀來，此句都

---

③　溫睿臨《南疆逸史》，金聲傳，中華書局，1959，第97頁。
④　李天根《爝火錄》，浙江古籍出版社，1986，第504頁。

令人淚不能禁！這位臉上一定還未脫稚氣的少年，那猶在發育中的胸膛，卻裝着祖國大好山河，為她悲慟和不忍。他已知此去絕無生還理，在心裏暗暗地和鄉親、祖輩世代生息之地告別了，再回故鄉時，他將作為「毅魂」，驕傲地看着自己的靈旗在空中飄揚。

第二、三、四首，分別寫給嫡母盛氏、妻子錢秦篆、大姊淑吉以及他的外甥侯檠。對嫡母，他說：「古道麻衣客，空堂白髮親」，黑髮人從此不能孝奉白髮人，白髮之人倒要面對黑髮人之喪（麻衣，喪服也），他不禁歎道：「負米竟誰人？」日後，誰又來為年邁老母負米回家呢？對妻子，他滿懷疚意：「憶昔結褵時，正當摜甲時。門楣齊閥閱，花燭夾旌旗」，結婚之日起，自己就被迫拿起刀槍，夫妻並無一日恩愛廝守，眼下又將永訣……末句「珍重腹中兒」，尤令人痛，此時錢氏又有身孕，而完淳卻再也看不到這新的生命了，只及留下這樣一句囑託！大姊淑吉嫁與侯玄洵為妻，關於嘉定侯家的高潔，我們先前已曾介紹，所以完淳開頭寫道：「門閥推江左，孤忠兩姓全。」夏、侯兩家，都是好樣的！第三句寫：「愧負文姬孝，深為宅相憐」，以大姊比蔡文姬，因為淑吉也是出名的才女。他們姐弟感情很深，臨別，完淳還要為着日後盡孝的重任都壓在姐姐身上，而不安和抱愧。最後一句「大仇俱未報，伏爾後生賢」，是寫給外甥侯檠的，他倆年紀相仿，且都富文才，平時相得甚歡，每與唱和，此時完淳留給侯檠的心願是，牢記兩家共同的大仇，未竟之事就全靠你了！

全部《南冠草》，計五律十首，七律三首，七古二首。我們這裏不及逐一拜覽，概而言之，格調無不高古，感情無不真摯，襟懷則無不深沉。它們不但應在中國詩歌和文學史上佔一特殊地位，也理當是中國愛國傳統教育的必選教材——如果我們的這種教育真正建立在悠久歷史基礎上，真正秉承從這歷史中自然生發出來的至正至大精神，像夏完淳這樣的少年英雄是絕不該忘卻的。

但我還是忍不住再提一提《南冠草》裏頭兩首七古《細林野哭》和《吳江野哭》，那是他解往南京途中，分別哭兩位父輩的同志陳子龍和吳易的。兩詩都寫得英氣勃發、盪氣迴腸，尤其《細林野哭》，辭氣和筆力很有太白遺風：

細林山上夜鳥啼，細林山下秋草齊。有客扁舟不繫纜，乘風直下松江西。卻憶當年細林客，孟公四海文章伯。昔日曾來訪白雲，落葉滿山尋不得……

餘如「黃鵠欲舉六翮折，茫茫四海將安歸」、「天地跼蹐日月促，氣如長虹葬魚腹」、「撫膺一聲江雲開，身在羅網且莫哀」等句，也縱逸駿發、氣象闊大。

騷賦之外，完淳另有一重要著作《續幸存錄》。那是對《幸存錄》的續寫。《幸存錄》寫於崇禎死國之後，當時夏允彝居喪在家，痛定思痛，感到必須一探國家走到如此不可收拾一步的根源，遂有此作。但「迹至先帝死社稷，遂絕筆不復紀」[①]，從萬曆寫起，及寫到崇禎之死，自己也殉了國難，獨獨缺了弘光這一段。他留下遺命，要完淳續完全部，可見他對兒子的才學多麼信任，毫不懷疑他足以去做這樣一件嚴肅而重要的事情。而完淳的傑出，我們都已親眼看見，他以十六齡童，不僅承擔和完成了這相當於斷代國史的撰述，而且做得極為出色，高屋建瓴，器局寬宏，持言正平，議論精當，如「朝堂與外鎮不和，朝堂與朝堂不和，外鎮與外鎮不和」[②]，「士英雖有用小人之意，而無殺君子之心」[③]，「史道鄰清操有餘，而才變不足；馬瑤草守已狼藉，不脫豪邁之風。用兵將略，非道鄰所長，瑤草亦非令僕之才。內史外馬，兩得其長」[④]等，皆非人云亦云而能獨出己見，尤其是很好地承接了父親《幸存錄》欲跳出黨派立場之外、實事求是總結亡國經驗的立意。雖然後來黃宗羲對夏氏父子的表述很不高興，認為「是非倒置」[⑤]，我們作為後世旁觀者，卻更傾向於贊同李清的觀點，夏氏父子「存公又存平」[⑥]，是真正的良史之風。後世稱完淳「夏內史」，就是因為書中發議論的段落以「內史」自名，而大家也一致公認他配得上這稱呼，可見《續幸存錄》作為史著的成功，以及人們對完淳作為史家的認可。歷來

---

① 夏完淳《續幸存錄》，自序，《夏完淳集箋校》，上海古籍出版社，1991，第 422 頁。
② 夏完淳《續幸存錄》，《夏完淳集箋校》，第 431 頁。
③ 同上書，第 434 頁。
④ 同上書，第 455 頁。
⑤ 黃宗羲《汰存錄》，《黃宗羲全集》，第一冊，浙江古籍出版社，1993，第 327 頁。
⑥ 李清《自序》，《三垣筆記》，中華書局，1997，第 3 頁。

說「文史不分家」，實際文與史斷乎不同，善治史者固然未必有頂尖的文才，但頂尖的文才更未必可以成為一流的史家，因為一流史家所應備的胸襟、識學，實在是很難達到的。完淳竟以猶未弱冠的少年，將二者集於一身，對此，我每每覺得是超乎想像的事。

六

完淳被捕的時間，郭沫若認為是丁亥年（1647）六七月之交，地點為華亭。因是要犯，被捕後，清政府很快將其解往南京。上述時間，正好途中有熟人目擊，故可以確定：

> 順治丁亥七月既望，夏子存古以奉表唐王謝恩，為海上邏卒所獲。洪經略密行土撫軍，索存古甚急。時余讀書虎丘石佛寺，不知也。一日，乘涼散步將到憨憨泉，見一小沙彌同青衣數人汲水而飲，遙望沙彌有似存古，趨視之，則竟是也。問之，則曰：「我已就縛上道，無資斧，其為我謀之。」余急索囊中傾付之，送其登舟。有經略差官王姓者，慮有他謀，詰詢姓名，詞氣甚厲。余以世誼交情詳告之。且曰：「吾為行者冶裝，於爾亦未嘗無益，何怒之有？」於是沽酒脯為別。[1]

舊曆每月十五日為望日，既望，是十五剛過；這裏便是七月十六日。從杜登春目擊的情形看，完淳上路時一身蕭然，而滿清卻不對犯人提供任何幫助，時當盛夏，連飲水都只能路旁急就。沙彌，就是小和尚；這兩年完淳大概一直做此裝束，一來作為對薙髮的抗拒，二來利於在鬥爭中掩護身份。完淳自己也在《南冠草》「虎丘遇九高」（九高是杜登春的表字）中記了這次巧遇：「竹馬交情十七年，飄流湖海竟誰憐」，並說「楚囚一去草如煙」，[2] 好像「南冠草」的題目便是在這首詩中醞釀的。

---

① 杜登春《童心犯難集》，《夏完淳集箋校》，上海古籍出版社，1991，第 618-619 頁。
② 夏完淳《虎丘遇九高》，《夏完淳集箋校》，第 334 頁。

洪經略即洪承疇，清軍下江南後，委他做「招撫南方總督軍備大學士」，眼下，是他催令土國寶急解完淳到南京。他的出場，將為完淳的英雄謝幕做最好的陪襯。屈大均記曰：

> 被執至留都，叛臣洪承疇欲寬釋之，謬曰：「童子何知，豈能稱兵？叛逆誤墮軍中耳。歸順當不失官。」完淳厲聲曰：「吾嘗聞洪亨九先生本朝人傑，嵩山杏山之戰，血濺章渠，先皇帝震悼褒卹，感動群夷。吾嘗慕其忠烈，年雖少，殺身報國豈可以讓之。」左右曰：「上坐者，即洪經略也。」完淳叱之曰：「亨九先生死王事已久，天下莫不聞知，曾經御祭七壇，天子親臨，淚滿龍顏，群臣嗚咽。汝何等逆賊，敢偽託其名以污忠魄！」因躍起，奮罵不已。承疇無以應，惟色沮而已。③

完淳為洪承疇所殺是事實，但上述具體情節，虛構和演義的可能性大。因為同一情節，也曾出現在別人身上，例如左懋第被扣北京期間，洪承疇出來見他：

> 懋第叱曰：「此鬼也！承疇統制三邊，松、杏淪亡，身殉兵革。先帝賜祭，加醮九壇，優以恤蔭。承疇死久矣！若何得復存？來者鬼也！」④

幾無差別，其中必有張冠李戴者。

完淳在獄中大概關押了一個多月，其間確切可信的事跡，還是以《南冠草》和兩封遺書為準。由《南冠草》我們得知，他是被監禁於從前某位明朝太監的宅第中；《被羈待鞫在皇城故內璫宅》：「重來中貴宅，空掛侍臣冠。」又從《御用監被鞫拜瞻孝陵恭記》知，審訊地點為前御用監，但也變更過別的地點，例如西華門（《西華門與同難諸公待鞫》）。

被害日期，為當年九月十九日。陳去病《五石脂》：

---

③ 屈大均《皇明四朝成仁錄》（一），明代傳記叢刊・名人類，臺灣明文書局，1991，第 484-485 頁。
④ 抱陽生《甲申朝事小紀》，書目文獻出版社，1987，第 732 頁。

存古就義之日，向僅附見《蘇州府志·劉曙傳》，去係九月十九日，殊未敢信。頃讀吳下逸民所撰《劉公旦死義事略》，亦謂九月十九日赴市，同刑者三十餘人。[1]

據洪承疇當時呈自南京的報告，內言：

> 玖月拾捌日，臣准刑部咨，該臣題前事：「奉聖旨：『刑部核擬速奏，欽此。』欽遵。抄部送司，核擬呈堂，該部看得：叛犯顧咸正等三十三名，通海寇為外援，結湖泖為內應，祕具條陳奏疏，列薦文武官銜，其中逆黨姓名，歷歷可據。不軌之謀既確，俱應依謀叛律，不分首從皆斬⋯⋯」臣查玖月拾捌日部文到日，提督臣張大猷已於拾柒日先督兵赴淮安剿賊，臣隨會禮部侍郎臣陳泰、操江院臣陳錦，將顧咸正等三拾肆名取齊。內有沈豸壹名，先據按察司事馬政道、盧世楊報稱，已於玖月拾柒日在監病故，臣委聽用都司黃鼎鉉等相驗戮屍訖。見在叛犯顧咸正、欽浩、吳鴻、夏完淳、謝堯文、孫龍等共三拾名，欽尊聖旨，即於玖月拾玖日會官梟斬正法訖。[2]

此件為清廷內閣大庫檔案。民國間，由中央研究院歷史語言所將內庫檔案陸續整理出甲至丁編，該所遷臺後，又從運臺的一百箱餘檔，整理出戊至癸各編。洪承疇這份報告，便收在己編第一本。當年陳去病自不可能看到，不過，它最終證實了陳的看法：完淳被害於丁亥年九月十九日。

從洪承疇報告知，先是刑部於審訊結束後奉聖旨「核擬速奏」，迅速覆核並擬定量刑，之後刑部上報：罪行確鑿，所有涉案三十三人，一律處死。刑部的判決於九月十八日到達南京，次日，洪承疇就將它予以執行。

據以上推斷，完淳的絕筆——留給嫡母和髮妻的兩件遺書——應寫於九月十八至十九日之間，即被告知死刑判決後。其間，遺恨、愧負、心

---

[1] 陳去病《五石脂》，《丹午筆記·吳城日記·五石脂》，江蘇古籍出版社，1999，第 290 頁。

[2] 《江南各省招撫內院大學士洪承疇題本》，中央研究院歷史語言研究所《明清史料己編》，第一本，1957 年原版，中華書局影印，1987，第 93 頁。

痛之種種，是不必說了。比較重要的是，我們藉此得知兩點：一、父親一死，「淳已自分必死」，明確自己也不久於人世；「斤斤延此二年之命」，「貴得死所耳」，多活了這兩年，只是為了死得正確。二、特別囑咐有孕在身的妻子：「淳死之後，新婦遺腹得雄，便以為家門之幸」，盼望這遺腹乃是男胎，將來好繼承他的遺志。[3]

同日被害三十三人中，還有他的岳父錢栴。有人說事到臨頭，錢栴發生動搖：「半村、完淳皆被執，赴南都，同錮一室。半村未免乞哀，且重行賄以祈脫。完淳怫然以為不可，賦詩規之」[4]。但也有說他「不屈死」[5]。未知究竟，但有一點是肯定的，他們翁婿雙雙遇難。這時，我們當然會想到那年僅十八的錢家小姐秦篆，她在同一天，既失去丈夫，又失去了父親。

七

到此為止，華亭夏家的男性成員已無孑餘。方餘先生的兩個兒子都是自殺身亡：繼夏允彝之後，他的兄長夏之旭也因藏匿陳子龍被清廷追究，於丁亥五月二十五日，自縊於文廟顏子牌位旁。眼下，孫輩完淳也捐軀了，這很可能是方餘先生一支的絕嗣。夏之旭膝下似乎無子，如有，從完淳很樂於與親屬中同輩人唱和的習慣看，我們應能發現他或他們的存在。前面說，完淳自己有個遺腹，但生下來是男是女，以及下落，異說難定，很不明朗，只知道錢秦篆自己後來也削髮為尼了。因此我們認為，夏家的下場多半是滿門都為國盡忠而亡。

不單如此，夏家兩邊的姻親也喪之殆盡。大姊所嫁嘉定侯家，出了抗清著名領袖侯峒曾、岐曾兄弟（侯岐曾便是淑吉的公公）。兄弟二人所生諸子，又有數人自盡或被滿清殺害。嘉善錢家，錢栴和堂兄弟錢棅同樣死於國難，錢栴的兩個兒子亦即完淳的內兄錢熙、錢默都隨父起兵，後來錢

---

③ 夏完淳《獄中上母書》，《夏完淳集箋校》，上海古籍出版社，1991，第413-414頁。
④ 沈起《東山國語補》，臺灣文獻叢刊第五輯，《東山國語·鹿樵紀聞》（合訂本），臺灣大通書局，1995，第102頁。
⑤ 李聿求《魯之春秋》，錢栴傳，浙江古籍出版社，1984，第136頁。

熙「參總督吳易軍事，易未敗而熙先以病卒」①，錢默則削髮為僧。

還有他的老師陳子龍，在至友夏允彝死後，堅持抗清兩年，終被捕，「繫舟中，泊跨塘橋下，子龍伺守者懈，猝起投水死。」②

短短幾年，夏家親朋故舊，如風摧林，飄零滿地。

清廷刑部尚書吳達海在上呈順治皇帝的報告中寫道：

> 問得一名顧咸正，年五十七歲，係蘇州府崑山縣籍，由前朝癸酉科舉人，歷任陝西延安府推官。狀招咸正遭崇禎國變，回家潛藏不出，有已正法子顧天逵，係官兵擒獲已斬侯岐曾女婿，又順治二年曾以謀逆被大兵殺死侯峒曾，有脫逃未獲子侯玄瀞，係前年大兵殺死夏允彝在官子夏完淳姐夫。彼此俱係姻親，常在侯家相會，談及時事，各畜異謀。③

「彼此俱係姻親」，讓我們看到了明末東南士夫氣節之烈。這口寶貴的正氣，經滿清一個世紀的努力，通過殺夏完淳、殺金聖歎、殺戴名世、戮呂留良屍……終於斫傷一空。愈從事後看，我們愈明白完淳「長安無限屠刀肆，猶有吹簫擊筑人」這股熱血的由來。他對現實的感受，以及對歷史的了解和飽讀，使他不難預見到中國將面臨一段虎狼之秦式的黑暗和倒退。這也是明清鼎革之際每位有文明之憂之士，共同的悲感。而近代以來，由於中國對西方的落後，連知識分子也把罪責歸到中國文化身上，歸到自己身上。逮至當代，知識分子更因了這番「原罪」橫遭唾罵與羞辱，稱「臭老九」，從品質到人格皆被蔑視，誰都嘲笑為「嘴尖皮厚腹中空」的無用之輩。其實人們忘了甚或已根本不知，直到明代末年，中國文化及其知識分子並未失去創造力與激情，更未墮其品格；落後西方的那二百年，對中國來說，亡國猶屬其次，更主要在於被一種落後文化死死拖了後腿，原已浮現的晨光熹微因而遮蔽和驅散了。面對夏完淳們的故事和存在，我們應該知道，在中國，知識分子並非生就委瑣之相，也絕不是天然的搖尾系統。

---

① 李聿求《魯之春秋》，錢栴傳，浙江古籍出版社，1984，第136頁。

② 同上書，第132頁。

③ 《刑部尚書吳達海題本》，《夏完淳集箋校》，上海古籍出版社，1991，第632頁。

Chapter 9

柳敬亭

被刪改的傳奇

在那風雲際會的時刻，這個手執醒木、以「耍嘴皮子」為業的說客，因為某種意外，扮演了一個特殊角色。在這角色中，他曾被寄予厚望；而其一生的傳奇性，也因之走向頂點。

一

記得那次去鈔庫街 38 號媚香樓，在門口見一牌，上書：「本館是省級文保單位，館內『媚香樓』及其河廳、水門，是十里秦淮兩岸唯一保存的明、清時期古建築。」。編這瞎話兒的人，想必不知道《板橋雜記》有一段：

> 鼎革以來……一片歡場，鞠為茂草。紅牙碧串，妙舞清歌，不可得而聞也。洞房綺疏，湘簾繡幕，不可得而見也。名花瑤草，錦瑟犀毗，不可得而賞也。間亦過之，蒿藜滿眼，樓館劫灰，美人塵土。盛衰感慨，豈復有過此者乎？[1]

余懷說得很明白，浩劫後他故地重回，所見「蒿藜滿眼，樓館劫灰」，根本已是荒地，哪裏還有什麼「保存」下來？

其實，秦淮舊跡休說今天無從覓得，再早一百年，也蹤影杳然。我們很多人對秦淮河的印象，來自朱自清散文，讀來詩情畫意，卻更多是作者從舊詩文中得來的對秦淮風情的想像或願景，並非寫實。比朱作略晚，1929 年，南社文人姚鵷雛有一本譴責小說《龍套人語》，裏面秦淮河是另一景象：

> 說什麼「珠香玉笑」、「水軟山溫」，簡直成了濁水淤渠，無窮荒穢。若是拿《板橋雜記》、《儒林外史》中所鋪張的「河房風月」「舊院笙歌」來對照一下，那才要叫人笑掉了牙呢。[2]

這描寫，也獲證於林語堂。他有一篇談妓女之文，直截了當地稱：「南京夫子廟前又髒又臭的秦淮河」。可見上世紀二三十年代，南京的秦淮河已可比美北京的龍鬚溝，根本是污泥濁水，雖仍有「槳聲燈影」，卻跟風流蘊藉沒什麼關係了。

不過，林語堂那篇文章，也犯了一點錯誤：

---

[1] 余懷《板橋雜記序》，周瘦鵑校閱《板橋雜記（全一冊）》，上海大東書局，民國二十二年，第 2 頁。
[2] 龍公（姚鵷雛）《江左十年目睹記》，文化藝術出版社，1984，第 1 頁。小說原名《龍套人語》，由現出版者改。

在那盛夏的夜晚，黑暗將那條骯髒的小河變成了一條威尼斯水道。學士們坐在那可供居住的船隻上，傾聽附近那來回游動的「燈船」上歌伎們唱着的愛情小調。[3]

這段話，寫的是明末。他所犯錯誤就在於，以為明末的秦淮河已經「骯髒」。據珠泉居士《續板橋雜記》：

秦淮河鑿自祖龍，水由方山來，西流沿石城，達於江。當春夏之交，潮汐盛至，十里盈盈，足恣遊賞；迨秋季水落，舟楫不通，故泛舟者始於初夏，迄於仲秋。[4]

秦淮鑿於秦始皇年代，水源在方山，不過，那點水源微不足道，歷來得仰仗長江，夏季江漲而倒灌則水沛，仲秋復枯，實際是條季節河。那麼，當秦淮河還保持這特點的時候，是不至於髒污的。

這特點何時失去，筆者不能說得確切。珠泉居士為乾隆時人，以這一點看，起碼那時秦淮尚非「骯髒的小河」。但清末一定是了——姚鵷雛提到，晚清舉子已經拿秦淮河的骯髒作對子，以諷刺科舉：

尿糞血膿蟲
貢監廩增附

五樣髒物，對應應舉者的五種身份。我們也不知道，是骯髒益盛呢，還是清末以來一直都差不多，總之姚鵷雛以自己眼睛看過去：「望過去黑沉沉膠膩膩一片清波……風過處，端的使人腸胃翻身，五臟神也要溜之大吉。」[5] 聽起來真是讓人難以招架。以今所見，秦淮雖確實不像活水的樣子，卻尚不至於這種地步。

---

③ 林語堂《妓女與姬妾》，宗豪編《林語堂：幽默人生》（「人生文叢」），中國戲劇出版社，2002，第25頁。

④ 珠泉居士《續板橋雜記》，周瘦鵑校閱《板橋雜記（全一冊）》，上海大東書局，民國二十二年，第3頁。

⑤ 龍公（姚鵷雛）《江左十年目睹記》，第4頁。

二

以上權為引子。所以繞個彎子從十里秦淮講起，主要是這背景對於理解柳敬亭必不可少。

如果讀過《桃花扇》，便知他不單是劇中人，且是活躍角色。男主人公侯朝宗剛出場，他隨後也出現了，比李香君露面還早。和侯、李一樣，他在劇中是少數幾個貫穿始終的人物，直到失散的侯、李在棲霞山重逢，他都陪伴在旁。這些情節，其實是虛構。不過，孔尚任的虛構來自一個基本事實：在崇禎、弘光間的秦淮河畔，柳敬亭是響噹噹的人物，與很多東林、復社文人過從甚密。

說到此人，如今一般都認他是大說書家。黃宗羲寫的那篇傳記，被收入中學課文，他的事跡因此也流傳甚廣。但這篇課文，並非黃宗羲原文，而是經過了教材編輯者的關鍵性刪節。由於這種處理，作者原意不僅大變，實際還被引向了相反的方面，而留下來的柳敬亭，完全被當作一位藝術大師突出着。我暫不揣測教材編者出於何種原因做這種刪改，但我知道，它對柳敬亭其人其事給予了嚴重誤導。

我們先講相對次要的一種誤導，即今人、古人對於說書及說書藝人的時代視閾之差。刊落之後的黃傳，完全成了一篇對柳敬亭不吝讚美與驚歎的頌文，而以黃宗羲的大儒名公身份，很容易讓人以為，在古代，表演工作者可以享有社會的推崇和敬重。這是很大的誤導，會讓學生不經意間就模糊了古今，接受錯誤的歷史信息。

的確，演藝一行現在不但沒人鄙夷，反而炙手可熱，以至仰慕。然而幾十年前還不是這樣，三四百年前就更不是。那時，操此業者謂之俳優，而優與倡並稱，為社會最低賤者之一。為什麼？因為兩條：第一，這行純屬買與賣關係，有人買就得賣，掏錢者皆可頤指氣使，賣藝之人毫無尊嚴，其去青樓既未遠，之於乞丐也僅半步之遙——所以，演藝者首先從人格層面被歧視。第二，古人「家」觀念很重，「家破」與「人亡」同屬人生絕境，而賣藝者恰為萍飄篷轉狀態，他們一生「跑碼頭」，在哪兒都無根無柢，跡近流浪，在土地依附、鄉土觀念根深蒂固的古代，他們的可悲

就好比歐洲人眼中的吉普賽人——這是另一種歧視，社會層面的歧視。

這些歧視的根源，如今都不在了。商品經濟席捲一切，百業皆不脫「買賣」二字，包括古人目為大雅的文學，自有職業作家以來，實質不也是「買賣」？至於那種與故土廝守終老的「家」的觀念，也早被社會的解放、交通的發達擊得粉碎，每個人一生都飄浮不定、都在「流浪」，或者都「無家可歸」——從甲地到乙地，甚至從甲國到乙國，有幾人不是「客居者」呢？

而文化價值觀也大變。舊以演藝乃賤業、以從業者為戲子，今則登上「藝術」殿堂、獲「藝術家」之稱譽，這有如天壤的跨度，只要問問侯寶林一輩的藝人，並不難於求證。六七十年前，相對已屬「現代」，尚不能對藝人有真正尊重，何談三四百年前？當中學課文經一番刪削，把黃宗羲《柳敬亭傳》變成對一位「藝術家」的禮讚時，既悄悄地用當代視角閹割了歷史，也讓柳敬亭其人其事迷失本相。不過，始作俑者並非中學教材，以我看到的論，建國後圍繞柳敬亭故事即開始進行新的解釋。這種解釋，以「古為今用」的當代意識形態為背景，而中學課文不過是承其思路而已。

柳敬亭事肯定是個傳奇，否則不會流傳到今。然而，是怎樣的傳奇，抑或因何傳之為奇，今人所知道、所認識的，卻已非原樣原義。這種差別，也和故事發生地秦淮河一樣，名為一物而面目全非。本文所欲做的，便是還柳敬亭故事於明朝語境。

三

當時，以說書飲譽一方的，不止柳氏一人，連吳梅村那篇為他大張其目的傳記也提到：

> 柳生之技，其先後江湖間者：廣陵張樵、陳思，姑蘇吳逸，與柳生，四人者各名其家。[1]

---

[1] 吳偉業《柳敬亭傳》，泰州市文史資料第 8 輯《評話宗師柳敬亭》，江蘇省政協文史資料委員會出版，1995，第 57-63 頁，後引皆此不贅。

說明至少還有三位說書名家，當時可以並駕齊驅。實際還个止此，比如《揚州畫舫錄》，又提到另外兩個人：

> 評話盛於江南，如柳敬亭、孔雲霄、韓圭湖諸人。[1]

可是，張樵、陳思，吳逸、孔雲霄、韓圭湖等，日後名頭休說比肩柳敬亭，簡直已消失得無影無蹤。同為知名藝人，柳敬亭聲望歷久彌堅，旁人卻都遭遺忘，這似乎不能簡單歸結於技藝。

相反，我們從史料得到的印象是，柳敬亭後來已被神化，成為供膜拜的對象，而其情形，是明顯超出正常的聆藝狀態與需要的。且看親歷其說書現場的張岱的描述：

> 主人必屏息靜坐，傾耳聽之，彼方掉舌，稍見下人咕嘩耳語，聽者欠伸有倦色，輒不言，故不得強。[2]

可以注意，單論技藝本身，柳敬亭亦不足令人全神貫注。他的聽眾，照樣有交頭接耳，乃至打呵欠、犯倦的。這並非他不夠好，但那種好，也還在常識以內，並未到口墜天花、令人如聞綸音的地步。別的說書家表演時遇到的困擾，他也還是會遇到。但普通說書家須仰望的是，他無須掩飾自己的情緒，可以耍大牌、對聽眾甩臉色。在奉「各位看官」為衣食父母的古代，這種態度，是相當過分以至有乖常理的。不必用藝術地位和聲望來解釋，以我們知道的論，舊時代即使榮寵如譚鑫培，也不敢（實則不會）這樣耍態度。把觀眾聽眾「伺候」好，是藝人打小形成的習慣和本能。然而柳敬亭卻踰越在外，在我們無法視為正常，於是對其原因，自也不能做通常的思索和求取。

然而，隨着時間推移，他這派頭居然有增無減 —— 由明入清，他的出演根本不能目為登臺獻藝，儼然上升為一種儀式；每出場，如尊神降臨。晚生的王漁洋，終於趕上瞻仰一回，據他說：

---

① 李斗《揚州畫舫錄》，卷十一，中華書局，1997，第 257 頁。
② 張岱《柳敬亭說書》，《陶庵夢憶‧西湖夢尋》，上海古籍出版社，1982，第 45 頁。

所至逢迎恐後，預為設几焚香，瀹芥片，置壺一、杯一。比

至，徑踞右席。說評話，才一段而止，人亦不復強之也。③

　　這哪裏是說書和聽書，分明迎神拜神。此時之柳敬亭既非靠手藝吃飯
的表演家，蜂擁而至的聽眾，目的也不關乎飽其耳福——臺上是供瞻仰，
臺下則俱為瞻仰者——大家就這樣共同完成一個與說書已無太多關係的
儀式。

　　明顯地，這情形背後，有一套奇特的、極富魅力與魔力的話語支撐。
而出於庸常的心理，類似話語總是讓人趨之若鶩。偶爾的例外，只有當那
套話語對某人本來不起作用，於是，他便成為那種場合的冷眼旁觀者，而
留下與眾不同的觀察。

　　王士禛似乎就是如此。關於那次南京聽書經歷，他給出的評語是：「試
其技，與市井之輩無異。」④ 在已將柳敬亭神化的漫天議論中，這看法極為
孤立。它當即就遭到柳敬亭崇拜者（康發祥、夏荃等）的痛斥，幾百年後
也如此，當代幾位柳敬亭傳記的作者更是借別的題目加以發揮。如《柳敬
亭考傳》以「新貴讕言」看待王評，稱他為「滿清的寵兒」，藉此撤銷他
觀點的正當性。其實呢，王士禛只不過是談了談一次聽書的感受而已。書
中還揣摸王士禛心事，說他「少年得志，凌爍一時」，而「柳敬亭曾是笑傲
公侯，平視卿相的人物」，未把小小的揚州推官放在眼裏，「以致引起王士
禛的不滿」，「妄加貶辭」。⑤ 其實，在那時，揚州的推官貶抑某說書先生無
「妄」可言，反倒是推官無法理解眾多名卿為說書先生而傾倒，比較正常。

　　對我們來，有關柳敬亭說書技藝的具體褒貶是不必在意的，因為好與
壞本來見仁見智，是評價、不是事實。什麼是事實呢？王士禛所記述的柳
敬亭說書的排揚、派頭和經過，是事實。我們在注意這些東西。而我看到
這樣的記述時所形成的反應是：這人已不是說書家，是一個偶像。

---

③　王士禛《分甘餘話》，卷二，泰州市文史資料第 8 輯《評話宗師柳敬亭》，江蘇省政協文史資料委員
　　會出版，1995，第 115 頁。
④　同上。
⑤　周志淘《柳敬亭考傳》，姜堰文史資料第 8 輯，姜堰文史資料編輯部，1998，第 56-57 頁。

四

如果我們覺得圍繞著柳敬亭的許多情形，已踰常理之外，自然就有追詢的願望，想探探其中的道理。

我自己走近這個人物，最初受三篇文章的吸引。這三篇文章，先前都已提到，分別是吳梅村、黃宗羲的《柳敬亭傳》，以及張岱的《柳敬亭說書》。它們的作者，都是當時了不得的大文人。說起這一點，後來我深感自己有欠敏銳，竟然未引起注意。一直到專門蒐集柳事資料，讀了更多，才猛然意識到這其實是個少有的奇觀。

怎樣的奇觀呢？我們繼續往下看。

我們知道清初詩壇有「江左三大家」，錢謙益、吳偉業（梅村）、龔鼎孳。他們在當時，都翕然成宗。而這樣的三大家，不光曾為柳敬亭不止一次寫過詩文，且全部引他為好友。柳氏名播海內，吳傳居功至偉（後來黃宗羲之寫《柳敬亭傳》，實因吳傳而起）；傳記外，吳還有《楚兩生行（並序）》、《贈柳敬亭·調寄沁園春》、《為柳敬亭陳乞引》、《柳敬亭贊》諸作。錢謙益寫過《左寧南畫像歌為柳敬亭作》；柳敬亭喪子後，錢謙益親自出面募集葬資，兼替柳敬亭籌營建生壙的費用，為此寫了一篇致士林的公開信《為柳敬亭募葬地疏》。至於龔鼎孳，柳敬亭神話先前歸之吳偉業，晚年則主要靠龔鼎孳；入清後，龔與慚悔歸隱的錢、吳不同，基本一直居於要津，在京城士夫影響極大；康熙元年，他把柳敬亭隆重請到北京，大邀賓朋，逐酒徵歌，時人載其事：

> （柳敬亭）入都時邀致踵接。一日，過石林許曰：「薄技必得諸君子贈言以不朽。」實庵（曹貞吉）首贈以二闋。合肥尚書（龔鼎孳）見之扇頭，沉吟歎賞，即援筆和韻。珂雪之詞，一時盛傳京邑。學士顧庵（曹爾堪）叔自江南來，亦連和二章，敬亭由此增重。[①]

---

① 曹禾《〈珂雪詞〉附錄柳事》，泰州市文史資料第 8 輯《評話宗師柳敬亭》，江蘇省政協文史資料委員會出版，1995，第 119 頁。

這次長達四年之久的北京之行，讓柳敬亭名聲達致一生頂點。

「江左三大家」齊捧一位說書先生，已讓人目瞪口呆，然而這卻只是小小的縮影。

泰州市政協文史資料委員會，曾將涉柳詩文輯為《評話宗師柳敬亭》，屬明清兩代的便有八九十篇，作者六十人上下。其豪華耀眼，匪夷所思。「江左三大家」外尚有：張岱、黃宗羲、冒襄（辟疆）、陳維崧、顧開雍、閻爾梅、毛奇齡、余懷、杜濬（茶村）、方拱乾、孔尚任……我一面翻讀，一面愕然。古往今來，以一位藝人而傾倒天下如此，無過乎柳敬亭。我不知他算不算史上最優秀的演員，但信他是擁有最豪華粉絲團、得到最頂級關注的伶人。由此，油然想到三百年後他的鄉黨梅蘭芳。梅氏無論藝術成就與影響，若不在其上，至少不亞於他，然而論到為主流知識精英所認可與親近，梅氏實在愧之遠甚。別的不說，魯迅對梅蘭芳的譏諷大家都應記得。雖說魯迅盡可以不欣賞梅蘭芳，但他的不屑，與歷來主流知識精英對瓦舍勾欄之類的態度，多多少少是有關係的。

從這傳統看，柳敬亭喚起頂尖文人的集體膜拜，確是反常而絕無僅有之奇觀。自從注意到一點，柳敬亭這個演藝史神話的重心，對我來說就從他本人移到了那些追逐者、談論者。我認為，這遠比他的技藝不可思議。我們知道，從《史記》「滑稽列傳」寫到春秋戰國幾位名伶算起，表演這職業在中國總有二千年歷史了。然而，從頭到尾有幸留下姓名的人物都寥寥無幾，而像柳敬亭這樣，被頻密書寫、傾心吟詠的例子，一人而已。為什麼？真的就是因為他天才蓋世、才技絕倫？我想到另一位古人，杜甫筆下那個舞劍的絕頂高手公孫大娘，這不世出的舞者——從「來如雷霆收震怒，罷如江海凝清光」的詩句，我們體會她舞蹈的天才實在是天縱的——卻只不過僥倖得到一位詩人的關注，而柳敬亭何其之奢，整整一個時代的一流詩哲都在談論他！我們絕不認為，公孫大娘與柳敬亭各自所得，公正地反映了他們在技藝上的情形。這種此厚彼薄，絕不代表藝術評價。就古代價值觀而言，身負絕技的公孫大娘不為士大夫所重，比較符合當時客觀實際，倒是對柳敬亭的津津樂道，才異乎尋常。

一個人，僅因「小技」，甚至是視為卑屑鄙微的末技，而名動公卿，

這樣一件事必定不是那麼簡淺的。為此，我們不得不將他的故事從頭說起了。

五

他本不叫柳敬亭，甚至不姓柳。這在他，跟尋常的更名改姓不同。他不光是改換了姓名而已，而是就此搖身一變，完全變成另一個人。

中國人愛說，行不更名，坐不改姓。對此，又得提到中國的「家文化」。在這文化中，姓氏可謂根本，只須看看我們修家譜、宗譜的熱情，便知姓氏對我們的價值。究竟什麼樣的人，才至於丟棄自己姓氏呢？柳敬亭的情況，正是一種。

以下是道光年所修《泰州志》有關他身世的記載：

> 柳敬亭者，名逢春，本姓曹，住曹家莊。年十五，獷悍無賴。李三才開府泰州，緝地方惡人，有司以逢春應，乃走。①

這種事，如今稱「畏罪潛逃」。單看以上記載，曹逢春究竟身犯何「罪」，倒也未必。但他大概在本鄉是出了名的惡棍，眼下恰逢新官上任，為了政績，便銳意治安、開展「嚴打」。新官的手下於是拿他應差，而他得了風聲，來個腳底抹油，溜之大吉。

這一走，曹逢春消失，中國卻出現了說書家柳敬亭。

以他的那個樣子，家庭狀態多半不好，本人也很難踏踏實實掌握點生活技能。所以，逃走以後，生計一定是大問題。正是在這裏，我們得承認他確實是一位說書的天才。吳梅村《柳敬亭傳》說：

> 走之盱眙，困甚，挾稗官一冊，非所習也。耳剽久，妄以其意抵掌盱眙市，則已傾其市人。

---

① 《道光泰州志》，泰州市文史資料第 8 輯《評話宗師柳敬亭》，江蘇省政協文史資料委員會出版，1995，第 28 頁。

逃到盱眙，簡直走投無路。除了隨身攜帶的一本話本小說，別無長物。從那本小說，我們推測他雖然文化不高，卻尚非白丁，而粗粗讀得懂。沒想到，這本「稗官」卻成了他的救命稻草。他從未學過說書，但一邊自己讀這話本，一邊可能聽過幾次說書，居然也無師自通，慢慢在盱眙幹起了這行，又居然很有市場。

他怎樣改姓為柳的呢？

久之，過江，休大柳下，生攀條泫然，已撫其樹，顧同行數十人曰：「嘻，吾今氏柳矣！」聞者以生多端，或大笑以去。

在我們語義中，柳有離別意。他「攀條泫然」，想必是為從此告別本姓而傷情，可見放棄曹姓、易之為柳，在他也是深有感慨的，又可見此人雖因身世未讀詩書，心宅質地卻頗細膩，此適可解其善摹善繪說書天分之根由。

但到此，「柳敬亭」三字尚未傲立於世。真正做到這一點，還要再等二十年：

後二十年，金陵有善談論柳生，衣冠懷之輻輳門，車嘗接轂，所到坐中皆驚。有識之者曰：此固向年過江時休柳樹下者也。

衣冠，指有身份、有地位的人們。他們爭相接納一位說書先生，來迎接他的車輛，一個接一個。但有人認出那說書的，說：他不是當年在江邊柳樹下發感慨的那個小混混嗎？他逃出家鄉時十五歲，現在，時間又過去了二十年以上。依龔鼎孳、閻爾梅等人贈詩所述他的年齡推算，他當生於萬曆十五年（1587）。這樣，他在南京成名已然四十多歲，亦即崇禎初年那陣子。

所謂「成名」，有很具體的標誌，那就是得到大人物的賞識。這一點，古今皆然。在中國，一個藝人真正聲譽鵲起，不能單靠市場。市場口碑，只是引子，真正確立地位，多要靠有地位和名望的人推重。

柳敬亭的鵲起，得之兩個大人物：「當是時，士大夫避寇南下，僑金陵者萬家。大司馬吳橋范公，以本兵開府，名好士。相國何文端，闔門避

造請，兩家引生為上客。」大司馬吳橋范公，就是范景文。《明史》本傳：「七年冬，起南京右都御史。未幾，就拜兵部尚書，參贊機務。」[①] 何文端則為何如寵，「文端」是其謚號。他於崇禎元年十二月任大學士，「四年春，副（周）延儒總裁會試。事竣，即乞休，疏九上乃允。」[②] 他是桐城人，退休後還鄉，崇禎七年張獻忠亂皖，大批士紳逃離，何如寵、阮大鋮都是此時避居南京。

成為范、何府上「上客」，對柳敬亭脫穎而出乃是決定性的。一來他們身份太不一般；二來官場原是巨大鏈條，尤其像何如寵曾「總裁會試」，門生眾多，人脈廣佈，被他賞識之後，會引起怎樣連鎖反應，可想而知；三來平時在二府中進進出出的，本就多一時俊彥，這裏有個具體例子，柳敬亭與畢生好友《板橋雜記》作者余懷結識，便在范景文府上，那時余懷正為范充當幕僚。

這樣，柳敬亭成為「說書名家」的時間、地點和原因，我們便都能確定下來了。即：崇禎七年、南京、范景文與何如寵。此時，重新回首那個以「年十五，獷悍無賴」而逃出泰州的曹逢春，我們不能不驚歎，一個人的一生，可以這樣陵穀變遷。

六

我們已經了解，柳敬亭文化低微，實際是極聰慧的人。以他的慧根，不難悟到自己命運轉折中，名流和文化人所起作用至為關鍵。他們掌握着這個社會的評價，從他們齒間發出的聲音，縱很微小，也遠遠勝過勾欄聽眾聲震屋宇的喝彩。而柳敬亭真正與眾不同的地方在於，不單有此意識，更能果決行動。我們不知道其他與之技藝水準和名氣不相上下的說書家是否懂得其中道理 —— 或許也懂，然而不能像他那樣「厚顏」、大膽地付諸行動。畢竟，在俳優與雅流之間有身份上的巨大懸殊，前者一般不能克服

---

① 張廷玉等《明史》，卷二百六十五，中華書局，1974，第 6834 頁。
② 張廷玉等《明史》，卷二百五十一，第 6491 頁。

卑微的心理，趨近後者並索取點什麼。柳敬亭全然不同。在這裏，他「獷悍無賴」的天性或許很好地幫到了他，使他不致畏怯，最大限度去利用名人雅士。

總之，他或是中國第一個懂得那種廣告術的演員——他特備了空白冊頁，隨身攜帶，專供名士題辭，抓住一切機會求詩求言。他的摺扇也經常發揮這種功用。這顯然成為他的習慣和特徵，深知其心思的龔鼎孳，康熙初年把他接到北京，大宴賓朋，一個重要目的就是說明柳敬亭使其已很豐厚的題辭簿再添上一批北京名流的痕跡。

他自己這樣說：「薄技必得諸君子贈言以不朽。」[3] 他於此事的執著或糾纏，有時讓人哭笑不得。晚年去浙江，便曾這麼糾纏毛奇齡。那時毛奇齡正在生病，本答應給他寫詩，可一提筆大汗淋漓，未果；不料，柳敬亭復以一信追索，終於討來兩首《贈柳生》，其一有云：「扶病來看柳敬亭，秋花開滿石榴屏。」[4]

不過，我們並不認為他對文化人的追逐，都出於廣告、功利目的。他以很薄的文化底子，在滿腹詩書的人群中周旋，表達了內心的一種嚮往，希望有他們那樣的頭腦、見識。這是有原因的，他曾從中嚐到甜頭。吳傳記述，他自學說書後的技藝大進，得益於儒者莫後光。「莫君之言曰：『夫演義雖小技，其以辨性情，考方俗，形容萬類，不與儒者異道。』」在莫的點撥下，他上了一個臺階，悟出很多道理。

所以，他對有墨水和學問者的親近，是由衷的。為着這種意願，他對自己揠苗助長，以至於有些刻意和矯情。黃宗羲《柳敬亭傳》：

> 錢牧齋嘗謂人曰：「柳敬亭何所優長？」人曰：「說書。」牧齋曰：「非也，其長在尺牘耳。」蓋敬亭極喜寫書調文，別字滿紙，故牧齋以此諧之。[5]

---

③ 曹禾《珂雪詞》，泰州市文史資料第 8 輯《評話宗師柳敬亭》，江蘇省政協文史資料委員會出版，1995，第 119 頁。

④ 毛奇齡《贈柳生（並序）》，泰州市文史資料第 8 輯《評話宗師柳敬亭》，江蘇省政協文史資料委員會出版，1995，第 101 頁。

⑤ 黃宗羲《柳敬亭傳》，《黃宗羲全集》，第十冊，浙江古籍出版社，1993，第 573 頁。

黃、錢為至友，只要不是故意誣陷，錢謙益背後曾這麼調侃柳敬亭，當確有其事。況且還有旁證，亦即剛才提到的毛奇齡贈詩之事。在那兩首詩前頭，毛有一序述其由：

> 柳敬亭說書人間者幾三十年，逮入越，老矣。楊世功曰：「敬亭將行，不得大可詩，且不得一會祖道，似恨然者。」予時病，強起，將從之，汗接下，不果可往。敬亭書至，云：「如相會者，早間，世功言及相會，惜然相會只此。」是時，寓康臣宅，發緘皆笑。[1]

大可，是毛奇齡表字，祖道則為另一人。所引柳敬亭信中數語，應係實錄，因為那似通而非通的拽文狀態，是編不出來的。他想說什麼呢？替他翻譯一下，大致是：「我們見面這件事，早上楊世功都已講好，可惜講好的事最後卻變成這樣。」他不會文言，卻又不肯寫成大白話，結果就成了這疙裏疙瘩的模樣。茲適可證「極喜寫書調文」，是他又一出名的特點，正如酷愛徵集文人墨寶一樣。

七

通過以上，我們試圖發微他的內心。歷來對這位大說書家，評價很熱烈、推崇也夠隆重，但他的內心沒怎麼得到過關注。我們重視一個人，喜歡從外在給他崇隆，對於內心卻很少留意。

我的興趣，是相反的。我把他列為考察的對象，不是為了表彰他，而是在他的故事和命運中，有些謎樣的東西 —— 他何以有那種生命軌跡，他和歷史的關係……都欠缺合理的解釋。所以，我一點一點探觸他的內心，希望找到歷史與這個人之間形成那種奇特交匯的原因。

為着甜頭也罷，出於渴望也罷，置身南京的柳敬亭與之前最大不同，

---

[1] 毛奇齡《贈柳生（並序）》，泰州市文史資料第 8 輯《評話宗師柳敬亭》，江蘇省政協文史資料委員會出版，1995，第 101 頁。

明顯在於改換了生活和交往的圈子。之前的柳敬亭，是市井的；眼下，他周圍「談笑皆鴻儒，往來無白丁」。從前我們多聽見文人走向民間、返樸歸真的例子，柳敬亭的道路可以說與此正好相反，而他也確從中大大受益。假如他不來南京，抑或來了而仍只混跡「天橋」模式的市井場合，幾百年後，我們是絕計不能仰其大名的。

他的這類交往，起初沒什麼指向、立場，似乎凡是讀書人，他都樂於結納。這就不免陷於盲目。當時在他，可能以為肚裏裝着墨水兒的，都應尊敬，都有接近的必要。他如何知道，儒林內部卻有着嚴重的「正邪」對立。對一位門外漢來說，這沒有什麼可以苛責的，但他那時確實險些因此誤入了「歧途」——《桃花扇》中，他還未出場，陳貞慧、吳應箕見着侯朝宗，提議一道去聽柳敬亭說書，侯朝宗怒道：

> 那柳麻子新做了閹兒阮鬍子的門客，這樣人說書，不聽也罷了！[2]

「門客」之說不可能。一位江湖藝人沒有做「門客」的資格，阮大鋮廢斥閒居亦無養「門客」之必要。但柳、阮曾經近邇之事卻是真的，吳傳稱：「阮司馬懷寧，生舊識也。」阮大鋮既與何如寵同年避居南京，據此推知，柳敬亭名噪南都之初，在爭相邀他至府的人中間，可以有阮大鋮。阮大鋮除和別人一樣有文士身份，還是那時首屈一指的戲劇大師。他於表演的在行，一般知識分子無法相比。故而柳、阮之交，或許額外有一層技藝上切磋吸引的關係。但是，柳敬亭不知道，他無意中犯了藝術第一、政治第二的錯誤。

這就得講講那時南京的氛圍了。崇禎年間的南京，是一座革命之都、啟蒙之都。中國帝制歷史的窮途末路，以及晚明萬曆以來黑暗歷史所共同積累的苦悶，隨着崇禎登基將閹黨定為逆案，終以思想解放的方式爆發。而其激靡之地，不在沉重灰暗的北京，理所當然出現於經濟、社會和思想都更多更早孕育了新意的南都金陵。恰與柳敬亭揚名南京同時，該城正在

---

② 孔尚任《桃花扇》，人民文學出版社，1982，第6頁。

演為一個帶革命與青春特色的新興思想群體的大本營。這群體，便是東林的後進而較之更激進的復社。崇禎三年，復社同人以金陵為會師地，舉行全國代表大會（「金陵大會」）。從此，它的許多骨幹分子在此流連盤桓，過着精神和行為的雙重浪蕩生活，地點便是「舊院與貢院相對」的秦淮兩岸。中國歷史上這段特殊的秦淮風情，我們曾有專文楬櫫，此處一筆帶過。

那些思想上的吸排，柳敬亭豈能省得？須知，他連粗通文墨也算不上。所以，剛剛接近文人圈的他，栽了不大不小的跟頭。所幸他不乏點智，僅憑察顏觀色也能分出好歹——這樣說，是我們的推測，而根據是他後來一直緊緊追隨東林、復社一派文人，不再與阮大鋮那種人交往。至於他究竟怎樣從阮大鋮的朋友，變成了陌路人，這經過並無任何的資料。《桃花扇》中吳應箕說：「小生做了一篇留都防亂的揭帖，公討其罪。那班門客才曉得他是崔魏逆黨，不待曲終，拂衣散盡。」指柳與阮分道揚鑣，是受崇禎十一年《留都防亂揭帖》事件的震動。這說法得不到實際史料的佐證，我們姑妄聽之。

但孔尚任有此想像，亦非毫無根據。根據就是，柳敬亭確實跟《防亂揭帖》的主謀成了鐵哥兒們，比如冒辟疆。冒乃反阮先鋒，他在《防亂揭帖》之前兩年，便為魏學濂兩肋插刀，盡邀天啟黨禍死難遺屬，舉行向阮大鋮示威的「桃葉渡大會」。柳敬亭與冒辟疆有一輩子的交情，晚年，冒還在贈詩中回憶彼此當年：

> 也是高陽一酒徒，嶔崎歷落老黔奴。青燈白髮江湖裏，常夢
> 當年舊狗屠。[1]

感慨着「如今衰白誰相問」，顯然曾經有過許多難忘的經歷。以冒辟疆反阮的堅定和激烈，柳敬亭若無同樣態度，他們做不成朋友。

附帶說一下，孔尚任沒有寫冒、柳之交，卻安排柳敬亭、侯方域做了

---

[1] 冒襄《贈柳敬亭》，泰州市文史資料第 8 輯《評話宗師柳敬亭》，江蘇省政協文史資料委員會出版，1995，第 71 頁。

忘年交。實則他們關係究竟怎樣，反而是不明的。那些與柳敬亭有所投贈的名士中間，我們恰恰不見侯方域的名字。侯方域親自寫的《李姬傳》，也未提到柳敬亭。所以，《桃花扇》柳敬亭的這部分，以基於編劇之需的捏合成分居多，尤其所謂柳敬亭之識左良玉是出於侯方域引見，這個比較重大的情節與史不符。

不過在大背景上，柳敬亭與復社名士在秦淮河頻繁過從、俯仰共遊，絕非虛構。余懷的《板橋雜記》，兩處提到他：「柳敬亭……常往來南曲」，南曲即曲中，或舊院；並形容他的表現：「酒酣以往，擊節悲吟，傾靡四座」[②]，此與冒辟疆「高陽酒徒」之憶正相吻合。另一處，更具體些：

> ……柳敬亭說書，或集於二李家，或集於眉樓，每集必費百金。[③]

二李，與李香無涉，指舊院另兩位名妓李大娘、李十娘。眉樓，便是顧媚的居處，顧後來嫁給龔鼎孳，稱橫波夫人。由此我們也知，日後龔、柳甚篤之交的起因，是在顧媚那裏。

八

拉拉雜雜寫來，貌似是些奇聞逸事，讀者或不明了語義何在。我們試圖闡明的是，藝人柳敬亭生命軌跡的一些關鍵之處。

他迄今為止的人生軌跡，實際上是這樣的：首先，倘不走出泰州，不必說等於什麼也沒發生，連「柳敬亭」這個人也不存在；其次，到了盱眙，雖無師自通、操了說書之業，但若止於此，歷史上也將了無痕跡；復次，經范府、何府的揚名，柳敬亭三個字，大概可以留下些印記了，然不會更多，後世頂多偶爾在故紙中可以找到這個人名而已；最後，當終於捲

---

② 余懷《板橋雜記》，下卷，佚事，周瘦鵑校閱《板橋雜記（全一冊）》，上海大東書局，民國二十二年，第38頁。
③ 同上書，第33頁。

入崇、弘之間南京的思想紛爭，進而又在政治漩渦中充一角色，這個人的存在才突然放大，並深深刻寫在歷史上。

綜上所述，我們要斗膽下個斷語：沒有後面兩個節點，柳敬亭什麼也不是。這並非貶低他的藝術，實在是古人根本不會因那種「小技」給予一個人以隆重的承認。實際有多少就「小技」而言比柳敬亭更其絕倫的人，已經湮沒於歷史，我們是無法知道的。

以他的認知能力，未必理解自己正在經歷和發生的事。他的歷史觀、是非觀，應不超出所講的「稗官」中那一套。他會有一些忠奸、善惡、好壞的觀念，但對時下思想、政治、文化究竟怎麼回事，很難知其所以然。他真能分清馬阮與東林復社間的是非麼，我完全懷疑。但他可以感受，什麼是潮流，什麼是大勢所趨。他就這樣被一種整體氛圍所激盪，走到時代的風雲之中。而他的加入，則豐富了那個時代的色彩。我們在天啟末蘇州「五人義」事件中，曾見到市民階層奮起與東林並肩戰鬥；眼下，柳敬亭又補充了一個來自民間藝人的例子。

但他的意義，不僅是打破色調；他的歷史痕跡，也有更實際的內容。在那風雲際會的時刻，這個手執醒木、以「耍嘴皮子」為業的說客，因為某種意外，扮演了一個特殊角色。在這角色中，他曾被寄予厚望；而其一生的傳奇性，也因之走向頂點。

那是他所曾講述過的最扣人心弦的情節。不過與以往不同，這次，他自己成了劇中人。

九

甲申之變，明遭重創。隨後的事情，因為處置失機，致新君即位時朝權落於「小人」之手。此既有主事者（史可法等）能力和魄力的原因，也有為禮法、制度所阻礙和束縛的原因——福王朱由崧之立，是完全遵循禮法的結果。對此，有變革思想的人士，一面批評史可法，一面提出很激進的主張。例如黃宗羲當時就對老師劉宗周提出，不應拘泥禮法，而應本着社稷為重君為輕之義，以賢愚為標準確定新君人選，劉宗周對此也表同

情。①當時，持這叛逆認識的人本來不少，等馬阮集團當政的惡果充分顯示出來，歡迎或暗中期待變局的心態更加普遍。實際上，到弘光朝最後一二個月，朝野都有一種等待革命和政變的情緒。儘管出於倫理禁忌，人們不會將這願望公開表達，但從左良玉被寄望、被美化乃至理想化的情形看，他們內心實際上渴念這種事發生。

朱由崧在南京登基，除了帝制倫序賦予他的優先權與合法性，還因為馬士英（他背後的高參是阮大鋮）聯合四大軍閥所提供的武力保障。反過來說，政治變革力量的困境，除了在於倫理，也因為實力上無法挑戰馬阮。

此時明朝武裝，「四鎮」以外便是左良玉，其軍力或比「四鎮」加起來還強，此其一。其二，左部沒有參予擁戴福王的行動，加之因侯方域之父侯恂的關係，左良玉被認為親東林。左良玉政治立場實際怎樣以至究竟有無政治立場，筆者覺得並不能看清，我於他的印象，基本是標準的軍閥，而東林、復社卻有那樣的理解或想像。當然，有些跡象易於使人抱此幻想。例如，弘光即位後左與南京一直齟齬不斷，來自他身邊的湖廣巡按黃澍曾當廷笏擊馬士英。馬阮也加以打壓、報復，尤其是克扣其軍餉，斷他命根子。但這恐怕是爭權奪勢，並非政治主張不同，而東林、復社卻願意解讀為後者，把左良玉看成自己人。

乙酉三月，左良玉藉童妃、假太子案發難，以清君側之名從武昌起兵東下。南中反馬阮一派視為重大轉機，翹首以待。其時恰當清軍渡河南下，馬士英盡撤江北之防以應左患，雖然明軍早已人心窳壞、朽木糞土，但清軍所來一馬平川之勢，究竟與此不無關係。反過來，設若左良玉東進能將馬阮一舉擊潰，局面是否另有所變亦未可知。總之，左部之叛是弘光尾聲的決定因素之一。

而在這大變局中，柳敬亭被目作一個關鍵人物。他具體起到何種作用，我們試圖從史料上詳其經過、細節，並無所獲。但東林、復社人士確信他對左良玉舉事具有重大影響。錢謙益《左寧南畫像歌為柳敬亭

---

① 古藏氏史臣（黃宗羲）《弘光實錄鈔》，《南明史料（八種）》，江蘇古籍出版社，1999，第 5 頁。

《作》寫：

> 吹脣芒角生燭花，掉舌波瀾拂江水。寧南聞之須蝟張，伏飛
> 檻馬皆騰驤。誓剜心肝奉天子，拚灑毫毛佈戰場。秦灰燒殘漢幟
> 靡，嗚呼寧南長已矣……①

這幾句，一謂柳敬亭以脣舌說動左良玉揚帆順流而來；二謂他對左激
以忠心、曉以道義，有教化之功；三謂事變本可扭轉明朝大局，可歎時運
不濟，正好被滿清鑽了空子（「秦」乃滿清之喻，「漢」則明朝）。王猷定
《柳敬亭為左寧南畫像贊》，以「辯士舌，將軍刀」並稱，彰顯柳敬亭在事
變中的作用：

> 辯士舌，將軍刀，白骨遇之以枯以豪。人知辯士之所快者英
> 雄既朽之士氣，吾知將軍之所恨者當年未血之戰袍。②

冒辟疆《贈柳敬亭》之二：

> 憶昔孤軍鄂渚秋，武昌城外戰雲愁。如今衰白誰相問，獨對
> 西風哭故侯。③

從這些言辭看，東林、復社人物確對左良玉起事抱有極大幻想，故
爾都用了「嗚呼」、「恨」、「哭」一類字眼，對於左變敗乎垂成，表示痛
惋。關於這一點，我們今天認為左良玉斷無成功可能，當時卻歸結於昊天
不佑、純屬意外。因為左部未抵南京，左良玉本人就中途暴亡；四月初，
他在軍次九江時嘔血而死，左兵遂群龍無首而不久降清。在東林、復社人
物看來，這是「出師未捷身先死」，覺得若不出此意外，事尚可圖，歷史
可以改寫。

---

① 錢謙益《左寧南畫像歌為柳敬亭作》，泰州市文史資料第 8 輯《評話宗師柳敬亭》，江蘇省政協文史
　資料委員會出版，1995，第 30 頁。
② 王猷定《柳敬亭為左寧南畫像贊》，泰州市文史資料第 8 輯《評話宗師柳敬亭》，第 42 頁。
③ 冒辟疆《贈柳敬亭》，泰州市文史資料第 8 輯《評話宗師柳敬亭》，第 71 頁。

十

一切都太過富於戲劇性：設若左良玉不是死在半途，設若清軍南下行動稍遲而非恰好幾乎與左軍兵變同時，設若左侯雖死而黃得功、劉良佐並未擋住叛軍東來⋯⋯旬日之內，南京可有大變，而一個微如芥豆的小人物，將有可能成為改變歷史的英雄。

這就是柳敬亭故事當時所以風魔天下的最終、最大的謎底。他在明清鼎革之際，被名公巨卿、才俊賢彥談論不休，以至是活着的傳奇，成為每個人爭相一睹、傾心結納的對象，根本是因他頭上頂着這道奇特的光環。而當他頂着這光環載入歷史後，他的一切 —— 技藝、性格、言談、經歷，哪怕是臉上的麻子，都有了不同以往的意義，被渴求、獵奇、挖掘和放大。

王士禛親聆他說書，給出「與市井之輩無異」的劣評。這令柳的擁躉忍無可忍，然而，人們大概沒有注意，王士禛談的主要不是好壞，是失望。在表示「與市井輩無異」之前，他有這樣的交代：

> 左良玉自武昌稱兵東下，破九江、安慶諸屬邑，殺掠甚於流賊。東林諸公快其以討馬阮為名，而並諱其為賊。左幕下有柳敬亭、蘇崑生者，一善說評話，一善度曲。良玉死，二人流寓江南。一二名卿遺老袒良玉者，賦詩張之，且為作傳。[④]

很顯然，他是在特殊心理準備下，得到了親聆其說書的機會。這種等待或企盼，製造了太多的懸念，讓王士禛對柳氏書藝的期待，保持在與他離奇的傳說同樣的高度。然而，現實降臨，他發現高度突然消失，眼前這位說書家與素常所見沒有本質區別（參考張岱記敍，事實或正如此）。於是，他深深失望了，並推其原因：柳氏神話，植根於士大夫的「左良玉情結」—— 一班「名卿遺老」，因心中對左氏事變的佇望想像、惋惜痛恨或不能釋懷，而移情於曾親歷其事而此身獨存的柳敬亭，借他為酒杯，澆自

---

④ 王士禛《分甘餘話》，卷二，泰州市文史資料第 8 輯《評話宗師柳敬亭》，第 115 頁。

家塊壘。王士禛稱之為「愛及屋上之烏」；左良玉是「屋」，柳敬亭是那個「屋上之烏」。

有沒有道理呢？我們來看兩個事實。

第一，左良玉事件後，柳敬亭的價值以至職業，便是向人講述他的左營見聞：「故至今及左，輒泫然白其心跡。」[①]「軍中軼事語如新，磊落寧南百戰身。」[②]「柳生凍餓王郎死，話到勾闌亦愴情。好把琵琶付盲婦，裹頭彈說舊西京。」[③]「江南多少前朝事，說與人間不忍聽。」[④]「飄零大樹蔓寒爐，翁也追思一惘然。」[⑤]「逢人劇說故侯事，涕泗交頤聲墮地。」[⑥]喬姥於長堤賣茶，置大茶具……杜茶村嘗謂人曰：『吾於虹橋茶肆，與柳敬亭談寧南故事，擊節久之。』」[⑦]左良玉之為柳敬亭的不變談資，與祥林嫂逢人便說兒子阿毛顯然不同。在柳敬亭，這不斷重複的訴說，與其說出於揮之不去的記憶，不如說構成了存身立命的資本，憑藉乎此，他不僅作為一種稀缺資源而被永遠需求着，最後本人也變成那傳奇的一部分。

第二，在柳敬亭周圍，先後曾有兩撥士夫文人。頭一撥，是前明時候，在南京秦淮的舊相識；第二撥，是入清以後結交的新朋友。其典型代表，前如冒辟疆，後如龔鼎孳。而柳敬亭與這兩撥士夫文人朋友的關係，各有特點。先前在秦淮河，他與冒辟疆等，一道經歷放浪與縱誕，可以美其名曰「個性解放」，亦不妨呼之「酒肉朋友」，是不拘行跡的表達，是慨以當歌的豪莽。而在第二撥朋友當中，不知不覺，柳敬亭失去了那種生氣、野氣、草莽氣，被包圍、膜拜和偶像化，成為憑弔的對象，及破碎心靈的遮遮掩掩的寄託。在這複雜情懷的後面，有龔鼎孳、閻爾梅那樣的「過來人」，也有王士禛等對前朝並無多少經歷然而仍在情感或心理上有種種好奇、縈想的人。總之入清以後，柳敬亭因為那關鍵時刻的關鍵事

① 周容《柳敬亭（雜憶七傳之二）》，泰州市文史資料第 8 輯《評話宗師柳敬亭》，江蘇省政協文史資料委員會出版，1995，第 95 頁。
② 梁清標《贈柳敬亭南歸白下》，泰州市文史資料第 8 輯《評話宗師柳敬亭》，第 97 頁。
③ 顧景星《閱梅村王郎曲雜書十六絕句志感》，泰州市文史資料第 8 輯《評話宗師柳敬亭》，第 100 頁。
④ 毛奇齡《贈柳生》，泰州市文史資料第 8 輯《評話宗師柳敬亭》，第 101 頁。
⑤ 陳維崧《左寧南與柳敬亭軍中說劍圖歌》，泰州市文史資料第 8 輯《評話宗師柳敬亭》，第 104 頁。
⑥ 顧開雍《柳生歌並序》，泰州市文史資料第 8 輯《評話宗師柳敬亭》，第 40 頁。
⑦ 李斗《揚州畫舫錄》，卷十一，中華書局，1997，第 262 頁。

件，成為獨一無二的存在。龔鼎孳如下一番話，把大家曲折的心態都道了出來：

> 敬亭吾老友……丁亥（1647）春冬，相從於桃葉、金閶間，
> 酒酣耳熱，掀髯抵掌，英氣勃勃，恆如在寧南幕府上座時。⑧

「恆如在寧南幕府上座時」，見柳敬亭、與之一席談，自己好像親置左侯帳中一般──龔鼎孳如此，他人豈有例外？龔不遠千里，迎他來京，盛情款待，固可視為交厚誼深，但又豈知沒有奇貨可居的因素？「龔鼎孳集同人聽柳敬亭說隋唐遺事」⑨，真的是「隋唐遺事」或只有「隋唐遺事」麼？有沒有別的「遺事」呢？

最終，柳敬亭的傳奇，非得放到明末清初的大背景和時代心理下解釋，才落到實處。而當代的傳記作者，卻根據某些「義理」，給予這樣的解讀：「民間的藝術，是廣大人民所熱愛的東西，所以能夠永久的流傳不衰。因為它包含着人民的思想感情和人民的鬥爭生活，是大多數人民心情的寄託……他以豐富真切動人的語言，通過細緻而深刻的藝術手腕，描出鮮明的形象──封建社會的帝王將相、地主豪紳、以及具有人民性的英雄豪傑。他把歷史和傳奇人物描摹得那樣維妙維肖，把封建社會醜惡的面貌揭露得不留餘地……」⑩直至眼下，中學課文對黃傳的刪改，仍舊秉持同樣的精神。這樣做，是為迎合根據「義理」重塑歷史的需要，並豐富其「材料」。然而，柳敬亭這個人、這件事原來怎麼回事，就全然失其本相了。

十一

所以，末尾一定得專門談談黃宗羲的《柳敬亭傳》。

首先來揭破一點：黃宗羲此文，不是創作，是改寫。對誰的改寫？對

---

⑧　龔鼎孳《贈柳敬亭文》，泰州市文史資料第 8 輯《評話宗師柳敬亭》，第 82 頁。
⑨　周志陶《柳敬亭考傳》。姜堰文史資料第 8 輯，姜堰文史資料編輯部，1998，第 69 頁。
⑩　陳汝衡、楊廷福《大説書家柳敬亭》，四聯出版社，1954，第 34 頁。

吳梅村《柳敬亭傳》的改寫。而中學課文通過刪節造成假像，似乎黃宗羲特意為柳敬亭作了這篇文章——尤其是，似乎黃宗羲為了歌頌目的寫了它。這不但全非黃宗羲原意，而且剛好顛倒了黑白。

黃宗羲本人不認識柳敬亭，也不曾聽過他說書——表述更嚴謹些，或應說：我們從他著作中未見這類記載。

所以，黃宗羲沒有條件為柳敬亭作傳；文中所述，不是他自己的見聞，是對他人敍述的重寫。

其實，黃、柳結識的機遇是有的：第一，崇、弘年間黃在秦淮曾有不少活動；第二，黃的忘年至交錢謙益，同時也與柳敬亭友善。

那麼，為什麼黃、柳未發生交往？很簡單，黃宗羲抱不屑與排斥的態度。而這不屑與排斥，就是他改寫吳偉業的動因。

要搞明白這一點，非看黃宗羲原文不可。原文，在《黃宗羲全集》第十冊第 572 至 574 頁可以找到。把原文與中學課文一對比，立刻知道後者的處理是「掐頭去尾」。所掐之頭是：

> 余讀《東京夢華錄》、《武林舊事》，記當時演史小說者數十人。自此以來，其姓名不可得聞，乃近年共稱柳敬亭之說書。[1]

所去之尾則為：

> 馬帥鎮松時，敬亭亦出入其門，然不過以倡優遇之。錢牧齋嘗謂人曰：「柳敬亭何所優長？」人曰：「說書。」牧齋曰：「非也，其長在尺牘耳。」蓋敬亭極喜寫書調文，別字滿紙，故牧齋以此諧之。嗟乎！寧南身為大將，而以倡優為腹心，其所授攝官，皆市井若己者，不亡何待乎！

偶見梅村集中張南垣、柳敬亭二傳，張言其藝而合於道，柳言其參寧南軍事，比之魯仲連之排難解紛，此等處皆失輕重，亦如弇州志刻工章文，與伯虎、徵明比擬不倫，皆是倒卻文章架子，余因改二傳。其人本瑣

---

① 黃宗羲《柳敬亭傳》，《黃宗羲全集》，第十冊，浙江古籍出版社，1993，第 572 頁。

瑣不足道，使後生知文章體式耳。②

黃傳全文，只此三段真正是黃宗羲自己筆墨（其餘皆本吳傳，大家可與吳傳自行比照）。而難以置信的是，恰恰這三段，中學課文盡刪。

為什麼？因為裏面全是對「柳敬亭現象」加以批判的意思。

黃宗羲不滿的根源，可參《明夷待訪錄》「兵制三」：

> 豪豬健狗之徒，不識禮義，輕去就，緩則受吾節制，指顧簿書之間，急則擁兵自重，節制之人自然隨之上下。③

「豪豬健狗」，指君主專制所造就的武人，謂其徒有野蠻之體魄，而無文明之理性。聯繫《柳敬亭傳》「寧南身為大將，而以倡優為腹心，其所授攝官，皆市井若己者，不亡何待乎！」的評論，可知他對左良玉的看法，與王士禎基本一致，即：左良玉只是嗜血的軍閥，與流賊無異，或「殺掠甚於流賊」，絕非可以寄望的對象。

在他看來，柳敬亭之為左良玉賞識，是因精神文化層次相當，物以類聚，同屬粗鄙少文之人，而國家前途和歷史未來，豈可付之此輩！這就是文中為何會談到柳敬亭的「別字滿紙」。他是文明至上論者，以文明高低為估衡一切事物的準繩。晚年之所以能夠超越民族矛盾，逐漸捐棄對滿清的敵意，正是由於經過觀察、比較，認為當下政治較前明反而更不野蠻。從他對左良玉、柳敬亭的態度，我們已發現這一思想根源。他批評吳傳「倒卻文章架子」，歷來的理解殊乖其意，竟以為「『文章體式』也就是結構」④，而實際上，他是批評吳傳價值觀有問題，本末倒置、「皆失輕重」，他同時批評王世貞某文曾將一位匠人（刻工章文）與唐伯虎、文徵明相提並論，是「比擬不倫」，同屬於將不同層次和價值的對象混為一談。

黃宗羲上述思想傾向，置之現今，少不得落個「鄙薄勞動人民」、「階級偏見」罪名。但這是他的真實思想。他之改寫吳梅村《柳敬亭傳》，正

---

② 同上書，第 573-574 頁。
③ 黃宗羲《明夷待訪錄》，《黃宗羲全集》，第一冊，浙江古籍出版社，1985，第 34 頁。
④ 吳功正《一篇獨特的人物傳記 —— 讀黃宗羲的〈柳敬亭傳〉》，《古典文學知識》，1995 年第 4 期。

是為着表達這看法。他的觀點與個性，每每顯出既超拔卓出又不無偏激的特色，有時至於狹隘。《史記》講了這麼一句話：「天道恢恢，豈不大哉。談言微中，亦可以解紛。」[1] 並於「七十列傳」之第六十六篇，特撰「滑稽列傳」，記述到那時為止曾經出現過的三位名伶淳于髡、優孟和優旃的事跡。這三人的共同特點，是都用演技和口才影響了政治。他們原本屬於地道的小人物，其貌不揚、操持賤業、供人取笑，登不了大雅之堂，寫於正史更是聞所未聞。司馬遷將這視閾打破，給這些小人物大大的提攜，讓他們與王侯將相比肩，予以「豈不亦偉哉」[2] 的評價。在此，黃宗羲的視野確實不及司馬遷。我們盡可不贊同、不佩服，但是，不能出於某種目的和需要，偷梁換柱、改頭換面，使其根本變成另一種東西。

---

① 司馬遷《史記》，卷一百二十六，滑稽列傳，上海古籍出版社，1997，第 2410 頁。
② 同上書，第 2415 頁。

Chapter 10

我原要死，小妾不肯

龔鼎孳

重新現身秦淮河畔的龔鼎孳，不復是偏僻縣城苦幹
七年、寂寂無聞的小官，而是京城政壇的新星，聲氣、
門戶潮流中的弄潮兒，後張溥時代的復社已將他捧為上
賓。他在顧媚面前有了足夠的資本，在東南士林有了足
夠的人脈。

一

合肥三孝口以南兩站地，有片水域，過去名「魚花塘」，其實是古盧州護城河的一段，我們當時不知，以為是野水。傳說水深處藤草虯密，纏住就不得脫身，也確實每年都有人淹死，然而到了盛夏，一班頑野少年仍背着父母，去那裏嬉水。我學會游泳，即於此處。

水並不很寬，然無人敢於橫渡。除了害怕水草，聽說對岸是禁區。

所謂禁區，指稻香樓賓館。鬱鬱蒼蒼一小丘，灣水而臥，中有紅瓦白樓，自茂林深處露其半截身子。其正門入口處，在金寨路（「文革」中改名大寨路）西側，單獨的馬路，被高削的水杉林夾擁，蜿蜒西去，盡頭隱約可見士兵把守。我幾次從路口經過，居然未見路上有半條人影。聽長輩閒談，1958 年，毛澤東來皖視察下榻在此。

直到因求學離開合肥，我所知的稻香樓，只有神祕的政治意義。二十年後，忽見一件材料：

> 稻香樓主首先是龔鼎孳。當然，龔鼎孳係長兄，又做了那麼大的官，說樓主與他沾不上邊，似乎也說不過去。況且，稻香樓落成後，龔鼎孳攜顧媚數次回合肥，就住在稻香樓內。[①]

原來，稻香樓還是古跡，還有這樣的淵源。剎那間，「魚花塘」水邊的少年記憶，如經過修拉筆觸的點染，有些斑斑駁駁。

二

歷來合肥本地所產名人，包拯、李鴻章以外，龔鼎孳排第三。雖然現在普通人絕少知道這名字，但在自己那個時代，他可是名聲籍甚。而合肥的三大名人，除了名氣、地位相近，還構成奇特的組合。「包青天」無人不知，那是古代公卿的正面典型；李鴻章正好相反，至少過去很長一段時

---

① 戴健《聲名煊赫的「合肥龔」（一）》，《江淮文史》，2004 年第 4 期。

間，他「臭名昭著」；在這一好一壞、一正一邪之外，龔鼎孳則補上另一種類型——他是所謂「貳臣」的代表。

「貳」，有反覆、不一、變易、可疑堪忌之意。鄭玄：「變易無常謂之貳。」[②] 杜預：「貳，違命也。」[③] 它既不像「忠」，一目了然地善；又不像「奸」，一目了然地惡。作為人格，重心在於被打上了問號。

乾隆四十一年十二月庚子（1777 年 1 月 11 日）發佈上諭，「命國史館編列明季貳臣傳」[④]。什麼人列在其中呢？

> 若而人者，皆以勝國臣僚，乃遭際時限，不能為其主臨危授命，輒復畏死幸生，靦顏降附，豈得復謂之完人？即或稍有片長足錄，其瑕疵自不能掩。[⑤]

勝國，指前明。亦即，凡曾在前明為官復又供職本朝者，都是收錄對象，其中不乏勞苦功高者，如洪承疇。單就這一點來看，入《貳臣傳》也不意味着就是「反面人物」。不過，乾隆還有進一步的要求，命「查考姓名事實，逐一類推，編列成傳，陸續進呈。」[⑥] 逐一類推，是要區別對待、有揚有抑的意思。根據這個要求，最終形成共計一百二十餘人的名單，分為甲、乙二編。入甲編的，為降附之後品節無虧者（自清廷看來）；入乙編的，是既已降附而又為人猥瑣者（同樣是自清廷看來）。龔鼎孳列在乙編；因為乾隆的上諭一開始就點到他的名字，給他定了調：

> 如王永吉、龔鼎孳、吳偉業、張縉彥、房可壯、葉初春等，在明已登仕版，又復身仕本朝，其人既不足齒，其言豈當復存。[⑦]

貳臣現象本身並不足奇。每當朝代新創，人材稀缺都是突出問題。面對驟增的理政需求，新朝總是設法羅致一切有用之人，為己服務。這當

---

② 阮元校刻《十三經注疏》，中華書局影印，1980，第 493 頁。

③ 同上書，第 2091 頁。

④ 《清實錄》，第二一冊，中華書局影印，1986，第 693 頁。

⑤ 同上書，第 694 頁。

⑥ 同上書，第 694 頁。

⑦ 同上書，第 693-694 頁。

中，前朝舊吏始終是一大來源。所以只要改朝換代，貳臣現象無可避免。清初不但概莫能外，實際上，順、康兩朝為使更多士子出來做事，不光加以利誘，還施展了威逼、強迫的手段。當時，抵制情形頗為嚴重。《桃花扇》尾聲，出現了一個縣衙的皂隸，說：「現今禮部上本，搜尋山林隱逸。撫按大老爺張掛告示，布政司行文已經月餘，並不見一人報名。府縣着忙，差俺們各處訪拿。」[1] 這是實錄。可是時過境遷，清廷翻臉不認賬，倒打一耙，轉而以道德高調斥責別人「畏死幸生，靦顏降附」。難怪譚嗣同論到此事，把它比作「始亂終棄」：

> 而必脅之出仕，不出仕則誅，是挾兵刃摟處女而亂之也。既亂之，又訐其不貞、暴其失節，至為《貳臣傳》以辱之。[2]

但清廷的出爾反爾，有難言之隱。

其一，它有隱患。去今未遠的三藩之叛，吳三桂、尚可喜、耿精忠，都曾是滿清招降納叛的成果，但到頭來，成果也變成苦果。當時挖別人牆腳，如今要警惕自己的牆腳。於是，從降叛的懲惡者改為詛咒者，從熱衷弔膀子變成了鼓勵貞操。「崇獎忠良」、「風勵臣節」[3] 的實質，不過如此。

其二，清初貳臣現象不同以往。歷史上的歸順者，大多自認順天承命、棄暗投明、有如新生，明清之際卻不然。由明入清的諸多士大夫，一面在新朝供職，一面在心理和感情上苦苦掙扎。羞慚不安者有之，悔而抽身者有之，乃至還有暗中同情、支持復明運動的。而這種狀況並非一朝一夕，遷延甚久，即便經過了康熙大帝那麼輝煌的文治武功，漢族士夫的心態也沒有徹底扭轉。所以我們看到，滿清定鼎已然八十餘年，雍正皇帝還在那裏憤憤不平地指斥：

> 不知文章著述之事，所以信今傳後，着勸戒於簡編，當平心

---

① 孔尚任《桃花扇》，人民文學出版社，1982，第 261 頁。
② 譚嗣同《仁學》，華夏出版社，2002，第 106 頁。
③ 《清實錄》，第二一冊，中華書局影印，1986，第 694 頁。

執正而論，於外國入承大統之君，其善惡尤當秉公書錄，細大不遺。庶俾中國之君見之，以為外國之主且明哲仁愛如此，自必生奮勵之心，而外國之君見是非之不爽，信直道之常存，亦必愈勇於為善，而深戒為惡，此文藝之功，有補於治道者當何如也。倘故為貶抑淹沒，略其善而不傳，誣其惡而妄載。④

他認為，愛新覺羅氏遭遇了嚴重不公。儘管「政教興修」、「萬民樂業」、「黃童白叟，一生不見兵革」，但就因是「外國入承大統之君」，士夫階層的一般輿論與心理，仍「故為貶抑淹沒，略其善而不傳，誣其惡而妄載」。其之所陳，確為事實。這就是清初貳臣問題的特殊性，與普通的改朝換代不同，清之代明，與文化、民族衝突深深纏繞，融入了特定心態。故也難怪為何貳臣現象自古皆有，唯獨清廷才搞什麼《貳臣傳》。我們固可笑其氣量褊隘，但不要忘了，它從中所受窘迫也是既往所無。

三

《貳臣傳》對龔鼎孳的明朝經歷，記載比較簡單：

> 龔鼎孳，江南合肥人。明崇禎七年進士，授兵科給事中。十六年，大學士周延儒罷歸，舊輔王應熊赴如。將至，鼎孳疏劾：「應熊結納延儒，營求再召。政本重地，私相援引，延儒甫出，應熊復來，天下事豈堪再誤？」疏入，留中未下。會延儒被逮在道，不即赴，冀應熊先入，為之解。莊烈帝知之，命應熊歸，賜延儒死。時兵部尚書陳新甲獲罪棄市市，鼎孳又疏詆呂大器為陳新甲私人，不宜令總督保定山東河北，懲旨，鐫秩。⑤

主要講了他入京擔任諫職以後的兩件事，一件得逞，一件失手。周延

---

④ 愛新覺羅·胤禛《大義覺迷錄》，近代中國史料叢刊第三十六輯，文海出版社影印本，1966，第17-18頁。
⑤ 《清史列傳》，貳臣傳乙，中華書局，1987，第6593頁。

儒因他檢發而死，隨後參劾呂大器，卻不為崇禎皇帝所喜，反將自己送入監獄。

這時，已是其明朝宦涯的尾聲。他於崇禎七年登進士，翌年，放了湖廣蘄水知縣。「流寇蔓延，江北州縣多陷。鼎孳官蘄七載，日與寇相持，發號施令，威惠整肅，城得無恙。」[1] 那陣子，鄂皖一帶情勢甚緊，到處岌岌可危，大批士民逃亡（何如寵、阮大鋮都是此時過江避白下）。龔鼎孳這七年縣官，當得實屬不易，而「城得無恙」簡直要算奇跡。

所以他的升遷京城，是「政聲」使然。而對於來到中央，未及而立之年的龔鼎孳深受鼓舞，高度亢奮。「一月中，疏凡十七上」[2]。我們不清楚他是急於脫穎而出，還是對新職守一片赤誠，抑或兩者兼而有之，總之用力過猛，如同打了雞血，或上足勁的發條。他崇禎十四年秋入京，僅兩年，便因冒躁輕倨獲罪下獄。

了解他這一段的行狀，主要可閱李清《三垣筆記》。

李於崇禎十五年春末補刑科給事中，從家鄉興化動身來京，比龔略晚幾個月。他們分屬刑、兵二科，但同居言路，所以不光親自打交道，更有不少從旁觀察的機會。在《三垣筆記》中卷，涉龔記述有十餘條，為卷中被提及者之最，反映了龔當時的活躍。

但李清對他的印象，相當不好：「每遇早朝，則自大僚以至臺諫，咸嘖嘖附耳，或曰曹糾某某，或曰龔糾某某，皆畏之如虎。」[3] 曹是曹良直，與龔同為兵科給事中，兩人關係密切。李清用「險刻」形容他們，說他們「日事羅織」[4]，聯繫合肥縣志「一月中，疏凡十七上」的記載，頗對得上號，不過「羅織」之詞想必言重了。無中生有、多方構陷才可稱「羅織」，那是很壞的做法和很惡的居心。從龔兩次為我們所知的彈劾看，參周延儒，不無事實，對呂大器則是阻止有關他的一項任命，既談不上構陷，也是他身任給諫的份內之事。

---

① 《嘉慶合肥縣志》，卷第二十四，中國地方志集成，安徽府縣志輯5，江蘇古籍出版社，1998，第244頁。
② 同上。
③ 李清《三垣筆記》，中華書局，1997，第53頁。
④ 同上書，第54頁。

野哭：弘光列傳

然而，兩次他都屬於推波助瀾。參周延儒是在崇禎將其罷相後，糾呂大器也是因為陳新甲已經失勢。就此，希意干進的嫌疑是脫不了的。我們感到，作為新從地方提拔上來的人，他有急於立足、一炮打響的衝動。為人穩重、平和的李清，認為這不是什麼好品質，也有他的道理。

不過，李清對他的反感，連同他到北京後的躁動表現，其實別有原因，個人氣質並非主要。

那便是明末政壇甚囂塵上的黨派政治。從萬曆年起，這種因素之於明朝，既病入膏肓、無可救藥，又可謂挾雷掣電、虎虎生風。它就是這樣有深刻兩面性的東西。一面，王朝為此內耗不休、大傷筋骨，多少事情滯礙難行，皇帝徒呼奈何；另一面，反映了新的政治意識和格局，士大夫開始從傳統的君權奴僕與工具，向帶有獨立性的政治角色轉化。後來人們相信，「門戶」是明朝亡國主因之一。其實，換一下時間、背景條件，「門戶」的結果完全可能是另外的樣子，比如帶來政治改革。歷史的兩面性，中間往往只隔一層。

李清是一位愛國者，更確切地說，是比較傳統的忠君者。他畢生保持這種情懷，明亡後閉門著述，凡忠事明室者他都崇敬有加（如左懋第），凡曾淆亂國家者則概予指斥。所以他的著作才有如此奇特情形：既對十足的奸佞（如馬、阮等輩）醜行有聞必錄，也對作為改革勢力的東林、復社嘖有煩言。他自認無黨無派，「存公又存平」。

他既有此立場，龔鼎孳卻剛好相反。龔鼎孳有鮮明、強烈的黨派傾向。綜合《三垣筆記》的記述，我們明白地看到，龔鼎孳一到北京，就深深捲入黨派政治：

> 予與韓給諫如愈，每謁吳輔甡，則曹給諫良直、龔給諫鼎孳必先在坐……兩人與甡密，人有以此疑甡者。[5]
>
> 龔給諫鼎孳日趨吳輔甡門，江南諸人嘖嘖，疑其構周延儒陳。[6]

---

⑤　同上書，第 53 頁。
⑥　同上書，第 53 頁。

當時，首輔周延儒、次輔吳甡各有派，稱「江南黨」、「江北黨」。龔鼎孳作為江北人，加入吳甡一派，十分賣力，以致人們私下認為，周、吳矛盾其實是這類人挑唆起來。為此李清舉證說，「吳輔甡既奉旨杜門待罪，予往謁，適龔給諫鼎孳至，曰：『必首輔所為。』」吳甡卻「正色」否認，李清評曰：「方知兩輔水火，皆若輩構成也。」[1] 後來，吳甡戴罪出京，行前對李清說：「幸語龔給諫，弗言及首揆，人將謂吾教之。」[2] 竟似對龔頗為頭疼。

明末政壇門戶，因正邪而起，事情發展卻不那麼簡單。政治從來長着理想主義和功利主義兩條翅膀，二者你中有我、我中有你，為着高遠目的，手段上的卑劣是並不拒絕的。所以黨派之間政見之爭，很容易演為純粹的爭權奪勢，以致權勢反而變成主題，彼此都不擇手段。這在周延儒身上，表現就很突出。其崇禎十四年二度為相，後面有復社支持，可他暗中也接受了阮大鋮賄賂，答應上臺後為之謀復出，後因阻力太大，只做到起阮的朋友馬士英為鳳督，而這也直接種下了弘光朝禍根。恐怕不只周延儒如此，那些身居高位的大僚老手，眼裏都有時勢，知道妥為利用。吳甡一面信用龔鼎孳，一面背地裏又對李清作種種與己無關的表示，就很見圓滑和策略。

易抱理想主義的，多是涉世不深的青春派。我不知道龔鼎孳在黨派鬥爭中踔厲風發，是否抱功利目的，但李清講述的這樣一件事，讓人感到他當時滿腦子正邪之念：

> 一日，鼎孳言及逆案，振鐸佯曰：「能相示否？」鼎孳出諸袖，振鐸故指龔秦蕭問曰：「若為誰？」鼎孳曰：「予嫡伯也，最無行。」振鐸一笑。[3]

旁人想借他嫡親伯父身附逆案，予以譏諷，他竟不以為意，脫口表示對伯父的唾棄，可見他心目中標準，簡單到只有清、濁二字。這種對「正

---

① 李清《三垣筆記》，中華書局，1997，第 62 頁。
② 同上書，第 66 頁。
③ 同上書，第 53-54 頁。

義」的自命與癡迷，在年輕人常有，有時會達六親不認的地步。我體會吳甡臨行對李清一番話，也有嫌龔偏激太過的意味，已到連吳甡自己都不能駕馭的地步。吳不主張對周延儒「痛打落水狗」，龔鼎孳卻一意孤行，吳感到無奈，想藉李清之口撇清與龔鼎孳日後所為的干係。

　　理想主義不一定是褒辭。理想主義的禍害，有時不在朽腐現實之下。我猜龔鼎孳在兵科給事中任上的狂熱，受蠱於理想主義，主要是李清「日事羅織」的解讀不能顯其情懷，以及促他如此行事的時代背景。我覺得明代末年的氣氛、格調，與我們當代上世紀六七十年代是有些相似的。一班自命正義而苦悶、叛逆的知識青年，呼朋引伴、五湖四海、嘯聚串聯。這個運動或潮流，已持續十年以上，而過去並沒有龔鼎孳的身影。壬午年（1642）春，他終於出現在蘇州。此行是為復社「虎阜大集」而來，這並非著名的壬申年（1632）「虎丘大會」。那次大會，復社實現了全國統一（「合諸社為一」），並「定名復社」。④ 那時，龔鼎孳還是偏遠小縣的縣令，既無機緣也無資本與金陵、姑蘇、雲中等地一呼百應的學生領袖結交。眼下則不同，他很好地藉跨入京城之機，凌厲出擊，把自己打造成青年政治精英，和黨社運動冉冉升起的新星。我們在杜登春《社事始末》所載與會者中，見到了「龔鼎孳」三個字：

> 　　壬午之春，又大集虎阜。維揚鄭超宗先生元勛、晉松李舒章先生雯為主盟，桐城方密之先生以智……合肥龔孝升先生鼎孳、溧陽陳百史先生名夏……查伊璜先生繼佐……郴臣曹秋岳先生溶……楚中杜於皇先生濬……余澹心先生懷……維揚冒辟疆先生襄…暨前所稱諸先生之子弟、雲間之後起，皆與焉；其他各省名流，余不能悉得之。⑤

　　這些人，有不少做了他日後一生的朋友。這次集會的前一年，復社領袖張溥剛因暴病去世，但復社勢焰並不稍減，「西銘（張溥之號）之變，

---

④　眉史氏《復社紀略》，中國歷史研究社編《東林史末》，神州國光社，1947 年，第 168 頁。
⑤　杜登春《社事始末》，中國野史集成，第 27 冊，巴蜀書社，2000，第 636 頁。

海內會葬者萬人」[1]。當他被這組織引為同志且揖於上座的時候，我覺得完全找到了他在北京亢奮激昂、砥礪奮前的由來。他追求這種認可，渴念那樣的加入。

作為後起之秀，他有時不我待、只爭朝夕的心態。但一味奮前，是把自己送入監獄。這個情節，沒什麼內容可以挖掘。崇禎是以喜怒無常而出名的皇帝；高興，就納你「嘉言」，不高興，就嫌你礙事，關一陣子甚至砍頭。被他殺掉的大臣，首輔兩人，督撫以上十一位。不過，他的好處是脾氣雖然反覆，並不以摧折為樂，手下也沒有紀綱、許顯純一類如狼似虎的大酷吏。龔鼎孳下了獄，罪不至死，無性命之憂，在獄中應該沒有太遭罪。而且正像入獄一樣，四個月後，又突如其來地放出來，毫髮無傷。短暫的牢獄之災，看上去也只是人生一次小波折。

四

隨後的事情就不那麼輕鬆了，龔鼎孳需要面臨人生的分水嶺。

他是甲申年（1644）二月獲釋，出獄剛一個月，就遭遇天崩地解的大事：李自成攻克北京，崇禎皇帝命殞煤山。

被圍困城中的龔鼎孳，和其他千名明朝京官一樣，目睹並親身經歷了這場巨變。他在事件中的行止，《貳臣傳》僅錄一句：

> 鼎孳從賊，受偽直指使職，巡視北城。[2]

歷史中的個人遭際，往往被如此簡化。因為較諸國家陵穀之變，個人渺如芥豆、微不足道。龔鼎孳並非無名之輩，但是當我們試圖蒐集他在李自成佔領北京四十餘天之中的蹤跡時，卻發現寥寥無幾，可憑可信的更近乎為零。

現在，我們所以還能在那草草一語之外，為龔鼎孳城陷之後的日子，

---

① 杜登春《社事始末》，中國野史集成，第 27 冊，巴蜀書社，2000，第 636 頁。
② 《清史列傳》，貳臣傳乙，中華書局，1987，第 6593 頁。

補上一些重要細節，得感謝同時代一位古人、龔的朋友顧景星。他在康熙四年（1665），讀了龔鼎孳懷念方以智的一首詩，百感交集，和以詩篇的同時，寫有長序，記下自己所知道的事情。我們完整抄在下面：

> 當歲癸未（1643），公建言忤政府，致下廷尉。烈皇帝降《哀痛詔》，始出公於繫，猶不免戍譴。朝夕龔見帝陳國是，倉皇難作不可為矣，江左流言絓公。又四年，丁亥遇公丹陽舟中，執手嗚咽。是夕匆匆別去，明年秋，挐舟送公梁谿，比舡結纜，浹旬不忍去。一日始旦，公衣短衫襦，過予舟，出袖中書，大如車軸，皆奏疏及所擬上書，述遭難壯（狀）甚悉。公於三月十九日聞變，二十日即亡走。史官方以智為賊得，劫令索公。脅降不可，抵金不得，五木交下無完膚，然後捨。公曰：「是區區者，吾未嘗以示人也。」而顧獨示予，毋亦謂斯言也不可使不知吾者知，不可使知吾者不知邪！又十五年，壬寅遇藥地禪師於清江，言與公合。藥師者，即以智也。自嶺嶠跳歸得，付曹洞法矣。又三年，乙巳從盧大恭所見公憶以智詩並序，嗟呼，今如不言，後世何述！燈下步原韻四章，兼懷藥師。[3]

主要內容是講丁亥年（順治四年）與龔鼎孳意外邂逅於丹陽，而聽龔鼎孳親口講述自己在北京城破後的遭遇。其大概經過是：三月十九城破，二十日龔鼎孳逃亡，潛於某處。闖軍先抓到了方以智，方知道龔下落，又供出龔，龔由此被逮。逼降不果，勒金又無，遂遭嚴刑而體無完膚，然後放了他。

重要的是，顧景星還對龔的自述做了求證——又過十五年，康熙元年，顧見到另一當事人方以智，就事情經過詢問方本人，「言與公合」，龔、方說法完全一致。

顧的為人頗能保證這材料的可信。他入清後屢徵不仕，以遺民終老，事跡可在《明遺民錄》找到：

---

③ 顧景星《和龔公憶方密之詩有序》，《白茅堂集》，卷之十三，乙己，康熙刻本。

順治庚子，徵天下山林隱佚之士，大吏強之，不起。康熙戊
午，又以博學鴻儒徵，有司強迫就道，辭不赴。杜門息影，翛然
遺世。[1]

他雖是龔鼎孳的朋友，但依其人品，我們沒有道理懷疑他會因為徇私而說謊。而且我們看到，他不光待朋友有情有義，對事實也很負責、謹慎，花了十五年時間來求證，然後才記於文字。由於他的認真，我們終於握有龔鼎孳在北京國難期間的一條確切線索，這也是迄今僅有的完全沒有疑問的材料。從中我們知道，龔鼎孳當時從家中逃亡，躲藏在外，不想投降，而且遭遇悲慘。

當然，方以智提供的旁證，嚴格說只到龔鼎孳被闖軍抓獲為止。之後的事情，即龔鼎孳所述他遭到拷掠然後釋放的情節，已經沒有目擊者。野史所記與他自述相反，說他接受了「偽職」；《貳臣傳》持相同說法，卻沒有指出材料來源，應該是以野史為本。

說到明末的野史，因為出版和商品經濟相當發達，許多情形與現代已很相似，凡社會關注度高、因而有明顯牟利空間的重大事件，編輯家和寫手的反應十分敏捷，第一時間搜羅撰述，編成紀實時聞，售而獲利。這當中，有幾分事實，又有幾分得之耳食、捕風捉影，乃至生造臆測，實際很難搞清。尤其甲申國變這種塌天大事，真真假假的傳聞，更無從斷之。舉個例子，後被阮大鋮借題殺掉的周鑣，便是「以南身記北事」的一位。他當時編了兩本書，一名《燕中紀事》，一名《國變錄》，被失睦的親戚告發為「私刻」[2]。這類根本不在現場，卻言之鑿鑿、有如親歷的敘事，曾讓楊士聰忍無可忍。他在北京，也被闖軍逮捕、羈押，但因與闖軍某將交好，未受拷打而脫身南來。到了南方，他發現，上述經歷根本無人相信，不由分說一致認他必定身降，有人說其所授為「偽戶政府少堂」，甚至「親見門粘欽授官職」[3]，好像千里之外的人們，竟比當事人更了解事實。楊士聰

---

① 孫靜庵《明遺民錄》，浙江古籍出版社，1985，第 282 頁。
② 徐鼒《小腆紀年附考》，中華書局，2006，第 250 頁。
③ 計六奇《明季北略》，中華書局，1984，第 603 頁。

覺得豈有此理，於是寫了一本《甲申核真略》，專講真相核實的問題：

> 稱核真者，以坊刻之訛，故加核也。坊刻類以南身記北事，耳以傳耳，轉相舛錯，甚至風馬牛不相及者，其不真也固宜。[④]

而除了起於各種原因的道聽途說，對事實的輕率以及急欲落井下石的心態，還受到道德義憤的有力慫恿。

> 自南中欲錮北來諸臣，遂倡為刑辱之說，計將一網打盡。坊刻豎儒，未喻厥旨，乃謬引刑不上大夫之說，橫生巧詆，何比擬之非倫也。[⑤]

這在那時代很典型，全社會以「烈夫貞婦」為尚，但聞某人非是，立刻爭先恐後齊聲唾棄，以示自己和「烈夫貞婦」保持一致，至於實際究竟發生了什麼，反而不遑乃至無意加以澄清。所以楊士聰表示：「余偶未罹賊刑，茲於受刑諸臣，悉為明著於篇，以質公論。」他自己未曾受刑，但了解那些受刑者的慘毒之狀，覺得南中對他們的堂而皇之的道德批判十分不公，要把自己所知的真實情形明明白白寫出來，讓大家評判受刑者的過失究竟如何。

城破後，龔鼎孳沒有主動歸順，他潛逃然後被逮、受刑，這一部分事實我們已可確定。關鍵是之後情節不明，當時，屈打成降的例子既不少，可能性也相當大。但我們究竟不能因而推之，凡遭刑鞫者最後都吃打不過而投降、接受「偽職」。

從他多年如鯁在喉，終藉與至交重逢之機鄭重白冤來看，我們或許應該慎重其事。當時，時過境遷，他曾降闖的說法早就木已成舟，無論其辯白對顧景星有無作用，至多只能影響某一個人，絲毫無改整個社會和歷史的評價。他應明知於此，但仍不放棄對顧景星孜孜剖陳，這幾乎無謂的舉動，唯一的解釋是心靈需要，即面對一位真正知己，一位可託心腹的

---

④　楊士聰《甲申核真略》，《甲申核真略（外二種）》，浙江古籍出版社，1985，第 7 頁。
⑤　同上書，第 9 頁。

至交，他覺得必須示以肺腑，把真實的自己展示給他，此亦顧景星所感受的：「不可使不知吾者知，不可使知吾者不知。」

況且，這展示只與其中一個事實有關，無助於整個洗刷他的污點：

> 本朝順治元年五月，睿親王多爾袞定京師，鼎孳迎降，授吏科右給事中，尋改禮科。二年九月，遷太常寺少卿。[1]

以上記述出乎清朝官方，不復可疑；總之，他是做了明朝的叛臣——即便未降於闖，亦終降於清。但我們體會，即便是普通罪犯，對所犯之罪、所該當的罪名無從推卸，但對那些確非其所為而強加、闌入的指控，恐怕也將大為不甘，斷不會因有罪之身而樂意把一切全都攬在身上。

從這一點來說，我們對於龔鼎孳在崇禎自盡至多爾袞入城之間四十餘天的情形，以存疑為妥。我們既不輕信他的表白，也不一口咬定他必定「從賊」。無論哪一種，我們都還不能證明。而其間留給我們的困惑，還不僅於此。例如，闖軍潰走後，北京約有半月左右真空狀態，大批自城破前困圍在此的南籍官員乘機逃離。工部員外郎趙士錦所著《北歸記》，即為上述情形之親身實錄。餘如楊士聰、方以智、陳名夏、周鍾、光時亨等等，都是此時南還。那麼，龔鼎孳何不採取相同行動，卻留在北京「迎降」？此有不可解處。以當時來論，北為亂邦、南方尚安，一目了然，而避危趨安應是合理、本能之選，為什麼龔鼎孳卻反向而擇？對此，他的弟子嚴正矩有個說法：「寇脅從不屈，夾拷慘毒，脛骨俱折，未遂南歸。」[2] 說他傷勢嚴重，根本不勝遠途。這解釋倒很合理，但假使果如所說，就又牽出另一點，即他傷到這個樣子——脛骨是小腿，俱折則兩腿都被打斷——怎麼出來為闖軍做事？然而此說既孤，又出其弟子，我們無法採信。

無論如何，未死而滯留北京的龔鼎孳，就此開始了他的「貳臣生涯」。

---

① 《清史列傳》，貳臣傳乙，中華書局，1987，第 6593 頁。
② 嚴正矩《大宗伯龔端毅公傳》，《龔端毅公奏疏》，光緒九年刻本，國家圖書館藏。

五

攔在當下，龔鼎孳要擔兩個罪名，一為「叛徒」，一為「賣國賊」。從歸附敵對陣營的角度，他為「叛徒」；從替外來佔領者效勞的角度，他是「賣國賊」。都是第一等的罪名，他兼而有之，對此我們也有一詞，稱「雙料分子」。總之他的醜陋，便是孟森名作《橫波夫人考》所簡括的「既陷於闖，旋即降清」[3]。

然而列位有所不知，上述兩個在我們看來遺臭萬年、應該踏上一隻腳永世不得翻身的罪名，卻非明朝人士最為義憤填膺的地方。言及此，就不得不感慨於古今話語的睽隔與陌生了。

當時，龔鼎孳或其一類人的問題，焦點在哪兒呢？在於「不死」，亦即他們居然還活着！為着說明這一點，我們來看一件事。

隨着闖軍西去，眾多京官如脫樊籠之鳥，絡繹南逃，沿途遍嘗艱辛、備歷兇險，但等待他們的，卻是朝中洶洶的輿論，還有閭里摩拳擦掌的鄉親。當時，盛產官員的江浙兩地，好些地方發生針對本鄉在京「苟且偷生」者的暴力事件，焚掠其家，搗毀其宗祠。一時間，朝野上下議處南來生還者之罪的呼聲高漲，好像那是頭等大事、當務之急，別的反倒不足論，為此史可法不得不專門從揚州上了一道《論從逆南還疏》，中云：

> 先帝慘殉社稷，凡屬臣子皆有罪，在北始應從死，豈在南獨
> 非人臣耶？⋯⋯ 使天下曉然知君臣大義，不但在北者宜死，即
> 在南者亦宜死。[4]

他的意思，朝廷有更重要的事做，不能把注意力和時間浪費在這種道德義憤上頭。但史可法也不敢直接唱反調，而用抹稀泥的「人人有罪」說，來解構清算論 ——「不但在北者宜死，即在南者亦宜死」。從禮法論，大家都不該活着，誰又例外？他不惜點了自己名字，順便把馬士英、

---

③　孟森《橫波夫人考》，《明清史論著集刊續編》，中華書局，1986，第 142 頁。
④　史可法《論從逆南還疏》，《史忠正公集》，卷一，商務印書館，民國二十五年十二月，第 11 頁。

高傑、劉澤清等文武重臣都拖進來：「即臣可法謬典南樞，臣士英叨任鳳督，未聞悉東南甲，疾趨北援；鎮臣高傑、劉澤清，以兵力不支，折而南走，是首應重論者。」藉「人人有罪」說，他呼籲寬容，「為雪恥除兇之計，寬以死而報以死」，「不但在南者姑寬，即在北者亦姑寬」[①]，把精神集中於做實事。

　　人類經常從它的同一產物中接受好處與壞處，倫理道德也是如此。社會不能沒有這種東西，可是，有時候又深受其害。像明末對於君主蒙難臣民便不能「偷生」的糾結，當時是作為一種美德而提出，實際上，美德的名義下卻塞進了骯髒貨色。當政的馬、阮等人圍繞它大做文章，與對品節的推崇毫無關係，真正緣由在於崇禎期間政壇主流派是東林、復社，所謂「在北者」多出此脈，眼下權柄既已易手，正好藉此為題謀興大獄，以泄多年之恨。這且不說，我們更發現，抽象地看倫理道德四個字總是美好高尚的，一旦化為具體，卻那樣荒唐：君上死於社稷，臣子即無生理，俱宜從死，不死便都有罪。這麼不可理喻的要求，當時卻認為很道德。所以，倫理道德與是非曲直，可以風馬牛不及。

　　回顧這些，與龔鼎孳故事的一個特定內容有關 —— 當時，他真正出名、遭人詬誶、舉世譁然的情節，就是他的「不死」及「不死」之理由。
《明季北略》「從逆諸臣」：

　　　龔鼎孳，南直合肥籍……官兵科。偽直指使。每謂人曰：「我原欲死，奈小妾不肯何？」小妾者，所娶秦淮娼顧媚也。[②]

　　這記載的出處，應該是馬士英為動議懲治南還諸臣，所上的《請誅從逆疏》：

　　　龔鼎孳降賊之後，每見人則曰：「我原要死，小妾不肯。」小妾者，其為科臣時收取秦淮娼婦也。[③]

---

① 史可法《論從逆南還疏》，《史忠正公集》，卷一，商務印書館，民國二十五年十二月，第11頁。
② 計六奇《明季北略》，從逆諸臣，六科給事，中華書局，1984，第631頁。
③ 馬士英《請誅從逆疏》，抱陽生《甲申朝事小紀》，書目文獻出版社，1987，第39頁。

在馬士英，這必是作為最得意、最煽情的證據拋了出來。龔鼎孳扮演着近來東林、復社的急先鋒，在京城一向對門戶、聲氣標榜最力。然而請看此人嘴臉，不但畏死幸生，原由還如此卑污不堪——是為一個「小妾」，而這「小妾」竟然還是「秦淮娼婦」！莫非在他那裏，先帝連娼婦都不如麼？

可想而知，在那樣的年代，此爆料一出，人們將如何為之色變。即便遠隔三四百年的我們，見到那樣的表白，也不禁揉揉眼睛，仿佛不能相信。在我而言，「龔鼎孳」三個字之所以深深刻在腦海，起初純粹因為這句話。假使他僅只是一位「貳臣」或今人所謂「叛徒」、「賣國賊」之類，我多半感覺不到什麼興趣，那種人史上多如牛毛，而他顯非其中最昭著者。然而，當着那種情形而公然講「我原要死，小妾不肯」的，以我所知，從古到今好像只此一人。我實在被他引動了莫大的好奇心。

六

事實如何？

馬士英並非與人閒談時，而是在正式的奏呈中舉其事為例。出於此，我們如斷言純屬他的捏造，大概不盡合理。他或許並不掌握事實本身，但比較可能的情況是，他有消息來源，或至少別人問起出處時，能回答得上來。總之，就像老話講的，無風不起浪。

作為從旁觀察者，我們自然努力去找線索，也模模糊糊好像發現了一點。順治四年（丁亥）龔與顧景星在丹陽舟中意外相逢，互贈詩篇。顧詩有句：

> 楊舷風急正中流，意外逢公海畔遊。拜起立年同墮淚，酒行
> 坐穩更深愁。當年夢哭羊曇路，此夕真疑郭泰舟……

羊曇，典出《晉書·謝安傳》，感舊興悲之意。顧景星於是句下面自注「聞公難」，意思是曾聽說龔鼎孳在國難中死了。而龔鼎孳和詩答以：

---

④　顧景星《明日龔公以詩來依韻和呈四首》，之一，《白茅堂集》，卷之六，康熙刻本。

吳船楚語隔中流，招手相看續舊遊。多難感君期我死，著書
空老益人愁……①

他在「多難感君期我死」句下也有自注：「赤方集中有弔余與善持君殉
難詩」。善持君，便是顧媚。從顧、龔互答的上下語意看，顧景星當時聽
到的「死難」傳聞，只及龔本人，不包括顧媚，但龔鼎孳自注，卻主動提
到了顧媚。這個微細區別可以玩味，似乎一提到有關死的問題，記憶就本
能地與顧媚聯繫在一起。這是怎樣的聯繫呢？

一直以來，對這句名言大家注意力都在「小妾不肯」上。那也的確最
讓人驚駭，一見這四個字，鄙夷之心油然而生，如孟森先生的評論：

> 芝麓於鼎革時既名節掃地矣。其尤甚者，於他人諷刺之語，
> 恬然與為酬酢。自存稿，自入集，毫無愧恥之心。蓋後三年芝麓
> 丁憂南歸，有丹陽舟中值顧赤方，是夜復別去，紀贈四首，中的
> 「多難感君期我死」句，自注「赤方集中有弔余與善持君殉難詩」
> 云云。生平以橫波為性命，其不死委之小妾，而他人之相諷者，亦
> 以龔與善持君偕殉為言，彌見其放蕩之名，流於士大夫之口矣。②

事之兩端，一頭國難、一頭小妾，判若雲泥。而龔鼎孳為小妾而捨國
難，其所宜乎唾棄，在所有人恐怕都不假思索。我自己第一次見這句話，
目光也完全落在「小妾」上。對於我們「臭男人」，「小妾」云云實在吸引
眼球，很難越過它首先注意別的。

直到發現了孟森的誤讀。

誤讀的憑據，是孟文這一句：「於他人諷刺之語，恬然與為酬酢。自存
稿，自入集，毫無愧恥之心。」它是針對龔詩「多難感君期我死」及自注
「赤方集中有弔余與善持君殉難詩」之語而發。

讀《橫波夫人考》的時候，我還沒讀《定山堂集》，更未讀到《白
茅堂集》，故於孟氏評論欣然接受，同樣做出代表龔鼎孳恬不知恥的裁

---

① 龔鼎孳《丹陽舟中值顧赤方是夜復別去紀贈》，《白茅堂集》，卷之六，康熙刻本。
② 孟森《橫波夫人考》，《明清史論著集刊續編》，中華書局，1986，第 142 頁。

判 —— 及至讀了龔、顧二人原詩（已引於前），這才發現，孟氏或我們大家的理解全都錯了。

首先，顧詩非「諷刺之語」。顧景星「當年夢哭羊曇路」句的自注「聞公難」，講得很清楚，當年他聽到了龔鼎孳死難的消息，為此才於夢中一哭。龔鼎孳詩句「多難感君期我死」，則是對顧「當年夢哭」的回答。他們雙方，一方並無「諷刺之語」，另一方更不是明知他人諷刺自己，卻厚顏地「恬然與為酬酢」。

其次，「多難感君期我死」的「感」字，沒有半點輕薄謔浪的意思，卻是對契懷知己的深切感念。其中的心情是，滿世界都把他看扁，唯獨顧景星這樣的至友才深知他、了解他、不會誤解他。當年顧景星夢中一哭，表明他面對龔死難的傳言沒有懷疑，在龔鼎孳看來，這種不懷疑，非心靈相契不能致。故爾，他寫下那個「感」字，分量極重，雖只一字，實有萬語千言，斷然不會出於「恬然」和「無愧」。

我以為，但凡讀到了顧詩原句，或但凡知道「多難感君期我死」的由來是顧的「聞公難」，對其語意就很難發生誤解。所以我斗膽推測，孟森先生寫《橫波夫人考》時，沒有讀到《白茅堂集》。

從孟森的誤讀，我又忽然意識到過去對「我原要死，小妾不肯」，太專注於「小妾不肯」，而忽視了前半句。一見到「小妾不肯」，我們就被道德點燃了羞恥心，而忘記打量一下作為完整的一句話，龔鼎孳究竟在說什麼。於是，我開始審視「我原要死」四個字。

從字面來說，「我原要死」可能有兩種意思。一是說有死的想法和打算，而未實行；一是說已經付之行動，結果卻沒有死成。顧景星說「聞公難」，證明當時確實傳出了龔鼎孳死難的說法，這傳聞本身的存在，不必懷疑。然而，它究竟是空穴來風，還是也有其事呢？

有三件材料。年代最早的一件是《順治元年內外官署奏疏》所收啟本：「流寇陷城，夾拷慘毒，脛骨俱折，闔門投井，為居民救甦。」[3] 其次是嚴正矩《大宗伯龔端毅公傳》：「寇陷都城，公闔門投井，為居民救

---

③　朱希祖輯《順治元年內外官署奏疏》，國立北京大學研究所國學門藏並編，民國二十年影印。

甦。」① 從詞句看，嚴傳所本應為前者。最後一件，是龔鼎孳《綺羅香·同起自井中賦記，用史邦卿春雨韻》一詞：

> 弱羽填潮，愁鵑帶血，凝望宮槐煙暮，並命鴛鴦，誰倩藕絲留住。搴杜藥、正則懷湘。珥瑤碧、宓妃橫浦。誤承受、司命多情，一雙喚轉斷腸路。
>
> 人間兵甲滿地，辛苦蛟龍外，前溪難渡，壯髮三千，粘濕遠山香嫵。憑蝶夢、吹恨重生，問竹簡、殉花何處。肯輕負、女史萇宏，止耽鶯燕語。②

該詞寫作時間不明（既像當時所寫，又像事後追記），而意象眾多，幾個緊要字眼意思大約如下：上闋，「宮槐」指崇禎縊死，「煙暮」指聞訊時分為當日傍晚，「並命鴛鴦」指顧媚同死，「懷湘」指思效屈原，「誤承受，司命多情，一雙喚轉斷腸路」指死而不成（與「為居民救甦」合）；下闋，「兵甲」指闖軍，「前溪難渡」指無逃路，「壯髮三千」指愁緒，「蝶夢」指虛實和生死幻化，「萇宏」——即萇弘，周代忠臣，清避乾隆諱而改——借指內心。

這三個材料，與顧景星所陳的「聞公難」不謀而合，但有一個問題，均出龔之自白，真偽無從斷之。假如龔鼎孳的結局是投井而死，什麼疑問也沒有；事實卻是，他沒死、還活着。然而從邏輯上說，活着的事實並不能否定有過死的嘗試。究竟如何呢？他逢人就說「我原要死，小妾不肯」，關鍵在於，這是對經過的陳述，還是對責任的推託。分野就在這裏。如果是推託，當然如大家歷來解讀的，「其不死委之小妾」，不必多言，他只能被視為無恥之尤。但如果是陳述，亦即假如他是簡單概括一下活下來的經過，這個句子，就有重新理解的必要——比如，可能包含這樣的情節：他和顧媚自殺過一次，但被人救活；之後，他想再次自殺，顧媚卻沒有勇氣嘗試了，並求他陪自己一道活下去。

---

① 嚴正矩《大宗伯龔端毅公傳》，《龔端毅公奏疏》，光緒九年刻本，國家圖書館藏。
② 龔鼎孳《綺羅香·同起自井中賦記》，《定山堂詩餘》，卷一，續修四庫全書，1403·集部·別集類，上海古籍出版社，2001，第 273 頁。

七

　　我傾向於把它看作陳述句。證據自然沒有，但從情理角度品鑒，倘使此語之出，意在文過飾非，則如此鮮廉寡恥之言，效果只能適能其反。人的行為都出於自利，此為本能，即便給人定罪，也得推其合理動機——除非我們認為，龔鼎孳到處對人講這句話，目的是要自增其醜。所以作為推理，我覺得他是在陳述什麼。但事情本身太過離奇，超出「正常人」的心理和價值觀之外，看上去反而像是狡辯和抵賴。

　　那麼，橫亙在龔鼎孳與我們這些「正常人」之間的障礙何在呢？顯然是「小妾」。「小妾」者，舊時所謂側室、小老婆，今之所謂「小三」、「小蜜」。在我們男權的視角下，或者是生育工具，或者是性特權，或者是私有財產，或者是花瓶、玩物，以至冶蕩、恣慾、淫猥之類的表徵。尤其這位「小妾」，就像馬士英為了突顯龔鼎孳的醜惡，馬不停蹄地點到的，「其為科臣時收取秦淮娼婦也」。對這種「身份」，我們很難報以尊重。我們或許也願意與她們取樂，但絕不能在心理上給以接受，腦子裏都免不了裝着西門慶的那句口頭禪「賊小淫婦兒」，賤之、蔑之。

　　我不知道龔鼎孳是否完全越出了男性的普遍心理。我能肯定的是：單就顧媚這特定對象而言，龔鼎孳沒有西門慶意識；此時此刻從他嘴裏說出的「小妾」一詞，與「賊小淫婦兒」毫無關係。相反，他視她為生命中獨一無二的女人，甚至喻以自己的「宓妃」。前面所引的《綺羅香》中「珮瑤碧、宓妃橫浦」一句，逕出《洛神賦》「珮瑤碧之華琚」，而曹植說：「斯水之神名曰宓妃」[3]。

　　龔以宓妃比顧媚，是把她擺到心中女神的位置上。但同一個女人對於其他男人，卻只是「賊小淫婦兒」。我們不能責怪大家何不與龔鼎孳一道，將某位妓女視為女神；然而，「子非魚安知魚之樂」，畢竟龔鼎孳自己有此感受，他也正是帶着這種旁人所不知甚至不能理解的感受，說出了「我原要死，小妾不肯」那樣駭世驚俗的話。這足令說者一副心腸，聽者另

---

[3]《曹植集校注》，人民文學出版社，1998，第 282 頁。

一副心腸。在龔鼎孳，或許是掏心剖腹；旁人卻一片譁然，以為人間醜穢無踰乎此。

這當中，顯然有個巨大的落差。當事者本人，與社會輿論之間，視閾不同，處境不同，價值更不同。

於是我們想到，有些歷史公案，除開一眼可見的大倫大節，還隱藏着個體自我價值問題。大是大非面前，我們總是強調個體去承擔對於社會整體的責任和義務，這並不錯；但與此同時，個人心靈的安放是否全然不必予以考慮，卻仁者見仁，智者見智。主流的態度，尤其歷來中國的主流態度，置個人於無條件犧牲的位置。這樣的習慣見解，至今我們仍沒有多少動搖。但我們也通過與異質文化的接觸，了解到有採取其他看法的可能。比如，在不傷害、損害社會整體利益前提下，對個體的苦衷持寬諒態度，從而在歷史觀和倫理觀中，增加對個體的考慮。我們的社會，還不能普遍做到這樣，但作為方向，一般都不否認那是更文明、更善意，也更利於歷史進步的。我們曾經討論過「殺降」的問題。古代世界一致認為投降乃極醜惡極可鄙的行為，不但本方所痛恨，即在敵方也視如草芥而往往大開殺戒。中國直到清末仍有此心態，李鴻章平蘇州後，殺太平天國降軍據說達二十萬，以致他的盟友常用軍統帥戈登、英軍駐華陸軍司令柏郎等人怒不可遏，要求解除其蘇撫之職，否則就要攻擊淮軍。[1] 如今，對於戰敗而降，我們雖仍不能捐棄鄙視的心理，卻至少在行動上接受了不得歧視俘虜的國際公約。這種不歧視的道理就在於，國家、民族整體利益的正當性，並不表現為對個人的無度索取。

這是我們和龔鼎孳時代的不同。當時他身為臣子，「不能為其主臨危授命，輒復畏死幸生」，便是有罪，可以立斷為失德之人。我們則不然。我們會問以下幾個問題：他做到了什麼？沒做到什麼？在沒有做到的方面，原因是什麼？可以為常理所接受，還是不可接受？當問題來到這些層面，只停留在某些抽象義理上，我們所見將不比乾隆皇帝更多。對歷史當事人來說，生活與生命，每一步、每個瞬間都是具體的。他們從有血有

---

① 苑書義《李鴻章傳》，人民出版社，1995，第 87-88 頁。

肉、活生生的體驗中，獲得認識、感受和價值。在龔鼎孳而言，能否「為國難捨小妾」，並非道義箴規那樣明了易斷，而要面對唯個人所自知、亦唯個人才承擔的處境。為此，我們在對龔鼎孳人格高卑做出評判前，最好先探一探龔、顧關係的始末。

八

　　先說顧媚。明末金陵有「秦淮八豔」，顧媚既列其中，且是最樹大招風的一位。余懷說她「風度超群」，「時人推為南曲第一」，不管是否有諸妓之冠的地位，風頭之健的確難比，崇拜者無數，居處有「眉樓」專名，余懷鑒於她的魔力，更為之改名：「此非眉樓，乃迷樓也。」迷樓典出隋煬帝故事，所謂「真仙遊其中，亦當自迷」[②]。顧媚的為人和性格，也不低調收斂，敢愛敢恨，多情而張揚，擱在今日，恐為八卦記者的最愛。她永居中心、焦點，排場足、慕者眾，「設筵眉樓者無虛日」，不斷鬧出新聞。有個文人，因她失戀而自殺了。冒辟疆的好友張公亮有點步後塵的意思，另一好友陳則梁也圍着她轉，在身邊扮演護花使者，類似的角色還有余懷，總之，她就是這樣一個被男人們環繞投花的對象。「然豔之者雖多，妒之者亦不少。」崇禎末年，終於惹了一場較大風波，即《板橋雜記》中「浙東一傖父」事，某有權有勢子弟，自覺在顧媚那裏失意，「使酒罵座，訟之儀司，誣以盜匿金犀酒器，意在逮辱眉娘也。」這位「傖父」，其叔為「南少司馬」，即南京兵部侍郎。而余懷時在南京兵部尚書范景文幕府，他為顧媚打抱不平，想必藉范景文施加了影響，侍郎自然不敵尚書，「斥傖父東歸，訟乃解。」[③] 此事有諸多名流捲入，我還從黃宗羲《思舊錄》偶然看到：「一日，禮部陶英人邀飲，次尾出一紙，欲拘顧媚，余引燭燒之，亦一笑而罷。」[④] 次尾，是吳應箕的表字，復社大名士，那位陶英人也是聲氣

---

② 佚名《迷樓記》，陶宗儀《說郛》，卷三十二，涵芬樓本，中國書店影印，1986。
③ 余懷《板橋雜記》，中卷，麗品，周瘦鵑校閱《板橋雜記（全一冊）》，上海大東書局，民國二十二年，第15-16頁。
④ 黃宗羲《思舊錄》，《黃宗羲全集》第一冊，浙江古籍出版社，1985，第357頁。

達人，再加上黃宗羲，都攪在裏面。顧媚似乎真有引眾人折腰的魔力。

經此一事，護花使者陳則梁「力勸彼出風塵，尋道伴，為結果計。辟疆相見亦以此語勸之」[1]，認為顧媚應趕緊找個合適的人嫁掉，冒辟疆也持同樣意見。顧媚雖風光無限，但重創之下，心有餘悸，對陳、冒建議頗以為然。

問題是，「那人」在哪兒？

第一，他要有一定的地位，算得上「成功人士」，足以託得了終身。第二，他顯然還須有才，有大才；顧媚雅人深致，墨蘭一絕，詩詞清婉，通曉音律，烹技無出其右，秦淮口碑「尤豔顧家廚食」[2]……若非八斗之才，別說顧媚自己，旁人都得替她抱屈。第三，聲譽要好，品節要正，不可是奸邪之輩，秦淮風尚「家家夫婿是東林」，顧媚喜歡和密邇的人，都是激進的新潮派。第四，不能太老，雖說柳如是相中了六十歲老頭子錢謙益，然揆以常情，那到底不是普遍的口味。第五，既然要擺脫困境，她或許希望對方不是身邊圈子中人、不在本地為官，能夠帶她遠走他鄉……

這些條件都適合，幾乎不可能。然而，他竟然出現了。

崇禎十四年秋，龔鼎孳由皖奉調入京。他的北上之路，一定是假道金陵，再從揚州登舟，由運河而抵通州張家灣。那時，水路的舒適及安全遠勝陸路，往來南北者如無特殊原因，總是選擇這條路線。

《橫波夫人考》認為：「《定山堂集》有《登樓曲》四首，蓋即為始入眉樓之作」，「按此詩既寫出初會情境，而末首又見一晤即須告別之意，蓋北上過金陵時也。」[3] 我們接受這一分析。

到此，龔、顧算是認識了。有沒有訂情？從龔鼎孳詩作看，他對她已經怦然心動。但顧媚是否芳心已許，可能性卻不大。一晤即別，時間太短，還待乎更多的了解。尤其是，龔鼎孳這時只能算初出茅廬，在袞袞名公中，他的名望與魅力有待提升。顧媚或留下了不錯的印象，若說擦出火

---

① 陳梁《書》，《同人集》，卷之四，書，水繪庵清刻本，北京師範大學圖書館藏，第三十一頁。

② 余懷《板橋雜記》，中卷，麗品，周瘦鵑校閱《板橋雜記（全一冊）》，上海大東書局，民國二十二年，第16頁。

③ 孟森《橫波夫人考》，《明清史論著集刊續編》，中華書局，1986，第136頁。

花，為時尚早。

我推測，這匆匆一晤，對於龔鼎孳到京城後的亢奮表現，是一種力量源泉。他像因她打了一劑強心針。他不難發現顧媚所仰所慕是哪一類人，為了躋身這個行列，直至領一定風騷，他將不遺餘力。愛情和政治，經常是這樣互為表裏的。李清筆下那個上竄下跳、精力充沛的龔鼎孳，多大程度上得之於顧媚倩影的激勵，很值得體會。

大約過了半年，「壬午之春，又大集虎阜……合肥龔孝升先生鼎孳……皆與焉；其他各省名流，余不能悉得之。」我們還記得杜登春的這筆記述。虎阜就是蘇州虎丘，南京自然是途中必經之地。既然又到了南京，龔鼎茲沒有理由不會到顧媚，且不是匆匆一晤，而有略長的勾留，令彼此訂了終身。

以上推斷基於，從這時起，到顧媚啟程去北京之間，龔鼎孳沒有再來過南京。訂情只能於此次勾留中完成。

重新現身秦淮河畔的龔鼎孳，不復是偏僻縣城苦幹七年、寂寂無聞的小官，而是京城政壇的新星，聲氣、門戶潮流中的弄潮兒，後張溥時代的復社已將他捧為上賓。他在顧媚面前有了足夠的資本，在東南士林有了足夠的人脈。或許，十里秦淮已經形成了這樣的輿論，如果像顧媚那樣的名媛願意把自己託付給誰，年輕有為的龔給諫可以是不錯的人選。我們沒有聽見顧媚身邊陳則梁、冒辟疆諸友表示異議，事實上，顧媚頗為倚賴的余懷，也和冒襄一樣是日後龔鼎孳終生的摯友。他們想必樂於玉成其事，而顧媚本人經過較充分接觸，想必也對他有了更深的認識。

去年秋初晤，寫有《登樓曲》，這次，則用不同詞牌填了三支《樓晤》。從「登樓」到「樓晤」，題目上的變化，使我們看出龔、顧關係的變化。其中有云：「月低金管，帶飄珠席，兩好心情難罷。」[4]「今生誓作當門柳，睡軟妝樓左右。」[5] 難罷、誓作，分明是表了一生相愛的決心。

---

④ 龔鼎孳《誤佳期·其二》，《定山堂詩餘》，卷一，續修四庫全書，1403·集部·別集類，上海古籍出版社，2001，第 268 頁。

⑤ 龔鼎孳《鵲橋仙·其三，用向薌林七夕韻》，《定山堂詩餘》，卷一，續修四庫全書，1403·集部·別集類，第 268 頁。

然而，並未立即攜歸。根據我們隱約知道的，龔鼎孳希望顧媚感到被鄭重和慎重對待，並非尋常那種「某地一遊，購得一妾」。總之他隻身還京，做必要的籌備。顧媚仍留南京，但斷絕應酬，暫時算是「待字閨中」，就像孟森所說「必已為金陵外宅」，「已正名為閨人，而尚居金陵」。①

　　這一等，竟一年有餘，因為發生了意外。就在當年十一月，清兵大舉入塞，京畿危殆，山東尤慘，當時提兵北援的史可法在家書中寫道：「北邊破了五七十州縣，不知殺了多少人。昨山東濟南滿城官員家眷，都殺絕了。真是可憐！」②南北路途，由此隔斷。史可法本欲將逃到天津的父母接來南方，也束手無策，告以「俟至春間，仍坐船回南為是，不可冒險而行。」③

　　經過如此的波折，翌年秋，終於盼到顧媚北上的消息。龔鼎孳以「得京口北發信」為題，寫了一首《賀新郎》：

> 鶯館安排靜。待珠輪、逐程屯札，柳旗花令，預遣探香烏鵲去，露灑星橋玉冷。可曾見、盧家官艇，金字虎頭青鳥印，押紅泥、遮抹春愁影。騎鳳月，破煙暝。

> 瑤箱淚疊朱絲剩，試芙蓉、兩行宮燭，對攤芳信。薇雨細揉彈事筆，溫熟低心軟性，料錦鯉、今番情定。霧幔晴衫深打疊，怕秋棠、不耐商飆勁。因早雁，囑君聽。④

　　新房靜待着新人，每程的駐發，都在望眼中記惦；派出使者前去探迎，等候之人，獨自於夜晚燭光下攤開「芳信」，讀視縈想；忽念到秋風漸起，怕南來的花朵般嬌娃，不禁北地凌厲的風寒，特意再寄鴻書，細予叮嚀……

　　顧媚是娼妓出身不假，然面對如許心聲，我們若視龔、顧相遇為狎邪，或將龔之娶顧，等同於現在有錢勢者包養「小三」，應當過意不去。他們之間發生着愛情，是無疑的。他們的情意，不比其他傾心相結的男女

① 孟森《橫波夫人考》，《明清史論著集刊續編》，中華書局，1986，第139頁。
② 史可法《家書八》，《史忠正公集》，卷三，商務印書館，民國二十五年十二月，第38頁。
③ 同上書，第35頁。
④ 龔鼎孳《賀新郎·得京口北發信，用史邦卿韻》，《定山堂詩餘》，卷一，續修四庫全書，1403，集部·別集類，上海古籍出版社，2001，第271頁。

來得淺薄或猥陋。考慮到顧媚的身份，或許恰恰應該說，龔鼎孳的愛不光真誠，還有一種難得的乾淨。須知，這在他並非一時一地，而是始終保持了這種感情成色。不要說是四百年前，即便偏見、歧視已不能那樣囂張，種種自私卑劣的男性心理大為收斂的今天，這樣的心地，又得能之於幾人？

顧媚顯然深幸自己不曾錯看。她用行動表達着內心的滿意。兩人聚首不久，龔鼎孳便獲譴下獄。在愛意激發下，這位曾經嬌驕二氣十足的秦淮名媛，展現了所未有過的一面。龔有《寒甚，善持君送被，夜臥不成寐，口占答之》詩：

> 霜落并州金剪刀，美人深夜玉纖勞。
> 停針莫怨珠簾月，正為羈臣照二毛。
> 金猊深擁繡牀寒，銀剪頻催夜色殘。
> 百和自將羅袖倚，餘香長繞玉欄干。⑤

此時顧媚，與任何賢淑堅忍的普通人妻有何分別？他們相扶相持渡過這段災厄，龔鼎孳的獄中之詩，多次吟到顧媚如何溫暖和鼓舞了他。如《上元詞和善持君韻》：「芳閨此夕殘燈火，獨照孤臣諫獵書。」⑥因了那柔弱肩膀的支撐，他意志從未頹落。另一首為顧媚生日而作的《生辰曲》，這樣讚歎他的紅顏知己：「吾家閨閣是男兒！」⑦

面對這份感情，我們不忍接受「放蕩之名，流於士大夫之口」的議論。有什麼理由貶低他們呢？難道只因這對愛人不是結髮夫妻？其實我們可以看到，他們的真摯，以及患難與共的情操，都並不輸於結髮夫妻。這裏，應該談談龔鼎孳與髮妻的關係。髮妻姓童，《板橋雜記》：

> 元配童氏，明兩封孺人。龔入仕本朝歷官大宗伯，童夫人高
> 尚，居合肥，不肯隨宦京師。且曰：「我經兩受明封，以後本朝

---

⑤ 龔鼎孳《寒甚，善持君送被，夜臥不成寐，口占答之》，《定山堂詩集》，卷三六，續修四庫全書，1403·集部·別集類，第 178 頁。

⑥ 龔鼎孳《上元詞和善持君韻》，《定山堂詩集》，卷三六，續修四庫全書，1403·集部·別集類，第 179 頁。

⑦ 龔鼎孳《生辰曲》，《定山堂詩集》，卷三六，續修四庫全書，1403·集部·別集類，第 178 頁。

恩典，讓顧太太可也。」①

他們之間是冷淡的。這種冷淡，我們雖不便臆測就是舊時代所常有的「包辦婚姻缺乏愛情」，但可以確認：顧媚在龔鼎孳那裏，名分是妾，事實是妻。遠在合肥的童氏，並不跟龔鼎孳生活在一起。龔、顧之間，不是一夫多妻、一男數寵的關係，是事實上的專一夫妻。

至此我們總算明白，「我原要死，小妾不肯」中的「小妾」，是這麼回事。假如「同起自井中」曾有其事，現在我們可以這樣加以體會：一對新婚燕爾的年輕夫婦，剛熬過牢獄之災，又經歷了一次不成功的死亡，妻子懼怕了，男人再次想死時，她已無勇氣嘗試，而活的願望卻分外強烈，於是她求他不死，或者說，為了她而活下去──因為她好不容易才尋着這個對她傾心相愛的男人。

九

我們筆下，出現過形形色色的人物。有臨難不苟免的史可法，有父親殉國後便如孤魂野鬼的夏完淳，有降於清軍然而卻瘋癲而死的阮大鋮，也有毀家紓難卻在晚年欣然承認清朝合法性的黃宗羲……他們無論是誰，我都感到難於三言兩語了斷，即便史上已有定評的人物。龔鼎孳既陷於闖、旋復降清，被認為滿身污穢，甚至連他所歸順的清廷也把他打入另冊。乾隆上諭之後，他的各種痕跡──除負面的以外──被下令抹去，不但作為公職行為所上奏疏遭封存，連作為詩人、作家創作的作品也在禁行之列。這種查禁，一直維持到清末光緒年間。可是，他究竟做過哪些實實在在的壞事呢？我並不知道。其實，滿清對他的嫌唧，並非嫌其對明朝失節，而是惡其對大清不專。看看他和那些著名的明遺民冒襄、杜濬、曹燦、余懷、顧景星、閻爾梅、邢昉、顧夢游、紀映鍾、李漁等的友近，就可知他的心曲。他與錢謙益、吳偉業交厚誼深，非因同為「江左三大家」而互相

---

① 余懷《板橋雜記》，中卷，麗品，周瘦鵑校閱《板橋雜記（全一冊）》，上海大東書局，民國二十二年，第18頁。

借重，其實是同病相憐——都在或曾在清朝入仕，又都為此感到苦澀。他對評書家柳敬亭的熱烈推重，一多半是奪他人酒杯澆自家塊壘；柳敬亭因和左良玉的傳奇關係，成為明亡時刻複雜歷史的象徵，龔把他迎到北京，在京城士夫儒巾中廣為推介，宴集酬唱，同歡興亡。他屢屢憑藉職務，保護甚至祖護明遺民乃至反清鬥士，其中著名的例子，一個是傅山，一個是閻爾梅，其他還有姜埰、陶汝鼐等，這引起了順治皇帝本人的注意：

> 朕每覽法司覆奏本章，龔鼎孳往往倡為另議。若事係滿州，則同滿議，附會重律。事涉漢人，則多出兩議，曲引寬條。[2]

下旨要他「明白回話」。《貳臣傳》說，旨意既下，龔鼎孳「具疏引罪」卻「詞復支飾」，態度不能令人滿意，「下部議應革職」，順治還算開恩，決定給予「降八級調用」的處分。[3]

關於他入清後做過的好事，鄧之誠這樣的概括：

> 時兵餉嚴急，賦斂繁興，屢疏為江南請命，復請寬奏銷案之被革除者。官刑部尚書，宛轉為傅山、陶汝鼐、閻爾梅開脫，得免於死。艱難之際，善類或多賴其力，又頗振恤寒孤。錢謙益所謂長安三布衣，累得合肥幾死。吳偉業謂傾囊橐以恤窮交，出氣力以援知己。以是遂忘其不善而著其善，得享重名，亦由此矣。[4]

值得一提，這些善舉中，不少都有顧媚參與。這一對活下來的「並命鴛鴦」，並非躲在愛巢之中，圖自己的逍遙。

龔鼎孳不是英雄，甚至算不得一條漢子。但正如英雄偶然才有，男人的定義也不見得非是條漢子。龔鼎孳主要是個文人，我們對他的鑒裁，也以此為重點。他在文才方面，天分奇高，令親眼所見之人匪夷所思，順治皇帝曾對左右驚歎：「龔某下筆千言，如兔起鶻落，不假思索，真當今才子

---

② 《龔端毅公奏疏‧明白回話疏》，清光緒九年刻本，國家圖書館藏。
③ 《清史列傳》，貳臣傳乙，中華書局，1987，第 6595 頁。
④ 鄧之誠《清詩紀事初編》，卷五，清代傳記叢刊，學林類 28，明文書局，1985，第 553 頁。

也！」① 但這僅是天賦，作為特定的一類社會存在，我們對文人還有專門的要求。關於這一點，周亮工講了十二個字：

> 孤寒之士，望影知歸；鉛槧之徒，聞風藉蔭。②

時譽之「愛才若命，通儒老學，俱從之遊」，「其好士之誠，實出肺腑，非尋常貴人所能及」。③ 像陳維崧、朱彝尊，都是在極貧困狀態下，經他汲引，成為文豪碩學。從使文明薪火相傳的使命來說，龔鼎孳是無愧於一個文人的職守的。我們突顯他這方面的事跡，確實是有感而發。按我們當代的經驗，一個文人，能這樣對待同類、惺惺相惜、提攜救助、古道熱腸、曲與迴護，記憶中好像是沒有的；豈止沒有，在那「夜來風雨聲，花落知多少」的年代，能夠做到不落井下石、出賣揭發，我們都會歎其難能可貴、高風亮節。恐怕有了我們這種閱歷，方能省悟對他的人生表現應該換一換眼光。過去只因他做了貳臣，便覺可鄙；其實想想，肯為保護善類連降十幾級，這樣的人任何時候都並不多見。

最後，交待一下龔、顧情緣的結局：對於這不肯他死的「小妾」，龔鼎孳盡到了心意。他很對得起她。顧媚以四十四歲死於康熙二年（1663），是年龔鼎孳還不滿五十歲，沒有聽說他再立妻房。他們一同走過二十年人生。當年，秦淮名姬名士之間，發生過五段著名的戀情。龔、顧之外，還有錢謙益和柳如是、侯方域和李香、冒辟疆和董小宛、吳偉業和卞玉京。侯、李因有《桃花扇》渲染，好像最浪漫，其實最平庸（與侯的為人有關）；吳、卞是悲劇；錢、柳故事波瀾大，結局不幸；冒、董情深可比，而聲色不逮。總之五大姝麗當中，顧媚的個人命運和幸福度，都首屈一指。

顧媚死後三年，龔鼎孳扶其柩回合肥。又七年，龔也離開人世，與「小妾」重逢於地下。但我這個在合肥出生和長大的人，以前不知那片土地埋着這段風流，至今也未見他們墳塋所在的報導。

---

① 鄭方坤《國朝名家詩鈔小傳》，三十二芙蓉齋詩鈔小傳，錢仲聯主編《清詩紀事》，順治朝卷，江蘇古籍出版社，1987，第 1359 頁。
② 周亮工《定山堂詩集序》，《定山堂詩集》，續修四庫全書，1402 · 集部 · 別集類，上海古籍出版社，2001，第 335 頁。
③ 陳康祺《郎潛紀聞四筆》，中華書局，1997，第 26 頁。

Chapter 11

徐渭

士與死

兩人顯然走了很多地方,考察、確定最後獻身地。

據此推知,後來自沉於虎丘新塘橋,應該是事先曾經考

察過的一個地點。

徐汧，萬曆二十五年（1597）生，弘光元年（1645）死。蘇州府長洲人氏，字九一，號勿齋，崇禎戊辰（1628）進士。

明末名士大多文筆楚楚，徐汧卻有點「述而不作」的樣子。倘通過文墨來尋他的人間履痕，所見寥寥。較醒目者，是他與張澤共同評點的二十三卷《新刻譚友夏合集》。書成於崇禎癸酉（1633），朱彝尊《靜志居詩話》：「《詩歸》出，而一時紙貴，閩人蔡復一等，既降心以相從，吳人張澤、華淑等，復聞聲而遙應。」[1] 友夏乃是譚元春的表字，他和鍾惺所構成的竟陵派，在明末執文壇牛耳，《詩歸》便是鍾、譚合編的一本體現他們文學觀的書。張澤和徐汧也是竟陵派擁護者。張澤說，他們花了十年功夫精研譚詩，「搜剔真隱，博通奧會，摩娑既久，徑路斯熟」[2]，終於將這些心得運用於評點，推出《新刻譚友夏合集》。這崇禎六年的刻本，我們今天仍能見到，刻印精良，朱彝尊說它「取名一時」[3]，可見影響不小。但此書從編到刻，主要歸之於張澤，徐汧只承擔了一部分評點工作；張澤使他列名在前，大概出於謙讓。徐汧名下的鉛槧之製，除此塊然可見，其他形諸紙面的，現存既少且散。順治間陳濟生所輯《啟禎遺詩》，收其詩二十六題、二十九首，算是最全的；其餘，零散見於《明詩別裁》及《明季南略》、《忠義錄》、《明詩紀事》、《居易堂集》、《陳子龍文集》、《紅蘭逸乘》等的引用。

但這「述而不作」之人，名望非常高。《明季北略》：「（周鍾）與蘇州楊廷樞、徐汧等立復社，名馳海內。」[4] 他是這炙手可熱的準政黨組織的創始者之一。甲申年十月，阮大鋮的同夥安遠侯柳祚昌，在南京疏訐徐汧：「自恃東林渠魁、復社護法。狼狽相倚，則有復社之兇張采、華允誠，至

---

① 朱彝尊《靜志居詩話》，人民文學出版社，1990，第 502 頁。
② 張澤《〈新刻譚友夏合集〉序》，《新刻譚友夏合集》，續修四庫全書，一三八五・集部・別集類，上海古籍出版社，2001，第 316 頁。
③ 朱彝尊《靜志居詩話》，第 503 頁。
④ 計六奇《明季北略》，中華書局，1984，第 606 頁。

貪至橫之舉人楊廷樞。鷹犬先驅，則有極險極狂之監生顧杲。」⑤ 在政敵眼裏，他是「罪魁禍首」，而張采、楊廷樞、顧杲等等如雷灌耳的名字，好像還在其蔭庇之下。這固有將他打為「首惡」的用心，我們卻亦藉以感知了他在士林的分量。

因為遺作既少，其他資料又欠詳盡，我們對其生平難以了若指掌，僅知一個大概。茲據《忠義錄》、《小腆紀傳》、《明季南都殉難記》及羅振玉及其後人羅繼祖所編《徐俟齋先生年譜》、《羅振玉徐俟齋年譜校補》，撮述如下：當還是諸生的時候，對於是非去從，他就有了鮮明的態度。「天啟中，魏大中、周順昌先後就逮，汧同里人楊廷樞斂金資其行，順昌歎曰：『國家養士三百年，如徐生，真歲寒松柏也！』」⑥ 崇禎元年中進士，名次並不好，列三甲第一百四十二名⑦。之後，選為翰林院庶吉士，開始五年京宦生涯。這當中，清兵兩度薄京師，頗危，徐汧「置刃袖中」，做好隨時殉國的準備。⑧ 崇禎五年，妻吳氏在京病故，同在京的老母朱氏乏人侍奉，徐汧於是告假，奉母歸里終養，直到五年後朱氏去世。他參予創建復社，即於里居期間；《徐俟齋先生年譜》「崇禎六年」條目記道：「文靖公開文社於家，先生社作為張天如溥、張受先采、周仲馭鑣諸先生所賞，一時傳誦。」⑨ 文靖公即徐汧，「文靖」是他的諡號，而「先生」這裏指徐汧長子徐枋。崇禎十三年，丁艱期滿，徐汧還朝復職，「除簡討，遷左贊善、右諭德、右庶子」。不久被派為使節，去江西冊封益王，公事畢，「以病歸」，再次回鄉，其時當在崇禎十五年。⑩「周延儒之再相也，招之，不應，久之，始行。抵鎮江，聞京師陷，一慟幾絕。」⑪ 這已是崇禎十七年（1644）四月間的事情了。

⑤ 李清《南渡錄》，《南明史料（八種）》，江蘇古籍出版社，1999，第 276 頁。
⑥ 徐鼒《小腆紀傳》，中華書局，1958，第 187 頁。
⑦ 羅繼祖《羅振玉徐俟齋年譜校補》，《居易堂集》，華東師範大學出版社，2009，第 605 頁。
⑧ 屈大均《明季南都殉難記》，國學叢書社，1907，第 79 頁。
⑨ 羅振玉《徐俟齋先生年譜》，《居易堂集》，第 528 頁。
⑩ 朱溶《忠義錄》，徐汧傳，《明清遺書五種》，北京圖書館出版社，2006，第 585 頁。
⑪ 徐鼒《小腆紀傳》，第 187 頁。

二

弘光登基，徐汧起為詹事府少詹事，兼侍讀學士。南京的權柄，很快落入馬士英之手。而馬士英扶立朱由崧，包括幾年前他起復為鳳督，阮大鋮都是幕後主角。因此，馬士英得勢，便等於阮大鋮得勢。

阮大鋮能十幾年含羞忍詬，只因有「君子報仇，十年不晚」信念的支撐。現在，他終於可將積怨傾囊而出了。一個龐大的報復方案正在形成，欲將所懷恨的人一網打盡。他編了兩份名單，分別名之《蝗蝻錄》、《蠅蚋錄》，「蓋以東林為蝗、復社為蝻，諸和從者為蠅為蚋」，意思都是害蟲。稍後，又依地位、重要性及懷恨程度不等，「造十八羅漢、五十三參、七十二菩薩之目」，徐汧與史可法、高弘圖、姜曰廣、吳甡、張慎言、徐石麒、黃道周等為十八羅漢，五十三參中有陳子龍、熊汝霖等，劃入七十二菩薩的有張采、祁彪佳等。

罪名，卻並非反對他阮大鋮。「前者潞藩在京口，汧朝服以謁。」潞藩即潞王朱常淓，東林曾想擁戴他南京為君；「朝服以謁」是說徐汧身着官服而非以私人身份拜見朱常淓，有認潞王為君的含意。其事如何，我們完全不知。當時，阮大鋮為達目的，不惜公然造謠，以致到信口雌黃的地步。乙酉年三月十九日，是崇禎殉國周年忌日，百官獻祭。仿佛是為製造特殊效果，阮大鋮故意略晚一點趕來：

> 號而曰：「致先皇帝殉社稷者，東林諸臣也，不盡殄滅之，不足以謝先帝。今陳名夏、徐汧皆北矣。」馬士英掩其口曰：「九一節義士，勿妄言。」

這已約略可見阮大鋮後來發狂而死的端倪。他在仇恨煎熬下，像是鬼迷心竅了。他公然說，徐汧和陳名夏一樣，逃到北方投降滿清了。然而，徐汧當時明明和百官一樣，就在現場。

此時，對如此喪心病狂有些失常的阮大鋮，馬士英也有點難以接受了。李清曾說，阮大鋮奸而貪，馬士英貪而不奸。歸根結底，馬這個人，興趣不在於政治鬥爭，而專意於搞錢，賄足乃飽。書上說：「幸士英不欲興

大獄，寢其奏」①，他把阮大鋮就徐汧所羅織的那些東西，壓了下來，不報告給朱由崧。當然，具體經過不只是「士英不欲興大獄」那麼簡單。徐枋曾於《楊無補傳》述其始末：

> 時賊臣構文靖公甚急，而楊文驄為柄國者至親，官武部郎，貴用事，所言無不得當於柄國者。無補曰：「龍友不言，可以絕交矣。」龍友，文驄字也。乃立起如金陵，語文驄曰：「天下以文章聲氣推君垂三十年，天下之所以交重君者，以君能右善類，附正人也。君於柄國者為至親，君言無不得當者。天下莫不聞徐公負天下蒼生之望，天下方倚望之為相，以佐大業。君居能言之地，而不為推轂，天下故失望。今事急，君固何以謝天下？」語未卒，文驄曰：「子責某是也。微子言，吾已謁之相君，此非相君意，尋當解耳。」於是即出金陵而歸。②

柄國者即馬士英。這個楊文驄也是金陵的一位聞人，他與馬士英為姻婭之親，本人卻喜歡結交東林、復社，《桃花扇》中那柄桃花扇，便是他將香君濺於扇上血跡，點綴成「幾筆折枝桃花」。他在弘光後期馬士英與東林、復社之間，充當了潤滑劑，不單徐汧因之得脫阮大鋮魔掌，祁彪佳的免禍也跟他有關。

就這樣，徐汧得以逃出南京。這一走，不光躲過了阮大鋮的迫害，也與南京陷落失之交臂。我們並不知道徐汧脫身的確切時間，據一些線索推測，應該在三月下旬或四月間。而清軍渡江是五月八日，在這之前，南京已經戒嚴。所以假如稍晚，徐汧就可能困在南京，而故事也多半將是另一種結局。

五月十四日南京投降後，清軍東進，一個多月時間，東南腹地基本為其所控。閏六月十二日，下薙髮令。當日，就傳來徐汧虎丘自盡的消息③。

---

① 徐鼒《小腆紀傳》，中華書局，1958，第 188 頁。
② 徐枋《楊無補傳》，《居易堂集》，華東師範大學出版社，2009，第 290 頁。
③ 依羅振玉《徐俟齋先生年譜》，亦有記為閏六月十一日者。

三

我之所以想到寫一寫徐汧，主要是因為他的死。若非這一情節，我們大約難以特別注目於他。他雖然很有名望，又捲在弘光朝一些漩渦中，不過事跡本身比較單薄，沒有太多縈迂繫繞的內容。前面說，假使困在南京沒有脫身故事多半是另一結局，是依其性格與人格來看，他極可能當南京陷落之時就有決絕之舉。那樣的話，雖然結局的本質相同，過程卻失去不少意味。

他的死，給我留下別樣的印象，最初是從《燼火錄》見如下描寫：

> 大清貝勒剃髮令下，長洲少詹事徐汧慨然太息，作書戒二子，肅衣冠北向稽首，投虎邱新塘橋一死，閱三日，顏色如生，郡中赴哭者數千人。又一儒冠藍衫而來，躍虎邱劍池中死，土人憐而葬之，卒不知何人也。①

那時，我還不曾更多了解他，純為此場景所擊中，雙目驟然一張，神魄悚然。尤其「郡中赴哭者數千人」一句，校點者將它與前文標為逗號，給人儀式般的錯覺，以為徐汧是當着數千人，以莊重的禮儀，從容赴水。

後搜多家敘述，才明白並沒有那樣令人屏息的儀式。最清晰的記載當屬以下：

> 勿齋太史當先帝之變，已義不欲生，避跡虎丘之長蕩，一泓秋水，朝夕徘徊。乙酉六月十二日，有剃髮之令，默無一言。是晚月明如畫，以酒犒諸從，躬倚船舷，對月獨坐，突躍入水中，人不及救。②

雖非我所誤會的場景那麼搖魂奪魄，但也頗有精神或哲學的境氛，甚

---

① 李天根《燼火錄》，浙江古籍出版社，1986，第 501 頁。
② 羅振玉《徐俟齋先生年譜》，《居易堂集》，華東師範大學出版社，2009，第 530 頁。

至於「美」。

　　對於死這件事，中國文化留給我們的認識，主要是物質的、肉體的。若干年前，將不同文化加以比較，一時流行；而年輕、頗喜思辨的我，亦隨而追風，以生命哲學為題，就中西文化進行對比，自以為取得了心得，把中國文化死亡意識的短處，歸於缺少「彼岸」觀念的支撐，還貌似找到絕好的證據，即中國土產的道教如何以延年益壽、肉身不死為旨歸。我進而認為，儘管對死的恐懼，人類皆然，但在許多其他文化那裏，因了「彼岸」信念，這恐懼得以淨化，將肉身之死的絕望昇華為精神永生的解脫——我稱之為「超越此岸」——而中國文化卻不能提供這種出路。那時，出於對死亡命題的哲學意味的玩味，我還曾考察，「死」與「美」怎樣在有些文化中融通轉合，死之為美、死則益美，以致將死理解為更高一等的生命內涵。所以，我在一篇談京劇的短論中表示，對於美和純粹的事物來說，死或毀滅可以是極好的護持，而不死、活着有時反而意味着糟蹋與污染；此理所當然地招來一片恚忿，有人至於以「民族虛無主義」痛詆，但在我而言，收穫此種反應，卻益發增加對「吾土吾民不足與言死」的印象。

　　那是很多年前的事了。後來，我讀到類似徐汧這樣的中國古代事跡，先前的印象開始受到顛覆。過去，也知道古代有「死節」者，但那種知道，同時伴隨着傳統批判者們的輔導。他們說，這些古人為「愚忠」所害，無非是一些中了毒的陪葬品。可當我親眼睇視徐汧的死，卻發現他並不在被動和盲目的精神狀態下，相反，有明顯的自我省思和確認，毋庸置疑出乎主動追求，並在追求中表現了澄明與平靜。這顯然含具對生命止歸的合於個人理想的思考，是經過心靈與情感充分沉澱的，沒有理由認為他不曾將死亡置乎審美觀照的層次。

　　乙酉之變後，當時一流知識分子中，這情形並非偶然和個別。我曾講過劉宗周及其弟子祁彪佳、王毓蓍之事，都不是一團蒙昧地「死節」。他們付諸行動的過程，或莊嚴，或逸詳，或脫放。當這樣的歷史現場，再三呈於眼前，我無法不意識到，自己過去那些概念化的疏率之論，狀若高遠，實乃浮雲。

四

　　之以徐汧為乙酉年知識分子死難群體的一位代表，可參考陳子龍這樣的論述：

> 　　儒有劫之以眾，沮之以兵，見死不更其守者，吳郡徐詹事勿齋是也。乙酉之夏，三吳之間尚忍言哉？擁旄者棄甲，縮綸者解印。薦紳之倫，蛇行魚貫，脅肩循牆，匍匐於狼纛之下，褫冠帶、雜廝役，箕踞魋結，割肉而奉觴，幾於蛾化蛤變忘其初服矣。先是，徐公獨遁荒於野，既而聽聞日異，扼吭仰天而歎曰：「國家養士三百年，臨難靦然，若此三綱絕矣，我必死之。」遂返棹乎虎邱之陰，夜半攬衣而起，兩僕覺而挾持之。公曰：「我志決矣，毋苦我，我且拜若。」兩僕感其意而止。公遂從彭咸之所居，時閏六月十有一日也。自是而後，吳士之仗節者若塚宰徐公（徐石麒）、納言侯公（侯峒曾）、考功夏公（夏允彝）、進士黃公（黃淳耀）若而（同「若干」）人，然公死最先，若為之倡。[①]

　　「若為之倡」，就是起到倡導、表率作用，換言之，東南士林那一口不屈之氣，由徐汧開其先河。

　　滿清入關後，先下河北，繼破江南。前者望風而降、幾無反抗，後者卻義幟遍樹、投袂奮起。我們對這判然之別，都有深刻印象。然而陳子龍卻說，江南最初也並非如此，面對滿清虎狼之師，怯懦之狀令人不忍言。正當此狀，徐汧眼見「聽聞日異」，遂以責任自命，挺身鄭重一死。雖然我們不必以為，後來諸多的踵繼者，都出乎他的示範，然而以他素來名望之重，和頗為沉穩、真慎的死亡方式，確應產生陳子龍所稱的那種登高一呼的感召力。

　　我們進一步回溯他的行動經過。閏六月十二日，不是徐汧唯一一次採

---

① 　陳子龍《徐詹事殉節書卷序》，《陳子龍文集》上冊，華東師範大學出版社，1988，第 407-408 頁。

取行動。《南疆逸史》（他記亦載）：

> 乙酉六月四日，聞郡城不守，夜自縊，僕救之而甦。其友朱
> 薇曰：「公大臣也，野死可乎？」汧曰：「郡城非吾土矣，我何家
> 有？」[2]

看來，友人提醒於他是很大的觸動，讓他覺得，死，不能僅是其本身，而草草了事。於是，暫時按捺痛不欲生的心情，去做充分、鄭重的準備和謀劃。徐枋在為楊補（即前之勸楊文驄解徐汧之難者）六十壽辰所撰賀文中回憶：

> 金陵破，先文靖死志已決，獨操小舠出閶門，就先生鄧尉山
> 居，謀死所，周旋日夕，慷慨流連，惟先生是共，則先生與先文
> 靖之所以周旋於死生之間者為何如哉。[3]

「謀死所」，和楊補嚴肅地探討如何死、應死何處，「周旋日夕，慷慨流連，惟先生是共」，兩人顯然走了很多地方，考察、確定最後獻身地。據此推知，後來自沉於虎丘新塘橋，應該是事先曾經考察過的一個地點。

不過，閏六月十二日這個死亡日期，或不在計劃之中。因為事情有些突然，首先是薙髮令突然下達，令徐汧感到再也不能淹留，「語人曰：『留此不屈膝不薙髮之身，以見先帝先人於地下。』」[4] 其次還有一事，滿清某貝勒王將至，眾縉紳聞風而動，相約迎迓，即陳子龍所述「薦紳之倫，蛇行魚貫，脅肩循牆，匍匐於狼纛之下，褫冠帶、雜廝扆，箕踞觺結，割肉而奉觴，幾於蛾化蛤變忘其初服矣」，面此局面，徐汧一則義不受辱，二來不能再忍，他要立即行動，捨己之命，楬櫫其醜：

> 頃之郡中傳貝勒且至，縉紳約郊外奉迎。汧怒曰：「刃可
> 受，我膝不可屈。」[5]

---

② 溫睿臨《南疆逸史》，中華書局，1959，第91頁。
③ 徐枋《楊隱君曰補六十壽序》，《居易堂集》，華東師範大學出版社，2009，第144頁。
④ 溫睿臨《南疆逸史》，第91頁。
⑤ 朱溶《忠義錄》，徐汧傳，《明清遺書五種》，北京圖書館出版社，2006，第587頁。

傳貝勒王至郡，紳士郊迎。汧謂其從孫某曰：「刃可加，膝不可屈也。」[1]

　　回味徐汧之舉全過程，我們認為基於充分的理智，並非某種片面情緒裹挾下的的衝動。它的指向是，「士」階層之於國家、社會或歷史，擔有何種責任。古以士農工商為「四民」；農民奉天下以食，工匠以技力事營造，商賈則貨殖輸通，都以物或實際勞作而益社會。自茲而言，士階層「四體不勤，五穀不分」，似乎「不勞而獲」，歷來極易有此印象，而實則不然。這階層的存在，其之所「獲」，自有其「勞」。他們的「勞」，平時體現於對社會的管理，危難時則要挺身而出，做天下的脊梁，承擔令國家民族精神不垮、魂魄不滅的責任。這便是「國家養士」的本義，是他們取俸祿而可無愧的根由。古人雖無「為人民服務」之談，卻有「爾俸爾祿，民脂民膏」的信條，其於自己職守的認識，絕非後世批判家想像得那麼膚淺。他們知道，國逢大難，人民無死的義務，士卻獨不可逃此責任。所以徐汧說：「國家養士三百年，臨難靦然，若此三綱絕矣，我必死之。」此語明確指出，身為一「士」，所獲與所勞該當為何。他的死，不單單是死君王，也是死社稷、死俸祿、死於素來供己衣食的人民。他有這樣的覺悟。

五

　　然而，如何看待徐汧的行為，我內心又並非沒有猶豫。我不贊成自殺。在西方，自殺者據說不得教士的超度，因為自殺和殺人一樣，犯了殺生之誡。佛教亦以殺生為嚴戒。不殺生的理念，本質上基於防惡，以阻遏人類天性中野蠻暴虐的一面。它確認生命最為尊貴，無論以何理由都不當妄行剝奪。一個能夠對生命奉以善意的社會和文化，才合乎根本的道義。

　　而在明代，對生命缺乏尊重，確是突出而嚴重的現象。輿論狂熱鼓吹死，二千多年，尚死之風無踰明代。這當中，綱常的愚化與施虐無可否

---

① 屈大均《明季南都殉難記》，國學叢書社，1907，第 80 頁。

認。多年前，因讀《賢博編》一事，我寫短文《有妾曰淑芹》，其事為：

> 祁門縣方復，有妾曰淑芹，杭州人，頗有姿，年未笄事復。
> 復老，與諸子異居，俄卒。家人憐其少，欲移之去。不可。強之
> 至再三。淑芹知不免，詭曰，俟殯即惟命。將發引，淑芹乃沐浴
> 更衣，縫其衽，縊於其所，時年二十六。[2]

這位淑芹，《賢博編》是當作人傑記下的（所謂「賢博」），還發了一通議論，讚她「以色事人，主又垂老，乃能矢志不移」，進而感慨：「何異孤遠小臣，未蒙寵錄，一朝臨難有奇節者哉！彼二三其德者，可以愧矣！」淑芹尚未及笄而為人妾，自殺時年僅二十六，前後十年稍多的光景，那方復居然已經老死了，彼此年齡懸殊可想而知。對她的命運，連方家都過意不去，「憐其少」，要放她條路開始新生活，奇怪的是，她居然不領情。所以，我也忍不住發了感慨：

> 魯迅曾說，中國有兩種人，一種是已將奴隸做穩了的人，一
> 種是想做奴隸還未做成的人。現在，由淑芹的例子，我們發現至
> 少還有第三種人：曾做穩了奴隸而一旦不讓他做，尋死覓活還非
> 做不可的人。[3]

出於輿論壓迫的「死節」，是明代的招牌式特色，然而這當時所以為的「厚德」表現，在我們今天看來，卻是一種罪惡。崇禎殉國後，這種輿論更是甚囂塵上。每個身在北京而未從死的官員，皆屬有罪；而僥倖置身其外的臣子，爭先恐後板起衛道的面孔，斥責那些在北而居然不死者。其間，跳得最高、言辭最烈的，居然是馬、阮一夥，個中的絕大偽善可想而知。對此，史可法一針見血，指出若依禮義，不單在北者宜死、在南者豈獨例外？然而，這種持平能恕的聲音，既寥且微；普遍的輿論是，死與不死，是衡量是非的唯一標準。龔鼎孳就這樣而遺臭萬年——他和徐汧一

---

[2] 葉權《賢博編》，《賢博編·粵劍編·原李耳載》，中華書局，1997，第 14 頁。
[3] 李潔非《有妾曰淑芹》，《書窗如夢》，中原農民出版社，1999，第 21 頁。

樣，死過一次，被人救起，唯未死第二次 —— 於是，從馬士英直到一百年後的乾隆皇帝，都把他當作靦顏偷生的絕好典型。

死則忠，不死即品節有虧；死便光榮，不死就孬種。這好像在論是非，其實完全非理性，是道德懲惡下的一種極端心態。溫州遺民葉尚高（一作尚皋）就不以為然，他說：

> 與其自經於溝瀆，何如託之佯狂，以嬉笑為怒罵，使亂臣失色，賊子寒心，則吾死且無遺恨也。故或賦詩以見志，或託物以寄情，或擊柝於中宵，或持鐸於長夜，無非提醒斯世，使人類不等於禽獸耳。[1]

他身體力行，以實際行動展示活着可比盲目的死，更體現是非。「尚皋婆娑市上，或歌或泣，或優人狀。家有妻女，皆棄不顧。夜則僵臥市旁，或數日不食，如是者八閱月。」[2] 明亡後足足八個月，裝瘋賣傻，為民族哭喊。「陳詩孔子廟，橫甚。」因而被逮入監。這時，他覺得盡完了最後的氣力，「一日，取毫楮作自敍，賦《絕命詩》，以手扼吭而斃。」[3] 他曾拒絕死，而又終於死。在葉尚高的例子中，我們知道了怎樣的死才非屈從於道德壓力，而基於清醒的自我生命意志的貫徹。

長久以來，我們有出於崇隆道德目的而謳歌死、鼓勵死甚至索取死的風尚，我們做過大量這樣的宣傳，去培養大無畏的狂熱。在美國紀錄片《重返危機現場》中，隨《挑戰者號》喪生的女太空人的母親，沒有說「為女兒獻身感到驕傲」一類話，而是表示，對美國宇航局感到憤怒，認為他們應該為此承擔責任。永遠對生命的消逝抱以痛惜，是人類應有的正常的態度，也是當我想到寫一寫徐汧時，馬上對自己耳提面命的一點。我們寫他，不是為了宣揚死，他不是以對生命視如敝屣的形象出現在我們筆下。對我來說，徐汧的意義，在於他所體現的歷史內容和精神指向。

---

① 葉尚高《獄中自述》，陳光熙編《溫州文獻叢書 · 明清之際溫州史料集》，上海社會科學院出版社，2005，第 59 頁。
② 錢仲聯主編《清詩紀事 · 明遺民卷》，江蘇古籍出版社，1987，第 1183 頁。
③ 同上。

六

就死談死，使其形而上，視為一種人本學命題，是哲學家喜歡的做法。此未為不可，但頗易步入歧途，使這樣一件事、這樣一個問題，詩化和絕對化。我曾經也熱衷於摹仿哲學家思路，但現在，史學才是我所認為的更靠得住的方法。對明末士夫轟烈赴死的現象，我以為非做一歷史的考察，才見得着來龍去脈。

何以見得？讓我們先從東鄰日本說起。

日人以自殺傾向聞名。神風特攻隊開了一種超限攻擊法的先河，我頗懷疑，伊斯蘭極端分子喜歡的「人肉炸彈」，是拜其啟迪——畢竟神風特攻隊對美軍航母的自殺式撞擊，比紐約世貿大廈遭襲早了半個多世紀。除在國家、民族的集體層面有此表現，作為個體，日本人也極易作輕生之想，而有舉世無雙的切腹儀式。黑澤明回憶日本戰敗那一刻：

> 1945 年 8 月 15 日，為了聽天皇宣讀詔書的廣播，我被叫到製片廠。那時我在路上看到的情景是永遠難忘的。
>
> 去的時候，從祖師谷到製片廠的商店街上，真有一億人寧為玉碎的覺悟一般，非常緊張。有的老闆拿出日本刀，拔刀出鞘，目不轉睛地看着那刀身。④

總之，歷來我們從各種描寫和敍述中得知，對自殺的崇尚，是日本人性情的一部分，甚至，是一種獨有的文化，與生俱來、根深蒂固。

然而，本尼迪克特的《菊與刀》卻提到：

> 有些日本權威說，這種自殺傾向在日本是新近出現的。是否如此，很難判斷，但是統計表明，近年來觀察者往往高估自殺的頻率。按比例來說，上一世紀的丹麥和納粹前的德國自殺人數比

---

④ 黑澤明《蛤蟆的油》，李正倫譯，南海出版公司，2006，第 196 頁。

日本任何時代都要高。①

還特別指出，古代日本武士自殺，是「為了免受不名譽的死刑，按照朝廷的命令而自殺」，「近代的自殺則是主動選擇死。人們往往把暴力轉向自己」。② 這實際上是說，日本的自殺現象有不同的歷史形態，是隨着歷史變化而變化的觀念，而並非我們所想的什麼民族原始根性和心理傾向。具體而言，古代日本武士選擇自殺，是在必死的前提下，因為自殺較之處死更有名譽而願就前者，其實是不得已和被動的；而比較普遍的主動自殺，「是新近出現的」，亦即進入近代史之後才發生的現象。既如此，原因自然也應到新的歷史現實中尋找，比如近代環境下，日本新的民族意識、國家意識、國民意識等。就此附帶表示一點看法：方今著名而頻仍的自殺式襲擊，主要根源想必也源自現實悲情，試圖解釋為文化和宗教特性，多半會是一種偏見。

我對日本人、日本文化並無研究，但據說《菊與刀》乃是一部日本學名著，出於這一點，我願意對它的表述予以信任。總之，當時一旦從中讀到日本人自殺問題的如上討論，很覺耳目一新、大異以往，而留下深刻印象。眼下，當我試圖對明末士夫大批死節有所解釋時，又油然想起它的啟示，恍然覺得我們的思考，也該從一時一地跳出來，到中國歷史更廣範圍去觀察。

<h1 style="text-align:center">七</h1>

觀察到的結果，頗引人入勝：一、依有朝代的歷史來計，從夏到明，約歷三千六百年，而顯著出現這種現象的不足四百年，其餘時間有個別例子而無群體行為。二、過去對死節現象作忠君的解釋，視為後者衍生物，但歷史實際與此對不上號，姑將有明確忠君論的春秋戰國撇在一邊，僅從

---

① 露絲·本尼迪克特《菊與刀 —— 日本文化的類型》，呂萬和、熊達雲、王智新譯，商務印書館，1996，第 115 頁。
② 同上書，第 116 頁。

「皇帝」制度建構以後算起，一千八百年左右，大部分時間忠君倫理都未形成死節的要求與輿論，雖然王朝更迭大大小小無慮數十次，什之八九並無普遍死節的情形。三、值得注意的，又有時間的先後──無獨有偶，與自殺作為主動追求出現在日本相仿佛，死節之為中國士夫所尚，也是「新近出現的」，集中發生在中國王朝史的晚期。

這個時間點，就是兩宋之際。當這朝代先為金人所擊走、後為蒙古人殄沒時，士夫間都瀰漫着不屈的氣息，從而發生較為普遍的殉節。以「人生自古誰無死，留取丹心照汗青」垂史的文天祥，只是諸多赴義者中今天婦孺皆知的一個，而同類抑或更加決絕的事跡和人物，彼時層出不窮。比如張叔夜，戰敗被俘押往金國，行至宋金交界處的白溝（今河北），「馭者曰：『過界河矣。』叔夜乃瞿然起，仰天大呼，遂不復語。」③翌日自絕。南宋最後一戰厓山失利，時年四十四的丞相陸秀夫，背負九歲幼帝趙昺，君臣蹈海。萬斯同《宋季忠義錄》述之：

> 拜幼君曰：「陛下不可再辱。」拜，起抱幼君，以匹練束如
> 一體，用黃金璽硾腰間，君臣赴水而死。④

其情景，至今思之，百骸猶震。而此訊傳出後，「後宮及諸臣多從死者，七日浮屍出於海十餘萬人。」⑤地方上情形也很慘烈，潭州（今長沙）城破前，「多舉家自盡，城無虛井，縊林木者累累相比。」⑥

讀《宋史》、《宋季忠義錄》等書，這種記載累盈於目。而鮮明對照的是，以前卻只是偶見於史。屈原的例子固然很早了，然而自他憂國自沉以來，屈子格調一直也談不上蔚成風氣。歐陽修撰《五代史》，是官史單立《死節傳》之始，而情況怎麼樣呢：

> 語曰：「世亂識忠臣。」誠哉！五代之際，不可以為無人，

---

③ 脫脫等《宋史》，卷三百五十三，中華書局，1977，第 11142 頁。
④ 萬斯同《宋季忠義錄》，卷三，約園刊本，民國二十三年。
⑤ 同上。
⑥ 脫脫等《宋史》，卷三百五十，第 13256 頁。

吾得全節之士三人焉，作《死節傳》。①

五代十國，僅得三人。次之，又有《死事傳》，其序曰：「吾於五代，得全節之士三人而已。其初無卓然之節，而終以死人之事者，得十有五人焉。」②兩者相加，攏共十八人而已。

後來的統治者，竭力將事情內涵引向或限制於忠君層面，乾隆皇帝論其頒示《貳臣傳》的理由說：「若而人者，皆以勝國臣僚，乃遭際時限，不能為其主臨危授命，輒復畏死倖生，靦顏降附，豈得復謂之完人？」③其實，揆之於史，這立論難以成立。照這標準，過往一多半朝代不合格，「為其主臨危授命」者既寥寥，「畏死倖生，靦顏降附」的「貳臣」（改朝換代之際跨代而仕者）現象反倒十分平常。要是乾隆邏輯講得通，我們只好認為歷代多無忠君觀念，這當然不是事實。不死節，不表示不忠君；或者說，忠君不必然要求死節。其道理正如歐陽修所說：「責士以死與必去，則天下為無士矣。」④

這涉及對儒家忠君觀的全面理解。儒家講忠君，不是無條件的。君君、臣臣，君如君則臣如臣，倘若君不像個君、失了君道，臣子也可以使態度有所修正，以合於道。忠君，是感恩、敬業，食人之祿而敬人之事，但絕非吃人嘴短、拿人手短，受了你的好處就俯首貼耳、任憑驅策，士者還有自己的「道」，亦即關乎美惡、正義的理念。孔子說邦無道卷而懷之，孟子進而主張可以效伊尹的樣子，對暴君予以放逐。歷史上的改朝換代，往往是「湯武革命」，儒士一般不難於視為歷史合理興廢欣然從之。搞明白這些關係，我們對古代雖講忠君，大多數朝代並無轟轟烈烈死節情形，便不為怪。

根由既不在此，就要轉而它求。怎麼求？還是回到歷史本身。其實，歷史已給出足夠明確的提示。這普遍的死節風氣，只出現在兩個朝代：宋肇其始，而明繼於後。次而，將這兩代加以分析，又見它們還有一重要共

---

① 歐陽修《新五代史》，卷三十二，1974，第 347 頁。
② 同上書，第 355 頁。
③ 《清實錄》，第二一冊，中華書局影印，1986，第 694 頁。
④ 歐陽修《新五代史》，卷三十三，第 355 頁。

同點，即同作為漢族國家而整體地亡於蠻族入侵者。此一歷史情境，是宋、明在歷代王朝中獨有的現實，又是它們的消亡較之一般改朝換代的迥異之處。抓住這一點，我們才觸到了歷史的脈搏。

我們需要對中國歷史情形作一番回顧。《三國演義》開篇道：

> 話說天下大勢，分久必合，合久必分；周末七國分爭，併入於秦；乃秦滅之後，楚、漢分爭，又併於漢；漢朝自高祖斬白蛇而起義，一統天下，後來光武中興，傳至獻帝，遂分為三國。

此雖小說家言，對王朝史的基本規律，卻不失為要而不煩的概括。它總結的這個規律，直到宋初，基本是不錯的。秦滅六國，為華族國家內部的統一；漢變三國，則為華族國家之內亂。餘如晉、南北朝、隋、唐、五代十國，大致無踰乎這兩種類型。但從宋代開始，上述規律突然消失或被打破，不再屬於「分久必合，合久必分」，而進入一種新格局。這新格局是：漢族國家一再被外來蠻族所滅亡；再重建、再滅亡。從十世紀北宋起，到二十世紀的末路王朝清代，一千年來，沒有例外。北宋為金所滅，南宋重建，又為蒙古所滅，明朝重建，復為滿清所滅。明顯地，中國王朝史在宋代迎來分水嶺，步入了新的歷史處境和主題。

其基本特徵有二，一是民族衝突，一是文化衝突。過去，從周到宋朝初建為止，歷史內容、主題不表現於此，而主要是華族自身文明發展，及隨之而有的內部制度的衝突與更迭，我們可用「鼎故革新」一詞予以標識。到宋末、明末，我們明顯看到，原有主題雖繼續存在，歷史卻增添了新的焦點，與外部民族、文化的衝突日益凸現，態勢遽然嚴峻，而在相當程度上壓倒原有主題，上升為中國的主要矛盾。

還可以做一些更細緻的發微，具體看看我們歷史處境的變化。

在我們這片土地的文明早期，蒙昧初開，談不上「華夏」，也沒有「中國」概念。大約經過夏、商兩代一千年的孕育，到了周代，以黃河流域為中心，開始形成帶有一致性、系統性的華夏文明，同時，也有了「中國」和「蠻夷」的概念。之後多達二千年，華夏或中國文明，在亞洲大陸之東一枝獨秀，「化外之民」遠瞠其後；雖然「夷夏之辨」話語已經發生，但

作為現實問題或威脅，尚不緊迫。如果我們從遙遠的將來，為這態勢尋其草蛇灰線，會在戰國趙武靈王胡服騎射故事中嗅到最初的氣息，在秦大將蒙恬那裏聽到歷史山谷傳來了新的腳步聲，最後在漢代見到胡馬奔騰而至的景象。總之，大致就是這個時候，周邊蠻族部落開始走出初民階段，形成自己的民族並有所組織，人口亦蕃殖漸盛，「對外問題」於是對中國提出。然而，那時諸蠻族究竟尚處極野放狀態，仰天俯地，文明簡陋，不足以抗拒大自然播弄，故東奔西突、忽聚忽散，甚至自生自滅。當其瞬間強盛，破壞性不可輕視，然無一持久，不足真正為中國之患，像班超僅以三十六人，縱橫西域多國，而擊破之，固然大智大勇，但也實在說明諸戎鄙樸鹵拙。這種情況，由漢至唐，有抑揚，有起伏，總體而言未見實質性扭轉。故民族衝突、文化衝突，問題雖已出現，在中國卻大致僅為膚受。即有所衝突，中國多半是壓制者，縱有失利落敗，也是暫時的。這基本格局，也在我們的心態上表現出來。漢族名稱雖得之漢代，但很長時間中很少真正有「漢族」意識。民族觀不如天下觀，四海意識大於中國意識。當時提起「中國」，每每是無遠弗屆的「天下」。此種心態，到唐代登峰造極。今之俗論，喜歡以「開放」字眼形容唐代氣象和文化，實則唐人的包羅萬方，是因為沒有或缺乏強烈的民族意識。

民族意識強化，必以激烈民族衝突現實為前提，創巨痛深之後方被喚醒。在中國，首先嚐此滋味的乃是晉人。西晉滅亡，北方黃河流域為匈奴、羯、鮮卑、氐、羌等所盤踞，成為他們血拚爭殺之地，此為中國遭蠻族蹂躪之始，史稱「五胡亂華」。也正於此時，中國思想界首次提出了民族意識命題，江統《徙戎論》、顧歡《夷夏論》等，大概是我們最早從民族立場論述文化衝突的論文。同時，相應地發生祖逖北伐、桓溫北伐等確實含了民族衝突意識的戰爭行為（與過去出於拓疆目的的邊地戰爭不同）。所以，東晉這朝代，本身在中國歷史上雖不具第一等的重要性，但就民族衝突這特定主題而論，卻有劃時代的意義。它有如序幕，將一千年後中國的焦點，做了預告和預演。但這預告和預演，劃然而過。諸蠻族苦於未脫忽生忽滅的命運，其破壞力的瞬間發作，對中國更像是突遭火山地震一類的無妄之災。

這樣一直到了北宋。此時歷史條件，再也不是先秦漢唐光景，「夷夏」雙方，各自都發生了一些大的改變。一面，中國文明日臻精美，其附帶的結果是，去質野益遠。另一面，周遭新崛起的蠻族，既更多從當時人類文明平均水準得益，而早已不像它們千年前的前輩那麼簡陋，同時呢，較之「過度文明」的中國，又足夠原始和野性。兩相對照，中國對抗野蠻的能力在退化，後者反制文明的能力卻增強。終於，漢唐模式一去不返，歷史開始轉入宋明故事。

新故事的情節特色，便是野蠻戰勝文明。我們普遍將一句話信為真理：落後捱打。實則近代以前的人類史，剛好要顛倒過來：捱打的每每是先進。不單中國有金人、蒙元分滅兩宋和滿清滅明的例子，古埃及、古羅馬、古印度被毀，亦庶幾如是。個中道理，蓋因在冷兵器時代，近代科技未曾發展起來並成為軍事國防底蘊以前，文明之美盛一般都意味着武力下降。直到四百年前武器大革命為止，從青銅時代到宋明之際，不論物質和精神文明有何躍升，戰爭元素的改變微乎其微；二三千年前何者為強，刻下依舊如此——主要視身體、蠻力及勇悍程度來定。顯而易見，這種條件下，文明愈爛漫則武力反而愈衰退，就像咬文嚼字、耽於書齋的學者，之於風餐露宿、茹毛飲血的強梁，雙方鬥狠恃勇，壓根兒不成其對手。所以在古代，騎射征伐之事，較文明民族比於較原始民族，很少不落下風。粗野少文的蒙古人，居然橫掃歐亞大陸，將儒教、伊斯蘭教、基督教三大文明均斬馬下，在現代全不可想像，當時卻很合情理。

以文明而毀於野蠻、以先進而敗於落後，是我們對宋明兩代需要體會的重點。不用心這種體會，我們對宋明時的民族意識，及其奧祕，做不到設身處地。一些現代中國人，因了 1840 年以來的感受，以為自己頗能懂得宋明的亡國之痛。殊不知近代史與宋明史，表面相似，其實差得很遠。近代中國固為西方列強凌折，但對方卻是更先進的文明；宋明之亡，完全相反，以茂美錦繡而遭野蠻愚昧的塗炭。這兩種痛，如何同日而語？一個只是面子問題，一個卻痛徹心腑。

類似宋與蒙古、明與滿清的反差之巨，我們從身邊現實根本找不到恰當的類比。哪怕當今最最發達國家與最最落後國家之間，落差也到不了那

種程度。篇幅所限，不能着墨過多，權藉一語略事管窺：

> 公元 960 年宋代興起，中國好像進入了現代，一種物質文化
> 由此展開。[1]

好像，是有如和仿佛。在黃仁宇看來，一千多年前的宋朝，已去「現代」不遠。然而，將這王朝的君臣活活逼至跳海的蒙古人，卻連農業文明門檻也還不曾邁入。明朝和滿清之間，差距不至於此，但亦足令人眙愕。嘉靖朝的外交官嚴從簡，有《殊域周諮錄》，記述了當時女直人的生活和社會情形。其諸部不一，略好些的「不專射獵」、「略事耕種」，有初步的農耕文化；較落後的則仍為「常為穴居」、「無市井城郭」的景狀，乃至保持父母死後「以屍餌貂」或「親死剖腸胃，曝乾負之，飲食必祭，三年後棄之」之類野蠻習俗。[2]

重返這樣的歷史情境和歷史現場，我們才可能談論和評估宋末明末的思想感情。當其末路之時，成批成批知識分子義不欲生，這種現象，古人以他們自己的語彙，諸如忠信節義之類來表達，而越過這些字眼，舉目前望，我們見到的是美善文明行將殞落和隳壞，和黑暗、鄙陋、粗礪和蒙昧的逼近。今人或對陸秀夫身為大臣竟背負幼君縱身投海的行為愕然難解，但可以明了他對趙昺所講的四個字：不可再辱。凡曾置身高度文明的人，對於野蠻的耐受力，都降至極低，表現脆弱。我想起了茨威格的例子。1942 年 2 月 22 日，這位失去故國的奧地利猶太作家，偕妻在里約熱內盧雙雙自殺。他於遺書中寫道：「我向我所有的友人致意！願他們度過漫長的黑夜之後能見到曙光！而我，一個格外焦急的人，先他們而去了。」[3] 作為教養極佳、只能適應理智和文雅的紳士，他棄世時的心情，與宋明之季紛紛赴死的中國儒士或許不乏相通之處。

---

① 黃仁宇《中國大歷史》，三聯書店，1997，第 128 頁。
② 嚴從簡《殊域周諮錄》，中華書局，2000，第 742-744 頁。
③ 茨威格《人類的群星閃耀時》，三聯書店，1986，第 355 頁。

八

　　當然，除了歷史處境、主題的變化，也要談道德。對於明代，道德的話題繞不過去，尤當涉及知識分子意識形態的時候。

　　就此我們先從一個甄辨講起 —— 至今許多人有誤解，以為儒家思想在中國一直居文化領導地位。實際上，二千多年大致只有一半時間如此。

　　春秋戰國，儒家僅列「百家」之一。孔子屢夢周公，其學不行於世；孟子一生，基本在現實中扮演「反對派」角色，忙於爭霸的國君也不能用其「王道」。秦，是法家的愛好者，它覺得「儒以文亂法」，於是報以「坑儒」暴行。魏晉間，領一時風騷的士夫，多視儒為酸腐而謔浪之。由隋至唐，文化爛漫，但儒家在其間縱非居於弱勢，起碼也在苦苦爭取稍有利的地位，道、釋兩家權勢都比它大，李姓皇室自命老子後代而崇道，武則天出於打壓李氏目的則佞佛，儒家僅在官僚集團部分知識分子中擁有信徒，杜甫、韓愈是兩個傑出代表，前者將詩歌創作用於詮釋儒家精神，故稱「詩聖」，後者文起八代之衰、排斥佛老、為儒家鼓與呼，但終唐一世，文化紛雜多流，無定於一端，儒家絕不享有文化領導權。

　　故爾，直到我們眼下講述的這段歷史為止，儒家確居領導地位的，僅三個朝代：漢、宋、明。漢代初年尚非如此，從武帝用董仲舒起，儒家獨尊。兩漢之儒，蓽路藍縷，披荊斬棘，豐碑累建，中國之有學術實奠於此，吾族之稱漢人、學問之稱漢學，允當之至。但此後約七百年，漢代文化取向並未延續，否則也不會有「八代之衰」的喟歎。直到宋儒起來，漢儒衣缽才被傳承。但隨之又有蒙元百年截斷和停頓，以「光復中華」自命的明人，理所當然大力弘揚、踵繼宋學，如此二百七十餘年，儒家終於穩居領導地位而不可動搖。滿清的入主，雖屬蒙元舊事重演，卻記取了後者的教訓，對儒學改歧視為崇隆。

　　此為儒家二千年簡略沉浮史，從中我們看到，它對文化的絕對統治並不如何久遠，嚴格說距今僅七個世紀。而這段時間，恰好與中國歷史重心從「分久必合，合久必分」模式移往「夷夏衝突」模式，相吻合、相平行。這絕非巧合。換言之，儒家的思想文化權威地位的確立，與新的歷

史主題同步，適應、滿足、支持了漢族國家意識、民族意識的生長。我認為，它既是中國歷史轉型和「民族國家」形成的文化產物，也是這一過程明確的表徵。

過去，人們將儒學在宋明的絕對統治，視為中國文化趨於封閉、僵化，活力、創造力消失，和所謂「封建性」因襲益重、氣息益朽的跡象。此論的由來，是「五四」後對中國自身文化全盤否定，而當時所以覺得可以做此否定，又基於中國在現代性轉型中完敗於西方的事實 —— 其實就是結果論，既然結果不好，文化就一定是壞的。如今我們知道，線性因果律邏輯，只有極少數情況下才能成立，很多事情，有其因而不一定有其果，知其果也未見得知其因。其實，針對中國歷史和文化的現代批判，一開始就無關學術、學理，僅出於迫切的功利需要，即以快刀斬亂麻方式使中國開始革命。

中國的現代轉型輸給西方，是文化本身的問題，還是有特定的歷史原因？西方的現代之路，是不是唯一和必由之路？如無意外干擾，以中國歷史和文化原有軌跡，有無可能形成方案不同但殊途同歸的現代之路？以我粗淺的了解，都有研究餘地。我覺得，宋明之際，中國文化出現了重要異動，中國歷史開始了明顯有別於過去的敘事、篇章。宋代中國，發生了可能自春秋以來最重要的一次精神思想資源空前大整合，明代則在消化宋學成果基礎上，醞釀具有未來意義的新精神格局。兩代思想學術的活躍與興盛，我個人認為，前無古人、後無來者。大師、巨匠輩出，尤其是以學派為特色的思想探索和互動，乃「上下五千年」所僅見。哲學、文藝、史學、宗教、政治、倫理、曆算、農學、地理、技作以至命理象數之學，中國所有文化積累，都於此時融匯貫通。而且不止是繁榮而已，更重要的跡象是，於多樣化中表現出了超強的思想凝聚能力。理學的誕生，意味着中國第一次出現全國性思想體系。其他劃時代思想事件如，儒、釋、道在此時實現合流，這是中國精神文明一大進展，突出顯示了宋明在文化上的化育力、再生力……

換個眼光，我們從宋明所見，恐怕就不是封閉、僵化，而是在新的歷史處境和主題下，以明確的民族意識，構建純正中國文化體系。藉時下術

語，宋明是中國「文化認同」的開端。我們發現，在大致相當的時段，中國所發生和經歷的，也是歐洲的情形。宋明的復古與文藝復興，歷史內涵與性質十分接近；宋明理學（近年也稱「新儒學」）亦如宗教改革之於歐洲，藉解釋學的方法和途徑，對各自傳統的核心價值，加以梳理和鍍新；參考馬克斯・韋伯新教倫理論述，我們感覺，宋明理學與之有並行的精神向度，「一粥一飯，當思來處不易；半絲半縷，恆念物力維艱。宜未雨而綢繆，毋臨渴而掘井。自奉必須儉約，宴客切勿流連……」[①] 這些寫在中國童蒙之書裏的日常道理，清教徒們也許會覺得眼熟。

知識階層是國家精神紐帶，價值觀變化將首先作用和體現在知識者身上。觀宋明士風，敬事不懈、求篤致誠，標引道德、極重格調。那是先前所不見的樣態，且一日甚似一日，南宋甚於北宋，明代復甚於宋代，以致終於有了海瑞那樣的典型。這種人物，似乎只能屬於明代，放到其他歷史時期，都難免有失協調。

黃仁宇稱之「古怪的模範官僚」，用「個人道德之長，仍不能補救組織和技術之短」[②] 概括他身上的內在矛盾。道理本身不錯，但沒有放到合適的時間來講。

組織和技術的建構，沒法發生在道德之前；社會現實的改進，總是有賴思想層面的先期變豹，道德也是思想的一個方面。我們都認為法律比道德可靠，道德可以弄虛作假，法律是剛性規則、不易做手腳（其實不盡然）；所以，我們呼喚法治社會。不過，法律其實要以道德為先導，在不正確的道德下形成的法律，本身就可能是邪惡的；法律自古就有，顯然曾有很多舊法因為錯誤或邪惡而被淘汰、廢除，所以在更好的法律出來之前，實際上有賴道德的先行進化。歐美近世政法制度，就明顯是先有新的倫理道德提出，再經社會革命和其他實踐轉化、落實為約定條文。啟蒙思想者所談平等、博愛，新教倫理所倡勞動、節儉、誠敬，都屬於道德範疇。

由此可知，儘管明代士夫「個人道德之長」，暫未「補救組織和技術

---

① 朱用純《朱子家訓》，《蒙學經典》，經濟日報出版社，第 112 頁。
② 黃仁宇《萬曆十五年》，中華書局，1995，第 135 頁。

之短」，也仍不失為中國歷史的積極進取歷史信號。至於「以熟讀詩書的文人治理農民，他們不可能改進這個司法制度，更談不上保障人權」[1]，此語若加之於彼特拉克、莎士比亞、伏爾泰，其實還不是一樣，他們也不能辯駁。「文人」如果能夠提供新的精神尺度，就已盡到了作用，改進司法制度、保障人權等，是留待社會加以解決的事務。

何況自萬曆間起，「個人道德之長」已經顯現出了向干預社會現實方向伸展的趨勢，開始與不公、不善、不合理制度發生衝撞（三案、黨爭），進而因為碰得頭破血流，隱然產生革命的思想和願望。《明夷待訪錄》，可算一個明證。有人這樣評價它：「其中《原君》、《原臣》、《學校》諸篇，置諸洛克之《政府論》中可無遜色，較之盧梭之《民約論》已著先鞭矣。」[2] 而黃宗羲的思考，在當時知識分子中並不孤立。我讀過本文主人公徐汧之子徐枋所著《封建論》上下、《井田論》諸篇，覺得他和黃宗羲具體主張雖不同，但所關切的同樣是中國如何找尋更文明、更善良的制度。可見「個人道德之長」，遲早總會帶來社會進步的追求，它是歷史棄惡揚善的溫牀。

最後，還想額外談一個問題。今天，我們普遍厭倦道德論調，確實，道德似乎成了遮羞布。羅蘭夫人在法國大革命時期說：「自由，多少惡行假汝之名以行！」我們於道德二字，感受庶幾近之。我們的厭煩，殃及了古人。說起明代道德厚重，大家每每想到「滿口仁義道德，一肚男盜女娼」的名言。誠然，確有那樣的事例與現象，我們前面也曾談到一些。但此刻我想說，明代士夫在何種現實中砥礪名節，這一點人們談得很不夠。雖然帝王君主從來一路貨色，雖然歷朝歷代各有其暴君，但像朱明王朝這樣，昏君多如過江之鯽，卻實屬少見。它先後十多位皇帝，全無劣跡的只有建文帝，基本無劣跡的有洪熙（在位僅一年）、宣德、景泰、弘治四位皇帝。這五人的統治期，全部相加四十年，只佔明朝二百七十九年歷史的七分之一。其餘諸帝，或暴虐或殘忍或變態或昏聵或剛愎，不一而足。在

---

① 黃仁宇《萬曆十五年》，中華書局，1995，第 135 頁。
② 金耀基《中國民本思想史》，臺灣商務印書館股份有限公司，1979，第 150 頁。

他們治下，明代的慘獄酷刑為歷代之最、閹禍登峰造極、酷吏兇頑巨星迭出。朱棣虐殺建文忠臣，令人髮指，戮其本人不算，復辱其妻女、發為婢奴，甚而株連鄉閭、村里為墟；朱厚熜熄視「刑不上大夫」、「士可殺，不可辱」為屁話，對膽敢抗旨的官員，當場打屁股，是為聞所未聞、明朝獨創的「廷杖」；朱由校的鎮撫司詔獄，賽過閻羅地府，慘死其中的東林諸君，個個身被重傷、血肉模糊、屍供蠅蛆、潰爛不可識……明代的士夫，是在這樣的摧折中講求操守，將胸間那口正氣保持下來，以致山窮水盡時分，我們仍能見到徐汧、夏允彝、劉宗周等個人品質近乎完人的例子，其之不易，作為有「反右」、「文革」經歷的當代人，我們應深有體會。近年因為當代文學和精神思想史研究，我考察過當代幾十位重要文人和知識分子；兩相對照，唯有默然。

九

為什麼寫一寫徐汧，現在顯得比較明朗了。我們不是要表彰他的死，而是藉他為例，追溯中國士階層的精神史，認識一下中國知識分子曾經並不缺少的尊嚴和高貴。我要補充的是，挑選他來做這種呈現，還有一個原因，即他與徐枋之間的父子傳承，這或是徐汧故事更能打動我的一點。

對於赴死的決定，一開始徐汧就沒有瞞着兒子。他的死亡準備過程，對兒子是公開的。但當徐枋要求從死時，徐汧阻止了他：

> 乙酉陸沉之日，先君子日謀死所，顧呼枋而命之曰：「吾固不可以不死，若即長為農夫以沒世，亦可無憾。」[3]

自認有死的責任，但不是人人須死。他讓兒子用另一種方式抗爭：活着，做自食其力的人，終生不食清朝俸祿。

徐枋用一生來踐行父囑。當年他二十來歲，之後，還有四十年的餘生。這四十年間，前二十年遁跡山野、不入城市，後二十年堅臥土室、

---

③ 徐枋《答吳憲副原長先生書》，《居易堂集》，華東師範大學出版社，2009，第 7 頁。

閉門掃卻。長年「炊則無米，爨則無薪」[①]，「牀牀屋漏，幾廢坐臥」[②]；其子「衣無襟袖，兩手瘃瘃，履穿不苴，足趾在地」[③]；自己三十來歲時，「鬚鬢亦半白矣」[④]。後為維持一家生計，不得不作畫賣畫。如今，這些遺墨已成藝術品市場炙手可熱的奇貨，然在徐枋當日，「近資筆墨，聊以全生」，「若欲求富，當不為此」，有的買家出於所購增值目的強求屬名，遭到堅拒：「以避世之人不應以姓名筆墨流落人間」，「比年以來，物力日艱……故不得已而賣畫，聊以自食其力而不染於世耳」，「賣者不問其人，買者不謀其面」。[⑤] 不知今之徐枋書畫購藏者，有幾人不是出於價昂逐富，而能把它們視為中國文化一筆高潔的遺產？丁酉年（1657），鑒於孩子漸漸懂事，徐枋特作《誡子書》，訂十條規矩。第一條「毋荒學業」（必須讀書），第二條「毋習時藝」（不准研習八股，以杜絕仕事清朝），第三條「毋服時裝」（不着滿服），第四條「毋遊市肆」（不預交際）……滿紙令人肅敬惕兢。

故汧、枋父子，有死有不死，而死與未死，精神則一：都以一介書生，按照使命或本份，竭己所誠，稍效涓埃。

士者云何，如此而已。

① 徐枋《與葛瑞五》，《居易堂集》，華東師範大學出版社，2009，第 88 頁。
② 徐枋《致靈巖老和尚》，《居易堂集》，第 89 頁。
③ 徐枋《病中度歲記》，《居易堂集》，第 183 頁。
④ 徐枋《楊隱君曰補六十壽序》，《居易堂集》，第 145 頁。
⑤ 徐枋《答友人書》，《居易堂集》，第 33-34 頁。

Chapter 12

左良玉

殺掠甚於流賊

名將，一定是打出來的，一定戰功顯赫傲於同儕。

但這位名將卻有些特別：常勝，卻也常敗；常大勝，復

常大敗。

一

歷史視閾有「現場」與「後世」之分。

說到明朝最後時刻，我常不禁有此一想：設若十七世紀四十年代，南京報業發達亦如今天，那麼，四百年後我們從那塵封的故紙堆中揀起幾份，翻開一看，或將詒愕不解：牢牢佔據報紙頭條位置的消息，並非虜之將至，而另有其事。

——左良玉兵變。

「後世」以為，乙酉 1645 年春末，中國頭號大事乃是清兵南下，而我們卻鄭重相告，那並非當時南京最熱門的話題。滿城騷然洶懼、街談巷議的，不是名叫什麼「多鐸」的清軍統帥，這名字對許多人全然陌生，甚至沒有意義。「左良玉」才是爭相說及、令人欲罷不能如雷灌耳的名字。這三個字，在形形色色的人中間，激起或恐慌或亢奮或迷茫不一而足之種種反應。大家隨便找一種時人所著親歷錄、目擊記之類紀實文字，不拘《金陵野鈔》、《弘光實錄鈔》、《甲乙事案》、《南渡錄》、《明亡述略》、《江變紀略》、《潯陽記事》、《鹿樵紀聞》、《續幸存錄》……都將看到，南京覆亡前夕，從三月到四月，左良玉兵變是不變的輿論中心。兵變三月下旬爆發以來，南京當權者視為滅頂之災，盡撤北面之防，溯江迎拒，弘光之初所設四鎮防禦體系瞬間一空，明軍幾大主力彼此火拚，鬩牆於內。多鐸大軍，恰當此時渡過黃河，除在揚州遭史可法率數百人抵抗，致稍滯數日，餘則如入無人之境，高歌猛進，直抵江口。某種意義上，多鐸向南進軍的過程，甚至顯得寂寞冷清，很少受關注、談論。直到左氏兵變化為泡影，人們才將視線從西南收回，轉向北方，而此時滿洲士兵早已闖到眼皮底下。一場轟轟烈烈的改朝換代，就這麼突然而又淡然地發生。一路南來的多鐸，對如此唾手而致的勝果，或許也多少感到乏味或不夠刺激。

幾個世紀後，情況已完全顛倒了過來。如今說起乙酉傾覆，我們眼前只會浮現滿清鐵蹄遮天蔽日情狀，左良玉兵變卻仿佛天際一抹微雲而已，望之杳然，甚至鮮予一瞥。這就是今古視閾之差。隨着時間推移，無可奈何地，「後世」所知歷史往往遠離「現場」，經驗世界被理性認識所代替，

當時感受強烈、銘心摧腑之事，後來可能覺得根本不重要，而後來目為本質、關鍵的地方，當時卻未必抱同感。凡讀史遇到這種反差，都會激起我的好奇以及探知的慾望，眼下亦然。我很想知道，左良玉其人其事，反映着明朝人對自身處境的何種理解，中間包含哪些他們的困擾、失落與關切。

二

左氏籍貫，《明史》謂「臨清人」[1]，隸籍山東，侯方域《寧南侯傳》則曰「遼東人也」[2]。侯方域父侯恂，乃左良玉「恩相」，以其知根知底而記為遼東人，當屬可信，但《明史》作為官史而明指其臨清人，想亦自有根據。《寧南侯傳》有「少起軍校」一語，我們據以推測，他或許本是山東人，但很小就投軍，隨即到了遼東。萬曆末年，遼東便已吃緊，兵丁不足，當時窮人家孩子不乏十二三歲即入伍吃餉，求一條生路。左良玉的情形，一定正是這樣。「良玉少孤，育於叔父。其貴也，不知其母姓。」[3]從小是孤兒，父親早死，依叔父而活。他甚至連母姓都不知道；或許母親死得更早，或許他乾脆就是非婚生子。而且既然「少起軍校」，被迫早早投軍當兵，大概連叔父這僅有的倚靠也難以持續。究竟是叔父也死掉了呢，還是叔父不肯多養活他，我們不知其情，只覺着會有苦衷在內。總之，他雖非流浪兒，實際卻恐怕跡近「無家」，若非日後顯赫，真的就是社會最底層最微末的人。這種一無所有，一直影響到他的生年——究竟生於何年何月，我們既不確知，也沒更多資料可考。《明史》本傳，通篇未及其年甲。《寧南侯傳》亦不曾專門提到，僅敘事間帶出一筆：「會大凌河圍急……連戰松山、杏山下，錄捷功第一，遂為總兵官……年三十二。」皇太極兵圍大凌河，在崇禎四年（1631）。我們由此推算，左良玉大約生於萬曆二十七年（1599）。

① 張廷玉等《明史》，卷二百七十三，中華書局，1974，第 6987 頁。
② 侯方域《寧南侯傳》，《壯悔堂集》，卷五，商務印書館，1937 年，第 126 頁。
③ 張廷玉等《明史》，卷二百七十三，第 6987 頁。

他應是個好兵，「以斬級功，官遼東都司。」[1] 都司，為明朝的軍事建制，都指揮使司之簡稱。「初，洪武二十六年定天下都司衛所，共計都司十有七」[2]，以後屢有增易，而遼東都司即其中之一，隸屬左軍都督府。「官遼東都司」，當指左良玉在遼東都司從普通士兵成為一名軍官[3]。但級別大概很低，否則不至於做出下面的事：

> 苦貧，嘗挾弓矢射生。一日，見道旁駝橐，馳馬劫取之，乃錦州軍裝也。坐法當斬，適有丘磊者，與同犯，願獨任之，良玉得免死。[4]

雖當了軍官，日子仍貧苦，有時要靠偷獵打野食吃，甚至暗中做響馬、剪徑的勾當。最後一次誤搶軍用物資，罪該殺頭。但同夥丘磊很夠朋友，願獨擔罪名，左良玉倖免於死。死罪雖免，官職則不保。順便交待一下，很幸運的，丘磊也沒有死，活了下來，後也積功做到總兵，卻在弘光間被東平伯劉澤清所殺，此事加重了左良玉與南京的齟齬，因為劉澤清素與馬士英、阮大鋮等沆瀣一氣，救命恩人被殺，左良玉覺得未必不是針對自己。

丟了官，左良玉在遼東都司呆不住，閒了一陣子後，大概託人幫忙，來到昌平，找「明末四公子」之一的侯方域之父侯恂，投在他帳下。其時，侯恂出鎮昌平。以下情節，有些《水滸傳》的意思：「久之，無聊，乃走昌平軍門，求事司徒公。司徒公嘗役使之，命以行酒。」司徒公就是侯恂，他後來官至戶部尚書，即古稱「大司徒」者，侯方域以故凡所提及一律稱「司徒公」，而當時侯恂官職應為兵部右侍郎。左良玉初來情形，很像楊志和梁中書故事的重演：「只說楊志自在梁中書府中早晚殷勤聽候使

---

① 侯方域《寧南侯傳》，《壯悔堂集》，卷五，商務印書館，1937 年，第 126 頁。

② 張廷玉等《明史》，卷九十，中華書局，1974，第 2196 頁。

③ 按：明代武官有「都司」一職，《明史·職官五》：「鎮守山東總兵官一人，天啟中增設。總督備倭都司一人，領薊鎮班都司四人。又河南守備三人，領薊鎮班都司四人。」然品級不詳。參考清代情況「置於綠營，秩正四品，其職掌與參將、遊擊同。」（《中國職官大辭典》「都司」條）則為中高級軍官。以左良玉仍貧而行劫來看，「官遼東都司」不宜解為他已任「都司」一職。

④ 侯方域《寧南侯傳》，《壯悔堂集》，卷五，第 126 頁。

喚，梁中書見他勤謹，有心要抬舉他⋯⋯」⑤ 但左良玉運氣比楊志好，楊志丟掉生辰綱後只能去梁山落草，左良玉也出了類似事故，卻得到侯恂安慰：

> 冬至，宴上陵朝官。良玉夜大醉，失四金卮。旦日，謁司徒公請罪，司徒公曰：「若七尺軀，豈任典客哉！吾向誤若，非若罪也。」

可見左良玉在帳下雖做着除掃雜役之事，侯恂卻注意到他，認為將來是個人物。他不責怪左良玉丟失金器，反而檢討自己委任不當。恰於此時，遼東發生大凌河之圍，需要增援，總兵尤世威因護陵任務在身，不能親往，對可代己而行者，又都不滿意，於是來找侯恂彙報。他提出左良玉實堪大用，可惜目下僅為小卒，沒資格帶兵。侯恂立即表示：「良玉誠任此，吾獨不能重良玉乎？」時將四鼓，侯恂命尤世威立即先行通知左良玉，自己隨後親至。而左良玉那邊，正如熱鍋上螞蟻，以為丟失金卮之事，會翻出丘磊案陳年老賬。總兵大人旴夜突至，他「以為捕之」，「走匿牀下」。尤世威「排闥」呼之：「左將軍，富貴至矣，速命酒飲我！」已以「將軍」相稱，左良玉卻還驚魂難定，「戰慄立，移時乃定」。俄頃，侯恂至，「乃面與期」，當面表達對他的期望。天亮，立召眾將於轅門：

> 以金三千兩，送良玉行。賜之卮酒三，令箭一。曰：「三卮酒者，以三軍屬將軍也。令箭，如吾自行。諸將士勉聽左將軍令。左將軍今已為副將軍，位諸將上。吾拜官疏，夜即發矣。」

侯恂此舉，確實雷厲風行、不拘一格。一個普通士兵，連夜拔為軍區副司令兼援軍主將。能夠如此，一則左良玉必有過人資稟，二要佩服侯恂有識人之準。果然，左良玉於戰事中「錄捷功第一，遂為總兵官」，自此躋身大將行列。

從遼東前線奏凱，很快，西北內亂起。左良玉奉命往剿，行前辭侯恂：

---

⑤ 金聖歎評點《第五才子書施耐庵水滸傳》，中州古籍出版社，1985，第 210 頁。

司徒公曰：「將軍建大功，殊不負我。欲有言以贈將軍，將
軍奚字？」良玉曰：「無也。」司徒公笑曰：「豈有大將軍，終身
稱名者哉！」良玉拜以為請，司徒公曰：「即崑山可矣。」自此
乃號為崑山將軍。

有名無字，是低微出身的殘餘痕跡。如今，左良玉已為大將，將來
前程萬里。細心的侯恂，連這一層也替他想到，賜字「崑山」。名、字相
表，「崑山」蓋取「良玉出崑崙」之意，很適合一位將軍，又滿含侯恂對
他功業的期許。左良玉雖無文化，心思並不愚癡，對恩相的種種厚待，
從內心認為恩同再造、義近父子。這一點，對後來好些事情都是很大的
伏筆。[1]

三

他自崇禎四年起任總兵官，作為高級將領東征西討，身經百戰，尤其
在與今所喜稱為「反對派武裝」的戰事方面，堪稱「政府軍」所仰仗之干
城。但我們的興趣，卻並不在將他這些軍事履歷做一番流水賬式講述。他
的行為特點，或怪異表現，比具體經歷更有意思。

兩軍相逢勇者勝。勇，他不缺乏。「長身頳面，驍勇，善左右射。」[2]
於是，很快出人頭地，成為名將。名將，一定是打出來的，一定戰功顯
赫傲於同儕。但這位名將卻有些特別：常勝，卻也常敗；常大勝，復常
大敗。

所歷第一個戰區在山西，尤其晉豫冀交界處。當時，山西情勢頗危，
「賊勢已大熾」，官軍不敵，損兵折將，增援後「勝負略相當」，左良玉
「斬獲尤多」，連戰於涉縣、武安、官村、沁河、清化、萬善等地，「屢破
之」。自崇禎六年正月起至翌年冬，「賊大困，官軍連破之柳泉、猛虎村。
賊張妙手、智雙全等三十六家詭詞乞撫」，官軍遂暫停進攻，「俟朝命」；

---

① 以上均據《寧南侯傳》，《壯悔堂集》，卷五，商務印書館，1937 年，第 126-127 頁。
② 張廷玉等《明史》，卷二百七十三，中華書局，1974，第 6987 頁。

此時天甚寒冷，黃河為之冰封，「賊遂從澠池徑渡」，逃過黃河，進入盧氏山，再轉向鄂、川、秦、豫一帶，「中原益大殘破，而三晉、畿輔獨不受賊禍者十年。」③

之後，「崇禎七年春夏間」，朝廷決定合山西、河南、湖北、四川四地之兵，會剿時在河南的李自成。入了河南，左良玉既曾「遇賊於磁山，大戰數十，追奔百餘里」，也曾「禦之靈寶，不能支，陝州陷」。這段河南作戰歷時較長，直到崇禎十四年。中間，也曾離開河南，往援、轉戰它處，「十年正月，賊老回回合曹操、闖塌天諸部沿流東下，安慶告警，詔良玉從中州救之」，「十二年二月，良玉率降將劉國能入援京師」，任務結束，又返回河南。大大小小戰鬥數十次，成績差強人意，說得過去，有幾次比較窩囊的情形，實出他自己耍奸使滑。最慘重的失利，是崇禎十二年七月在羅猴山遭伏，「良玉大敗奔還，軍符印信盡失，棄軍資千萬餘，士卒死者萬人。事聞，以輕進貶三秩。」④

在左良玉，這是軍興以來的重創。但非常時期，用人之際，左良玉貶職沒多久，又獲重用，反而加了「平賊將軍」封號。「十三年春，督師楊嗣昌薦良玉雖敗，有大將才，兵亦可用，遂拜平賊將軍。」他即率部進入湖北作戰。閏正月，他與友軍配合，擊敗張獻忠，令其西竄。關於如何追剿，左良玉與主帥相左，而堅持己見，事實也證明他是對的，「嗣昌度力不能制，而其計良是，遂從之。」隨又發生將帥猜忌，左良玉和另一大將賀人龍，皆不奉嗣昌令，導致張獻忠突圍出川，攻入襄陽城，宗室襄王被執，楊嗣昌自度責任難逃，竟絕食而死。事後，「帝既斬賀人龍以肅軍政」，令左良玉「削職戴罪」。⑤

如此，在忽勝忽敗的起伏中，左良玉長成參天大樹，崇禎「專倚良玉辦賊」。崇禎十五年左右，農民軍諸部強弱盛衰漸分，李自成明顯高出一大截，而為明朝主患。深受倚重的左良玉，自然被寄厚望，用為對李作戰主力。該年四月，李自成重兵包圍開封，崇禎皇帝為使左良玉戮力用命，

---

③ 同上書，第 6988 頁。
④ 同上書，第 6989-6992 頁。
⑤ 同上書，第 6992-6994 頁。

特意把當時因罪繫獄的侯恂放出，委為督師，又專發十五萬兩白銀為犒賞，「激勸之」。左良玉的分量、地位，以及朝廷的依賴，一時無兩。

我們說他作為軍人、將領，常勝而常敗，既像很會打仗、又像不太會打仗，時而「英雄」時而「狗熊」，這種怪現象，突出地通過兩大對手表現出來。與張獻忠對壘，左良玉絕少落下風；豈但不落下風，簡直還是張的剋星，至少有兩次，張獻忠險些命殞彼手。可對手一旦換成李自成，左良玉就威風掃地、一敗塗地，以至未戰先怯，如鼠畏貓。這極為費解的情形，竟然像是一條規律，下面我們為讀者言其大概。

前述崇禎十二年七月，左良玉遭受其軍興以來首次重創，對手便是張獻忠。除此，情形都得顛倒過來。而且這一次慘敗，緣由是「輕進」，不把張獻忠放在眼裏，而致失手。吸取教訓後，左良玉逢張俱大勝。崇禎十三年春，左、張大戰於川陝交界的太平縣瑪瑙山：

> 賊陣堅不可動。鏖戰久之，賊大潰，墜崖澗者無算，追奔四十里。良玉斬掃地王曹威、白馬鄧天王等渠魁十六人。獻忠妻妾亦被擒，遁入興山、歸州之山中，尋自鹽井竄興、歸界上。是役也，良玉功第一。事聞，加太子少保。

緊接着，窮追猛打，戰果不斷擴大，張獻忠部曲屢有降者，渾名「過天星」的惠登相即於此時歸順左良玉。張獻忠實已走投無路，後能得脫，是用計說動了左良玉：

> 當獻忠之敗走也，追且及，遣其黨馬元利操重寶啗良玉曰：「獻忠在，故公見重。公所部多殺掠，而閣部（指楊嗣昌）猜且專。無獻忠，即公滅不久矣。」良玉心動，縱之去。

結果在開縣，諸軍追至。張獻忠登高一望，見「良玉兵前部無鬥志」，決定由此突圍，果不其然，「良玉兵先潰」。此番兵潰不同於崇禎十二年，顯係左良玉主動縱敵逃逸。本瀕覆亡的張獻忠就此「席捲出川」，逼得功虧一簣的楊嗣昌自盡謝罪。過了幾個月，逃至大別山一帶的張獻忠，「屢勝而驕」，左良玉再適時給他一些教訓：

良玉乃從南陽進兵，復大破之，降其眾數萬。獻忠中股，負
重傷夜遁。

這位逢張每大勝的將軍，逢李輒必敗。典型如解開封之圍所引發的朱
仙鎮一役。當時，左軍剛對張獻忠取得信陽大捷，氣勢很盛，皇上事先賞
下十五萬兩，又為鼓其士氣而特意釋放和啟用侯恂。在這種形勢下，左良
玉提兵來到開封以南的朱仙鎮，協同虎大威、楊德政等部，大有一決雌雄
的樣子。但不知怎的，與李軍相望，「良玉見賊勢盛，一夕拔營遁，眾軍
望見皆潰」，未曾交手，即已生畏。李自成還格外沉得住氣，左軍潰退，
他並不動手，「戒士卒待良玉兵過，從後擊之。」左軍狂奔八十里，發現
沒人追上來，正「幸追者緩」，卻鑽入李自成佈下的方圓百里巨大包圍圈：

良玉兵大亂，下馬渡溝，僵僕溪谷中，趾其顛而過。賊從而踩之，軍
大敗，棄馬騾萬匹，器械無算，良玉走襄陽。

一路逃到襄陽。敗績奏聞朝廷，崇禎改令侯恂在黃河北岸「拒河圖
賊」，調左良玉「以兵來會」，左良玉卻已被李自成嚇破了膽，「遷延不
至」，根本不敢再來。開封自崇禎十四年十二月起被圍，至十五年九月不
能解，最後靠決黃河水淹城，「一夜水聲如數萬鐘齊鳴」[1]，方致李自成退
卻。此為明末極慘一幕。開封生生被黃河吞沒後，崇禎皇帝大怒，將侯恂
重新下獄，直到本人吊死煤山為止，都不曾赦其罪。[2]

李自成不遺餘力攻開封，是欲得此大城以為根本。水淹之後，積屍
如山的古都，失去那種意義，而他看中的下一座城池，又恰恰是左良玉所
逃往的襄陽：「自成無所得，遂引兵西，謀拔襄陽為根本。」真是禍不單
行、福無雙至，左良玉剛從朱仙鎮潰退至此，猶在喘息，李自成大軍後腳
便到：

自成乘勝攻良玉，良玉退兵南岸，結水寨相持，以萬人扼淺
洲。賊兵十萬爭渡，不能遏。良玉乃宵遁，引其舟師，左步右騎

① 李光壂《守汴日志》，中州古籍出版社，1987，第33頁。
② 以上引文，除另注外，均出《明史》，卷二百七十三，中華書局，1974，第6994-6995頁。

而下。[1]

這一「下」，下到哪裏了呢？徑直逃往武昌。他崇禎十五年十二月二十四日抵武昌，以後都在這一帶，不離左近，開始了駐楚時期，中間一有風吹草動，聽說李自成向南運動，便張惶避之，所幸闖軍後來主攻方向轉為陝晉京畿，左軍在楚乃暫有年餘之安。而更有一種說法，乙酉兵變真正緣由，就是得到報告，在潼關被清軍大敗的李自成一路南逃，直奔武昌，左遂以「清君側」為藉口，擅離汛地，移兵下游。總之，幾次與李自成打交道，左良玉皆如夢魘，乃至杯弓蛇影。

把對張獻忠作戰的左良玉，與對李自成作戰的左良玉，加以對照，我們難免疑非一人。一個那麼能打，一個只是能逃。一勇一怯，幾無例外，道理實在沒法說清。難道是對手強弱不同所致？似亦無從談起。張、李二軍，紀律狀況有差異，戰鬥力卻不分彼此。論狡詐多智，張獻忠既不輸李自成，論兇悍狂野，抑且過之。張部豪傑之多亦所公認，其「四義子」孫可望、劉文秀、艾能奇、李定國，個個能征慣戰；尤其李定國，他在張獻忠死後歸順永曆皇帝，幾以一人之力獨撐南疆抗清大局十餘年。可見，左良玉對張獻忠每有完勝，相當不簡單，其為名將，洵非過譽。但為何與李自成對壘，卻一觸即潰，甚至未觸即潰，表現渾似草囊飯袋？個中緣由，思來想去，似唯有一解：李自成後期即商洛山再起之後，用李巖、牛金星等，漸超流寇層次，張獻忠則始終無此變化；而左良玉，並不懼與人就狠惡野勇比其高低，獨無法面對組織緊密、紀律嚴明的對手。

四

以上，常勝又常敗，遇張則勝、遇李則敗，不過是左良玉種種「乖張」情形中較突出的一點。類似的背反，他還有許多。

比如，他究竟是忠於朝廷呢，還是奉行「有奶便是娘」的實利主義，

---

[1] 張廷玉等《明史》，卷二百七十三，中華書局，1974，第 6995 頁。

「緩則受吾節制」騙取朝廷軍餉,「急則擁兵自重」不惜譁變叛亂?很多事例表明,部隊就如他的私人武裝,朝廷能否用上,要看他樂意與否。不聽調遣,在他是家常便飯。高興則來,不高興就置若罔聞,旨意、軍令均如廢紙。張國維三檄不應,熊文燦在安慶「部檄以良玉軍隸焉,良玉輕文燦不為用」,楊嗣昌「九檄皆不至」,連侯恂召之「以兵來會」,也「遷延不至」……初為總兵,從昌平帶出來原班人馬不過二千,到崇禎末年,「兵八十萬,號百萬」,十年左右擴充數百倍,皆因屯兵自肥,為此招降納叛、強徵強斂,曾「驅襄陽一郡人以實軍」。朱仙鎮之役時,「兵以三十萬稱盛,然止四萬在額受糧」[2],即合法的部隊編制人數應為四萬,他實際擁有卻超數倍之多。到武昌時期,竟有眾八十萬、號稱一百萬;一二年間,在原基礎上再急劇擴充近兩倍。這些,無不是明顯的軍閥標誌。然而,當我們覺得可以輕去就、驕兵悍將、挾寇自重而斷之時,他又給我們來一點小意外:「聞京師被陷,諸將洶洶,以江南自立君,請引兵東下。良玉慟哭,誓不許。」[3]《甲申朝事小紀》所載較具體:

> 崇禎十七年正月,上既封左良玉為寧南伯,升其子以平賊將軍印,俾功成後世守武昌。詔到,方受命,而京師陷,賊之信踵至。良玉審知登遐兇問,三軍縞素,率諸將旦夕臨。翼日,諸將前請曰:「天下事皆當關我公,今南中立君,挾王子以坐詔我輩,宜乘其未定,引兵東下可也。」良玉撫膺而號曰:「不可!世守武昌,此非先帝之旨乎?先帝甫棄天下,而我背之,是幸國家之變以自利也。封疆之臣,應守封疆。南中立君,我自以西藩為效。有過此一步者,良玉誓之以死!」[4]

為阻止這次叛亂,左良玉不惜「盡出所藏金銀彩物凡二三萬,散之諸將」,同時採取強硬措施,「以巨艦置炮斷江」,封鎖去下游的航道。散財於眾時,兒子左夢庚「有吝色」,左良玉大搖其頭,連聲歎息:「你以為這

---

② 侯方域《寧南侯傳》,《壯悔堂集》,卷五,商務印書館,1937 年,第 128 頁。
③ 張廷玉等《明史》,卷二百七十三,第 6996 頁。
④ 抱陽生《甲申朝事小記》,書目文獻出版社,1987,第 557 頁。

些都是你的財產嗎？唉，左家軍看來是保不住了！」當然，他只是將叛亂暫緩一年而已。翌年乙酉之叛，他再沒能控制住局面，但諸多跡象表明，在此過程中左良玉即不盡屬違心，相當程度也是身不由己。發兵不久，途次九江，面對前來質問的袁繼咸，以及部下焚掠場面，他愧恨交迸，大叫「我負臨侯！」嘔血數升而死。

又如，此人心中有無「禮義廉恥」，我們所得信息也不一致。一方面，他許多做法根本沒有原則和底線，一如叢林野獸，為了生存什麼都幹得出。他將軍令置若罔聞，對敵人賄賂卻欣然受之，餘如謊報戰功、捏造民意等事，也是信手拈來，毫無心理障礙。崇禎九年二月，奉命與另一總兵「夾剿」，而「中道遁歸」，導致友軍「無援敗歿」，「良玉反以捷聞」。[1] 崇禎十年，朝廷調其兵，左良玉出於避戰目的，「令中州士大夫合疏留己。帝知出良玉意，不能奪也。」[2] 以其行事慣常如此，我覺得判他一個「天良已泯」，絕不冤枉。但偶爾地，他又回到常識之內。朱仙鎮之役，左軍三過侯恂故里商丘，「必令其下曰：『吾恩府家在此，敢有擾及草木者，斬！』入城謁太常公，拜伏如家人，不敢居於客將。」[3] 世間所傳，都是他如何跋扈，以上表現卻對不上號。楊廷樞也為此作證，他在侯方域那裏見過左良玉寫給侯恂的信：「卑謹一如平時，乃知寧南感恩」[4]。原來，這樣一個人心中不單也有「感恩」二字，而且願意奉行。我們還可以看看他的私生活。「左家室盡於許州」——崇禎十一年十二月，左良玉奉調入陝作戰，駐地許州（許昌）失陷，家眷因留彼處，除兒子左夢庚隨軍之外，全被殺光——此後他一直獨身，而無近女色，「在武昌諸營，娼優歌舞達旦，元帥獨塊然一榻，無姬人侍側者。」一日，部眾「召某將官營妓十餘人行酒。杯斝縱橫，履舃交錯。」左良玉在場，卻格格不入，「少焉，左顧而咳，命以次引出，賓客肅然，左右莫敢仰視。」[5] 除非身體有疾，否則

---

① 張廷玉等《明史》，卷二百七十三，中華書局，1974，第 6990 頁。
② 同上書，第 6991 頁。
③ 侯方域《寧南侯傳》，《壯悔堂集》，卷五，商務印書館，1937 年，第 128 頁。
④ 侯方域《為司徒公與寧南侯書》之楊廷樞附記，《壯悔堂文集》，卷三，第 57 頁。
⑤ 抱陽生《甲申朝事小記》，書目文獻出版社，1987，第 558 頁。

我們應當承認，這種態度說明他並非恣睢其慾之人。

他的乖張，還體現在「反智」而又「足智」。《明史》本傳一開始就評價他：「目不知書，多智謀。」好像格格不入——不知書何以多智？但他確將這兩點集於一身。他純屬文盲，以至於有下面的怪事：

> 寧南不知書，所有文檄，幕下儒生設意修詞，援古證今，極力為之，寧南皆不悅。而敬亭耳剽口熟，從委巷活套中來者，無不與寧南意合。⑥

幕下文人起草的文件，他休說讀懂，聽都聽不明白。結果，來了個說書匠柳敬亭，半文盲，比他略強，寫點什麼錯別字連篇，但沒有關係，左良玉喜歡，認為水準遠在文人之上。為什麼？因為柳敬亭的言辭套路，都從「說部」中來。之乎者也左良玉聽不明白，評書故事卻不難入耳即懂，於是「無不與寧南意合」。黃宗羲對此忍無可忍，斥其「寧南身為大將，而以倡優為腹心，亦所授攝官，皆市井若己者，不亡何待乎！」然而，黃宗羲只知其一，不知其二。左良玉雖目不識丁，不讀書、不看報、不學習，在明末起起武夫中卻偏以多智著稱。明軍將領「肌肉男」多如牛毛，左良玉不是。他打仗不用蠻力，靠的是心眼兒、經驗、審時度勢和預見。崇禎十一年正月，左良玉大破張獻忠於鄖西，後者逃到南陽，效孫悟空灌江口「搖身一變，變作二郎爺爺」之計，全部換上官軍旗號，左良玉趕到後留了心眼兒，不曾中計，躲過圈套，張獻忠只得拔腿再逃，左良玉「追及，發兩矢，中其肩，復揮刀擊之，面流血，其部下救以免」；逃到穀城，張獻忠情急再生一計，「請降，良玉知其偽，力請擊之，文燦不許。」⑦入川作戰，左良玉見識再次高出主帥一籌；當時，楊嗣昌認為要截張獻忠後路，防止其掉頭返回湖北，「促賊反楚，非算也」，左良玉指出，恰恰相反，「賊入川則有糧可因，回鄖則無地可掠」⑧，應集中兵力正面殲之。此皆以智用兵之例。不但對敵，對朝廷、上司、友軍，他同樣工於心計。二千

---

⑥　黃宗羲《柳敬亭傳》，《黃宗羲全集》，第十冊，浙江古籍出版社，1993，第 573 頁。
⑦　張廷玉等《明史》，卷二百七十三，第 6991 頁。
⑧　同上書，第 6992 頁。

人起家，十餘年間握百萬之眾，倘非深惟重慮，何以致之？其實，連他吃敗仗，包括貽誤軍機，有時未必因為別的，而是過於黠慧狡獪的副作用，所謂聰明反被聰明誤。

五

多方觀察，他是難以一語括定的人。但圍繞他，卻經常各執一詞。

一種，如清朝官方所修《明史》為他寫的本傳，看法是負面的。本來，左良玉與滿清關係甚淺。雖然他從軍之始在遼東，「發跡」（得任總兵）亦由松山、杏山對清作戰，但大部分戎馬生涯畢竟是「剿寇」。滿清所以對他維持負面評價，應非出於「私仇」，主要是不滿他的不忠王事。官史，都以弘揚忠君大倫為主旨，對左良玉這種公然叛逆之臣，裁以貶斥並不意外。不過，我們想藉這機會談談官史的可信度。

歷來，一提到官史，普遍奉為「信史」，對野史（私家史撰）則抱以疑薄。這是誤區。首先，官史、野史的關係，遠非所以為的那樣懸隔。至少對《明史》我頗有把握說，它的修纂，大量採用了野史。康熙間史館初開，即以兩事為要，一是徵鴻學博儒，一是徵民間私撰，後者便是為修《明史》充實資料計。實際上，如果閱讀積累較廣，對《明史》某傳某事，往往不難於指出其本自某某野史，甚至原樣字句鈔於後者的情況也很常見。以左良玉本傳為例，「大凌河圍急，詔昌平軍赴援，總兵尤世威護陵不得行，存良玉可代率兵往。已，恂薦為副將，戰松山、杏山下，錄功第一」，即出侯方域《寧南侯傳》；「長身頳面，驍勇，善左右射」一句則逕錄自侯傳，字字不差。其次，迷信官史之不可取，還因它出於滿足自身意識形態需要，必對史事有所「筆削」，或加抹隱，或有捏合，總之要動些「手術」。比如，對重要的朱仙鎮之役，本傳就要了不少滑頭：

> 十五年四月，自成復圍開封。乃釋故尚書初薦良玉者侯恂
> 於獄，起為督師，發帑金十五萬犒賞良玉營將士，激勸之。良玉
> 及虎大威、楊德政會師朱仙鎮，賊營西，官軍營北。良玉見賊勢

盛，一夕拔營遁，眾軍望見皆潰。⋯⋯帝聞良玉敗，詔恂拒河圖賊，而令良玉以兵來會，良玉畏自成，遷延不至。

《寧南侯傳》則記其本末：

> 壬午，大出兵，與李自成戰朱仙鎮，三日夜而敗。良玉還軍襄陽。初，良玉三過商邱，必令其下曰：「吾恩府家在此，敢有擾及草木者，斬！」入城謁太常公，拜伏如家人，不敢居於客將。朝廷知之，乃以司徒公代丁啟睿督師，良玉大喜踴躍，遣其將金聲桓，率兵五千，迎司徒公。司徒公既受命，而朝廷中變，乃命距河援汴，無赴良玉軍⋯⋯卒不得與良玉軍會。未幾，有媒孽之者，司徒公遂得罪，以呂大器代。良玉慍曰：「朝廷若早用司徒公，良玉敢不盡死？今又罪司徒公，而以呂公代，是疑我而欲圖之也。」自此意益離，遂往來江楚為自豎計。

有幾點不同：一、左良玉朱仙鎮之敗，本傳作「一夕拔營遁」，侯傳記述是記大戰三晝夜後，左良玉才落荒而逃。二、本傳「詔恂拒河圖賊」的敘述，缺「朝廷中變」，「無赴良玉軍」的背景；根據侯傳（及《崇禎實錄》、《國榷》等），左良玉得到的消息本來是侯恂直接涖臨左軍，所以他特遣金聲桓前往迎接，詎料朝廷中途變卦，改讓侯恂在黃河北岸督師，阻其與左軍相會。三、「而令良玉以兵來會，良玉畏自成，遷延不至」，敘述也是含糊的，倘依侯傳，左遷延不至的原因是「司徒公遂得罪，以呂大器代」，亦即再召左良玉時，侯恂已遭解職，而代以呂大器；換言之，左良玉所拒奉的非侯恂之令，是呂大器之令。

「一夕遁」之說，以我讀到的，應出《明季北略》：

> 良玉與自成相距於朱仙鎮，麾下近二十萬，鄖撫王永祚在內，良玉在外，約為固守。一夕，良玉忽攜大眾遁去，城中遂不可守。[1]

---

① 計六奇《明季北略》，中華書局，1984，第 324-325 頁。

本傳捨「三日夜」而就「一夕」，自然因後者較吻合全篇的左良玉形象定調，而從與左良玉史事的親疏遠近論，本來明顯應首先考慮從侯傳。況且，即便對計六奇的筆意，本傳實際上也做了手腳。《明季北略》原文的「一夕」只有「某晚」的意思，改為「一夕拔營遁」，給人印象是，左良玉「僅一夜」就拔腿而逃。

照《明史》定下的基調，左良玉該入「奸臣傳」才對。但是它有些為難，因為「奸臣傳」裏有馬士英和阮大鋮，而左良玉恰恰是馬、阮死對頭，連兵變也打着討馬、阮的旗號。於是，只好將這棘手問題置之不顧，既不入左良玉於「奸臣傳」，又把他寫得與奸臣無兩。在另一些人，同樣為着這棘手的原因，很難面面俱倒、自圓其說，也索性執於一端，顧頭不顧腚。這些人，便是東林－復社分子或其同情者。他們因為左良玉乃唯一明確反馬、阮的軍事強人，而回護之，替他作種種辯護、遮掩，甚至是粉飾。東林大佬錢謙益稱之「誓剜心肝奉天子」[1]；復社魁首楊廷樞認他「原不欲負朝廷者」[2]，張岱則說：「左寧南，真摯開爽人也，而為黃澍所弄。黃澍挾左帥而參士英，挾左帥而殺緹騎，挾左帥而傳檄南都，挾左帥而稱兵向闕。」[3] 用一個「挾」字，開脫所有。入清後的龔鼎孳始終有「寧南情結」，念念不忘、愛屋及烏，把曾為其座上賓的柳敬亭炒作成「活着的傳奇」……正是這些輿論，經過半個世紀的發酵，才促成《桃花扇》中那麼一個英姿、悲情的左良玉形象。

他在「撫兵」、「投轅」、「哭主」、「草檄」、「截磯」中多次登場。與《明史》本傳截然相反，孔尚任筆下左良玉不僅完全正面，甚至直追當代文藝「高大全」人物。他的開場詩唱道：「七尺昂藏，虎頭燕頷如畫，莽男兒走遍天涯。活騎人，飛食肉，風雲叱咤。報國恩，一腔熱血揮灑。」[4] 外予張翼德之雄姿，內賦「一腔熱血」之胸懷，真是忠勇俱全了。隨後

① 錢謙益《左寧南畫像歌為柳敬亭作》，泰州市文史資料第 8 輯《評話宗師柳敬亭》，江蘇省政協文史資料委員會出版，1995，第 30 頁。
② 侯方域《為司徒公與寧南侯書》之楊廷樞附記，《壯悔堂文集》，卷三，商務印書館，1937 年，第 57 頁。
③ 張岱《左良玉列傳》，《石匱書後集列傳》，明文書局，1991，第 241 頁。
④ 孔尚任《桃花扇》，人民文學出版社，1982，第 62 頁。

的「自報家門」，說「那李自成、張獻忠幾個毛賊，何難剿滅。只可恨督師無人，機宜錯過，熊文燦、楊嗣昌既以偏私而敗績，丁啟睿、呂大器又因怠玩而無功。只有俺恩帥侯公，智勇兼全，盡能經理中原，不意奸人忌功，才用即休，叫俺一腔熱血，報主無期。」⑤ 都是旁人誤國，他左良玉只能像岳飛那樣空悲切。癸未（崇禎十六年）左良玉曾移軍東下，準備「就食南京」，當時南京兵部尚書熊明遇，請侯方域以其父名義，修書勸阻，此信即《為司徒公與寧南侯書》，《壯悔堂文集》卷三可見，信中說「闔門百口，將寄白下，喘息未甦，風鶴頻警，相傳謂將軍駐節江州，且揚帆而前，老夫以為必不然」⑥，語氣雖緩，而暗藏指責。此事鑿然不疑，而《桃花扇》寫到此，居然讓收到信的左良玉含冤叫屈：「恩帥，恩帥！那知俺左良玉，一片忠心天可告，怎肯背深恩，辱薦保。」⑦「草檄」一摺，安排了兵變發生前左良玉一段獨白：

> ［小生大怒介］我輩戮力疆場，只為報效朝廷；不料信用奸
> 黨，殺害正人，日日賣官鬻爵，演舞教歌，一代中興之君，行的
> 總是亡國之政。只有一個史閣部，頗有忠心，被馬、阮內裏掣
> 肘，卻也依樣葫蘆，剩俺單身隻手，怎去恢復中原。［跌足介］
> 罷，罷，罷！俺沒奈何，竟做要君之臣了。⑧

一身正氣，捨身成仁，猶在史可法之上，簡直成了明末孤忠。及至九江吐血而亡，場上齊聲獻上一曲：「大將星，落如斗，旗杆摧舵樓。殺場百戰精神抖，凜凜堂堂，一身甲冑。平白的牖下亡，全身首。魂歸故宮煤山頭，同說艱辛，君嗁臣吼。」⑨ 歌頌他的忠魂飛向「故宮煤山頭」，與崇禎皇帝聚首。

無論《明史》左良玉傳，還是《桃花扇》左良玉形象刻畫，都說明了一點，即：假如人們只時專注於自己觀點，會離事實多麼遠；抑或，如何

---

⑤ 同上書，第 63 頁。
⑥ 侯方域《為司徒公與寧南侯書》，《壯悔堂文集》，卷三，第 57 頁。
⑦ 孔尚任《桃花扇》，第 75 頁。
⑧ 同上書，第 201 頁。
⑨ 同上書，第 219 頁。

不在惜客觀。以至於它們明明描寫同一個人，讀者卻無法在這個人身上找到共同點。

六

幸好，我們還有其他選擇。我們可以拋棄官方《明史》死死抱定的對亂臣賊子的憎恨，也可以丟開東林—復社的黨派熱情。我們既不指責，也不護短；我們的興趣，只是去看一看他究竟做了些什麼，然後為此找找原因。

前面曾講到他諸多自相矛盾、自我背反的情形，其實還有最突出的一點我們按下未表。那就是，左良玉整個軍旅生涯都可用一句話概括：既為官軍，又是土匪。我們要將它作為重點，單獨提出來。因為此一情形，在明末的「政府軍」中是極普遍的，而左良玉尤其可以做它的一個代表。

他的部隊豈止是像土匪，乃至為害甚於土匪。這習氣應該很早就有了，可以追溯到當年在遼東偷獵和伏道剪徑，說明從一開始他意識裏對越貨行搶之類便沒有禁忌。在他領導下部隊的群體性肆虐，《明史》第一筆記載，見於從河南入皖作戰期間：「應天巡撫張國維三檄良玉入山搜剿，不應，放兵掠婦女。」十二年二月，奉詔入援京師，經過灞頭、吳橋，「大掠」。左軍紀律之壞，路人皆知，以致敵人都久仰大名。張獻忠勸他放自己一馬時，就以「公所部多殺掠」為告誡，提醒他大家彼此彼此，應該同病相憐，把別人斬盡殺絕，同樣命運就會落到自己頭上。他的匪氣，尤當不利、落敗時，更要發作，似乎非燒搶一番，不足以補償或平衡內心的抑鬱、失意和恐懼。他被李自成追擊的時候，就是這樣受着刺激，從襄陽到武昌，一路掃蕩，「良玉縱兵大掠，火光照江中」，踐踏武昌大半個月，「兵始去。居人登蛇山以望，叫呼更生，曰：『左兵過矣！』」[1] 他「剿寇」十幾年，從來是一邊「剿寇」，一邊去填補被剿者的位置。

以上為《明史》所載，另據《明季北略》：「左良玉自朱仙鎮南潰，

---

① 張廷玉等《明史》，卷二百七十三，中華書局，1974，第 6991-6995 頁。

久居襄陽，諸降卒附之，有眾二十萬，其餼（泛指糧食）於官者僅二萬五千，餘俱打糧村落，襄人不聊生。」②「左良玉大造戰艦於樊，將避賊入郢，襄人怨其淫掠，縱火焚之。良玉怒，掠巨賈舟，載軍資婦女其中，而身率諸軍營於高阜。襄民焚香牛酒以迎賊。」③「聞左兵數萬從漢口搶船渡江，漢口居民逃散，江上舟楫不行。……見紛紛逃難者如蟻，皆南走，舟中攜老稚婦女啼號徒竄者，絡繹皆是。相傳左兵所過，姦淫剽掠，雞犬不留。武昌城下，居民一空。」④

後期任其督師的袁繼咸所著《潯陽記事》：「壬午冬……左師則以襄、郢摧敗避闖銳，竄踞池、皖間，上下數百里，江帆中斷。或勸余改轅浙省，余曰：『某不東，左亂未有底也。』徑趨小孤，屬潯將某差人齎書左帥，責以大義。左帥意悔悟，江路稍通。余念此兵不措餉，雖暫輯，剽掠終未可止。度總憲李公旦暮至，留書具言其故。李公言諸潯道，府移川黔餉十四萬兩之兵。自是不復出掠矣，然猶翱翔江上，先帝遣中使宣諭，不肯動也。」⑤

震動最大的一次，是崇禎十六年正月，左良玉名曰就食、實避李自成，舳艫蔽江，「聲言諸將寄帑南京」，「破建德，劫池陽，去蕪湖四十里，泊舟三山、荻港，漕艘鹽舶盡奪以載兵。」南京大恐，「諸文武官及操江都御史至陳師江上為守禦，士民一夕數徙，商旅不行。」⑥其中除左兵為亂，也頗有其他部隊及土寇趁火打劫：「良玉既避賊東下，沿江縱掠，降將叛兵，所在蜂擁，俱冒左兵攻剽，南都大震，留守諸軍盡列沿江兩岸，不問為兵為賊，皆擊之。」⑦

這是他無法洗掉的污點。對此，王士禎論道：

> 左良玉自武昌稱兵東下，破九江、安慶諸邑，殺掠甚於流賊。東林諸公快以其討馬、阮為名，而並諱其為賊。左幕下有柳

---

② 計六奇《明季北略》，中華書局，1984，第 323 頁。
③ 同上書，第 323 頁。
④ 同上書，第 324 頁。
⑤ 袁繼咸《潯陽記事》，中國野史集成，第 33 冊，巴蜀書社，1993，第 68-69 頁。
⑥ 張廷玉等《明史》，卷二百七十三，第 6995 頁。
⑦ 計六奇《明季北略》，第 356 頁。

敬亭、蘇崑生者，一善說評話，一善度曲。良玉死，二人流寓江

南，一二名卿遺老，祖良玉者，賦詩張之，且為作傳。……愛及

屋上之烏，憎及儲胥。噫，亦愚矣。[1]

「殺掠甚於流賊」、「諱其為賊」，是我所見有關左良玉其人其事以及社會心態，最搞要害之論。而當代有為柳敬亭作傳者，卻「愛烏及屋」，為柳敬亭而維護左良玉，稱王士禎「詆毀左良玉」，乃至暗示他因討好滿清有此「新貴讕言」。[2] 是非顛倒，何至於此？

七

簡單地指出左良玉既為官軍、又是土匪，並非目的。假如到頭來本文所論僅關乎左氏及左軍品質如何，在我而言，是沒有意義的。我寫左良玉，興趣其實不來自他本人。他值得我們講述與認識之處，是藏在他背後的某些東西。基本上，這可以濃縮成兩個問題：為什麼會有左良玉？這類現象是怎麼形成的？因此，以下我們不談左良玉，談他的原因和由來。有遠有近，而從近處講起。

左軍軍紀敗壞雖有傳統，但客觀地看，是逐步加重的。山西時期似乎還沒有記錄，河南時期的早期，開始出現，但既不多也不特別突出。問題變得嚴重，以致常態化，與三點相隨。一是軍力越來越強，二是部隊成分大變，三是兵餉缺口加大。軍力愈強，驕兵悍將之心益無忌憚，而勇於為惡，這是心理上總的趨勢。相比之下，後二點產生的問題更加實際。「朱仙鎮之戰，左精銳已盡，其後歸者多烏合，廝役厮養之人居大半」[3]，為不墮實力，左良玉每戰必招降納叛，泥沙俱下，久之，實際左良玉已不能制，「親軍愛將大半死，而降人不奉約束，良玉亦漸衰多病」[4]，軍中暴行令人髮指：

---

① 王士禎《分甘餘話》，卷二，中華書局，1989，第 52 頁。

② 周志淘《柳敬亭考傳》，姜堰文史資料第 8 輯，姜堰文史資料編輯部，1998，第 56 頁。

③ 抱陽生《甲申朝事小記》，書目文獻出版社，1987，第 558 頁。

④ 張廷玉等《明史》，卷二百七十三，中華書局，1974，第 6995 頁。

左將劃楚疆為各鎮，自惠登相（即從前江湖上稱「滿天星」者）駐漢陽外，諸將咸有分地，楚人多苦之。王之綱者，在武昌縣尤殘忍，好以人為糧，裸而懸於柢，灌沸湯以蕩盡其腸腑，而後烹之。之綱別號扛子，百姓聞其名，皆奪魂魄。楚紳士之不能去者，出子女財帛，所以奉鎮將者百端，冀得免。⑤

文中「在武昌縣尤殘忍」記為王之綱，應誤。王之綱是高傑的部下，「十三總兵」之一。不過，人名雖然搞錯，事情應非妄傳。無度擴張，除導致左軍成分複雜、烏合之眾，另一可怕危機就是兵餉奇匱。前引《明季北略》稱其有兵二十萬，而僅二萬五千人在額有餉；《寧南侯傳》則說「兵以三十萬稱盛，然止四萬在額受糧」，總之缺口都在九成左右，換言之，絕大多數士兵糧餉都要自行解決，不事搶掠何以致之？開封之圍，侯恂受命督師前奏對，所談中心問題就是糧餉：

誠使臣得馳赴其軍，宣諭將士，鼓以忠義，用三楚之糧，養全鎮之兵，臣不就度支關餉，陛下亦不必下軍令狀責取戰期，機有可乘。⑥

要求將湖北全境之糧供其支配，以養左軍。這個要求顯然沒有答應，於是左軍自行剽搶；對楚地百姓來說，結果總之一樣。《桃花扇》寫柳敬亭替侯方域到武昌下書，被兩個軍士拿住，說他們「餓的東倒西歪」，設若武昌時期左兵果達八十萬眾，此距事實應該不遠，當時情況正像二卒所唸民謠：「賊兇少棄囊，民逃剩空房，官窮不開倉，千兵無一糧。」⑦嗷嗷待哺八十萬兵卒，置之此境，能非洪水猛獸？

切近地看，左軍「殺掠甚於流賊」，似乎有特殊原因造成，甚至有其「不得已」。如將這些原因消除，危機就應該能夠解決。侯恂當時奏對崇禎皇帝，似乎就是這個意思。他把左軍紀律之壞歸之「督撫駕馭乖方，兼之

---

⑤　抱陽生《甲申朝事小記》，第 559 頁。
⑥　談遷《國榷》，中華書局，2005，第 5937 頁。
⑦　孔尚任《桃花扇》，人民文學出版社，1982，第 72 頁。

兵多食寡」[1]兩點，言卜之意，倘如督撫得人、兵得其食，問題即可消失，但果真如此麼？

某些具體、特定原因，不無考慮價值，但我們不能為之所蔽。因為，假如眼睛不是死盯着一人一事、一時一地，很容易發現更廣闊的事實。從明末當時實際看，即便並無左良玉所部那種問題（招降納叛過度導致部隊成分複雜、兵餉缺口巨大），「兵匪一家」情形也照樣發生。崇禎末年起，官軍羅九武部多年為害桐城、安慶一帶，「入人家劫掠」，「十百為群，橫縣中」，「賊亂於外，兵亂於內，一縣中如困湯火」，羅九武「自謂城守功高，桐之子女玉帛相隨入兩營者，不可勝計」，「桐人苦兵之擾也，紛紛渡江而南。」福王立於南京後，羅九武不僅升官，且「乘中外危疑，益肆剽掠無忌。」左良玉乙酉東犯時，「安慶戒嚴，羅九武等乘間遂掠倉庫」，四月八日夜，羅九武「命其兵作亂，大掠三日乃止。十七日，分兵入西鄉焚掠。又數日，分兵入東鄉、南鄉、北鄉焚掠。少婦幼女男子，被擄者凡五六千人，相號於道。」直到清兵打下桐城，此害方除：「散其所部兵。凡所諒子女，俱令釋去。」「斬九武等於市」。[2]而羅九武部並非得自降將降卒的收編，它的作亂與成分複雜無關。再來看「四鎮」之一劉澤清。劉鎮於淮安，根據設四鎮時明確的政策，除了「每名給餉二十兩」[3]，所部三萬兵額每年有銀六十萬兩（後實際增至九十萬兩[4]），又特許其「各境內招商收稅」[5]，即地方財稅大權悉付彼手，論理絕無兵餉不足之憂，但劉澤清竟嫌不足，御史郝錦奏：「各鎮分隊於村落打糧，劉澤清尤狠，掃掠民間幾盡。」[6]掃掠民間同時，還唆使地方官為他額外「請餉」。尤其他不像高傑要為北征做準備，鎮淮安期間，從頭到尾未作一戰、未發一矢，巨額軍費悉用於揮霍，「大興土木，深邃壯麗，日費千金」[7]，「四時之室具備，僭擬

---

① 談遷《國榷》，中華書局，2005，第5937頁。

② 抱陽生《甲申朝事小記》，書目文獻出版社，1987，第492-495頁。

③ 古藏氏史臣（黃宗羲）《弘光實錄鈔》，《南明史料（八種）》，江蘇古籍出版社，1999，第72頁。

④ 原定四鎮餉額共二百四十萬兩，乙酉年九月朱由崧抱怨：「東南餉額不滿五百萬，江北已給三百六十萬」，則四鎮實際平均各九十萬兩。李天根《爝火錄》，浙江古籍出版社，1986，第332頁。

⑤ 《聖安皇帝本紀》、《弘光實錄鈔》、《南渡錄》等皆同。

⑥ 李天根《爝火錄》，第418頁。

⑦ 同上書，第332頁。

皇居」⑧，規制比照皇宮。清兵渡河南來，他望風即逃，同時不忘劫掠，「澤清聞北兵至，遂大掠淮安，席捲輜重西奔，沿河竟無一人守禦。」⑨他的例子清楚顯示，當時官軍是否變土匪、是否「殺掠甚於流賊」，與飽餓富窮毫無關係。

跟什麼有關呢？我們先不急着揭祕，而把目光拉得更開些。南社姚鵷雛有譴責小說《龍套人語》，寫的是民初軍閥混戰的事。云：

> 他們只曉得「蘇常一帶是好地方，我們一到那邊，只要放開手，擄他一擄，就可以快活過下半世了，還當他媽的什麼兵！」真所謂軍無鬥志。何以沒有鬥志？就因為他們早已存了個「搶志」和「逃志」，那種軍隊，如何能叫他們真個去抵敵呢？但是瀏黃一帶地方，卻早給他們踩躪得一個不亦樂乎。……兩軍在黃渡瀏河之間，一打就打了四十多天，雙方陣地始終沒有移動一寸。倒是那班丘八太爺們，在戰線上尋歡作樂，實行「食」「色」主義的成績，卻多得不可開交。如今略舉幾件，總算替代老百姓們對徐羅表示一點「去思」。其實當時那種事兒，多的不可勝紀。著書的真不免「孤陋寡聞，挂一漏萬」之誚呢。⑩

讀這些議論、感慨，豈不恍若回到明末？稍稍變其字眼，安到左良玉、羅九武、劉澤清頭上，是不是也絲絲入扣、分毫不爽？

這且不說，目光再拉得開一些，將從前漢、唐等等各朝各代末日情景考察一番，就更堪驚奇了：凡當此時，兵之為匪，少有例外，竟是中國歷史的規律。

《後漢書·董卓列傳》：

> 卓嘗遣軍至陽城，時人會於社下，悉令就斬之，駕其車重，載其婦女，以頭繫車轅，歌呼而還。⑪

---

⑧ 計六奇《明季南略》，中華書局，1984，第 31 頁。
⑨ 李天根《爝火錄》，第 443 頁。
⑩ 龍公（姚鵷雛）《江左十年目睹記》，文化藝術出版社，1984，第 130-131 頁。
⑪ 范曄《後漢書》，卷七十二，中華書局，2003，第 2325 頁。

（卓）於是盡徙洛陽人數百萬口於長安，步騎驅蹙，更相蹈藉，飢餓寇掠，積屍盈路。卓自屯留畢圭苑中，悉燒宮廟官府居家，二百里內無復孑遺。①

（李傕、郭汜等）擊破河南尹朱儁於中牟。因掠陳留、潁川諸縣，殺略男女，所過無復遺類。②

（李傕、郭汜在長安）其子弟縱橫，侵暴百姓。是時穀一斛五十萬，豆麥二十萬，人相食啖，白骨委積，臭穢滿路。③

唐末，僖宗時，節度使高駢無惡不作，又信用一個叫呂用之的人：

用之既自任，淫刑重賦，人人思亂。乃擢廢吏百餘，號「察子」，厚稟食，令居衢闤間，凡民私閒隱語莫不知，道路箝口。誅所惡者數百族。又募卒二萬，為左、右「鎮邪軍」……用之每出入，騶御至千人，建大第，軍胥營署皆備。建百尺樓，託云占星，實窺伺城中之有變者。左右姬侍百餘，皆娟秀光麗，善歌舞，巾幗束帶以侍。月二十宴，其費仰於民，不足，至苛留度支運物。④

後有畢師鐸等幾位軍閥起而攻呂：

揚州雄富冠天下，自師鐸、行密、儒迭攻迭守，焚市落，剽民人，兵飢相仍，其地遂空。⑤

節度使、吳興侯朱玫傳：

諸軍遂大亂，燒京師。時盛寒，吏民被剽敓，僵死屍相藉。⑥

另一軍閥、後來的前蜀君主王建，對朝廷不滿意，公開宣稱要「作

---

① 范曄《後漢書》，卷七十二，中華書局，2003，第 2327 頁。
② 同上書，第 2332 頁。
③ 同上書，第 2336 頁。
④ 宋祁、歐陽修等《新唐書》，卷二百二十四下，中華書局，1975，第 6397 頁。
⑤ 同上書，第 6404 頁。
⑥ 同上書，第 6405 頁。

賊」：「與諸將斷髮而拜辭曰：『今作賊矣！』」當權者懼他三分，答應撤其對頭的職。打成都前，他這麼鼓舞部眾士氣：

> 建好謂軍中曰：「成都號『花錦城』，玉帛子女，諸兒可自取。」[7]

其他的大軍閥，朱溫、李存勗、石敬瑭，無一不是暴徒。基本上，中國每當朝代解體，或輕或重，或長或短，都免不了有一段兵化為匪的肆虐經過，那番光景，正像魏武帝所唏噓的：「勢利使人爭，嗣還自相戕。淮南弟稱號，刻璽於北方。鎧甲生蟣虱，萬姓以死亡。白骨露於野，千里無雞鳴。生民百遺一，念之斷人腸。」[8]

<h1 style="text-align:center">八</h1>

中國歷史多災多難。蝗災、洪水、瘟疫等天災之外，造成大黑暗、大慘澹的，很多時候是「兵災」、「兵亂」。中國百姓所以對社會動盪心懷特殊恐懼，一個重要原因，在於此類歷史記憶過於深刻，乃至沉澱為一種集體無意識。其實，兵荒馬亂的體驗，非中國所獨有。因戰亂導致人口驟減、財富蕩然、生產力凋零，此情此景不論哪國歷史都可找到記錄。然細察焉，還是有重要的不同。在世界別處，類似苦痛多由外侵造成，是不同文化、民族間的非理性仇恨，才足以挑起狂亂的毀滅衝動。中國固也有過那種遭遇，但更多時候，夢魘卻不來自外敵，恰恰是國家、民族內部發生自殘與戕害。其中，國家武力的失控，導致黎民百姓成為渲暴泄慾對象，最為常見 —— 正如我們就漢、唐、明、清等大朝代解體過程所舉證的那樣。

這本是絕無此理之事。

軍隊，不事生產、力不奉己，從衣食到一切耗用，毫釐均取自人民。

---

[7] 同上書，第 6408-6409 頁。
[8] 曹操《蒿里行》，《三曹詩選》，中華書局，2005，第 11 頁。

軍隊與人民之間的根本倫理，基於以下契約：人民以其勞作和成果供養軍隊，軍隊則為人民提供安全、和平保障，並以此作為貢獻，獨免於種地、做工、貨殖等社會生產勞動。

難道這樣的道理，古人不知麼？非也。請看黃宗羲怎麼說，關於明軍他明確指出：

> 官軍三百十三萬八千三百，皆仰食於民。[1]

除此總攬之論，還摳細賬：「都燕（朱棣遷都北京）而後，歲漕四百萬石，十有二總領衛一百四十旗，軍十二萬六千八百人，輪年值運，有月糧，有行糧，一人兼二人之食，是歲有二十五萬三千六百不耕而食之軍矣。」「中都、大寧、山東、河南附近衛所，輪班上操，春班以三月至八月還，秋班以九月至二月還，有月糧，有行糧，一人兼二人之食，是歲有二十餘萬不耕而食之軍矣。」「一邊有事則調各邊之軍，應調者食此邊之新餉，其家口又支各邊之舊餉。舊兵不歸，各邊不得不補，補一名又添一名之新餉，是一兵而有三餉也。」[2] 為了強調每個士兵都是由人民賦稅供養，還提出人民只能承擔合理的負擔——以五十個百姓供養一位士兵，或按平均五口之家計，十戶人家供養一位士兵為宜：「如以萬曆六年戶口數目言之，人口六千六百六十九萬二千八百五十六，則得兵一百二十一萬三千八百五十七人矣，人戶一千六百二十二萬一千四百三十六，則可養兵一百六萬二千一百四十三人矣。」[3] 這顯然是認為，崇禎年間三百多萬官軍規模，大大超過了民力。

可見，軍費取於何、軍隊養於誰的道理，對古人不成問題。不過，黃宗羲不成問題，不等於左良玉不成問題。黃宗羲是儒者，儒家有「民本」觀，「爾俸而祿，民脂民膏」。左良玉則「不知書」。「不知書」的真正害處，不在不識字，而在不明事理，對世間萬物的前因後果、來龍去脈不認識，或認識根本錯誤。所以黃宗羲對於「官軍」變而為「匪」之荒謬絕

---

① 黃宗羲《明夷待訪錄》，兵制一，《黃宗羲全集》第一冊，浙江古籍出版社，1985，第 29 頁。
② 同上書，第 30 頁。
③ 同上書，1985，第 31 頁。

倫，不難一語中的：

> 擁眾自衛，與敵為市，搶殺不可問，宣召不能行，率我所養
> 之兵反而攻我者。④

「我所養之兵反而攻我」，實質就在這裏。而左良玉或其前輩、後進，完全認識不到這一點。他們沒有覺得攻擊百姓相當於弒父害母，相反視百姓猶如肥羊弱鹿，合該是猛虎強狼口中的美味。

但歸根結底，其實不怪左良玉們。溫睿臨說：「尊用粗暴猛屬之夫，奉以為將。」⑤黃宗羲則謂：「豪豬健狗之徒，不識禮義，輕去就，緩則受吾節制，指顧簿書之間，急則擁兵自重。」⑥自古，絕大多數武人起自底層，像左良玉那樣苦貧，甚至溫飽都是奢望，何談教育？武夫多為「粗人」，是我們一貫的印象，民諺「好男不當兵」蓋由此來。出身，確能部分解釋他們黯昧所為的根由，但僅此而已。當試圖把問題歸咎於「粗人」時，毋忘一問，是否嘗試過改變這粗野？這是關鍵。談到左良玉，《明亡述略》有番話：

> 良玉精勇善戰，多智謀，岳忠武之流亞也。《宋史》言忠武
> 少習《春秋》，而或曰宗澤初見忠武曰：「為大將者，不可不知
> 書。」遂授以《春秋》。良玉大將才，而無人以《春秋》授之，
> 惜哉！⑦

左良玉將才是否亞賽岳飛，可置不論，但是，岳飛得宗澤授《春秋》而左良玉無此際遇這一點，卻是很有價值的問題。所謂「《春秋》」，不必是孔子那本書，無須拘泥於此，將其理解為「正確價值觀」即可。這樣的「《春秋》」，人人該授，人人當曉。然在中國為將卒，卻無人為之備此課程。他們如偶爾知之，要麼如岳飛般有幸遇到一個宗澤，要麼像關羽那樣

---

④ 同上書，第30頁。
⑤ 溫睿臨《南疆逸史》，中華書局，1959，第65頁。
⑥ 黃宗羲《明夷待訪錄》，兵制三，《黃宗羲全集》，第一冊，第34頁。
⑦ 鎖綠山人《明亡述略》，中國野史集成，第33冊，巴蜀書社，1993，第603頁。

根性特別、自學而通。

　　人們不免奇怪，給予武夫正確價值觀，使其清明理性，本乃好事，裨益國家、進步歷史，何樂不為？倘是現代國家之軍界，這樣的教育豈止必備，還將從治亂高度，視為根本。然而，現代國家如此，是因有完全不同的國家理念，並將對武力和軍隊的認識歸依於此。左良玉們所處現實，則在相反的一端。照黃宗羲所批判的：「以為天下利害之權皆出於我，我以天下之利盡歸於己」，「以我之大私為天下之大公」，「視天下為莫大之產業，傳之子孫，受享無窮」，「獨私其一人一姓」[①]……一切根源，皆在於此。武力軍隊，雖片甲半粟無不取諸民脂民膏，卻視為私家扈從爪牙，專供一人一姓「屠毒天下之肝腦，離散天下之子女，以博我一人之產業」[②]之驅策。孟子說：

> 　　今之事君者曰：「我能為君闢土地，充府庫。」今之所謂良臣，古之所謂民賊也。君不鄉道，不志於仁，而求富之，是富桀也。「我能為君約與國，戰必克。」今之所謂良臣，古之所謂民賊也。君不鄉道，不志於仁，而求為之強戰，是輔桀也。[③]

　　「民賊」，賊於民、偷於民、搶於民、奪於民之謂也，此係君權本性、本質，李傕、郭汜、王建、左良玉之流，即為此造，亦為此設。所以，錮其心智、奪其靈魂，使如「豪豬健狗」，宜也固也。在中國語意之中，豬無腦、狗勢利，以之比人，辱詈之至。但黃宗羲之稱武夫「豪豬健狗」，卻並非罵辭。明代武夫「其門狀自稱走狗」[④]，拜見督撫時，投狀具名都自注「走狗」字樣。蓋皇權歷來以「走狗意識」灌輸、調教和愚化武人，《史記・淮陰侯列傳》：「上令武士縛信，載後車。信曰：『果若人言：狡兔死，良狗烹……』天下已定，我固當烹。」[⑤]可知武人自居走狗，遠在漢代已然如此。

---

① 黃宗羲《明夷待訪錄》，原君，《黃宗羲全集》，第一冊，浙江古籍出版社，1985，第2-3頁。
② 同上書，第2頁。
③ 朱熹《四書章句集注》，孟子集注卷十二，告子下，中華書局，1983，第345-346頁。
④ 黃宗羲《明夷待訪錄》，兵制二，《黃宗羲全集》，第一冊，第32頁。
⑤ 司馬遷《史記》，卷九十二，上海古籍出版社，1997，第2005頁。

凡事有一利則有一弊。武人自認走狗,雖有俯首貼耳、任意唆使的一面,卻也有淪落蒿萊、六親不認、反噬其主的可能。既以禽獸待之,豈能逃脫為禽獸所傷的結果?「始則慢之,繼則畏之。」[6] 皇權與其武夫之間的故事,總是這樣開頭,又這般結束。這在皇權,只是咎由自取,卻可憐一代一代黎民百姓無辜重複承受「兵災」、「兵亂」,眼睜睜看着自己血汗餵養的軍隊,將朗朗乾坤化作人間地獄。

九

言至於此,我們略可領會乙酉春末南京城中,左氏兵變引起的輿情,何以遠較清軍南下更加甚囂塵上。這種惶惶不可終日,來自兩個層面。馬、阮等當權者,有其恐懼;普通百姓,亦有其恐懼。我們還記得,癸未(1643)左兵擬東下就食之際,這恐懼已預演過一次,「士民一夕數徙,商旅不行」,整個南京瀕臨崩潰。上次躲過一劫,今番好像在劫難逃。對於南中士民畏左兵而超清軍,後世或詆之何置內亂於外侮之上,鄙其「攘外必先安內」。然而諸君有所不知,彼時東南一帶對「北虜」如何暴虐尚無體驗,北地傳來的見聞一般還算溫和,可是十餘年來,左兵肆虐各地的劣跡,卻臭名昭著、鑿然可據,你沒法讓民眾丟下煉獄在即的絕望,憂清軍而甚於懼左兵。這就是為什麼,「後世」不能依自己歷史視閾代替古人說話;「當時事,當時語」,知此方足論史。

補充幾句關於左良玉的公道話。

我們認同了王士禎「殺掠甚於流賊」的描述,但無意把他妖魔化。他的表現和行為,受制於覺悟和心智,特別是受制於君權軍制刻意追求和保持的對武人的愚化。就其本人來說,我們並不目作天性邪惡、魔頭下界,實際他具有克服社會與生活加之於己的黯昧的願望。「良玉大將才,而無人以《春秋》授之,惜哉」,這句感慨,可以成立。我們持此觀點,有事實根據。左的一生,明顯取決於遇到什麼人。他先後從兩位士大夫那裏接受

---

[6] 溫睿臨《南疆逸史》,中華書局,1959,第65頁。

了理性的影響。一位是侯恂，另一位是袁繼咸，尤其是袁繼咸。崇禎十五年，袁繼咸總督江西、湖廣、安慶、應天（南京）等處軍務，為左良玉最後一任督師，彼此有頻密接觸。他是傑出的士大夫，到任以來，以正直、忠懇、敢於任事而折服左良玉，使之得睹何為高峻人格並生見賢思齊之心。乙酉兵變，袁繼咸聞訊，在九江凜然至左營，面折之，左心是袁辭而大羞慚。袁繼咸當時書於衣帶，準備發往南京的密奏說：

> 嗚呼！臣所以不死江州者三。非偷生焉，寧南不忘先帝，
> 疏救皇太子，原云束身赴闕待罪，其辭尚順，不忍成其為亂，一
> 也；易檄為疏（兵變之初，左良玉草以檄文，公然立於敵叛，
> 經袁繼咸勸告，改檄為疏），緩程候旨，冀得從中維挽，少報國
> 恩，二也；諸鎮面許不再焚殺，因勢利導，稍沽百姓萬分之一，
> 三也。[1]

從中，不僅可見說服工作很有成效，更可知只要堂堂正正、曉之以理，左良玉非不能從。所以，左良玉的問題，不在品質，而在未遇其宗澤，或遇之太晚。《明亡述略》載，左良玉臨死前悔愧交加「召諸將曰」：

> 吾不能報效朝廷，諸君又不用吾法制，故至於此。自念二十
> 年來，辛苦戮力，成就此軍。吾死之後，出死力以捍疆土，上
> 也；守一地以自效，次也；若散而各走，不惟負國，且羞吾軍，
> 良玉死不瞑目矣！[2]

此為其遺囑。質之以袁繼咸衣帶奏疏，應屬可信。只是這個覺悟，為時晚矣。

---

① 袁繼咸《絕筆一》，六柳堂遺集，餘卷，續錄，《四庫禁毀書叢刊》，集部第一一六冊，北京出版社，1997，第 412 頁。
② 鎖綠山人《明亡述略》，中國野史集成，第 33 冊，巴蜀書社，1993，第 603 頁。

Chapter 13

徐枋

絕代之隱

隱，是目的本身，不是任何意義上的手段，不是
姿態，不是敲門磚，不是計謀，也無關乎崇拜、虛榮
或沽名釣譽。徐枋一生，從始至終，我們不會找到這
種破綻。

舊曆甲戌年（1694，清康熙三十三年）九月二十日巳刻（上午十時許），蘇州天平山破敝的澗上草堂，一位體若雞骨的老者臥於病榻之上。環繞身旁，有另一老者，和一位拖帶着髫齡幼童的年輕媽媽。那老者名叫楊震百，與這病翁乃是世交；年輕母親則是病翁的兒媳華氏，而幼童為其獨孫，名喚復官，年甫四歲。

病翁姓徐，單名枋，時年七十有三，而望之遠為衰朽，滿口牙齒幾乎脫盡，眼窩深陷，稀疏白髮蓬亂而乾枯，脖頸猶如無毛禿鷲一般瘦瘠鬆馳，眼珠既渾濁又黯淡。此刻，他悲楚的目光全部投向破衣爛衫、面有菜色的孤孫。往事如雲，紛紛先他亡故的親人身影，交替浮在腦畔……

長子孟然，我們握有的資料，只及三十歲。之後死於何年，並不清楚。1681 年，徐枋為修家譜作《告家廟文》，只列了小兒子文止的名字，未提孟然。假如這年孟然還活着，應該四十二歲，但卻顯然已經不在，以此估之，享年恐怕未踰不惑。

次子叔然，「能書畫，見者以為神童。而飢不得食，病不得藥，遂殞其命。」[1] 這孩子，只活到十二歲。

第三子，我們甚至不知其名，因為尚在哺乳期即已夭折。

四年前的 1690 年，徐枋最小和最後一個兒子文止，又撒手人寰，時年不過二十四歲。

女眷當中，老伴張氏死於 1680 年；大兒媳、孟然之妻鄭氏，也是早死的。

次第失去的六位親人，活得最長的五十來歲，最短則未滿周歲。

彌留中，徐枋眼望獨孫復官，心內陣陣揪痛。他從復官稚氣的臉龐，再想起文止。那是他最心愛的兒子。十多年前，在給朋友一封信中，他這麼談論文止：

---

[1]　徐枋《與馮生書》，《居易堂集》，華東師範大學出版社，2009，第 59-60 頁。

> 小兒能體乃父之志，將來其文墨不必言，尤其至性過人，今
> 實賴以延吾視息也，此則可以稍慰道義骨肉者。②

如此溢於言表地誇獎孩子，在徐枋絕少。然而，死神仍未放過文止，竟令之搶在老父之前謝世。送走文止，徐枋致信友人答謝相助殯事，歎曰：

> 此兒能秉師訓，純孝篤行，實有古人所少者。求其一言一動
> 之謬，竟不可得。不特鄙人有喪明之悲，意夫子亦有喪予之慟。③

將文止的死比於顏淵早亡，痛惜之意，有踰喪子之上。更可慘然者，復官乃是遺腹子，文止連其出生都未能等到 —— 據羅繼祖，「康熙二十九年（1690）庚午四月，文止卒，年二十四。補：十七日，文止婦華遺腹生男。」④ 即文止死與復官生，同在四月；只差幾天或十幾天，文止就可以見到兒子降生。

數十年來，門衰祚薄、人丁零落。眼下，潤上草堂僅餘一老翁、一嫠婦、一稚子。念此，徐枋投向華氏母子的目光，酸愴中不免閃過一絲歉疚。他命華氏取來紙筆，強撐病羸，於枕上草成遺書。頭一句便寫：

> 寡媳孤孫，不可移居蕩口，山居不便，入城可也。⑤

半世紀前，徐枋立誓「不入城市」，矻矻以持，無論怎樣艱難困苦，從不動搖。此時，眼望寡媳孤孫，他終於改口。蕩口，大概就是位於蘇州、無錫之間的蕩口古鎮，其距城市益遠。想來華氏曾經提出，一旦阿翁故去，孤兒寡母恐難存活山間，可否遷往既遠離城市、又較易生存的蕩口小鎮？現在徐枋明確表示：不必遷蕩口，華氏應該帶着着復官直接返回蘇州城內居住。

「吾平生知之深而信之篤，謂在我可託孤寄命者兩人，一為易亭，一

---

② 徐枋《與葛瑞五朱致一書》，《居易堂集》，第 67 頁。
③ 羅振玉《徐俟齋先生年譜》，《居易堂集》，第 545 頁。
④ 羅繼祖《羅振玉徐俟齋年譜校補》，《居易堂集》，第 610 頁。
⑤ 《俟齋先生手書遺囑》，《居易堂集》，第 636 頁。下同。

為次耕。」易亭乃楊震百之號，此刻正在身邊。次耕，是徐枋弟子兼忘年交潘耒的表字，時在外地；因此，遺囑特地寫道：「今次耕在遠，不及面屬，然小孫將來自叨卵翼，奚俟面屬哉。」老牛舐犢，情所難禁。還有一條是專寫給華氏的：「自我身後，一應家事，無論巨細，俱要仰重楊先生經理。」雖是囑命兒媳，其實是對友人的深深懇求，仿若說：這可憐的孤兒寡母，往後就全拜託你們了！隨之有「書畢灑然」四字，是僅有的自寫心情的一句。終筆：

> 甲戌年九月二十日巳刻，秦餘山人俟齋遺屬，付寡媳華氏，
> 臨危之筆。

「臨危之筆」，顯示他的情況相當糟糕。所以我們推測，應是寫完遺囑不久，徐枋便闔上雙目。

至此，清初明遺民「海內三高士」的最後一人，亦告歿卒。之前，沈壽民（眉生）死於 1675 年（康熙十四年），巢鳴盛（端明）死於 1680 年（康熙十九年）。

葉燮（《原詩》一書作者）為徐枋撰寫墓誌銘，記述死訊傳出人們的反應：

> 康熙歲甲戌九月，有明孝廉徐俟齋先生以疾卒於天平之山舍，闔郡之人咸驚相告曰：「噫，俟齋先生死矣。」四方之士無論與先生識與不識，其知有俟齋先生者，亦無不驚且疑曰：「俟齋先生信死乎，其傳者妄耶？信死矣，後死者其孰與於斯矣？」歔欷太息，至有泣下者。[1]

「驚且疑」，並非突然和意外 —— 以徐枋的健康狀況，死亡對他隨時都有可能 —— 而是無所適從。似乎斯人之逝，一種精神也隨他遠去。

讀徐枋資料，以及構思謀篇，無論行坐，《勇敢的心》A Gift Of A Thistle、The Secret Wedding、For The Love Of A Princess 諸段，都在耳畔，

---

[1] 葉燮《徐俟齋先生墓誌銘》，《居易堂集》，華東師範大學出版社，2009，第 636 頁。

即此時亦然。儘管徐枋與那蘇格蘭好漢華萊士，個性無關，一生作為也殊少相類，然而詹姆斯・霍納的配樂，卻能投合我對徐枋的感受，尤其愛爾蘭風笛和哨笛所奏主題，似能把蘇格蘭高地的荒莽，幻化於蘇州西山的清孤。有心讀者，亦可一試。

二

弘光元年（1645）五月，清軍下南京。

閏六月十二日，發佈薙髮令。徐枋的父親、復社名宿、弘光朝詹事府少詹事兼侍讀學士徐汧，即日在蘇州虎丘新塘橋從容赴水。至友陳子龍認為，此舉起到表率作用，「自是而後，吳士之仗節者若塚宰徐公（徐石麒）、納言侯公（侯峒曾）、考功夏公（夏允彝）、進士黃公（黃淳耀）若而人，然公死最先，若為之倡。」②

徐枋本欲追隨父親，而受阻於兩點：

> 乙酉陸沉之日，先君子日謀死所，顧呼枋而命之曰：「吾固不可以不死，若即長為農夫以沒世，亦可無憾。」而枋竊不自量，必欲從死，不謂天實靳之，致閏月十二之變，枋以病垂死另居，弗克從。③

自南京失陷，徐汧即抱殉國之志，開始鄭重考察適合的死所。薙髮令突然下達，將計劃打亂。閏六月十二日之死，應屬倉猝。這時，徐枋正好生一場病，而錯過和父親一道行動。但更重要的原因是，父親命令他活下去。他多次追述父親的遺命：

> 乙酉之夏，先人將殉節，僕誓必從死。先人呼僕而泣，諭之曰：「我固不可以不死，若即長為農夫以沒世可矣。」僕死志未

---

② 陳子龍《徐詹事殉節書卷序》，《陳子龍文集》上冊，華東師範大學出版社，1988，第 407-408 頁。
③ 徐枋《答吳憲副源長先生書》，《居易堂集》，第 7 頁。

遂，故謹守先人之一言，至二十八年而不變也。①

今人若以為此乃託辭，也不足怪。大家不免犯些嘀咕：即便當初因病錯過，以後仍有的是機會，何以不為呢？

其實，當時對於徐枋，死相對容易，活下去反更艱難。這一點，待我們將他後五十年歲月細細看過，不難知悉。眼下，先講一點時代的隔膜——幾百年來，道德觀隔如天壤，古人的內心世界，我們往往已無法走近。關於徐枋「誓必從死」而未死，可着重體會他所說「命之曰」、「諭之曰」的含意。

所涉及的是孝道。

雖然「孝」之一字，至今也仍常言及，古意卻已宕盡。今人言孝，指對父母感恩、報恩，實即「愛」的一種。而在古人，嚴格說，孝並非情感概念，至少不能只以情感視之。愛，不是孝的前提或根芽。子之孝親，並非因愛而孝，在於不得以不愛為由而不孝。孝乃天經地義，沒有理由、不得推託。為人之子，無論父母如何待你，或你認為父母待你如何，都必須盡孝。否則，對父母滿意則孝，不滿意則不孝，豈有此理？進而言之，由於孝本乎責任和義務而非感情，其之落實便明確地歸之兩個字：服從。「父要子亡，子不得不亡」。不論父母讓你做什麼，也不論你以為他們對與不對或有無理由拒絕，都得不折不扣執行，絕不違命——這才是孝。

搞清孝的原義，我們乃明白，為什麼徐枋「誓必從死」，最後卻將這念頭熄滅而活了下來。

父親遺言很清楚：他不能死，他得活着。徐汧此囑，可能是憐惜兒子年輕，可能是為了家族血脈有續——原因我們不多揣測，總之，徐枋必須遵照。這就是「命之曰」、「諭之曰」的含意。命、諭一類字眼的分量，今天多不能體會，此處卻非體會不可。

徐汧不單命他活下去，還規定了活下去的方式：「長為農夫以沒世」。這是更關鍵的。

---

① 徐枋《與馮生書》，《居易堂集》，華東師範大學出版社，2009，第 59 頁。

「長為農夫以沒世」，直譯是「當一輩子農民」。但我們又遇到了古今言語的隔閡，當真理解為「當一輩子農民」，我們對徐汧究竟在說什麼，就不能讀懂。「農夫」在這裏非指農民，而是一種生存狀態。大家知道過去有「養士」一詞。古代士階層本身不事生產，支取俸祿以存，是靠國家養着的，故稱「養士」。既為國家所養，就得聽命、服從、效忠國家，這叫食人之祿、敬人之事。農夫正好相反，寸絲半粟皆取諸己，不靠人養，自奉自給。因而很好理解，「長為農夫」，實際是要徐枋徹底退出士的行列。說白了，徐汧命令兒子，終身不做清朝的官、不食其祿、不為它做事。崇禎十五年徐枋已經考取舉人，有正式的做官資格，這資格到清朝仍然有效。滿清定鼎之初，幹部稀缺，需要大量知識分子，曾在各州縣放榜「徵賢」，甚至到處派公人「緝拿隱逸」。顯然徐汧已料到如此，故遺此嚴命。

「嚴命」之「嚴」，不是嚴厲的意思，好像徐枋是個官迷，徐汧知子莫如父，為此給他下了這道死命令。並不是那樣。這裏的嚴，是指嚴峻。假若一個人自從生下來，便以將來做官為旨歸，圍繞他的教育和養成也都以此為計劃，除此以外再無長技，而一旦斷了此路，還得活下去，徐枋的未來就是這樣。他已經二十四歲，任何實際的養活自己的技能，一丁點兒沒有。父親立下「長為農夫」的規矩，只給他原則，不告訴他辦法，實際是空洞的。怎樣去做那個「農夫」，完全要靠他自己來落實和解決。

然而，這尚屬後話。

三

頭一道難關，不是如何活着，是不被活着所擊倒。

父親死後大約四個月，發生了這件事：

> 昭法（徐枋表字）匿身松陵，全髮被獲，長立不跪，叩亦不答。主者無如何，乃髡而釋之。[2]

---

② 羅振玉《徐俟齋先生年譜》，《居易堂集》，第 531 頁。

髡，就是剃髮。滿人髮式，髡其前頂，而以腦後之髮結辮。中國則自古任其自然，幼年散髮披肩，成人束髮而冠。清軍入關後，最初僅規定出來做官的須改滿人髮式，對民間無要求。乙酉年五月下江南後，卻突然改變政策，在全國不分階層全面推行薙髮令。當時，徐枋隱姓埋名，匿身鄉間，終還是被捉住而慘遭剃髮。

這個「慘」字，今天大抵也不知從何說起了。事情本身，無非關乎幾綹頭髮，何傷大雅？如今，誰又在乎換換新的髮型呢？歷史滄桑，有時確實讓人哭笑不得；同一樁事，今人覺得或僅涉趣味、時尚，古人卻目為性命交關。打個比方，按那時中國人心情，把頭髮剃作滿人那副模樣，就好比業已習慣以衣裹身的文明人，突然被強迫赤身裸體，或如野人一般僅以樹葉、獸皮遮羞。

這如何可以接受，又如何不激起拚死抵制呢？

說到明清鼎革一段，人往往以為，滿清滅明引發了尖銳民族矛盾。實則細細考究，單論明朝滅亡本身，並未如何造成巨大衝擊。江南初下，各地都還平伏。清軍佔領南京後，一路東進，頗稱順利。計六奇在無錫目睹清軍過境，有「觀者如市」[1]的描述，民間態度可謂處之泰然。

波濤陡起，全因那條薙髮令。此令既下，旬日之間，江陰、嘉定、松江、無錫、吳淞等地義幟遍樹，烽煙四起。那麼，滿清本可「平穩過渡」，卻為何惹事生非，死活要搞薙髮令？其實，雙方對此事的讀解是一樣的。漢人把薙髮視為亡國奴標誌，如刺於罪犯額上的金印。滿清則對漢人心理明鏡高懸，知他們雖「觀者如市」，暗中還是以文明人、優等民族自居，而視勝利者和新統治者為野人部落；所以，決意藉薙髮令打掉其自尊心，令彼知悉今日世界乃何人之天下，以及誰是主子、誰是奴才，膽敢不遵，格殺勿論，「留頭不留髮，留髮不留頭」。

於是，頭髮或髮型，成了 1645 年中國的殊死主題。如今，聽說過「嘉定三屠」、「江陰八十天」的人總還有一些，然而，知道這些大血案完全都因薙髮令而致，恐怕是不多的。在此我們卻可明言，若無薙髮令，根

---

[1]　計六奇《明季南略》，中華書局，1984，第 232 頁。

本不會有那些慘劇。多少人為此死去？整座江陰城，最後僅剩躲在寺觀塔上隱蔽處的五十三人②，嘉定「浮胔滿河，舟行無下篙處，白膏浮於水面」③。

我們要把徐枋受髡放置在上述大背景下，來領略他的奇恥大辱。應該提到的背景還有，乃父徐汧是為不受薙髮之辱匆匆自盡，徐枋最尊敬的兩位父執楊廷樞、陳子龍，他的經師朱集璜（《朱子家訓》作者朱柏廬之父），也都為反抗薙髮而死。

所以，先要蒙受這個恥辱、忍住死的衝動，繼而又帶着這樣的痛楚、頑強活下來，事中事後對徐枋都是可怕的折磨。徐枋於這遭際，自稱「偷生苟活，致毀體辱親。」④《答吳憲副源長先生書》悲憤寫道：

> 因變姓名，匿跡蘆中，瀕死數番，流離四月。意或可以徼倖萬一，不謂更罹意外，身嬰駭機。當是時，全髮被戮，早見先人，未始非初心也，而事與心左，復受髡刑。⑤

他的用詞是「被戮」，認為等於死過了一回。經歷此事，身雖猶存，感覺卻如百孔千瘡。可以想像，當他挺直身軀，一語不發，仰受恥辱，「活着」怎樣變成了冷酷的刑罰。倘聽從於內心，他必願一死；難就難在父命在身，竟不能死 —— 他的用語是「偷生」和「苟活」。

他與父親的生命，也許都在於證明什麼。不同的是，徐汧用死，徐枋卻必須用活着來完成。後者其實是更難的。五十一歲那年，他檢視既往，鄭重地說：「二十八年未嘗有一轉念，未嘗萌一退心」。此語的分量，在於說這話的人內心已無生理，生命每分每秒都僅剩下痛苦，然而卻要咬牙堅持。有時我想，當徐汧要求兒子活下去時，大概未曾替他慮到這一層。

---

② 韓菼《江陰城守紀》，《中國野史集成》第三十三冊，巴蜀書社，1992，第 149 頁。
③ 朱子素《嘉定縣乙酉紀事》，《中國野史集成》第三十三冊，第 188 頁。
④ 徐枋《答蘇松兵備王之晉書》，《居易堂集》，華東師範大學出版社，2009，第 1 頁。
⑤ 徐枋《答吳憲副源長先生書》，《居易堂集》，第 7 頁。

四

甲子（1684）秋，國亡四十年之際，徐枋編定其文集《居易堂集》，為之序。曰：四十年來「束身土室，與世訣絕」①。又曰：「前二十年不入城市，後二十年不出戶室。」②這是他對自己「死志未遂，苟存於時」生涯的基本概括。此等情狀，我們今天也有一詞，叫「自閉」，自我封閉。乙酉年後，徐枋用以抵抗現實的唯一辦法，就是完全自閉。

頭四個月，顯然是為逃避薙髮，他變換姓名，藏身吳江鄉下一朋友處，終於還是「全髮被獲」。翌年（1646），草葬父親於長洲縣金墅鎮，遂結廬於墓，此即「居易堂」，其文集取名於此。墓地應處偏遠，《徐俟齋先生年譜》引《蘇州府志》：「金墅鎮在長洲西北五十里。」又在提到有朋友來墓廬看望時，稱「徒步至先生山居」③，想來人跡罕至。這段居易堂時期，凡十二載，止於1658年。

由於發生逋賦麻煩（稍後敍之），他連安居也不能了。1659年，避跡積翠山寺，「依穹窿南宏大師」。1660年，避跡鄧尉山青芝山房。1661年，避跡梁溪常泰山某寺。1662年，避跡秦餘山（即陽山，秦餘是其戰國古稱）。四年播遷四地。1662年冬，經靈巖和尚籌措，於天平山上沙村為徐枋築澗上草堂，「先生自是不復移徙矣」④，直至辭世。

故，「前二十年不入城市，後二十年不出戶室」，非謂後二十年回到了城市、在城內居住但不出戶室。其實是，前二十年雖不入城市，卻因到處播遷做不到足不出戶；澗上草堂安穩後，才不但遠離城市，亦終於做到自閉茅屋，真正與世隔絕。

生活中有自閉型人格，對與外部世界、人群打交道缺乏自信而離群索居，心理學所稱「廣場恐懼症」是也。徐枋的自閉，與此無關。他與外界隔絕，是豎一道牆，挖一道溝壑來保護自己。因為生活本身關係到一些

---

① 徐枋《序》，《居易堂集》，華東師範大學出版社，2009，第1頁。

② 同上書，第2頁。

③ 羅振玉《徐俟齋先生年譜》，《居易堂集》，第532頁。

④ 同上書，第537頁。

非常實際的方面和內容，唯有把自己封閉，才能守住立場和父親的遺命。1657 年，因為貧困，徐枋不得不令長子孟然入贅蘇州鄭氏。這意味着，孟然離其左右回到城市。臨行，徐枋作《誡子書》⑤，長達萬言，囑以十事。這十件事，約略可見在徐枋那裏，城市或人群聚集之處，對他構成哪些難題與潛在威脅。

前三件事相互關聯，依次為「毋荒學業」、「毋習時藝」、「毋預考試」。裏面的關係，今人不易明白。以我們看，學業即考試、考試即學業，徐枋卻既要其子「毋荒學業」又命之「毋預考試」，豈不矛盾？其實徐枋並不怪異，反是我們處在誤區。真學問與考試向來無關。當然，這裏「毋預考試」之禁，有其特定含意，即不入仕途。科舉考試，只是做官資格考試。不打算做官，考那玩藝兒一點意義沒有；反過來，既然參加科舉，也不存其他解釋，就是準備做官。我們知道，徐汧為子孫立下在清朝「長為農夫」亦即永不做官的規定，「毋預考試」之禁實由此來。但「毋預考試」之前，徐枋又有「毋習時藝」之禁，這需要單獨解釋一下。「時藝」，即八股文，是科舉專用的文章套路。學做八股，目的完全在於考試，不預考試，它毫無用途，既不關知識教養，亦無增文才詩采。總之有關上述三事，徐枋付諸兒子的道理是：書要讀、學宜為、心智須文明，但功名之念絲毫不能有。如果孟然一直在他身邊，空對山林，徐枋不必有此擔心。現在不同，既然無奈送子返城市，對那種環境下的誘惑、影響，必須考慮到，而給以嚴格的限制。

城市生活與徐枋準則的對立，從後幾條看得更清楚。

第四條「毋服時裝」，粗心些，不免誤為徐枋禁子「奇裝異服」，猶如若干年前曾禁中學生穿喇叭褲之類。其實，「時裝」在此，專指滿人裝束。以滿人裝束為大防的概念，現在當然早就沒有了；不但沒有，某年 APEC 中國峰會，竟將對襟、盤扣服式，命名為「唐裝」，加諸各國元首之身。而真正的漢服，交領、右衽，廣袖、博帶。此又足為歷史滄桑之一歎。清初有薙髮令，但對服式上易漢為滿並無強令，故爾我們從那時所

---

⑤　徐枋《誡子書》，《居易堂集》，第 73-87 頁。以下引自此者，不另注。

繪明遺民真容，仍見他們是明朝裝束。但這究竟是少數，城市裏已開始接受滿服。這是因為，經過薙髮令，漢人從風俗上的抗拒心已被化解，頭既已剃，易裝又何在話下？這更顯得薙髮令對滿清統治確有綱舉目張之效。正鑒乎此，徐枋對即將入城的孟然，才「反覆再四以告誡」。他把用「時裝」所暗指的滿服，斥為「奇邪」，明白告以禁絕的原因：「況今之所為時服者……汝祖以不服此而殉身，汝父以服此而廢棄，而汝獨可以污其身乎？」你爺爺即因不肯着此裝而死，你爸爸即因不肯着此裝而與世隔絕，難道你敢以此污染自己身體嗎？「此而不遵，則非人矣。我即不知，爾先祖在天之靈亦必陰殛汝也。」話說得非常之重。

第六條「毋遊市肆」，開始便舉孟子的例子：「孟夫子以亞聖之德，然幼志未定，鄰屠酤則習屠酤之事，鄰學宮乃為俎豆之容，而況於中下之童蒙乎？」市井駁雜，最易染人；有亞聖之德，尚因之移性，而況普通人？「屠酤」是隱喻，並不真指殺豬賣酒，而言「市肆」之污濁。污濁何在？當然是異族統治的現實。山高皇帝遠，「山野」與「市肆」的本質不同，在於制度疏密。城市是高密度的政治空間，置身其內，久之就會適應，被它同化。徐枋最擔心兒子入了城市，慢慢對異族統治習慣成自然。「我今與汝約，除入山省我之外，歲不過二三出，即至親尊長歲不過一二出，無徘徊於街巷，無來往於市肆，鍵戶一室，如在深山，經年累月，足不窺戶，乃我子也。」指望孟然「大隱隱於市」。

第七條「毋預宴會」，第九條「毋通交際」，問題相關聯。赴宴、交際，都涉及禮儀。現代中國，禮儀早廢，晚近尤甚，如今宴集晤聚，行跡無拘，狂呼縱語，東倒西歪。從前不可以，有身份的人家自幼教以禮儀，使舉手投足、音容笑貌皆有度，而後乃可待人接物。徐枋禁止孟然置身宴會和交友場合，基於兩點。第一，乙酉國難時，孟然年方五歲，徐枋因決意與世絕，早就放棄對孩子的禮儀教習：「我自遭世變，決志終隱，世間禮數都已廢絕，故汝年十八而登降揖讓、周旋折旋之禮蒙然不知也。設大會賓朋，稱觴為壽，他家子弟進退可觀，而汝獨形容木僵，舉止生疏，不獨見笑賓朋，亦且取嘲僮僕。」第二，舊禮蒙然不知尚在其次，重要的是萬萬不可學會「新禮」。交往頻密即是入世，入世則必學當世交際之禮。「交

際之禮，所從來久矣。然此為世人言之也，若隱居避世則不然。阮籍曰：『禮豈為我輩設？』」借阮籍之口，以義不入清的明遺民為「我輩」，「禮」當然指滿清習俗。那為入世者而設，「我輩」隱者用不着它，或者說，隱居避世題中之義之一，就是終身不習滿俗。「故我十三年以來片紙不通於人間，一縷不入於吾室」，「汝今雖寄跡城市，然終當繼父之志，從父之隱，若冒昧入世，非我子也。」後來徐枋師母逝世，徐枋自己不入城市，只好派孟然為代表前往弔唁。為此，專門致信好友葛瑞五，請他督導孟然：「惟吾兄敦古人之誼，教以隅坐隨行之禮，勿作世法，則感荷無量。」[1] 所謂「世法」，即隨世而變的一套禮節，其中必然夾雜滿人習俗，徐枋絕不欲其子有染。

以上對孟然的告誡，正好供我們了解徐枋何以「不入城市」。這些方面都很實際，如欲迴避、不沾，辦法只有不踏進城市一步。曾有世交，憂其安危，寫信勸他回城：

> 空山不可久居，鄉村多盜，剽掠之患，其小者也。近來匿影山阿者多不測之禍，維斗、臥子、公旦、彥林無辜慘戮，大可畏也。況妒賢之人此間不少，不以忠節仰慕，轉以立異薲菲，每聞其言，不勝浩歎。倘有讒毀，做成機窘，誰能挽回？深為大兄慮之。今日之計，速速進城，與二哥同居，兄弟相依，和光混俗，可以亂處，可以避禍。[2]

清初，隱逸者往往有反清嫌疑。楊廷樞（維斗）就是在隱居地搜出罹難。鑒於這情勢，朋友覺得人言可畏，萬一有人饒舌，以此談議徐枋，後果難料。徐枋見書作覆，除申明父親「長為農夫」遺言非遵不可，也談了自己個性方面的原因：

> 性本忤俗，未克三緘，即深自悔艾，而遇一時人，聞一時事，則當機輒發，嚼齒穿齦，不可復遏，以轉喉觸諱之人而欲周

---

[1] 徐枋《柬葛瑞五》，《居易堂集》，華東師範大學出版社，2009，第 92 頁。
[2] 徐枋《答吳憲副源長先生書》所附來書，《居易堂集》，第 6-7 頁。

旋於箝語防口之世，一不可合也。……來而不往，疢癘更生，即
欲強事奔趨，而木強面目猝不能改，二不可合也。世綱日密，新
法愈苛，而枋祖臘非王，衣冠猶舊，幸與樵牧為伍，略能自緣，
一入城市，動皆桎梏，而必罹不測，三不可合也。①

認為自己第一口無遮攔，第二不肯趨奉，第三拒改衣冠，如此，斷不
宜城內生活。這樣的人，到了城市，「則世人視之將同怪鳥，跡之所至，
矰繳隨之」，等於送死。既然進城是禍、不進城也是禍，而「遁荒則禍遲
而或可免，入城則禍速而必無幸，均一禍也，何必去遲而就速乎？」

藉《誡子書》，而輔以這封信，我們對徐枋的不入城市，乃有比道
德、人格之類較不空洞或更具體的了解與解釋。

五

然而問題在於生存。

當時徐汧囑以「長為農夫」，認為徐枋不出仕仍可生存，某種意義上
是因為有家族田產。

徐家有地六頃②，闔族共有，稱「義田」：「先人創立義田，均潤同
宗」，「十七年來，食租則闔族成丁」。③據以知，國變後頭十七年，徐枋
可從田租中分得一些維持生活。但這來源到辛丑年（1661）戛然而止。原
因是，這年正月二十九日，甫繼位的康熙皇帝下達奏銷令，指責「直隸各
省錢糧拖欠甚多，完解甚少。」④東南逋逃嚴重，實因賦稅太重。康熙為制
伏江南士族，厲行追逋。竟下令「十年並征」，要將十年來拖欠的一併征
繳，很快釀成血雨腥風的「奏銷」、「哭廟」之案，「江南奏銷案起，紳士
絓黜籍者萬餘人，被逮者亦三千人。」⑤由此，東南一帶頗以地多為憂、以

① 徐枋《答吳憲副源長先生書》，《居易堂集》，華東師範大學出版社，2009，第 8 頁。
② 羅振玉《徐俟齋先生年譜》，《居易堂集》，第 535 頁。
③ 徐枋《與闔族書》，《居易堂集》，第 12 頁。
④ 王先謙《東華錄》，《續修四庫全書》，三六九·史部·編年類，上海古籍出版社，2001，第 487 頁。
⑤ 孟森《奏銷案》，《明清史論著集刊》，中華書局，1959，第 439 頁。

田產為累，急於脫手而爭相賤賣。

這情形，徐枋哪裏能料？然而父親死後不久，曾有人以先見之明悄悄指點徐枋「將來田必為累」，他並未引起警覺，而「堅執以先人遺澤，豈敢輕毀」。如今，事實果如人言：「詎意年來錢糧干係如許重大，豪裏罣誤則身受戮辱，家以破碎……輾轉思之，不寒而慄，俱非世外隱居之人所宜以身為嘗試者也。」乃於是年秋致信闔族，建議「逐分剖田」，「在闔族仍享義田應得之利，而在枋則無戶役非常之害」，急欲擺脫賦役陰影。⑥ 徐枋與這六頃田產的具體關係，資料不詳，然揣《與闔族書》「枋雖不肖，仰遵先志，守而勿失，亦十七年如一日也。」似乎他在其間是個主事的角色。現在他想通過分田，由闔族分擔責任。但這建議，族內不但反應冷淡，事實上還想把逋賦之責全推在他一人身上。羅振常就徐枋遺墨《與吳修之書》所作說明稱：

> 事急，先生弟貫時及族人獨諉為先生所欠，先生乃為逋犯，輾轉逃匿，倖免於禍。此與吳修之書當在初逃亡後，其時必遭公文逮捕，須對簿公堂，不得已攜眷逃匿。書中「種種橫逆，種種構陷」與夫「避訟」云云，明指此事。⑦

情況之危急，也可從當時寫給友人的求援信看到：「今又為弟侄官逋之累，非死則辱」，「一家八口，盡在危地」，因此產生逃亡念頭，「葍隱茗雪之間，埋名避世，便當與吳門絕」，請求為他提供託身之地：「未知執事能以伯通之廡假我否？必絕遠城市，可以棲託，數椽足矣。」⑧ 求援似乎無果，徐枋不得不在茫無去處情況下逃離金墅，竄伏山林、寺院，開始四年逋賦生涯。逃時，「舉家子身而出，僅存一隨身單布衣，一衣之外，蕩然靡有一存。」⑨ 顯然從這時起，他完全失去生活來源。先前《誡子書》談及這六頃田地，還說：「我意守此污萊，上足以供祭祀，下足以給饔飧，迨汝

---

⑥　徐枋《與闔族書》，《居易堂集》，第 13 頁。
⑦　徐枋《遺墨一·與吳修之書》，羅振常案語，《居易堂集》，第 692-693 頁。
⑧　徐枋《與武部李霜回使君書》，《居易堂集》，第 12 頁。
⑨　徐枋《遺墨一·與吳修之書》，《居易堂集》，第 692 頁。

曹之長成，各授百畝，以為衣食之資。」[1] 現在可算「破產」，淪為一無所有的流浪者。所以，說起徐枋徹底隱居，不全是思想方面的發展，實有奏銷令這一直接原因，否則金墅十二年那種狀況也許會持續下去。

徐枋真的需要「自食其力」了。然而，能做些什麼呢？我讀過的明遺民事跡，有的靠砍柴賣柴謀生，有的靠小手藝。比如巢鳴盛，「種匏瓜用以制器，香爐瓶盒之類，欵致精密，價等金玉。」[2] 徐枋大概沒有這些本事。本來對他最合適的，或是像黃宗羲那樣，做西席、辦書院，收徒授學、指導制藝，但他對此誓不肯為，連自己兒子都禁止，又怎會教別人？

幸好，他是一位繪畫天才。自幼能畫，「僕作畫三十年，而賣畫未及數載。」[3] 如果他是在奏銷令後即約康熙元年其四十一歲開始賣畫，推算起來，「作畫三十年」起點大概相當於五六歲的時候，可謂神童。其之畫作，當時已享譽甚高，如今更乃拍賣之奇貨、藏家之珍穎。他凡事謙抑，獨對己畫不掩自得，一次談其《鄧尉畫冊》：「寫景命意，頗極筆墨之致，自謂不讓古人，見者亦驚歎絕倒。」[4] 黃宗羲曾歎「其畫神品」。[5] 他後來生計，依他自己概括只有兩條：「傭書賣畫，典衣損食」[6]，一靠出售書法畫作，二靠賣衣縮食。黃宗羲說：「蘇州好事者哀其窮困，月為一會，次第出銀，買其畫。以此度日而已。」[7] 佩服他志節的人，每月聚集一次，共同出資買畫，有「義買」的意味。又傳有故事：

> 蓄一驢甚馴，通人意，日用間有所需，則以所作書畫卷置篋於驢背驅之。驢獨行及城闉而止，不闌出一步，見者爭趣之曰：「高士驢至矣。」亟取卷，以日用所需物如其指，備而納諸篋以為常。[8]

① 徐枋《誡子書》，《居易堂集》，華東師範大學出版社，2009，第 78 頁。
② 黃宗羲《思舊錄》，《黃宗羲全集》第一冊，浙江古籍出版社，1985，第 373 頁。
③ 徐枋《答友人書》，《居易堂集》，第 33 頁。
④ 徐枋《鄧尉畫冊復還記》，《居易堂集》，第 198 頁。
⑤ 黃宗羲《思舊錄》，《黃宗羲全集》第一冊，第 372 頁。
⑥ 徐枋《與馮生書》，《居易堂集》，第 59 頁。
⑦ 黃宗羲《思舊錄》，《黃宗羲全集》第一冊，第 372 頁。
⑧ 孫靜庵《明遺民錄》，卷四十三，浙江古籍出版社，1985，第 323 頁。

羅振玉以事異乎常識，斥為「市井無稽之談」。倒也未必。「老馬識途」確實是有的，動物不一定如人想的那般低能。

然而，傭書賣畫，僅不致餓死罷了。如今畫家是好職業，稍有名聲，可致優裕，幾百年前恐不其然。尤其徐枋的賣畫，「態度」又很不好——除非作而以贈切近朋友者，他拒絕屬名。換言之，他的屬名之作非賣品，公開出售的卻都不屬名。還有，他賣畫不肯見面交易（故有上述驢載畫至城邊隨人自取故事），凡欲面請，一概謝絕。當時有個王生，屢次強求徐枋屬名，且以為誘以金錢即可讓徐枋改變態度，徐枋大戚：

> 僕之傭書賣劃，豈得已哉？僕之傭書賣劃，實即古人之捆履織席，聊以苟全，非敢以此稍通世路之一線也。而足下每每強僕以書字，毋乃與僕之初心大刺謬乎？況僕之不書字，亦正以苟全也。心之精微，口不能言，豈易一二為足下道哉？乃僕辭之甚苦，而足下猶必絮言其人若何品行，若何家世，不妨為書字。噫，何足下之難曉如是乎？豈僕之有所揀擇，簡傲而云然乎？噫，亦謬甚矣。僕嘗謂索僕書畫而必強僕以書字，亦猶於茹素之人而必強進以魚肉，既已謬矣，及其堅辭，而猶盛言魚肉之可食，不更大謬乎？承委種種，並厚幣，一一完璧。鄙人硜硜，苟非吾意，雖千金所不欲也。[9]

致另一人信也說：「今不知我者至因僕之賣畫而屢屢強其所不欲，或欲書字，或須面請，爾爾則輸重價，不爾則未能如值，僕笑謝之曰：『若欲求富，當不為此。』」[10] 這些人，其實重其名而不重其畫，買畫非因藝術價值，而是藉高士之名以炫耀，所以才非求屬名或面請。話說回來，徐枋若想脫貧脫困，並非難事，只須給畫作標上姓名，或賣畫時不吝謀人一面，對方出價都可翻倍。但他堅持不肯，還說：「若欲求富，當不為此」，賣畫不為求富，求富則不賣畫。

---

⑨　徐枋《與王生書》，《居易堂集》，第 45 頁。
⑩　徐枋《答友人書》，《居易堂集》，第 34 頁。

既然賣畫，便涉金錢，為何又「恥言利」呢？這就是他「犯軸」的地方。他有界限，界限又極簡單：他的賣畫，只是謀生；限度只及自給，俾以獨立、不求或不染於世，踰此分毫不取：

> 故不得已而賣畫，聊以自食其力而不染於世耳。……賣者不問其人，買者不謀其面，若百年採箬，桃椎織屨，置之道頭，需者隨其所值，亦置道頭而去。[1]

說自己書畫，就像攤頭的鞋帽傘笠，不是雅藝玩設，也無關聲譽名望，隨值隨給，不值則不取。沒有人到集市買菜，會問黃瓜、豆角、茄子是哪家地裏長出，或非待農夫刻名其上而後買之。在徐枋，書畫就是由他出產的黃瓜、豆角、茄子，沒有任何不同。

這些書畫，精神內涵絕無僅有。西方也有凡高等在世貧而不售、死後身價飛騰之例，徐枋卻還不屬於這種情況。他明明可獲豐厚潤筆，而敬謝不敏、甘守賤價。不知今以高價購藏徐枋作品之買家，有幾人能於行情之外也能珍重這種內涵？

六

以他的冥頑，而若實現溫飽，豈得能之？於是，寒餒之訴便一直尾隨他的筆端。逃離金墅不久，他捱餓不過向姐夫求救，語氣近乎乞憐：「今所切商者，吾兄前云有米幾挑，欲攜以餉弟，弟日日絕糧，萬望即日設法送來，至感至感。」[2] 大約 1654 年，忽接久疏音訊的老師姜荃林先生來信，回信報告自己近況，說是「龥布不完，饘粥不給，室人徧譙，穉子恆飢」。[3]1672 年一信稱，這年冰雪連旬，特別寒冷，然而全家卻不得不將棉被送去典質，以換口飯吃，整個冬天「妻孥號寒，酷同露處」。[4]《與葛瑞

---

[1] 徐枋《答友人書》，《居易堂集》，華東師範大學出版社，2009，第 34 頁。
[2] 徐枋《遺墨一·與吳修之書》，《居易堂集》，第 692 頁。
[3] 徐枋《答房師姜弱蓀先生書》，《居易堂集》，第 11 頁。
[4] 徐枋《與馮生書》，《居易堂集》，第 59 頁。

五》述其寫信當日，大雨如注，「炊則無米，爨則無薪」，只好「閉門高
臥」。⑤ 過不多久，就連以睡覺抵抗飢餓這法子，也失去了——因為破屋已
經嚴重漏雨：「日來獨處一椽，而淋淋屋漏，幾廢坐臥，此又是飢寒之外另
一況味。」⑥《誡子書》中有一段，專講境況如何之愈下，「十三年來窮愁困
頓，日甚一日。數年之前俯仰粗給，僅無餘資以供雜事，兩三年來則左支
右吾，僅得三餐。至於去冬以及今夏，則日食一飯一糜而已，或並糜而無
之，則長日如年，枵腹以過」，全家每天最好不過一干一稀，有時索性連
那頓稀粥也得省卻。孩子們腳上鞋子破了不能補，身上寒衣裏面是沒有棉
絮的。他很慚愧地對孟然說：「獨是俯育不周，不得不令汝寄食外家」，做
父親的沒有盡到責任，只好讓你入贅外家……⑦ 孩子如此，他自己呢？「冬
夏止服一苧衣。」⑧ 苧，是麻的一種，毫無保暖性。從冬到夏，亦即全年，
徐枋都只有一件麻衣可穿。

　　印象尤深，是戊戌年（1658）春節所作《病中度歲記》的敘述。文中
先回憶了昔年父母及祖母都還在世時，徐家的過年情景。那時，平時雖亦
拮据，但父親出於孝敬，慰祖母之心，逢年總是辦得隆重：「每當除夕晡
時，先公必呼枋、柯易禮服，先公率之，以祠五祀，拜家廟，魚菽糕果秩
秩也。進而少休，甫暝，集余兄弟及女兄弟於堂上，則已燒椽燭如畫，焚
百和香，香氣煙熅襲人衣，先公先夫人各盛服而出，率余兄弟同人，至太
夫人閣前拜請，至堂中共舉觴焉。」繼而述當下：

> 　　至於今之歲交，缾罄罍恥，除夕晡時尚未午飯，而又未知次
> 日饔飧之何在也。復值余危病，息偃在牀，百度皆廢，以致祠神
> 祀先，魚菽不供，糕果不薦，青燈熒熒，家人相對，四壁悄然。
> 而子女幼穉，但知令節，不解人意，競來相聒。姜豹操井臼，通
> 子覓梨栗，而衣無襟袖，兩手瘃瘃，履穿不苴，足趾在地，每一
> 顧之，焦心腐腸……

⑤　徐枋《與葛瑞五》，《居易堂集》，第 88 頁。
⑥　徐枋《致靈巖老和尚》，《居易堂集》，第 89 頁。
⑦　徐枋《誡子書》，《居易堂集》，第 78 頁。
⑧　羅振玉《徐俟齋先生年譜》，《居易堂集》，第 535 頁。

他特別提到，這一年年景原少有的好，「米價甚賤，為數十年來所未有」，就連最窮的人家，「無不食精鑿，制糕糜」，唯獨自己家，一直到除夕晚間，卻連午飯還沒吃上！①

<h1 align="center">七</h1>

豈止溫飽成憂？一生病厄從未稍離這一家子。四個兒子壽命短夭，皆因營養不良、長年凍餓而體質羸弱，最後又病不得藥以終。他另有女兒，資料缺乏我們不知其所終，有一回提到這樣說：「有一女止三歲，冬無絮衣，患成寒疾。」② 寒疾，興許是慢性支氣管炎，或嚴重的關節病。睹此一家景狀，油然想到韓愈《祭十二郎文》之句：「少者歿則長者存，彊者夭而病者全」。年輕體強的接踵死掉，年老而弱者卻能夠活下來。然而大家並不曉得，徐枋七十三年之壽是怎樣達致的，看完我們下面的講述，恐怕便都不免愕然以為奇跡了。

他生過好幾場大病，每次都堪稱奪命經歷。我們先從 1673 年那次說起。這年八月，徐枋姊夫、抗清傳奇人物吳佩遠來山中看望，過後徐枋有書信與之，藉此我們知道了這次生病的一些情形。

病起於八月剛剛入秋的時候，何病未詳，但言「垂死之病」，可見嚴重。嚴重程度，一是足足病了三旬（整月），二是「展側須人，氣息才屬」，翻個身子要人幫忙，自己只剩下了喘氣的份兒。大概九月初，開始有起色的時候，吳佩遠來了。徐枋十分高興，「既奉色笑，欻然起坐，談對浹晨夕」，精神一振，病情似為之全消。兄弟間睽隔甚久，「十年離愁，一旦大慰」，竟夕而談，彼此有許多話要傾訴。這裏介紹一下吳佩遠，其諱祖錫，佩遠乃其字。他和徐枋兒時即友，後娶徐枋長姊為妻。1648 年夫人病故，吳佩遠年三十餘，而誓不再續。除了親情，兩人的相得，更有思想緣故。明亡以後，吳佩遠長期抗清，先後追隨魯王、永曆於浙桂，與

---

① 徐枋《病中度歲記》，《居易堂集》，華東師範大學出版社，2009，第 182-183 頁。
② 徐枋《與葛瑞五》，《居易堂集》，第 88 頁。

鄭成功也有聯絡，鄭軍反攻長江據說即為其所招，以此屢遭名捕，亡命天涯。[③] 兩人上次相見還是 1661 年，故曰「十年離愁」。此番重逢，亦頗匆匆，從徐枋「一昔話言」來看，吳佩遠只呆了一天。而這一天，徐枋全情投入，至有「寧不可歌可涕耶」之感。不僅如此，吳佩遠走後，他還久久不能自拔：「言別之後，別緒擾人，且回首往事，又復下年，愁痛一時攢集，為之黯然閱默者竟日，遂致復病。」本趨平復的病情，由於「疾痛憂患，聚散睽合，歌哭夢覺，生死死生」，大傷內心、大損精神，再而復起，重新把他擊倒，「直至九月杪始得強起」，杪即樹梢，意指尾端，亦即到九月末才勉強爬起來。[④]

僅過一年，竟然又生大病，而慘重危殆較上次遠甚。當時，宣城沈家來人，請徐枋為剛剛去世的沈眉生（即與徐枋、巢鳴盛並稱「海內三高士」的沈壽民）作傳。羅振玉《年譜》紀其時為康熙十四年乙卯，即 1675 年，因知此距吳佩遠之會僅隔一年。徐枋曾於一信言其經過：

> 宣城沈公湛兄不遠千里，徒步至吳者再，以畇巖（沈眉生號）先生一傳見屬，僕深愧其意。去春臨岐（臨別），至於灑泣，僕尤深感之，握別諄訂初冬為期。不謂一別之後，未及數日，遂嬰賤恙，且兩病相繼，至八閱月，歲底益劇，而支離委頓，竟同廢人。新歲以來，幸漸向愈。[⑤]

這回，連病兩場，從春天直到年底，嚴重時，「竟同廢人」。

另一次比較厲害的，是 1671 年染「血痢」。中醫分痢疾為血痢、白痢，前者即腹瀉而帶血者。徐枋這次血痢，病程達兩月。以我們平常經驗，普通拉肚子，一週都很難吃得消，而他有兩月之久，並且是血痢，身體損傷可想而知：

> 去秋復病血痢兩閱月，死而復甦者屢，雖得再生，頹然衰

③ 羅振玉《徐俟齋先生年譜》，《居易堂集》，第 537 頁。
④ 徐枋《與吳子佩遠書》，《居易堂集》，第 57 頁。
⑤ 徐枋《與姜奉世書》，《居易堂集》，第 67-68 頁。

痒，耳聾眼暗，四體不仁。[1]

四場大病，連發於 1671、1673、1675，試想世間何人可禁如此折騰？即強健壯漢，怕也丟其半條命，而況年踰半百，而況那條身子已在飢寒交迫中掙扎了二十餘年！

但若跟另一次相比，以上都不算什麼。

那是徐枋三十六歲時，一場跨年度、駭人聽聞的大病。以駭人聽聞相形容，是在筆者歷來聽聞中，論病情之慘烈、病狀之猛厲、病程之驚險，都無法相提並論。徐枋自己，以其久病多病之身，對此也是沒齒難忘。他好些患病經歷，在我們看來非同小可，卻通常只是信中略微語及。可是這一次，他專門作一篇《再生記》[2]詳其始末，並說：「苟非身受者，亦未敢遽信也。」

茲據《再生記》，撮其要而迻述如下：

丁酉年十一月初五至初七日（1657 年 12 月 9 日到 11 日）之間，蘇州颳起奇寒大風。徐枋連條褲子都沒有，只穿一件舊縐紗薄衫，還被老鼠咬過，洞大如碗，平時坐於屋內猶肌栗毛豎，這天剛好有客，徐枋出來相送，行至曠野，寒風如刀，無可逃避。隔了一天，九日急病突發，寒熱交戰。初以為瘧疾，尚能支撐。二十日，不能下牀。二十一日，不再進食。「寒熱交戰」每三日一發，發如排山倒海，同時胸口窒息，憋悶如埋土中，而口內作惡、痰滿喉間。每天惟飲幾十碗茶水，餘者哪怕略進菜湯，也必大吐大嘔。這樣過了一個月，十二月廿一日（西曆即 1658 年 1 月 24 日），胸中憋悶稍減。為他治病的鄭三山大夫說，必須進一些粥食，於是「強啜之，然僅能一口而止」。四天後，又吃不下任何東西。時已戊戌年春節，病情轉惡，特徵是發瘧見緩而胸腹飽悶加重，痰大量增多，到了仰臥牀上而痰水自動溢出兩頰的地步，且因痰滿咽喉，已說不出一句話，整個人衰弱至極，氣若游絲。再有一點，至此，已整整五十天不曾排便。他胡亂猜想，認為胸腹飽悶致使不能進食，而胸腹飽悶是久不排便所致，要求用藥

---

① 徐枋《與馮生書》，《居易堂集》，華東師範大學出版社，2009，第 59 頁。
② 徐枋《再生記》，《居易堂集》，第 187-188 頁。有關這次生病的內容，均出此文，不另具注。

行瀉，「中飽必得滂然一行，然後胸鬲必寬，飲食可進也」。鄭三山斷然否之：對於四十天絕食之人，「此萬萬不宜者」。留下此囑，鄭三山因事暫別，這使徐枋有亂來的機會。和不少患者一樣，徐枋久不能愈，也不免懷疑大夫醫術，決意背着鄭三山一試。他延請了另外一位醫生，該醫「聞余欲行，欣然從事」，付之以瀉藥。大泄之後，胸腹感覺卻依故，而該醫斷為「此積食尚未消也」，又開四劑很厲害的「消導剋伐之藥」。服後，「而胸鬲飽愈甚」，該醫說「當再以四劑消導之」。這時是正月初十，徐枋絕食已愈四十五天，「肌膚消鑠，大肉盡去」，躺在牀上休說翻身，哪怕動動手腳，亦須借力他人，又「畏聞人聲」，虛弱無以復加。前四劑虎狼之藥，已讓他元氣殆盡。初十，服第五劑，當天大嘔吐。「藥與痰雜出，而嘔吐之苦，心肝震盪，百骸俱痛，每吐一次則氣絕半日。」庸醫卻稱好現象，命繼續服藥。以後，服藥必吐，每吐必加劇，一日數回，吐得地動山搖。到這時，徐枋已知不妙，停藥不服。十四日果不再吐，然勻水不能進。停藥又四天，正月十七日，突然「無端復吐」，而吐出之物卻仍為藥汁（可見已無任何消化吸收功能）。十八日再吐，吐的則已是血。徐枋感到自己將不久於人世，「訣遺家人」，招老友張蒼眉託以後事：

> 張君別去時，余已絕食五十五日，而是日又復三慟，而語言蟬聯，大耗神氣，下午遂益加沉篤，氣綿綴無半絲，命在呼吸間矣。

千幸萬幸，此時鄭三山事畢返回，來看徐枋。病人半月之內變成這樣，令他大驚。其時徐枋口不能言，唯「張目而頷之」。鄭三山端視良久，忽然問道：「是不是怕見人？厭聞人聲？」這一問，非同小可。因為無人相告，是鄭三山通過觀察自行發現。旁邊的人，一味催促診脈，鄭三山卻搖手不急，雖然徐枋口不能答，卻不斷提問，來觀察他的反應。過了一會兒，開始用手將病人從頭到腳，循序摸索，如是者三。最後才診脈。診至一半，躍然而起，對徐枋說：你不會死，幾天之內我當可令你坐起來。無人相信。鄭三山把道理講了一番，再次肯定：「絕無他慮，吾當起之於數日間耳。」言畢，「自劑藥而自煮之」，親自配藥且親自煮藥。夜間一鼓

時分，命人扶起徐枋，親自捧藥餵飲。藥量熬至很少，徐枋一飲而盡。臨去前，鄭三山又說：「今夜當安眠，明日病必減。」他走後，過了一段時間，徐枋竟然又吐了，且連吐兩次。家人認為斷無可救，「惟痛哭待盡」，同時奔告鄭三山。鄭三山也大出意外，「默然良久，曰：『服吾藥而吐，何也？』」摸黑踉蹌趕回來，嘴裏仍唸叨：「維不吐乃佳，服吾藥而吐，何也？」沉吟中，取來嘔吐物，舉燈以視而「大喜」，「因呼余家人示之曰：『所吐者皆痰也。既不咯血，而余藥不反，則已奏功矣。他人之藥四日後而尚停胸膈間，吾藥未食頃而已遍行經絡，自此當日就平復也。』」判斷不但不悲觀，反而更加樂觀。次日黎明，徐枋一家尚未起牀，鄭三山就捧着熬好的藥再至，讓徐枋第二次服藥。午後，徐枋四肢開始有知覺，神氣轉清，而最重要標誌，是能說話了。翌日，愈益向好，身體進而感到「種種安適」，「有言」進而變為「竟復健談」。至此，家人不再懷疑，「驚歎下拜曰：『先生真神人也。』」第三天亦即正月廿三日，一大早，徐枋已能喝粥，終於恢復進食。徐枋回憶道：

> 先生於二十日晡時始到，時余正彌留，甫兩日而起坐，又一日而思進飲食，以八十日沉疴六十日絕食之人，而又為庸醫誤藥，至於嘔血垂斃，而起之之速如此，求之史冊，亦罕其倫也。

確實，若非徐枋親身所歷，復親筆所書，誰肯相信？徐枋說「病有六不治」，自己已佔其三：衣食不能適、形羸不能服藥而又庸醫雜進。不治者三卻能向死復生，只能讓人感歎兩點：徐枋一則命硬，二則命大。命硬者，如此裏裏外外、一波三折的摧毀，他居然扛住了。命大者，自然是遇到鄭三山，不幸中的萬幸。

儘管命硬、命大而未死，健康的損減卻毫不留情地蝕刻於其身體。

《楊隱君曰補六十壽序》云：「余年三十六，鬚鬢亦半白矣。」[1]三十六歲，剛好是起死回生那年。

《答惠生而行書》未詳年月，然中有「亂後將二十年」語，據以知當在

---

① 徐枋《楊隱君曰補六十壽序》，《居易堂集》，華東師范大學出版社，2009，第 145 頁。

1665 年之前，蓋即上述不死之病後數年，是時年齒應才四十出頭，信中卻說：「兩日賤恙稍減，然耳聾如故。竊思千古聞人，如左丘之盲，揚雄、鄧艾之吃，仲長子光之瘖，智繫齒之跛，皆有之，而未有以聾著者，意造物者今將以僕廁其間耶？」[2] 似乎聽力奇差已有時日。

《與葛瑞五書》寫於四十三歲，其云：「弟今年才四十三耳，而鬚髮半白，齒牙搖落，而筋骨關竅之間自知有深入之病。」[3] 綜合兩信，可知徐枋在四十五歲之前，便齒脫耳聾、頭髮花白。

五十歲，記憶力所剩無幾。年輕時讀過的書「茫如隔世」，昨日之事隔宿即忘，「年雖五十而委頓如七八十老人」。[4]

六十歲時自況：「今枋年已六十矣，憂患餘生，侵尋衰病，聰明頓減，鬚髯如雪，不啻七八十老人。」[5]

本文起首繪其「望之遠為衰朽」老態，在筆者雖已極盡想像，卻覺得實際也許更差。一個人，假如五十歲已如七八十，六十歲看上去已不止七八十，那麼，待其活到七十三歲竟該是怎樣的形容，確實已超乎想像了。

八

今人喜談「秀」，覺得沒什麼事情是真的，什麼都可以是表演。古人雖無此字眼，對徐枋也不免有理解的障礙。此人吃那般苦，遭那般罪，為啥？總有所求吧。以讀書人歷來喜歡沽名釣譽的特性，藏頭露面、神祕其蹤這一套，經常作為搏出位的術策，以觸發思賢若渴、求訪高人的情節。自打有了劉玄德三顧茅屋的典故，這就成了一種習慣的思路，不但某一方心存此意，另一方也樂得配合，去演禮賢下士的角色。眼下，徐枋也喚起類似反應。

長洲縣知縣田本沛投書徐枋：

[2] 徐枋《答惠生而行書》，《居易堂集》，第 23 頁。
[3] 徐枋《與葛瑞五書》，《居易堂集》，第 25 頁。
[4] 徐枋《與馮生書》，《居易堂集》，第 59 頁。
[5] 徐枋《致闔族書》，《居易堂集》，第 65 頁。

恭惟老先生鴻飛冥冥，天際人也。弟心切識荊，而風塵面目，自愧不堪登碩人門……昨面按臺盧大人，對弟輩極道老先生之高，心切儀之。老先生何吝一見，定有為台臺處之最當者也。①

徐枋答書，以身體奇差為由謝絕：「經年伏枕，雞骨支苦，身不勝衣，口絕饘粥，餘氣游魂，百事盡廢，所欠惟一死耳。執事試思鮮民之生也如此，而尚能扶之而起，令入世法乎？」②世法二字，才是拒絕的真正原因——你們這些滿清的官員，我們以何禮相見呢？

按臺盧大人覺得不給面子，命另一下屬吳縣知縣汪爌南再致信徐枋，除「南州高士，未及握手，殊云耿悒」的恭維話，還稍施壓力：「概以引避相繩，未免觸忌，有累明哲耳。祈台兄速裁之。」③徐枋見信，也有點犯倔，說「且先人畢節捐生，藐孤（死者遺屬之謙稱）義當相從止水，更不敢以應死之身隨時俯仰。」④我本是不想活的人，您看着辦吧。

事情不了了之，顧茅廬、禮貧士的戲劇沒有演成，後來的地方官大約吸取了教訓，不復討此沒趣。直到康熙二十四年（1685），徐枋六十四年時，一位更高級別的官員出現。其人便是湯斌，清初理學名臣，一生做過明史總裁、禮部尚書、工部尚書等，入了「賢良祠」，名譽足夠正。康熙二十三年（1684），江蘇巡撫出缺，康熙皇帝就把他派來任這個撫臺。第二年，就屈尊來訪徐枋。他本人既為理學名家，對知識分子那套講究自再清楚不過，來找徐枋時，以其身份和地位，居然脫掉官服只着便裝，不攜任何隨從，隻身入山。《年譜》記之：

睢陽湯公斌撫吳，屏徒從，微服訪先生者再，先生預走避，留老蒼頭宿門外，扣門不啟。湯公喟然曰：「賢者不可測如是耶？」徘徊久之乃去。君子兩賢之。是歲，湯公建祠於虎丘以祀文靖，楊明遠處士烍以詩紀之。⑤

① 徐枋《答長洲縣知縣田本沛書》所附來書，《居易堂集》，華東師範大學出版社，2009，第2頁。
② 徐枋《答長洲縣知縣田本沛書》，《居易堂集》，第2頁。
③ 徐枋《答吳縣知縣汪爌南書》所附來書，《居易堂集》，第3頁。
④ 徐枋《答吳縣知縣汪爌南書》，《居易堂集》，第3頁。
⑤ 羅振玉《徐俟齋先生年譜》，《居易堂集》，第544頁。

來訪不止一次，徐枋都躲開，只託村裏一老頭替他看門。要說湯斌此來，脫了官服，意思大概是只以學者相見。徐枋硬是不肯。湯斌看來是真誠的，並不見怪，反於當年在虎丘新塘橋徐汧赴水處，建一座祠堂紀念他。對此，徐枋亦無分毫表示，倒是他的朋友楊明遠去祠堂看過，回來寫了一首詩。

但徐、湯會面之未成，居然成了好些人的心事。他們想像，倘若「理學名臣」、「海內高士」得以聚首，該是何其之盛？結果，過了一百二十九年，到康熙重孫子嘉慶皇帝的時候，忽然冒出來一封湯斌寫給徐枋的親筆信：

> 先生清名滿東南，弟斌幸得拜見顏色，竊自以為不見絕於巢許，此宿世有緣也。連日捧誦大制，覺道氣流行，溢於言表。文字之外，孤兒詩一篇，彌見忠厚悱惻之意，令人讀之百回不厭。所詣至是，能不敬佩。並齎到拙撰散體二首、恤葬一則，深憫吳民，用意良苦，望即批示來役，感望之至。[6]

若依此信，徐枋、湯斌竟是見了面的。信發現於嘉慶十九年（1814）甲戌，時任江蘇巡撫的初彭齡，接待了據稱是徐枋後人的某來客，手執此信，請初彭齡作跋。初彭齡的心理，自然和大家一樣，如獲至寶：「余竊惟俟齋國初高士，文正公當代名臣，百餘年來，海內聲望，如在目前。余生也晚，亦深幸得遇山民，獲見前賢手跡，如聆兩先生之謦欬也。因沐手敬識數語於後。」[7] 來人請他作這個跋，其實相當於文物鑒定，借重其言、變偽為真。但正像羅振常指出的，此札斷係「偽託」。此前，無論諸家或地方府志，所載都是湯、徐未晤，百年後，卻乍現此信。況信中口吻，既明顯有「後學仰視」視角，又頗陶醉和玩味着雙璧先賢終得一晤。尤其湯斌談己作，自稱「深憫吳民，用意良苦」，殊非合體。這封信，如果是徐枋後人造假，應出於增重塗飾之私心；倘係旁人偽託，便是好事者以製造名

---

⑥　湯斌《湯文正公書》，《居易堂集》，第 654 頁。
⑦　初彭齡《湯文正公書》後跋，《居易堂集》，第 654 頁。

人「佳話」之所為。

按照經驗，隱者避官不見，往往是嫌來者職銜不夠，或放長線釣大魚，或攢足人氣、等待更合適的時機。然而徐枋，縣處級不見、廳局級的按臺婉拒也罷了；眼下，來了省部級高官，布衣枉駕、給足面子，還讓人家吃閉門羹，這就不免讓人不懂。於是有人揣摸，既然不求顯身，應該意在揚名罷？一位王姓書生，我們不詳其名，就這麼猜測徐枋。從徐枋語氣看，彼此還是朋友。可對這位朋友，徐枋卻發了很大的脾氣：

> 僕三十年來息影空山，杜門守死，日慎一日，始則不入城市，今更不出戶庭，僕之自處確乎不移，然亦冀友朋之默體吾心，有以相成也。今足下自稱與僕相知，乃嘗言時稱頌我於當世，已大謬矣；又嘗謂我某公欲求見，某公欲問遺，某公欲一及徐子之門，不更謬耶，何不知我如是耶？以僕今日所處，一與世接，便是禍機，何也？從之則改節，違之則忤時，忤時禍也，改節尤禍也。故僕於斯世，宜使日就相忘，而不宜使誤有採取也。切望足下，凡見當世之人，絕勿置我於口頰，總勿道及我一字，更勿使今之人因足下而闖及於我，則大幸矣。譬如芝蘭生於籬壁，而毋為之徑路，則得以自全其芳；珠玉遠在山海，苟有為之梯航，則不得自匿其寶。若足下貿貿然逢人說項，是愛我者害我，譽我者毀我也。此吾之所以歎恨，大聲疾呼，欲足下之痛改也。

王生做了什麼？無非是逢人推崇徐枋，稱道其境界，來引起世人敬仰。王生做這些，一定是以朋友之愛替徐枋考慮，覺得這能讓徐枋高興。他這麼想，也沒什麼不對。不料，徐枋「人怕出名，豬怕壯」。他懇求王生，不要炒作他，不要讓他揚名，不要以愛的名義做傷害他的事。他舉退翁和尚為例，說自己曾贈以書法，退翁和尚平時懸於方丈之內，但是一天，有官員來寺院，退翁和尚卻取下藏起來。徐枋說：「此真知我矣。中夜思之，時為流涕，誠感其心知也。」希望朋友們都這樣待己。而這位王生，屢言不聽，屢請不從。他不得不說了比較難聽的話：以後，無論王生遇見，不必齒及一字，只當徐枋已經死掉；實在想說，就說徐枋這個人如

何乖張、如何不近人情，萬勿有半句好話，「以絕當世之垂念，則受賜多多矣。」①

記得好像在茨威格那裏，讀到過關於人格魅力型政治領袖的論述。說對於這種人，一定的災厄不光必要且大有好處。比方，曾坐過牢或遭受一些坎坷、打擊，反而有增他的威望，令世人對之更加心馳神往。我覺得這倒不只適用政治家，任何人，如果受過苦中苦，或有點稀奇古怪的經歷，都會平添豐厚的人生資本。隱士們把自己藏起來，使外界到處流傳他們的種種神祕，把大家胃口吊得老高，而愈以一睹真容為幸。

徐枋卻要打破我們的認識。他說他很苦惱，大家總是依經驗或習慣心理揣想他。「不知我者以為異」，「知我者又從而矜詡之」，不了解我的人把我當怪物，了解的人又把我拿去到處誇耀。「弟謂如吾昔之所遭，則我今之所處正自不得不爾」，實際自己所做的，不過是因內心和處境而不得不這樣，自然而然，沒有什麼可奇怪，更沒有什麼了不起。他說，最不願意被作為「名士」看待和談論，「實恐同我於名士之妄語，無其事而誇其談」。②

或許我們只好接受他的表達：隱，是目的本身，不是任何意義上的手段，不是姿態，不是敲門磚，不是計謀，也無關乎崇拜、虛榮或沽名釣譽。雖時有「明卻周粟，暗飲盜泉，公義雖嚴，私交不廢，一己徒養林泉之望，子弟仍為壟斷之登。甚至中道回車，甘作美新之頌」③ 那種人與事，但徐枋一生，從始至終，我們不會找到這種破綻。

九

然而，究竟怎麼理解他呢？一個人，平白地忍受赤貧與疾苦，既謝勢利、復擲浮名，還巴不得被人忘得一乾二淨才好。人的生命，不離得失二字，只得不失是白日做夢，只失不得則生命難支。到現在為止，我們所見

---

① 徐枋《與王生書》，《居易堂集》，華東師範大學出版社，2009，第 60-61 頁。
② 徐枋《與葛瑞五》，《居易堂集》，第 52-53 頁。
③ 羅振常《訂補潤上草堂紀略序》，《居易堂集》，第 622 頁。

徐枋，卻都在失卻和捨棄，除非自虐變態，我不認為這種人生可以成立。中國對於異乎常情的人和事，喜歡簡單處理，「壞」的鄙視，「好」的膜拜，這倒省事，卻造成了各式各樣「不通人性」的怪胎。徐枋已經表示很為「不知我者以為異」、「知我者又從而矜詡之」所苦惱，可見他自認絕非怪胎，他在其生涯中，應該充分有着自己的快樂與所得，只是別人不加體會和覺察罷了。

所以，抱着不以他為怪胎的意識讀《居易堂集》，愁雲遍佈之外，意外地，發現不少恬美的篇什和筆觸：

> 願吾兄於十三日來，正當月色極佳時，今年天氣少雨，新夏寒燠適宜，可坐巖石之側，傾尊劇飲，以醉為期。酒渴則汲澗泉瀹新茗啜之，而山中老友有能吹洞簫彈鳴琴者，倩其一弄，與松風澗水互為響答，吾與兄則賡採芝之歌，和幽蘭之操……①

這是邀友月夜山會。

> 晝則輕帆柔櫓，與鳧乙相出沒，夜則煙水瀰漣，與月上下，而孤村遠火，明滅林外，此中深趣，信幽絕矣。②

這是品味鄉村之悠長。

> 丁酉春日，則拏舟見其友徐子於五湖之濱。徐子故隱者，死生契闊十有三年矣，握手勞苦，俯仰今昔，汯然濡睫者久之。文中乃邀徐子至其舟中，則見其滿載皆金石刻及宋元名人書畫也，垂簾撫卷，婆娑意得。文中即出酒相與痛飲，談風月，討古今，浮白歌呼，以酒自雄，不復知其遇之窮矣。③

這是欣逢故交、江湖一握。

我們知他束身土室、足不出戶，很容易因這常人不能忍的情狀，以為

---

① 徐枋《與葛瑞五》，《居易堂集》，華東師範大學出版社，2009，第 18 頁。
② 徐枋《吳氏鄧尉山居記》，《居易堂集》，第 180 頁。
③ 徐枋《芥舟飲酒記》，《居易堂集》，第 181 頁。

他堪比鎖在黑冷石屋裏、了無生趣的歐洲中世紀修士。然而，他乃中國的儒者，就像「吾日三省吾身」而同時「食不厭精，膾不厭細」、「聞《韶》三月不知肉味」、「浴乎沂，風乎舞雩，詠而歸」的孔夫子，能夠愛這世界及生命萬物，也根本不會失去對於美善的感覺和享受。《鄧尉山十景記》說：「余避世土室，足不窺戶，惟春秋僅一出展先文靖公之墓」，然而緊隨其後，卻又讀到：「而獨以酷愛鄧尉山水之勝，不得不破土室之戒，一歲中嘗三四過之，每至虎山橋，輒徘徊不能去也。」[④] 記得初讀此段，不由會心一笑。隱者徐枋，非面如焦土、心如死灰者也，其避時、避世，不避天籟、自然。「滄桑以後，絕跡城市，而遐搜幽討，山巔水澨，惟恐不及。」定居天平山澗上草堂以來，確嘗十餘年裏足未出，但「諸山之勝無時無日不在吾前」，心馳神往，從未放下。甲寅年（1674）重陽日，友人馮鶴仙載酒邀徐枋登高，欣然從之：

> 於是少長數人，連袂而出，度小橋，越澗而南，出喬松之下，松皆數百年物，復度澗而陟山麓，循石磴曲折而登高焉。……余與鶴仙卓立雲際，引聲長嘯，山鳴谷應，風起雲湧，而天籟吹我衣裾，松濤起於足下矣。[⑤]

故而，談徐枋，不可只見憂，而忘其樂。他並不拂逆快樂原則。「余於人世寡所嗜好，而獨負山水之癖。」有人愈是鬧市愈愛，有人卻以僻靜清冷為佳，性情、喜厭不同而已。徐枋之隱，在別人看來是苦行、苦志，在他自己，反而是解形大快亦未可知。他曾經強調，自己所為根本不是出於「氣節」：「生平恥語氣節，實以氣節非吾人歸宿之地」，「高語氣節，鮮有不敗者」。為什麼？「吾之不敢徒立氣節者，若卓立於此山之頂，而仰彼峰之更高，而必欲勉躋焉者也。」[⑥] 氣節是強迫症，是對自己高懸一鞭，不停的抽打和驅策，而徐枋，只想依其本色順心而為罷了。他的所得與所苦相比，也許不多，然而足夠重要。有人一生在世，慾望廣泛、多多益善，但

---

④ 徐枋《鄧尉山十景記》，《居易堂集》，第 194 頁。
⑤ 徐枋《甲寅重九登高記》，《居易堂集》，第 192-193 頁。
⑥ 徐枋《與葛瑞五書》，《居易堂集》，第 53 頁。

有人弱水三千惟取一瓢，只看重自己最想要的那一點點。徐枋當為後者。

十

當時以及後世，大家只顧讚歎、崇敬、感動，以為這是對他一生苦行的最好回應。我倒覺得，徐枋對此毫不領情。他誠然很苦，但明明得了自在、自適，內心是充實的，從無懊悔，這些為什麼看不到呢？

他曾向友人表示：「弟邇年以來，靜中若有所進，臨文似別作一境界」，說自己所以歷「三十餘年之艱苦」而「猶未至即顛殞者」，歸根到底是有自己的人生目標和趣求：「以立言之志未盡酬，妄冀以未盡之年卓然大有所成」。就如曹雪芹所說「蓬牖茅椽，繩牀瓦灶，並不足妨我襟懷」，生活捉襟見肘，盡可由精神充實所補償。「近因督課兒曹，未免見獵心喜，時時有所課撰」，一面課子，一面隨時有心得，而欣然命筆。[1] 每個耽於思想者，都知道他這番愉悅並不虛妄。

讀書，是他自幼的事情。然以功名、世心為驚的讀書，鮮有樂趣可言。如今終脫桎梏，可憑喜好任意讀書，讀想讀之書。「不肖枋兀居土室，孤陋寡聞，而獨於史學微有所見」，「此二十年中所成書，通鑒紀事類聚三百若干卷、廿一史文匯若干卷、讀史稗語二十餘卷、讀史雜鈔六卷、建元同文錄一卷、管見十一篇，計成書亦且幾百卷矣。」史學是他真正所好，設若仍在世網中，焦頭爛額於大比，斷然不能遂此所好。這數百卷積稿，是他自由讀書、快樂思考的最好證明。那抄抄寫寫、隨思偶想的散漫，乃是名韁利鎖下所謂求學無從設想的事情。《五柳先生傳》所談「好讀書，不求甚解；每有會意，便欣然忘食」[2]，徐枋必定領受到了。而自由之學，方有自由之思：

> 二十年讀書課文，編輯之中蓋亦有得於身心之學焉。聖賢每謂能自得師，又謂無常師，弟雖不敏，然於土室面牆形影相弔之

---

[1] 徐枋《與葛瑞五朱致一書》，《居易堂集》，華東師範大學出版社，2009，第 67 頁。

[2] 陶淵明《五柳先生傳》，《陶淵明集》，中華書局，1979，第 175 頁

時，而往往自得師也。

「自得師」，即得之心靈、得之自我、得之感悟，那是為身名所累的讀書和為學，所永遠不窺的。

他感受到愉快的饋贈，把它濃縮為一個「癡」字：

> 凡嗜之膠於心而物不能解者，皆癡也。當其專心致志，舉吾之身無非是者，故飢寒不能慘吾體，憂患不能動吾心，舉天下之美好不足以易吾懟，而其所成亦遂以名天下而不腐於後世。

他舉圍棋為例，說明什麼可以謂「癡」：嗜弈之人，每天早晨剛一睜開眼，帷帳頂上立刻浮現縱橫十九路，「皆殺活爭劫之勢也」。筆者有此親身體驗，願證其言不虛。他又舉例：「昔蔡邕一見王粲，盡以書籍付之，此亦癡也。」癡即愛，癡即因某事而美悅，自得其樂、樂此不疲。津津樂道於「癡」的徐枋，是滿足、愜意的徐枋。可惜，人們都不曾注意他其實有這種感受。孔子也曾出人意料地指出：「在陋巷，人不堪其憂，回也不改其樂」[③]，人看顏回，很替他愁苦，豈知顏回心裏實際快活得很哩！

粗知其事，我腦海裏所能繪出的徐枋形象，也是一個苦節者。那是他的傳記作者所給予的，但我本能地不甘心。凡是事情變得不易理解，我直覺便是不信。我認為，凡切實活在同一世界的人，都在常識以內，沒哪個超凡入聖。當徐枋親口拒絕「氣節」的裝飾、美化，認為自己一切均出自然時，我很高興事情確在常識以內。

十一

現在，我們能夠撇開道德美化和浮誇，理性評估或理解徐枋的隱者生涯和半世紀苦行。在我看來這基於三點：第一，父親遺命；第二，自我、性情和內心真實；第三，他對現實的美惡去從。我們已經談論了其中兩點，還剩下最後一個。簡而言之，這個問題有關他對滿清的態度。

---

③　朱熹《四書章句集注》，論語集注卷三，中華書局，1983，第87頁。

他曾發過誓，或對自己立下嚴戒：

> 風波之世，鬥諍之交，誓不欲以此身一涉其間。故今不特欲口絕譏評，亦並欲口無讚歎。

《誡子書》十禁令，有一條也是「毋言世事」，引「口銘曰『禍從口出』，淮南子曰『妄言則亂』，揚雄氏曰『言輕則招憂』」等格言古訓，亦以身教：「故我十三年來絕口不道世事，其有入吾室對吾飲者，論文藝，考古今，談風月，則娓娓往復，或夜以繼日，或坐以待旦而不倦也。若言及時事，我輒默不應，或再言之，則謝曰不知，如是者三，而其人之喙已塞矣。」①

顯然，這是避禍、保身。小心翼翼，像個庸人。乙酉之後，東南一帶慷慨悲歌之士隨處可見，像他這般晦跡韜光、妥為自保，反差太大。其中一個已知原因，是必須踐行父親要他活下去的遺命。而更實際的原因，恰恰是他的肚子裏面，有太強烈的危險情緒，裝了一大堆惡毒的「腹誹」。既有「活下去」的使命，他就非自誓自儆不可，否則早就管不住嘴，引禍上身。實際上，即便「誓不欲」，他也經常犯戒。

一次，談其老師鄭士敬的精神影響，自稱「不與時俯仰」②。當下之「時」謂何？明亡清興。不與之「俯仰」，就是不與之俱進，就是抗拒。

批評揚雄：「夫子雲學問文章，窮亙古今，獨是漢祚甫移，而侈言符命，劇秦美新，為學者羞。」③ 王莽篡政，揚雄第一時間獻上頌辭，徐枋為之害臊。但顯然沒人認為，他只是在談漢朝，或批評揚雄。

古體詩《乙酉》，抒寫 1645 年：「良時既不再，日月忽已沉。杳杳竟長夜，悠悠失路人。」④ 何為「良時」？「日月」是指什麼（日、月合之即「明」）？當朝怎麼成了「長夜」？你又「失」了何「路」？

不光詩文，丹青也難脫干係。徐枋愛畫蘭、芝，古以蘭、芝為高格，

---

① 徐枋《誡子書》，《居易堂集》，華東師範大學出版社，2009，第 82 頁。
② 徐枋《贈業師鄭士敬先生序》，《居易堂集》，第 131 頁。
③ 徐枋《故侍御秦大音先生遺筆序》，《居易堂集》，第 117 頁。
④ 徐枋《送遠詩十一首》，之三，乙酉，《居易堂集》，第 400 頁。

說來普通，然而且看他畫上題詩：「吾聞宋遺民，畫蘭不著土。況復芝無根，自然絕泥滓。」[5] 由宋入元的遺民畫家，筆下蘭草，從不沾土；靈芝的可貴，也在於不依污泥濁土而活。是「自作解說」，是自況，也是不打自招。

如果以上還僅限於讓人猜忌，下面兩例，可謂無遮無攔。一為古體詩《故給諫陳公子龍》。乙酉之夏，陳氏在太湖起義起義，兩年後失敗被捕，趁隙自盡。以這樣人物為題原已犯忌，而詩中居然謳之：「先臣畢志死，公心大復仇。泣血提一旅，迴天掃旄頭。」[6] 次則《鄭業師雲遊詩序》，藉老師鄭士敬北遊經歷寫道：「當其登金臺，渡易水，顧瞻帝都，恍如隔世，城郭猶是，人民已非。」[7] 北京還是北京，北京人卻不是原來的北京人！可以說，分別破了「口無讚歎」、「口絕譏評」之戒。兩個誓言，他哪個也沒守住。

所以，他的反清情緒實在是濃厚的，努力自製，猶且難禁。這於其「不入城市」、「杜門死守」，是最深刻注腳。設想一下，倘若這種情緒不過於激烈，他又有多大必要遠離人群、自閉屋內？實際上，隱遁於他是一個特別現實的問題。他清楚自己實際管不住嘴，做不到將對滿清的敵意化於無形。唯一辦法，自放山林、切斷外界聯繫，把自己關在土屋中。這就是為何別人以為他高風亮節，徐枋卻斷然否認，自稱「本無氣節之可語」[8]。他別無選擇，非隱不可。他有一種別人所無的矛盾兩難處境，既對滿清抱刻骨仇恨，又要恪從父命堅持活下來；當是時也，惟隱與自閉可使二者相安。乙酉後，黃道周、陳子龍都曾招其參加反清，而悉予謝絕；對與父執楊廷樞往還，也抱躲避和極謹慎態度。陳子龍來信，是以徐汧英名相期待，徐枋卻回答：「先公大節，與日月爭光，亦何藉小子之區區，況今欲申大義於天下者，亦當弗待忠節之後為之區區也。」[9] 不知內情者，對他如此冷漠拒絕參加反清鬥爭，必感齒冷。他默默吞咽的痛苦惟己自知，倘若不

---

⑤ 徐枋《題畫芝》，《居易堂集》，第 418 頁。

⑥ 徐枋《五君子哀詩》，故給諫陳公子龍，《居易堂集》，第 408 頁。

⑦ 徐枋《鄭業師雲遊詩序》，《居易堂集》，第 110 頁。

⑧ 徐枋《與葛瑞五》，《居易堂集》，第 53 頁。

⑨ 徐枋《答陳給諫卧子先生書》，《居易堂集》，第 3 頁。

為恪守父命，他只怕早就揭竿而起，絕不落於人後的。

反清是明遺民群體的共同立場，而追溯徐枋的反清，情況還尤為複雜。首先，父親因忠於明朝而死，他當然也要接過父親衣缽。其次，滿清不僅使他亡國喪父，還奪走許多他所尊敬、親近的人，包括他的老師與父執。復次，他本人蒙受了奇恥大辱，強行薙髮對他等同受戮。還有奏銷令，逼得他連「廬墓」（結廬伴於父墓）亦不能得，流落天涯……

這些，對我們了解其反清情懷，已屬充分。後來，又讀到《鷓鴣賦》，從而得到更深入甚至我以為是最終的答案：

> 鷓鴣南方之鳥也，飛必南翔，集必南首，其鳴曰但南不北，故亦名懷南。余聞而悲之。[1]

整篇都圍繞「南」字作文章，用了很多中國的古典與意象。「南為向明之位，北為宅幽之扃。」「維南為陽，維北為陰。」「司天有南正之官居，吹風有南呂之律。」「朱雀踞正南之位，大鵬奮圖南之翼。」南為光明、開闊，北為陰暗、壓抑。南是主，北是從。南氣活躍向上，北氣低沉晦死。南方神鳥所居，是飛翔、靈動、生氣盎然之地，連北方的大鵬振翅，也是要投南方懷抱……總之，南是美善的象徵，北乃劣下之所凝。

這裏，「北」影射滿清（北虜），一望可知。然而，「南」又指什麼呢？假如從清滅明這一層，以為「南」之所指僅是明朝，我以為太窄。把歷史略回顧一番，不難看出南、北的意蘊，一為華夏／蠻夷，一為文明／野蠻。晉代以來，中國歷史衝突的重要主題，便是南北相攘。蠻族不斷從北方發起衝擊，將華夏文明向南壓制。從而，南方慢慢成為正統華族及其先進發達文明的畛域、保留地，北地則華胡混成、習染胡風，文化純正性漸失，而為諸蠻馳騁之地和較落後文明的空間。在這種對立和排拒中，從東晉五胡到宋代的金元再到明末的滿清，絢麗優雅的南方，都一再為鄙陋粗野的北方所蹂躪毀圮。徐枋顯然是在這意義上，以「懷南之鳥」為比興，表達對美善文明的傷悲，故曰「望南天而碎心，遡南風而泣血」。

---

① 徐枋《鷓鴣賦並序》，《居易堂集》，華東師範大學出版社，2009，第 397-382 頁。凡引此文皆同。

至是乃知，在徐枋那裏，反清一事不是單純的仇恨，也不僅出乎民族意識，而有歷史的高度，核心問題是文明立場。這從他也屢次用「秦」來暗指滿清，而獲旁證。秦是中國王朝史內部的朝代，無關乎華夷衝突，不具民族對立意味，之所以是個負面象徵，主要在於反文明特色。它為了自身權力穩固，燔毀了大量文化，禁絕民間言論、思想和著述，幾致文明鏈條斷裂（這種事，許多古代文明都實際發生了，如埃及、印度），所幸祚命短促，繼起的漢代還來得及補救，經過兩漢學者篳路藍縷的辛勞，才使華夏文明回到復興之路。秦代的教訓，令人沒齒難忘。所以，但凡提到反文明，歷來知識者總以秦為喻。眼下，滿清以陋瘠文明塗炭豐美文明，徐枋認為可謂贏秦第二。《懷人詩九首》：「嗚呼魯仲連，屈強不帝秦。區區蹈東海，大義終能伸。胡然天帝醉，金苻被強贏。」[2] 這裏的「秦」、「強贏」，顯然寓指滿清。《題畫松·之二》：「支離冰雪丹心在，偃蹇巖阿綠髮茸。自是千年知漢臘，何曾一日受秦封。」[3] 臘指禮儀，古時祭神稱「蠟」、祭祖稱「臘」。這裏「漢臘」，意同「漢儀」。他以「漢臘」與「秦封」相對，表示文明的去從，他不可能接受和服從落後的文明。

對當時中國之變，黃宗羲曾以「天崩地解」來形容。無獨有偶，徐枋筆下也出現「天崩地坼」[4] 一詞。這當然是巧合，卻足證兩人對於中國所遭現實，感受不謀而合，對中國未來，則抱同樣的擔憂。他們都是文明至上者；文明何去何從，是他們悲欣的主宰。因此，徐枋自比「懷南之鳥」，為文明的銷鑠放其悲音。

十二

不過我們得說，在徐枋身上，反清其實是個小題目。雖然他的以「隱」抗清，頗有特色，但跟眾多顛踣亡命的志士比，終非可以大書特書的人物。然而這並不削弱他的意義，事實上他有更廣的歷史幅度，是超乎特定

---

② 徐枋《懷人詩九首》，《居易堂集》，第 405 頁。
③ 徐枋《題畫松》，其二，《居易堂集》，第 456 頁。
④ 徐枋《答房師姜弱蓁先生書》，《居易堂集》，第 10 頁。

時代之上的。

他寄寓着古代士階層一種「核心價值觀」。他既從其中來，也經由個人實踐而給以發揚，直至構成一個總結。

我們藉《史記》說明這一點。《史記》體例，三足而鼎，曰本紀、世家、列傳。本紀紀帝王，世家紀諸侯，列傳「敍列人臣事跡」[1]。列傳七十，今本為「老子伯夷列傳第一」，這不是原貌。「老子、莊子開元二十三年（735）奉敕升為列傳首，處夷、齊上。」[2] 李唐王朝自認老子後人，胳膊肘向裏拐，把老子及其一派的莊子提到首位，而原本老莊與韓非「同傳第三」。換言之，在太史公當時，七十篇列傳開篇就是伯夷、叔齊故事。

其中包含兩個主要情節。一是兄弟讓位，夷、齊同為商代孤竹國君之子，父欲立叔齊，叔齊讓長兄伯夷，伯夷以遵父命而不肯、逃走，叔齊則以長幼之序，也不肯、逃走，國人遂立孤竹君中子。二是等到武王伐紂，殷亡周興，而夷、齊「恥之，義不食周粟，隱於首陽山，採薇而食之」[3]，僅靠野菜充飢，直至餓死。

兩件事跡，前者講循禮義為人、不貪權利，後者講對有違道義的現實不合作、拒絕。本來，殷亡實屬不義自斃，周革其命卻是以仁除惡。但在夷、齊看來，周的正義形象亦有瑕疵，他們有歌辭吟道：

> 登彼西山兮，採其薇矣。以暴易暴兮，不知其非矣。[4]

似乎，他們思想竟和老托爾斯泰、聖雄甘地一路，是盡善至美論者，不認為所反對事物是惡的，便有理由採取惡的方式來反對。他們用這標準衡量周武王，覺得他用一種暴力推翻另一種暴力，還不知自己錯在何處（「不知其非」），實在不值得讚美。為了秉持心中道義，他們拒食周朝生產的糧食，寧肯野菜充飢（野菜得之天地，與周朝無關）而一點點餓死。

夷齊故事，反映中國古代士階層有極苛細的正義觀、是非觀。它不限

---

① 司馬遷《史記》，卷六十一，上海古籍出版社，1997，第 1650 頁。
② 同上書，第 1650 頁。
③ 同上書，第 1656 頁。
④ 同上書，第 1656 頁。

於或滿足於泛泛區分善惡，甚而對合乎正義大方向的事物，也究根刨底，考問正義是否裏挾着惡。

而更重要的，夷齊傳統標識了士的獨立意識。任何時候提到這傳統，都是重申知識者應該保持獨立品格。本來，夷齊反對的武王、周公，乃是儒家眼中「聖人」，從具體觀點層面，儒家並不同意他們。但孔子和孟子顯然都認為，跟堅持己見、獨立精神、「適於義而已，不顧人之是非」⑤ 的品格比，觀點不同不算什麼。《論語》三次提到夷齊，表揚他們「古之賢人」、「求仁而得仁」⑥。孟子亦譽為「聖之清者」：

> 伯夷，目不視惡色，耳不聽惡聲，非其君不事，非其民不使。治則進，亂則退。橫政之所出，橫民之所止，不忍居也。……故聞伯夷之風者，頑夫廉，懦夫有立志。⑦

古史講「書法」，《史記》載述「人臣事跡」，選擇兩位棄隱者破題，就是一種「書法」，以伸張士階層獨立不倚，捨正義無所認、無所從，對逆天違道能夠拒絕和不合作，甚至是敢於拋別的精神，認這精神有頭等的重要性。

因此，沿着夷齊傳統而來的隱者之流，以往在中國文化裏，主要是自主精神的體現。從最早的代表許由、夷齊，到孔子時代的接輿、長沮、桀溺，到陶淵明，再到徐枋……這偉大的傳統，不單源遠流長，也從來被目為高拔、潔淨品質。只是到了當代，隱逸才漸為輕蔑乃至負面對象。1959 年，毛澤東《七律·登廬山》有句「陶令不知何處去，桃花源裏可耕田」，用陶淵明借喻對「大躍進」持懷疑或游離態度的人。更早，1949 年有《別了，司徒雷登》批判伯夷：

> 唐朝的韓愈寫過《伯夷頌》，頌的是一個對自己國家的人民不負責任、開小差逃跑、又反對武王領導的當時的人民解放戰

---

⑤ 韓愈《伯夷頌》，《中華活頁文選》第 37 輯，中華書局上海編輯所，1961，第 9 頁。
⑥ 朱熹《四書章句集注》，「論語·述而第七」，中華書局，1983，第 96 頁。
⑦ 朱熹《四書章句集注》，「孟子·萬章句下」，第 314 頁。

爭、頗有些「民主個人主義」思想的怕臭，那是惊錯了。[①]

抛棄人民、逃跑、反對革命、個人主義，這些字眼，重新構建了當代語境下的隱者形象。久之，他們在中國歷史和文化中原本的含義，已少有人知。

十三

羅振常《訂補潤上草堂紀略序》說：

嗟乎，上商有里，用聚頑民；首陽名山，爰棲義士。自斯厥後，代有傳人，莫不苦身焦思，與世相遺。迄乎先生，流風未墜，奈何世運愈降，薪火無傳，一餐潤上之薇，遂結遺民之局。[②]

認為夷齊傳統，是在徐枋這兒畫上句號的。某種意義上，確乎如此。以採薇自食方式，躬行古隱之道的，徐枋縱非最後一人，也是最後的顯著代表。

徐枋既死，赤貧無殮。時任江蘇巡撫宋犖欲贈厚金，華氏母子「以遺命辭」，辭而不受。本擬歸葬家族墓地，遭到拒絕（逋賦以來，其弟貫時已經反目）。華氏無措，想賣掉潤上草堂，以為葬費。徐枋門生潘耒（遺囑託孤者之一）不可，認為潤上草堂應該保存，願由自己身任葬費籌措之事。然進展緩慢，東林名人之後、周順昌子周茂藻為作《募葬徐俟齋先生疏》求捐，「當世之仁人君子聞之，知必有慷慨而樂從我者」，可是大家都很窮，一時也無果。事聞於山陰（今紹興）遺民戴易，「慨然賣字以資之」。戴易時以八分書（楷書）知著，「求者雖出多金不可得，至是榜於門幅，受銀一錢……所費所四十餘金，皆出山人十指間也。」與此同時，潘耒和其他故交，也集得七十餘金。之後，戴易為墓地植松柏等費用，第二次賣字，籌得三十餘金。前後多方義募約一百五十兩，買地、營墓、下

---

① 毛澤東《別了，司徒雷登》，《毛澤東選集》第四卷，人民出版社，1991，第 1495-1496 頁。
② 羅振常《訂補潤上草堂紀略序》，《居易堂集》，華東師範大學出版社，2009，第 622 頁。

葬，徐枋終得入土。③

　　華氏和復官，孤兒寡母，困頓艱難。《年譜》於復官記曰「後亦夭折」，看來未能長大成人。如此，則徐枋膝下子孫盡歿，那個拿着偽造的湯斌手跡去見初彭齡的，只能是旁支之後。

---

③　羅振玉《徐俟齋先生年譜》，《居易堂集》，第 547-548 頁。

Chapter 14

附 辛巳、壬午開封之圍

七月十七日，他們把「土城」全部削得牆壁般陡直。同時，牆下還掘出深溝，進一步增加「翻牆」難度。隔一段留一二條小路，以供出入，派人日夜把守、巡邏。這樣，整個開封城已經變成一座被高牆圍起來的巨大監獄。

前引

嘗讀某報告文學，其於 1948 年長春之圍這麼說：「一座城市，因戰爭而後活活餓死這麼多人，古今中外，絕無僅有！」看來，作者應不知道早三百年，李自成有開封之圍。崇禎辛巳、壬午，即 1641、1642 年。前後十七個月中，李自成三次圍開封，皆不能下。開封終以河決傾覆。初圍時，開封有居民百餘萬，難後賑濟，入冊領賑者不足十萬，所存僅十之一焉。其大部在淹城前即已餓死，據《汴圍濕襟錄》，餓死者達七成，即約七十萬上下，遠超長春四十三萬二千之數。圍困戰，乃人類戰爭史常有之戰法，從古希臘到第三帝國，均有用之，然論罹禍之慘者，恐未有踰於辛巳、壬午開封者。這一幕，距今不過三百多年，卻似乎知之者鮮矣。鑒此，筆者乃有為今讀者一述之念。其不可不知有三：一來，這是歷史極可悲的一頁，凡人類一分子，均應銘記。二來，它的經過奇峭駭絕，遠勝任何小說戲劇，足以搖魂沮色，讓人深受震撼同時惕然有省。三來，開封之圍是明代尾聲一大節點，關係頗重，是了解許多人和事的背景。我們的講述，主要依據李光壂《守汴日志》[①]、白愚《汴圍濕襟錄》[②]，兼取周在濬《大梁守城記》、鄭濂《豫變紀略》等。李光壂、白愚均為開封之圍倖存者，後二書作者是同時代人，但本人並未親歷現場，以此有別。

開封城

開封作為重要城市的歷史，從戰國算起。魏國都城原在安邑（山西夏縣），前 361 年魏惠王時遷都。新都城在東方六百里以外，並且越過黃河，從河之北到了河之南。這便是開封，當時稱大梁。過了一百多年，前 225 年，秦將王賁包圍大梁，決黃河水灌之，三閱月而魏王降，魏國遂滅。我

---

① 本文所用版本，為中州古籍出版社 1987 年出版之王興亞點校本，簡化起見，後面除直接引用段落外，不一一另注。

② 本文所用版本，係由中國歷史研究社編入「中國歷史研究資料叢書」《虎口餘生記》、神州國光社 1951 年出版、上海書店 1982 年復印本，後除直接引用段落外，亦不一一另注。

們驚訝地注意到，這城市第一次慘痛經歷，就與黃河聯繫在一起。

此後經過千年沉寂，公元九世紀，開封才再度崛起。唐亡後的五代，有四代以此為都，即後梁、後晉、後漢和後周。十世紀，後周軍隊實權人物趙匡胤，在陳橋兵變，黃袍加身，取周而代之，創立宋朝，開封於是過渡為大宋京師，稱東京，就此開始一段輝煌繁盛的歷史。金滅北宋，曾以開封為汴京，繼而改稱南京。金人對於「京」的名稱頗為隨意，他們有「上京」、「東京」、「西京」、「中京」、「燕京」等很多地名，另外，還有被稱為「京兆府」的西安。所以，開封之稱「南京」，很長時間中都沒什麼特殊含義。直到 1214 年，因為蒙古人的壓迫，金人棄燕京（北京）遷南京，開封才重新真正成為一座都城，然為時甚短，僅有十九年，金即亡於元。又過一百多年，明朝建國，以民族英雄自居的朱元璋，曾有意置帝都於開封，以紹續大宋之盛，然而最終割捨了此念。

開封城制，曾和北京一樣，分外城、內城、皇城。失去都城地位後，上述規制自不能存。元、明、清的開封城牆，實際是金以前的內城。原有十三座城門，1357 年，為防禦紅巾軍封堵了八個，留下五門即麗景（東門）、大梁（西門）、南薰（南門）、安遠（北門）和仁和（曹門）。曹門在東北角，是唯一留下來的側門，因直通曹州（菏澤）而俗稱曹門。這五座城門，是後面攻防戰中的重要地名，會經常提到。

開封城牆自然隨歷史廢興屢毀屢建，值得一提的，是洪武元年（1638）整體改用磚石構築。雖然「秦磚漢瓦」很有名，但明代以前，中國築城多為夯土。十年前，筆者舊居與元大都外城牆遺址相鄰，散步常至彼處，其實就是一隆起的土坡。目今所能見的磚築城牆，幾乎全為明代及以後之物，包括長城在內。這一方面顯示了明代財力的強盛，另一面，也與戰爭條件變化相適應。人們往往以為，火器在中國戰爭中的大量運用，要等到十九世紀西方列強東來。八十年代激烈反傳統時，有人撰文談「四大發明」，稱中國雖發明指南針卻只用來看風水，雖發明火藥卻只用來放爆竹。其實並非如此，十九世紀中國落後於西方的，是武器性能和技術水平。西方「船堅炮利」，中國只是船不堅炮不利，而非無炮也。火藥在宋代已運用於軍事，《水滸傳》中轟天雷凌振，便是炮兵專家。若以為小說

家言不足憑，我們在開封之圍中卻將切實看到，熱兵器已經成為交戰雙方一致仰恃的軍事手段，不僅有炮戰，且有地雷戰。所以，開封之城由土牆改磚牆，提高了抗禦能力，對於李自成久攻不下，是一個頗為關鍵的因素。

另需了解的與攻防相關的設施，還有護城河。《汴京遺跡志》：「其濠曰護龍河，闊十餘丈，濠之內外皆植楊柳，粉牆朱戶，禁人往來。」[1] 這是宋代的情形。而據明人陳所蘊引鄭之鋻《續東京夢華錄》：「今之城門有五，各建譙樓。城之外百步許，有海濠焉。匝城四圍，闊數十丈，深四五丈。」[2] 可見宋人所稱「護龍河」、明人所稱「海濠」的開封護城河，頗為壯闊。然而，上述描述或許誇張。一丈合三米許，十餘丈則有四十米，數十丈或達百米以上，與北京長安街最寬處相當，應無可能。《守汴日志》說，闖軍掘河引水後，海濠變得廣有四五丈，深三丈餘，似更合實際。總之「海濠」在攻防中也發揮了重要作用，後面我們會看到。

萬曆二十八年（1600），在河南巡撫曾如春要求下，對開封城池進行了一次大的增修。《增建敵樓碑記》說，當時城牆完好，「惟敵樓闕如」。一日，曾如春率省府各大員，登城繞行視察，「四顧而歎曰，城以衛國、樓以翼城，匪直為觀美也」。城乃軍事工事，不能變成擺設，而敵樓闕如，似乎就是如此。士兵守城，風雨來襲有無避身之處？矢石蝟至如何得到有效保護？「不待敵人攻我，我業已坐而自困矣。即金城千里何為？是當亟義早圖者。」此時開封，為何有城無樓，不太清楚。考嘉靖二十五年（1546）成書的《汴京遺跡志》：「今省城，即宋之舊裏城……門五……外建月城，上各建樓」[3]，則五十四年前，敵樓還是有的，恐怕就是在此期間所圮壞，亦未可知。總之，視察的結果，決定增建敵樓，而由布政使姚進主其事。「樓既成，大夫相與落之，登樓四望，太行嵩室居然在几案間，大河湯湯，僅如衣帶，城之大觀於是乎備矣。」[4]

此距辛巳、壬午之圍發生，還有四十年。當時，陳所蘊便稱道：「異日

---

① 李濂《汴京遺跡志》，卷之一，中華書局，1999，第 2 頁。
② 陳所蘊《增建敵樓碑記》，《祥符縣志》，卷九，建置，乾隆四年刻本，第 8 頁。
③ 李濂《汴京遺跡志》，卷之一，第 4 頁。
④ 陳所蘊《增建敵樓碑記》，《祥符縣志》，卷九，建置，乾隆四年刻本，第 8-10 頁。

者,父老子弟攖城自守時,計必追頌中丞、方伯,永賴不朽功。」明清官場出於風雅,好用古稱。「中丞」即巡撫,指曾如春。「方伯」在殷周原指諸侯,後指地方長官,明清則借稱布政使,這裏當然是指姚進。事實的確驗證了這番預言。若非這次未雨綢繆增修敵樓,後來開封想要抵擋闖軍三次攻城,亦屬渺茫。

洛陽失陷

開封之圍,要先從洛陽失守說起。

洛陽在明代,乃河南八府之一,稱「河南府」。乍一聽,頗易讓人誤為河南省會。其實,當時省會是開封,但洛陽之重要性毫不遜於開封。一則,其作為古都的歷史,即不傲視開封,起碼不在其下。二則,其城市規模和開封一樣,都在全國屈指可數的大城之列。三則,同為明代重要藩王的封地。開封有周王,朱元璋第五子朱橚之嗣;洛陽則有福王,資格不如周王老,而論眼下勢焰卻遠非後者可比 —— 此人非他,正是萬曆皇帝之寵兒、今上崇禎皇帝嫡親的叔父、明末三案的禍根或起因朱常洵。

所以,方方面面而言,開封、洛陽這兩座河南大城,銖兩悉稱、形同手足,理應一榮俱榮、一損俱損,誰能想到它們的實際表現卻分處極端。我們已經知道,開封面對李自成大軍,足足堅挺了十七個月。可是洛陽卻連一天也沒堅持住 —— 崇禎十四年正月二十日 [5] (1641 年 3 月 1 日),它「一夕而陷」,一夜之間即告陷落。

是否在打洛陽的時候,李自成方案成熟、用兵有方、戰法得當?也並不是那樣。實際上可以說,洛陽的陷落跟李自成幾乎沒什麼關係。它得之「意外」,起於一個突發事件:兵變。

《綏寇紀略》:

> 河南總兵王紹禹者,貪而無厭,好斷軍士餱穀以自肥。賊近

---

⑤ 洛陽陷落日期,除正月二十日外,有十九日、二十二日、二十五日諸說。

後，載重堅請入洛陽。又收福王犒士三千金入其橐，兵益恨，乘夜反招自成入。洛陽陷。[1]

《豫變紀略》提供了一些具體細節：闖軍迫近的消息傳來，正月十七日，駐於城外的王紹禹要求帶兵入城，福王雖加阻止，不聽、執意入城，撤下劉、羅兩位副將所部，孤懸城外，置之背水之地。十八日傍晚，城外有火光、傳來喧鬧聲，據報告，為官軍驅逐闖軍。實際那不過是掩護，一片大呼小叫中，叛軍代表假借追擊，徑赴七里河，與闖軍就裏應外合進行接洽。十九日，大量闖軍現身城外，雙方激戰一天——當然是假像；到了夜間，叛兵賺開北門，引闖軍一擁而入，兵不血刃得了洛陽。[2]

若以為兵變罪魁禍首是那總兵王紹禹，則又只知其一、不知其二。王紹禹固貪，但比之福王朱常洵，卻是小巫見大巫。「時歲兇民飢，兵無餉，盜賊遍野。福王以神宗愛子，性嗇，喜蓄積，豐於財。淅川教諭樊夢斗勸王散財收人心，以佐國家之急……王善之，不能從也。」[3]「福王者，神宗愛子也……王之為人，性鄙嗇而酷嗜貨財，守國二十餘年，無一事可稱者。洎乎國變，連歲饑荒，民不聊生，盜賊遍野，王之粟紅貫朽自若。」[4]他與他的神宗老爹，像一個模子刻出來，貪財吝嗇皆至於不可理喻。洛陽王府，富可敵國，而所賴以保命的軍隊因嚴重缺餉處在叛變邊緣，他卻只是摳摳索索以三千兩犒士，即便錢串線繩已經斷爛、存糧已經變色。「既而城破矣，身橫俎矣，向之朽貫紅粟，賊乃藉之以出示開倉而賑飢民，遠近飢民荷旗而往，應之者如流水，日夜不絕。」[5]「賊從李巖、牛金星策，發福邸中庫金及富人之貨，以號召飢民。」[6]《平寇志》說，闖軍開倉用以賑飢的錢糧，只佔王府蓄積區區十分之一。[7]設若這些錢糧，朱常洵親自發到飢民餓兵手中，而不是自己被捉而由旁人打開庫藏發放，洛陽是否仍會

---

① 吳偉業《綏寇紀略》，卷九，商務印書館，民國二十六年，第179頁。
② 鄭廉《豫變紀略》，卷四，浙江古籍出版社，1984，第73頁。
③ 同上書，第73頁。
④ 同上書，第75頁。
⑤ 同上書，第75頁。
⑥ 吳偉業《綏寇紀略》，卷九，第179頁。
⑦ 彭孫貽《平寇志》，卷之四，崇禎十四年，上海古籍出版社，1984，第87頁。

「一夕而陷」呢？

　　我們最後發現，洛陽被破，歸根結底既不在於闖軍，乃至也非因為王紹禹的貪恚而導致兵變，而是它骨子裏已如福王府裏堆積如山的錢串、陳糧，朽爛無比。不管表面看來，它是多麼巍峨的大城，有着怎樣高大、威猛、堅厚的城牆，實際卻虛弱不堪、搖搖欲墜，禁不得一丁點兒風吹草動。

　　暫且丟開對鄙陋愚蠢的福王的不屑，這不是眼下我們於洛陽陷落矚目所在。該事件與本文故事的關聯，實為以下兩點：

　　　　洛為王國，積藏素饒，且多戰具。城破，金帛子女悉為賊有。其所降之兵，皆邊陲勁旅。[8]

　　　　一呼百萬，而其勢燎原不可撲。自是而後，所過無堅城，所遇無勁敵。[9]

　　洛陽之變的歷史意義在此。我們試為讀者總結之：一、這是李自成所克第一座大城，而因其中有位富甲天下的福王，此大城尤非別者可比，闖軍財力由此獲空前提升。二、福王府有大量軍資儲備，闖軍武器裝備水準有了突破、飛躍式變化，從此具備打大仗、多兵種立體作戰能力，例如對戰鬥手段要求很高的大型攻城戰。三、譁變的明軍乃是訓練最嚴、作戰能力最強的邊防正規軍，其於闖軍軍事素質改進大有補益。四、洛陽令闖軍急速擴軍成為可能，先前，闖軍本身飢腸轆轆，如今充足的錢糧，令其既足吸引復能容納眾多渴望一飽的飢民，「吃汝娘，着汝娘，吃着不盡有闖王」[10]之謠遂遍傳天下。

　　可以說，洛陽之陷無論對李自成和明朝，都具轉折點意義。經此一事，闖軍一夜長成參天大樹，旬日內從幾萬人奇跡般膨脹為百萬之眾，從裝備原始之草寇變成輜重滿載、火力強大與官軍不相上下、甚至取得某種優勢，而軍心鬥志遠為高昂的勁旅。此時，它正掣電挾雷、山呼海嘯地向六百里外第二座大城、省會開封撲來。

---

⑧　白愚《汴圍濕襟錄》，中國歷史研究社編《虎口餘生記》，上海書店，1982，第 45 頁。

⑨　鄭廉《豫變紀略》，卷四，第 75 頁。

⑩　談遷《國榷》，卷一百，中華書局，2005，第 6027 頁。

初圍

從軍事角度說，當時開封是座空城。

之前，城內有兩支部隊。遊擊高謙部，先期隨撫臺李仙風往河北剿寇。另一支則因聞警洛陽，由副總兵陳永福率領馳援。不久，李仙風得知洛陽的消息，亦率高謙趕往那裏。我們不知道政府軍方面是否料到李自成會接着來打開封，總之，開封兵力傾巢而出，已經沒有守軍。

而李自成那邊，卻盡悉開封實為空城，為之興奮不已。「二月初九日甲寅，賊乘汴兵盡出，疾走三晝夜，十二日丁巳，直抵汴梁。」[1] 如此高強度的急行軍，顯然是意識到機會難得，於是一口氣直撲過來。

二月十二日辰巳時，上午九、十點鐘的樣子，闖軍一支先頭部隊抵達城外，大約三百人，都是騎兵，顯然負有偵察任務，因為他們都化了裝，自稱官軍。但開封居民仿佛嗅出了什麼，紛紛入城躲避，城門隨即關閉。午未時（下午一時許），闖軍大部隊及李自成大營趕到。巡按高名衡下令，所有城門一律以沙袋堵死，開始固守。同時，主要官員迅速分工。祥符縣（開封府治所在地）知縣王燮帶領衙役兵（相當於公安幹警）登城守禦，左布政使梁炳負責東門、右布政使蔡懋德負責曹門（東北門）、管河同知桑開第負責北門；由於闖軍主攻方向在西門，此處由高名衡親自坐鎮，開封府推官黃澍與守道蘇壯協守，另有周王府內侍曹坤與左長史李映春率王府衛士八百人，登西城之上抵抗。

分派粗當，各官遂分頭履其職守。

其中，祥符知縣王燮即刻邀集全城有聲望及影響力的人士會議，權定以下方案：馬上組建民兵隊伍；開封有八十四坊（八十四個街道社區），每坊立一社，每社兵額五十名；各家出兵原則是，全部由富人承擔，越富則出兵越多，家庭資產一二千銀者出兵一名（或兩家合出一名），資產過萬者出兵二至三名；這樣，八十四社共得民兵四千餘名；每社設長、副二人統之，全部八十四社再依五門分為五個總社，各置一人為總社領導。

---

[1] 李光壂《守汴日志》，中州古籍出版社，1987，第 1 頁。

組建民兵守城的構想及方案，既有效克服了開封無兵可用的困境，又解決了臨時建軍而無兵餉的難題（軍餉按額分配給建制內軍隊，政府財政並無單獨款項可供額外的軍事消耗），同時，嚴格體現公平原則——受益愈多則分擔愈多，由富人貢獻所有人力物力，與普通百姓無涉。

藉社兵組建一事，可略見知縣王爕或開封政界的高效與干練，與洛陽之渙散濁亂恰為鮮明對照。其於開封的久圍不下，是很好的注腳。

另外一大不同，在福王、周王之間。明室宗親，有遠近、有大小、有窮富。福、周二王，其顯赫及富有相當，而所藉不同。福王靠的是所謂「神宗愛子」，與今上血緣最近，原本連紫禁城都可能讓他來坐，雖德行不修，又哪裏有人奈何得了他？周王不然，該王雖為朱元璋諸子一代最老親王之一，身份尊貴，然而如果看看二百多年來第一批親王怎樣或削或廢或得罪或破落，即知能夠葆其福祉至今，殊為不易，故不可像福王那樣有恃無恐，而須另有進退之道。這一點，當着開封被圍之際，立刻表現了出來。

《大梁守城記》說，周王不但以八百王府衛士投入戰鬥（不必說，費用完全出自王府），且將大批銀子直接搬上城頭，立此為證：誰建功，立馬給賞。這筆錢有數萬兩。他開出賞格：打死一個敵人賞五十兩；能夠退敵、解圍者，賞十萬兩，外加保奏皇帝授升官職。

據《汴圍濕襟錄》，捐資初非周王主動，「知縣王爕巡覘兵情懈怠，單騎馳入周府，啟王云：『城破旦夕，王多積藏，萬一失守，恐非王有，乘此人心未危，兵民可鼓，重賞犒之，或可救急！』王隨發餉金數萬，遍賞合城，敵愾大振，城遂可保。」[2]

雖出王爕之勸，周王至少能夠納其言。而且以上還是初圍時情形，最後，李自成三圍開封過程中，周王總共支出一百二十餘萬兩銀子[3]，或作為賞金、或作為給守兵購糧之用。另外，他還捐掉了自己當年的「歲祿」——我們正好知道他一年「歲祿」是多少，《弇山堂別集》卷六十七「親王祿賜考、各府祿米、諸王公主歲供之數」載：「周王歲支本色祿米二

---

② 白愚《汴圍濕襟錄》，中國歷史研究社編《虎口餘生記》，上海書店，1982，第 52 頁。
③ 談遷《國榷》，卷九十八，中華書局，2005，第 5941 頁。

萬石」。① 二萬石，姑且不依圍困中開封離譜的糧價算，即按平常的米價，崇禎十六年每石值銀三點三兩（此為北京米價，至於別地，崇禎初即可高達每石值銀四兩）②，折成銀子又至少值二十萬兩。

我們當然又想起朱常洵如同割了心頭肉一般，拿出的那三千兩慰勞金。

政府方面同樣立有賞格：出城斬敵一級者可得銀五十兩，射殺一人賞三十兩，

措施有力，調配得當，官吏有為，周王表現也不讓人失望。於是，開封士氣便與洛陽判然有別。群眾抵抗積極性高漲，除了組建起來的社兵，還有不少百姓自發參加守城戰，「百姓挈弓矢刀槊登城者，紛紛恐後」。

闖軍首選攻城方式，是挖牆腳。在矢石掩護下，驅趕鄉民接近城腳，然後挖洞。其作用，一是想打通城牆作為入口，二是可以藏匿兵員以備發動統一攀城行動，三還可以填炸藥通過爆破毀城。而進展頗為順利，頭一天就在西門一帶牆體挖出六個大洞，威脅極大。起初，城上對此束手無策，因為敵人深藏洞中，城上無論射箭、火攻皆不能及。十三日，一個叫張堅的人，發明了破解之策，稱「懸樓式」，以巨木製成柵格式大吊樓，寬度跨五垛或三垛，其實就是可探出城外、可升降之活動掩體，每樓容十人，從裏面發矢、投石、扔火罐，攻擊洞內之敵。黃澍採納了張堅發明，下令立刻趕制五十座。「懸樓式」果然奏效，闖軍行動嚴重受阻，死傷甚眾，大怒，十四日一整天，萬箭齊發，以阻止「懸樓式」探於牆外，「箭插城垣如蝟」。

然而，洞中所存之敵卻未停止工作，晝夜挖掘，對此，「懸樓式」也無能為力，如不設法制止，城危旦夕。王燮遂向高名衡獻計，照着敵人打洞位置，自城上下挖，將其鑿穿。大家覺得冒險，害怕這麼做弄不好反而幫敵人打通城牆，王燮卻說古有成功之例，於是選了一處來試。開封城牆高約十一米，相當於三層樓房。打了一整天，終於打通一洞，井口粗細。下面闖軍驚慌失措，「哄然遁出」，守軍則從將火藥從洞口拋下，「賊皆不

---

① 王世貞《弇山堂別集》，卷六十七，臺灣學生書局影印本，1965，第 2853 頁。
② 秦佩珩《明代米價考》，《明清社會經濟史論稿》，中州古籍出版社，1984，第 199-210 頁。

敢入洞」。然後，「各口效之，皆得固守」。

十五日，圍城第四天，闖軍換了攻城術，改用雲梯強行登城。雲梯多達百餘座，有大有小，最大的一座由四十八人共抬而至。對城上來說，比之於挖牆腳，雲梯較易對付。距城較遠，以大炮擊之；迫近，則用火攻。有一種火罐叫「萬人敵」，可以理解為古時的大型燃燒彈，威力不小。這樣，闖軍雲梯縱隊無一得手，不死炮下即葬火中。

儘管如此，闖軍並無退志。城內分析，或許敵人認準開封內虛，所以不肯輕罷。於是佈疑兵之陣，將竹廠數萬竹竿，悉數買下發給百姓，每人每天付酬五分銀子，讓他們高舉竹竿，登城遊行，呼喊口號，誓師「發兵出戰」。據說，闖軍果然有點摸不着頭腦，將大營後移，而「攻危稍緩」。

十六日，迎來轉機。救洛在外的副總兵陳永福，聞知闖軍攻汴，兼程回援。他手下兵將，都是開封本地人，「聞賊寇城，顧家心急」，故能一鼓作氣趕回，夜半時突襲闖營，斬敵若干，自損二將及兵士數百，撕開一條口子，抵於城下。高名衡猶恐有詐，命陳永福子城樓認父，辨得確實，才開門放入。至此，開封度過完全由百姓自守的四天，而重新擁有正規軍，「合城歡噪，人人鼓勇，民心大定」。

正規軍回歸，底氣果不同。十七日闖軍復攻，薄近城池時，緊閉多日的城門居然打開了 —— 陳永福率部出城迎戰。雙方相互靠近，到海濠邊上，各自止步。闖軍退卻，或出於誘敵或對城內大膽略感意外。陳永福則不中其計，也勒住馬頭，從容回城。

消息驚動了李自成，他要親自一探虛實，化裝成普通士兵的樣子，雜於眾中，至城下窺視。城上照例以箭射之，其中一箭，「中左目下，深入二寸許，抱頭驚擁而去。始知為闖賊也。」意外獲此重大戰果。從此，李自成就成了「獨眼龍」。這一特徵，過去的當代小說、連環畫、戲劇之類敘述，是迴避的。我自幼腦中的李自成形象，並無眇一目之印象。但作為事實，1641年起李自成確只剩下一隻眼，那正是開封之圍給他的烙印。

二月十八日黎明，闖軍前鋒部隊掉轉方向，在西邊「逡巡終日」，傍

晚，終於全軍撤離。闖軍的動搖，除了陳永福回歸和李自成中箭，還因為傳來消息，左良玉大軍將至，保定的官軍也即將渡河。當時，左軍名頭還很有威懾力；一年後，打完朱仙鎮戰役，左良玉神話才告解構。

闖軍自十二日先頭部隊現身，至十八日西去，前後六天半，此即開封三圍之初圍。幾乎沒有駐軍的省城開封，通過發動民眾，頂住和化解各種危機，令剛剛取得洛陽大捷、信心爆棚的闖軍，空徒往返。不寧唯是，其領袖竟至不能全身而退。

二月十九日，脫險後的開封，開始收拾爛攤子。王燮督眾修葺城垣，夜以繼日，僅用十天把所有的挖洞及其他破損修好。三月初一，進一步備戰，各官募兵選將，添設營伍。高名衡添設了清真營，「皆募回回充之，稱勁旅。」按：開封為回民聚居地，當時清真寺就多達十餘處，大多是元初隨蒙古遠征軍來此。此外，還有守道蘇壯所設「道標營」。王燮創建的八十四社社兵，當然也並未解散，「無事則團練習藝，有事則登陴守禦」。

大家都有預感：李自成還會再來。

二圍

平靜持續了足足十個月。

年底，十二月二十日（西曆已是 1642 年 1 月 20 日），大寒節氣當天，城中已到處傳聞闖軍將至。二十三日下午，忽見七騎疾馳而至，將兩張紙貼在曹門外柵欄上，衛卒急追不及。眾人看時，正是李自成的佈告。

「是夜，賊大營至。」前度，闖軍是偷襲戰術，意乘開封空虛打一個措手不及，故假扮官軍等等。此番，態度迥然，大軍未到，先張佈告，可謂堂堂正正。

所以如此，蓋出四者：一、開封久備不懈，自成已知偷襲無益。二、一箭之仇、眇目之辱，令其耿耿於懷，此番再來，自當以雷霆威震之勢，蕩平汴梁。三、初圍兵力是小股輕裝，晝夜急行，「精兵不過三千，脅從之眾不過三萬」。此次不然，「時自成有眾五十萬」，另外還帶了一個幫手——結義兄弟、外號「曹操」的羅汝才。「汝才戰士四五萬，戰馬萬餘

騎，馬騾廝養不下四五十萬。闖兵長於攻，羅兵長於守，相倚為用。」[①]
《守汴日志》、《汴圍濕襟錄》、《明史》均載李、羅規模百萬，《甲申傳信錄》至言合計「二百餘萬」。四、既然是大兵團作戰，裝備方面自非昔比，整編整備、精銳悉出，「每一賊有馬三匹」，各種重型武器應有盡有。總之二圍重來，李自成靡以重兵，耀武揚威，是決戰姿態。

連主攻方向亦先予明示。初圍地形不明，主攻西門是錯誤的，因為開封西門海濠特別寬闊，易守難攻。這次總結經驗，將主攻方向放在東北至正北一線，故貼告示於曹門。

二十四日，進攻正式開始。當時，督師丁啟睿率兵三千從南陽來援，在北門外立營迎敵。闖軍剛發動衝擊，兵刃未接，丁師即告崩潰，敗卒狂奔進入北門月城（即甕城，掩護城門之用，半圓形，故又稱月城），而闖軍騎兵緊追，隨之而入。堵在月城中的官兵「哀號求入」，丁啟睿在城上見此，要求打開北門令其部下入內，遭到王燮嚴辭拒絕：「此何光景？尚敢啟門也！」湧入月城的闖兵，開始徒手攀援，很多已經爬上月城上面，進而再攀主城，則輕而易舉，情形甚危。一名叫李耀的軍官，率數十名回族勇士，「各持大柳椽，躍過甕城，盡擊賊落城下」。然闖兵仍不斷向上攀爬，後續闖軍也大批湧來，「炮擊不退，賊兵擁集城下」。督撫面面相覷，又是王燮站出來充當「惡人」。他提出了冷血的建議：「火攻下擊，以解其危」，不分敵兵己軍，一律燒死。丁啟睿還在沉吟猶豫（在他自當如此），王燮已下令投火月城，「兵寇不及避，霎時皆焚於火」。白愚對此記道：「合城稱快」。後來，兵部於其文件中評估事態，稱「若非知縣王燮付之一燼，則汴城不可問矣！」

北門危機之後，轉入膠着之攻防戰，挖牆腳重新成為焦點，闖軍一心把城牆挖透，城內則極力阻之。承擔挖牆任務的，並非闖軍士兵，而是被驅趕而來的四鄉農民。蓋因此事傷亡巨大，闖軍自不肯以其徒耗有生力量。《大梁守城記》記之：

---

① 谷應泰《明史紀事本末》，卷七五，中原群盜，廣雅書局刻本，上海古籍出版社影印，1994，第 331 頁。

賊每令數十人持錘鑿，聞鼓蟻進。至城下施錘鑿，人一聲，捨而退，繼者進。磚石微動，施鷹嘴钁，亦人一聲。首得磚者，勞而休之，終身不與攻城之役。[1]

摑得一磚，即得豁免。這種辦法，利用掘城者求生慾，而聽驅策，但因此所需鄉民，人數也十分驚人，《守汴日志》有曰「脅從之眾近百萬」，數目應不誇張。偶有鄉民反抗，《大梁守城記》載，有一鄉民被闖軍執刀逼迫前來，忽然「回身緊抱，向城大呼曰：『我不為賊用，速發炮，願與賊俱死。』」[2] 不少鄉民接近城下前，已死炮火之下。躲過炮火，到相對近些的地方，還得防城上之箭。闖軍令所有掘城之民，都背負「版扉」亦即門板窗板前來，作為擋箭牌。雖然傷亡巨大，但畢竟徵伕極多，故進展仍舊顯著。到二十五日，環城所掘之洞有三十餘處，每洞可容數十人，大小應在十平米以上。對於已經潛入洞中的闖軍，「磚石不能擊，繫柴加烘藥下燒之，賊自出」；於是，「火晝夜不絕，自曹門至北門環互十餘里」。從中可以注意戰爭的實質是消耗，一切最終取決並歸結於物力。從燒柴這一端，即可體會開封城的巨大消耗，「周府出葦柴，官府買蜀柴無幾，強半出之社中」，從開戰第一天起，所有物資都在急劇消耗中；目前吃緊的是柴，將來則必發展到糧食。

二圍戰事突出之處，在於大炮成為主角。初圍是奇襲，輕裝簡從，故少見炮戰身影。二圍再來，李自成傾巢而動。而且此時他的家底，除得之洛陽外，還有初圍後十個月中間各地攻城的斬獲，「賊之再圍也，沿途攻陷郡邑，所獲火藥器械大稱饒足。」[3] 無疑，他已擁有一支非常完備的炮兵。

炮火顯示了威力。一是重創城上守兵，死傷慘重（城上亦唯還以炮擊，方能反制）。二是直接擊毀城牆，二十七日，闖軍「列大炮十餘，一時並擊，城垣隨聲而墮。」[4] 坍現二丈餘大口子，然後以步兵登城，騎兵隨

---

① 劉益安《大梁守城記箋證》，中州書畫出版社，1982，第 53 頁。

② 同上書，第 44 頁。

③ 白愚《汴圍濕襟錄》，中國歷史研究社編《虎口餘生記》，上海書店，1982，第 51 頁。

④ 鄭廉《豫變紀略》，卷四，浙江古籍出版社，1984，第 98 頁。

之。城內也迅速調集十餘門炮,「步賊至半途者,一擁而下,死者無數。」如此炮火掩護下的來回攻防,一夜竟達數十次,黎明才稍見稀疏。

最猛烈一次炮戰,見於十餘天後。元月十二日,闖軍調百餘門大炮,構建空前火力,「齊燃擊城,城被炮,傾頹如阪」。現場情形,「飛鐵鎔鉛,四面如織,空中作響,如鷙鳥之凌勁風。」大約一百多名闖兵趁勢已登上城牆,插旗城頭。當時,「城上炮苦後坐」,可能是地勢關係,安放炮的位置不理想,後座力致炮不穩、準頭欠佳,陳永福(這時他已晉升總兵)遂騎於炮上壓之,「命左右曰:『速點,速點,忠臣不怕死。』」經他的鼓舞,守軍炮火重拾攻勢。闖軍稍卻,城上趕緊以水大量傾於「傾頹如阪」的城牆缺口。這是聰明的救急辦法,時當嚴寒,水很快變冰,闖軍重新攻至卻已不能由此缺口登城。

大炮既為殺手鐧,雙方便都動心思,改進、提升其效果。闖軍首先有所發明,他們伐木製成大炮臺,長十丈餘,寬五丈餘,高可三丈,容百餘人,置炮其上,顯然是為了改善發射角度和射程。效果應該顯著,城內於是亦予仿效,但苦於缺少木料,故較簡陋,只是做了炮架子,「立長柏木三如鼎足,懸大炮其上」。

圍繞炮戰,還生出迷信與邪術:

> 賊驅婦人,赤身濠邊,望城叫罵。城上點大炮,悉倒泄。城
> 上令僧人裸立女牆叫罵,賊炮亦倒泄。[5]

裏面的道理,大致是陰陽相克。以為炮是陽物,女人為陰,陰之咒陽,陽即不舉。另一邊,也認同這道理,爾既以女人罵我,我則以無慾則剛之和尚反罵。雙方都脫光了身子,試看誰怕誰。事屬邪妄,是否果如所說一罵便靈,不得而知。但從中可見炮對雙方的重要。

闖軍戰法直追現代處,尚在炮兵之外——它似乎還有爆破部隊。連日來,一直在開封東城腳下不停開挖,直至挖成一個十餘丈大洞。然後,每天往裏面搬大麻袋,袋中滿是炸藥。待將大洞填滿,再裝上兩根引線。引

---

⑤ 李光墅《守汴日志》,中州古籍出版社,1987,第7頁。

線粗得駭人，「長四五丈，大如斗」、「忽肩二長物如大屋柱貫坎中者，藥線也」。終於一切停當，元月十三日這天，「馬賊千餘俱勒馬濠邊，步賊無數」，就等爆破成功，衝進城去。巳時（上午九時至十一時），點燃引線。《守汴日志》述說：

> 藥煙一起，迷眯如深夜，天崩地裂聲中，大磨百餘及磚石皆迅直空中，碎落城外可二里。[1]

威力巨大。然詭異的是，「城上城內未傷一人。裏半壁城牆僅厚尺許，卓然兀立。」被刨得僅剩一尺多厚的城牆，居然無傷。城外卻慘不忍睹：「勢若反擊城外，賊在二里內者皆死。或屍着馬上，塊而糜爛，如塑鬼物未成者然。」「馬、步賊俱為齏粉，間有人死馬驚逸者。」大約當時所用的黑火藥，究非諾貝爾所發明黃色炸藥可比。引爆後，能量由敞開的洞口處釋其大部，而闖軍攻城部隊又不明智地圍在洞外等候，遂罹慘禍。當時人們不明就裏，以為「此真天意，非人力也。」

古城在戰火中迎來壬午年春節，進入崇禎十五年。正月初一當天，戰況尤烈。李自成認為時值過年，開封守備不免鬆懈：

> 隨於本日調集馬步精賊數萬，伏於海濠之外，乘元旦以為我兵守懈，約令各賊同時齊攻。前驅鄉民，繼以駭賊，蟻附而上。復用大炮上擊，各賊隨響擁登，勢危萬分，存亡俄頃。巡撫高名衡（初圍後升任巡撫）、總兵陳永福率兵將躬臨危險，指揮我兵奮死力敵，加以火藥磚石齊施，賊不退兵，又以「萬人敵」（燃燒彈，前有述）蘆柴澆烘油，烈煙彌天，賊　不能立足，焚死無數，方始退卻。……全汴之功，此戰稱第一。[2]

初四、初八，連降兩場大雪。守城士兵不能離崗，露宿城頭。巡按任濬找到《守汴日志》作者李光壂，說：「大雪濕衣，兵寒難忍，須各給綿

---

① 李光壂《守汴日志》，中州古籍出版社，1987，第 11 頁。
② 白愚《汴圍濕襟錄》，中國歷史研究社編《虎口餘生記》，上海書店，1982，第 53 頁。

被或氈條禦之，非立辦二萬件不可。」李光壂立刻去辦，議定每名社兵出十件、每家當鋪出五十件、大商人每戶出三十件，不等；得到積極回應，「未及晚，城頭山積」，被氈堆滿。雪停後，任濬又找來李光壂，讓他將徵用的被氈，一一還給捐主。

李光壂在二圍前夕，受命擔任左所總社，是開封民兵五大領袖之一。自此以後，便以極強責任心投身守城戰鬥。曹門民兵力量不足，他自出資募丁，「每次人給錢百文、餅四個，百姓蜂擁願僱，雖日用數十人，不缺。」每天，李家還自製厚餅三千個送城上，及二圍結束，他一家製餅送餅數量超過十萬。李光壂表現雖然突出，卻並不孤立。開封許多富戶每天都主動送餅給守軍，「巨賈巨族，各送餅千百不等。」又有鄉宦劉昌、鄭封、張文光等，「於上方寺安立大鍋數百口，倡督鄉耆，捐輸米麵，晝夜供食不絕」[3]，以援城上士兵。

應該說狂攻之下開封屹立不倒，軍事層面之外，重要因素是合城齊心。以葦柴一項物資為例，上自周王，下至民間，咸與共擔；「周府葦柴，令宮人運出園外，驟車數輛，晝夜載運」，而在民間「每一社兵，出柴五束、十束，後至二三十束」，李光壂每天早晨天沒亮，便要去找鄉約派四輪車十五輛，專門搬運周府和社兵葦柴。到二月初九，僅經他手就運輸十二萬束以上；此後至解圍，又運十餘萬束。

有跡象顯示，李自成正失去信心和耐心。正月初三，他做了兩件事。一是把丁啟睿手下投誠過來的三千士兵，藉口點名，騙到老營，全部殺死，原因是「恐其為內應」。二是將頭領李狗皮打了四十軍棍。李狗皮是進攻開封北門的前線指揮官，「闖賊怒其弗克，責之」。

以下情形同樣說明這一點：初十，闖軍持刀逼迫民伕重返原來所掘城洞，繼續幹。然而，諸洞已為守軍奪取，民伕接近不得，「欲另掘，又為懸樓磚石擊走，回到濠邊，持刀賊乃盡殺之，屢驅屢殺，如是終日，死者萬餘。」[4] 如此格殺勿論，顯示了久攻不下的急躁。

---

③　同上。
④　李光壂《守汴日志》，第9頁。

躁進，直接表現在李自成身上。他的大營，本來距城十里，現在貿然移至僅三里許的地方。這一位置，更利於他觀察部隊表現，加以監督、指揮。他或許想以此給部隊施壓，或者出於對手下不夠信任。他自然知道這很冒險，但遲無進展令他不能安坐十里之外。他險些付出比眇一目更重的代價 —— 城上一炮手，注意到這新的營帳，「遂安紅衣大炮一位，照的（瞄準）賊營，祭畢施放，遠望飛煙塵灰一道，正中其營，打死人馬無數，闖逆倖免。」[1]

反之，守方一邊，卻有不少進展。

正月初七，重賞之下，開封市民朱呈祥率百餘人，決定「承包」奪取闖軍所掘各洞的任務。他們的辦法是，通過從城頂打通的洞，將燒着並加了助燃劑的柴堆懸入洞中，再不斷投以新柴，使洞內燒至極熱，人不能存 —— 驅出洞外的闖兵，自然被城上箭石斃命 —— 隨即迅速、大量灌水使洞降溫，己兵帶短刀跳入實施佔領，之後每洞各以五十名士兵守之，闖軍捲土再來，則據洞擊退。如此，闖軍廢時半月辛苦所掘總共三十六洞，盡落守軍之手，開封一大隱憂消除。

甚至大膽出城騷擾。奪洞翌日，正月初八夜半三更，天降大雪，巡按任濬忽生一計，選奇襲兵五百，悄悄開了城門，渡過海濠，分幾處殺入敵營。一陣亂砍，砍了就跑。闖軍驚起，急追。過了海濠，接近城邊，埋伏在闖軍所掘城洞中之兵殺出，截斷歸路，五百奇襲兵也掉頭回殺，共斬敵七百八十三級。李光壂敘至此寫道：「推官黃澍同壂立城頭，渾身雪厚寸餘，竟不自覺。」

隨即是十三日爆破失敗、重創自身一幕，闖軍很有些黔驢技窮之感，又恰此時，「忽見打糧賊（去各鄉搜糧的闖軍）數千自西蜂擁潰回，皆云『不知何處兵馬，盡是白旗，已渡黃河，長驅飛至！』」[2]當時，明軍援軍保定總督楊文岳部以及左良玉、虎大威等，確正向開封運動。初二，楊文岳曾派密探扮乞丐至城，告以「大兵即至。」闖軍所見渡過黃河明軍，應即

① 白愚《汴圍濕襟錄》，中國歷史研究社編《虎口餘生記》，上海書店，1982，第 55 頁。
② 同上書，第 57 頁。

楊文岳部。

　　元月十五日，元宵節。一大早，「老營賊五鼓拔營」。李自成總部先撤，「攻城之賊未動」。很小心，怕城內追擊。其實，城內筋疲力盡，顧不上。到了中午，闖軍飛騎傳令，「呼眾賊速走」。圍城部隊遂撤，「自西北往東南，揚塵蔽日。」

　　城內仍未敢輕動，直到第二天，巡按任濬方傳諭各總社開城門。李光壂所任左所總社，協防曹門。接到命令，他找來器械，軍民並力齊發，頗費一番氣力，才將曹門打開。一行人出城察視，李光壂記道：

> 壂騎馬戎服前導，黃推官、王知縣各騎馬行，周府方、邱二小內使亦同往，周視賊營，牛、驢、馬頭皮腸肺，間以人屍，穢滿營內外，約廣八里，長二十里，以繁塔寺為聚糧之所，糧深三尺。[3]

　　景狀令人作嘔，然並不為奇。凡戰爭蓋不免如此。戰爭沒有美好的一面。

　　從存糧看，闖軍供應充足。除了糧食，被丟棄的還有婦女。十七日，「賊所遺婦女二千三百餘人，悉歸城下，因收月城內，禁兵民掠奪，俟其親屬認領。」這些無助的女人，單獨置於甕城內，以防再遭爭搶。說是「俟其親屬認領」，恐怕也難，沒人知道她們的丈夫、父兄是否為遍野屍體中的一員。十八日李光壂隨黃澍等出城埋屍，他的所見：「屍橫遍野，斷髮滿地，死傷者無慮十萬。今地方夫掩埋，十日未畢。」用了十天，仍未能盡埋。

　　總兵陳永福所部，從戰場上共收集到闖軍所棄牛隻三萬餘頭，是從鄉民手中或徵或搶，用來運輸各種物資的，如今無主。巡按任濬指示，按市價折半賣與農民做耕牛，凡欲購牛者發給小票，排隊領牛，李光壂負責收票。他察看了牛的情形後，報告任濬：這些牛闖軍顧不上餵，「唯食草根泥水，腹有宿泥，不出十日必死。」任濬找來獸醫診斷，結論相同，「事

---

③　李光壂《守汴日志》，中州古籍出版社，1987，第 12 頁。

遂寢」。雖然似乎是微不足道的細節，卻足彰戰爭破壞性。在農業時代，牛為主要的生產資料；一戰即損牛隻三萬餘頭，而每頭牛都可折合若干糧食產量，算一算賬，會是一個嚇人的數字。

二十七日，殘局收拾得差不多，開封開始重建，主要是修補城垣，按下不表。

此即開封二圍。崇禎十四年十二月二十三日，李自成糾合羅汝才復至，崇禎十五年元月十五日遁去，凡二十三天，歷時較初圍長四倍，且跨了年度。攻城者動用了所能的一切手段，而開封仍得保全。身為開封人，白愚自豪地寫道：

> 守城之功莫賴兵將，而民壯之兵，亦稱勇健。當攻城之頃，兵已拚死，協守二十晝夜，賊退。撫按於教場量功行賞，仍具題優敍，奉旨褒嘉升賞有差。[1]

他的意思，開封堅強主要在於開封人，奇跡屬於開封人民。

三圍

說奇跡，因為確實絕無僅有。那時闖軍所向披靡，所到皆如探囊取物。洛陽、西安、北京……無有他打不下的城池。從頭到尾，令其悻悻然的，只有開封，且接連三次終於無奈其何。別的不說，僅二圍至三圍這段時間，在開封周圍，闖軍即連陷十七州縣，唯獨開封居然已讓他栽了兩回。

原其根由，至今也拿不出一目了然、令人茅塞頓開的解釋。我們雖曾設法找了若干理由，比如官吏干練、周王不慳、士紳效命、民眾團結等，但與事情本身難度比，其實都欠充分。不但我們為之納悶，李自成顯然也是大惑不解。以他戰無不勝的勢頭，開封這根骨頭如此難啃，實在是怪事一樁。他心裏放不下這根骨頭，如鯁在喉，不吐不快，非吐不可。哪怕是為自己，他也必然回來，求一個徹底了斷。

---

[1]　白愚《汴圍濕襟錄》，中國歷史研究社編《虎口餘生記》，上海書店，1982，第 58 頁。

崇禎十五年二、三、四月，當他極其順手地連克連捷之後，開封留下的鬱悶，便更顯突出了。

四月二十八日，李自成去而復返的消息，已傳遍開封城。從事後看，開封居民錯過了逃生的重要時機。如果他們這時便棄家離城避於他鄉，很多人是可以活下來的。恐怕前兩次開封屹立不倒的經歷，麻痹了眾人神經，以為李自成不過爾爾。似乎也不是沒有道理，尤其經過二圍，闖軍各種招數、能耐，大家都見識了，而扼腕引退的不正是闖軍麼？

大家只和以前一樣，加強備戰，做好準備。仍然以開封五門為核心，佈置任務。人員基本是老面孔，只是少了祥符知縣王燮；他因兩次守城有功，得到提升，去了北京。

五月二日，闖軍出現在城外。先到一隊哨兵，李自成大部隊次日方至。羅汝才仍然是盟軍，故可知三圍兵力與二圍相當。

有兩點變化或不同。首先，李自成大營選址於閻李寨，其地距城二十里，比先前都遠。第二點，是更為重要的跡象——闖軍完全不進攻，卻派出大批士兵，數十或一百為群，「分頭刈麥」。當時，麥子接近成熟，正是收割時節。不過十天工夫，到五月十三日，開封城外附近田裏麥子，除了黃河堤邊一小塊區域，都被闖軍收割一盡。十四日，對堤邊剩下的餘麥，闖軍已無耐心收割，索性放火燒之。這過程中，有個怪現象：闖軍割麥時，城內也派兵出來搶割，「賊東兵西，兩不相值。偶遇時，兵多賊即走，賊多兵亦趨避。」雙方都避戰。守兵避戰很正常，寡不敵眾也。闖軍避戰，大有深意，應該引起警惕。

割麥、避戰、大營更遠，這些，都透露了李自成的重大戰略調整：圍而不打，困死開封。甚至，選擇麥熟時節重圍開封，也是這戰略深思熟慮的一步棋。

這意味着，他承認靠強攻無法使開封就範。他第三次來此，不是為了重複失敗了的過去。他有新的思考和方案。他要完全換一套戰法。

史上最可怕的圍困戰，撩開幃幕。

開封軍民則並未意識到已陷絕境。他們的掉以輕心，不僅有初圍、二圍留下的樂觀，還因為有一顆定心丸——朝廷已經調集重兵，要以開封為

決戰地，全殲闖軍。初圍及二圍，李自成都在大批政府軍趕到前溜掉，這一次他是避不開了，官軍已從四面呈合圍之勢，其中包括著名的左良玉將軍。情報表明，左部正接近朱仙鎮，那裏將是會戰地點。這位崇禎年間成長起來的名將，與農民軍作戰擁有驕人戰績，部眾龐大、實力強勁，無人認為闖軍可以攖其鋒。

十五日傳來喜訊：左總兵已在朱仙鎮駐紮，「連營四十里，號四十萬」，與之遭遇的闖軍三千騎兵，「俱被擒斬」。

十六日，夜。人們發覺「闖賊跟蹌移營，馳拒左兵」。狼狽地拔營，跑了。

天亮後，別處逃來的難民證實，闖軍確已一跑而空。總兵陳永福派偵察兵往探，果是空營，還滿載遺物而歸。

於是，十八日大開城門，讓百姓隨意出城，去揀闖營丟下的東西。「賊遺麥、豆甚多，魚、雞、鵝、鴨、豬、羊之屬及金銀器物、牀帳、車輛、衣服，無不備。」百姓們擔糧一回不夠，還來得及擔第二回。兵民運回的糧食達二萬餘石。

不逃，而往城裏搬糧，令人太息。其實，朱仙鎮大戰這幾日，乃是逃命的最後時機。然而初圍、二圍奇跡，使開封成為人們心中不破之堡壘。豈不見別處難民也紛至沓來，湧入城中躲避？

官軍在朱仙鎮的崩潰，我們曾於左良玉故事中述及，這裏可以略去。一週後，二十三日，督師丁啟睿帳下將官楊維城自朱仙鎮逃回，通報朱仙鎮失利的消息：「維城至城下叫門，內丁營中軍吳國璽識之，白巡撫縋上，言朱仙鎮失利甚詳。」出於可想見的顧慮，恐怕開封當局未敢把這爆炸性的消息，如實地告知市民。二十四日，闖軍前哨已回，而開封兵民還在繼續搬運闖營遺物：「營中諸物已盡，惟麥、豆猶有存者，兵民往取之，見賊馬奔回。」

二十五日，李自成的大營重新在閻李寨駐紮。他很安靜，一點不像剛打完一場大勝仗的樣子。人在城上了望，只見闖軍或驅民收割餘麥，或二三百一群在村中搜糧，絲毫沒有攻城跡象。事實上，從五月二十六日直至六月初二，連續七天，城內都能大膽開門，讓兵民外出割草（飼馬之

用），好像沒有什麼危險。

這不祥的寧靜，開封人慢慢回過味兒來。率先嗅出氣息的，當然是商人。開封有位大糧商，名喚李遇春，他在這行業有壟斷地位，「開囤戶能領御諸經紀」。當時，開封一兩銀子可買麥四斗，「遇春暗令騰其價」，價格翻了一倍，每兩二斗。黃澍查實後將李遇春逮捕斬首。行刑前，李提到自己還有麥八百石，願以贖命。黃澍說：「不要汝麥，只要汝頭。」黃澍知道，李遇春行為的危險性，在於培育和散佈恐慌。殺李後，麥價暫時回歸原價。但商人的投機，歸根結底以現實為依據，他們無非嗅覺比常人更靈，而能提前行動從中牟利而已。所以，李遇春雖然被殺，他所預告的糧食危機並不因此消失。

糧價回歸，恐慌卻成為共識。六月初五，李遇春斬首；初六，開封買糧大軍就排起長隊，從早上五鼓直到天黑，「擁集不散」。如此整整十天，到十七日，開封所有糧店俱已售罄，而「民糧不賣，從此乏糧矣。」

缺糧的首先後果，並非社會動亂，而是公權變質。當某種資源奇缺時，握有公權者肯定會利用權力去多佔以至強佔。六月二十日，巡撫高名衡發銀派差役「訪有糧家」購糧，「定價麥四兩一石，雜糧三兩一石」。合每兩二斗五，已接近李遇春每兩二斗之價（可見他死得頗冤）。然而，此時這價格其實已經過賤，政府的出價實有強買之嫌。李光壂向黃澍提意見：「糧從民便，不可定價，惟取其足以養民，若干買，若干賣，無損於兵，無損於民，無損於官。」黃表示同意。李光壂遂本着這一精神，逐戶「訪有糧者踵門勸諭」，買糧二百餘石，每石五兩至五兩三、五兩四不等，價格等於或超過了李遇春的每兩二斗。

這時情況還未真正惡化，開封民心未散，鬥志仍然高昂。他們製旗幟、備器械、編隊伍，一切搞得井井有條。除了先前五社社兵，又結「義勇大社」。黃澍「豎大白旗於曹門上，大書：『汴梁豪傑願從吾遊者，立此話旗下。』」「郡王、鄉紳、士民、商賈，無不願入社，四方豪傑及土著智勇之士悉至，約得萬人。」彼時開封為中國大商都，商賈雲集，他們也行動起來，參予開封保衛戰；義勇大社的左翼，即由南方籍武官程丹統之，「皆徽、杭商人」。到七月初一，義勇大社組建完畢，人馬盡皆登城，「周

城四十里，人馬絡繹，旌旗蔽空。」連正規軍看了亦感軍容甚壯，總兵陳永福「稱賞不已」。

這段時間，我們能看到的闖軍唯一舉措，是殺了一些自己人。何故？因為這些人掘了黃河，本意是淹城，不想「反將海濠注滿，廣處四五丈，深三丈餘，雖欲攻城，不能飛渡。」這是失誤，失誤的原因則是不了解黃河水情。時雖雨季，然黃河水量大至卻須待乎上游，此時開封段河水不足以淹城，故所引「反將海濠注滿」，給己方造成不利。揣味此記載，掘河一事似為闖軍部將擅主，未報闖王本人，故「殺主謀掘河賊」。值得注意的是，這是黃河被掘的最初報導，理應是兩個月後河決的重要線索。

當時情景，思之頗覺可笑。城內熱火朝天，信心飽滿，每天操練不輟，勁頭十足。七月初六，在操練場搭起高臺，請高名衡涖臨檢閱。高名衡驚訝問道：「新兵練操，不過三天，怎可能合營演練？列隊通過衙前，我看一看也就是了。」前來報告的軍官說：「大家昨天便已合營演練完畢，請大人先到操場閱操，然後再列隊過衙。」高名衡猶不能信，及親見演練，才發現「練習頗熟，喜曰：『此勁旅也。』賞銀二百兩。」還時常出擊，而有小勝。初七日，黃澍領兵出城，「逐賊至土堤外，斬首四十一級，生擒十二人，奪馬九匹，布帳、器械百餘件，射殺三百餘人。」初八日晨五鼓，陳永福「出南門劫賊營，斬二百餘級。」李光壂說：「從此，各營或交戰，或劫營，無日無之。」然而，以上情形若從李自成百萬大軍靜置不動的角度來考慮，不免令人先有喜劇之感，復而脊生涼意。好像不知什麼地方，有一雙眼睛，陰冷如冰地注視着折騰頗歡的開封人，嘴角則是一抹嘲諷的笑紋。有句俗話：秋後的螞蚱，蹦躂不了幾下。那抹笑紋，也許正是這種含意。

初圍、二圍攻防之激烈，讓人印象至深。然而，自打三圍展開以來，我們竟然查不到闖軍像樣的作戰記錄。事實上，豈止「像樣的作戰記錄」，簡直毫無記錄。儘管開封人今殺其數十、明砍其數百，闖軍卻有些打不還手、罵不還口的樣子，並不報復。它就那樣毫無表示，乃至死氣沉沉地，將開封圍住，不動如山。

不知不覺，時間就這麼過去了。到了七月，開封人被窒息的感覺應

該比較強烈了，但人們還存最後一線希望——救援。七月十二日得報：「十四日援兵渡河。」援軍由山東總兵劉澤清率領。為了會師，高名衡親自寫下十八張借條，向開封富戶借款三萬（實際借到一萬），作為賞金發給準備出城迎接援軍的部隊。李光壂記道，到約定的十四日那天，「東北角烽火連起」，但「未見船隻、人馬」。聽說劉澤清已經過河，但「營中忽自驚擾，仍退還河北」。根據我們一貫知道的，劉澤清此人絕不可能與敵有任何認真接戰，「忽自驚擾」，多半是他的避戰小花招。

劉澤清虛晃一槍消失後，直到遭受滅頂之災，開封從此與世隔絕，再沒等來任何救援消息。而與此同時，闖軍卻越來越讓人不寒而慄。

七月十七日，他們把「土城」全部削得牆壁般陡直。土城，就是金「南京」的外城，距內城亦即眼下的開封城牆五華里。原以夯土築成，久之，變成了土坡。現在闖軍截去坡面，直上直下，使之重回「牆」的形態。同時，牆下還掘出深溝，進一步增加「翻牆」難度。隔一段留一二條小路，以供出入，派人日夜把守、巡邏。每到夜晚，土城上火光衝天，不時傳來闖軍相互聯絡的呼喊聲。這樣，整個開封城已經變成一座被高牆圈起來的巨大監獄。

為了加重「囚犯們」的恐懼，闖軍還扮演起刑罰者的角色。

有位將官，和先前一樣，夜間帶兵劫營，「被賊斷雙手」，其下屬來搶，也任其搶回——顯然是故意的——「昇至城上，黃推官一見，放聲痛哭」。要的原是這種效果。放着可攻之城不攻，可殺之人也不殺，讓他帶着血淋淋的斷手放回城去，演示何謂「人間地獄」。

幾天後，人們發現將官的遭遇絕非偶然：一隊五百人壯丁，被派夜間偷運麥子入城，途中被闖軍擒獲，「盡去雙手，驅至西門」。這些被斷了雙手的壯丁，有一半逃入城，另一半過於痛苦當即投海濠自盡。經察看和了解，還發現李自成、羅汝才之間又有不同：「闖賊斷手，必至尺部。曹賊止斷手指一半，間有斷中三指尖者，猶不至為廢人。」尺部，為中醫術語，即切脈時無名指所按部位。

開封之圍的策略，明顯越出單純軍事層面，向心理戰、恐怖戰發展。然而，真正致命的終極武器，還是飢餓。

李光壂述說，七月二十六日，他把黃澍交給的買糧錢一千六百兩，原封不動送還回去：

> 前此猶曰少糧，至此將絕糧矣，無處可買，遂將銀交回。

記住這一天。開封最後絕境，就此到來。之前，七月初九，我們還能看到這樣的記載：開封街頭有許多無家可歸的婦女，「晝坐衢路，夜即臥地」，不斷有餓死者，黃澍見之惻然，而「選鄉約五人、社長十人、椽史三人，施粥於東嶽廟，三日用米四十五石」。不到一個月，類似救濟再也無影無蹤。反之，政府及其軍隊愈益朝着盜寇的方向演化。

八月初三，五門負責夜間巡邏的士兵，拿着割下的首級，獻於周王請賞，從七八個頭顱到二三十顆不等，每顆可領賞三四兩。得了賞銀，士兵便到處買吃的。一連幾天這樣，周王和高名衡發話，以後領賞必須捉活的。於是，再也沒有領賞者。因為，先前所獻頭顱，都是被派出夜間悄悄執行割麥任務的平民！

八月初四，將校奉令派往富民巨賈家繳糧。有的被追萬金，有的三五千兩至一二千不等。「每至欠糧家，先捉幼男女。以大針數百刺其膚，號叫冤慘。」「營官百方鍛煉，死而後已。」甚至，完糧「猶不免一死」。

八月初五，黃澍發佈告示，令各家各戶如實申報存糧，並親至居民家中搜糧。初七日，巡撫也發令箭給部隊「搜民間糧」。「一將弁領數十餓兵，持令箭直入人臥內，囊篋盡開，至掘地、拆屋、破柱以求，有一搜竟日不了者，有一日搜六七次者。」如此十五天後，「搜亦無也」。搜不出糧食，「則糠、秕、鹽、醬、油、醋，無不搜矣。」

飢餓摧毀了一切，從秩序到良知。

八月十六日，「令鄉約報民間牛、騾、馬、驢充餉」。是為最後一點猶屬人類正常飲食之列的食物。然僅供軍隊，「每兵給肉一斤」。五天後，也沒有了。之後，吃牛皮、皮襖。之後，所有藥鋪裏的藥材被搜羅一空，搬上城充軍餉，「山藥、茯苓、蓮肉為上」，餘如何首烏、川芎、當歸、白朮、柴胡、桔梗……「無不食之」。吃了藥材，不能解餓，反而普遍浮腫。但好歹算有吃的。八月二十八日，從某茶商處起獲茶葉八百包，也被軍隊

充為餉糧。

民間則無所不吃,吃皆非食。依《守汴日志》和《汴圍濕襟錄》所記,有野菜、草根、樹皮、樹芽等。但這些尚在人類饑荒史知識之內,另一些東西,卻聞所未聞。比如,舊紙、漲棉(浸泡過的棉絮)、膠泥、餵金魚的沙蟲、糞蛆(堆積較久的糞堆,因藏蛆更多,最為搶手)。偶有騎馬者路過,後面會有一群人尾隨,隨時揀食新排泄之馬糞,「用水吞服」。

八月十七日,發生一件不可解之事:城中五門大開,數以萬計婦女出城,「放出三萬餘口,任其所之」。所以如此,《守汴日志》載「先聞闖賊有令:窩鋪內藏匿婦女者斬。」則令此成千上萬婦女離城,不特為闖軍所允許,抑且正是它的要求。其「不可解」,在於這將緩解城內壓力,而與圍困戰初衷相拂逆。1948 年 6 月 28 日,蕭華就長春之圍所做政治報告指出:「長春約有六十萬居民,十萬敵軍,如果我們在空中陸上斷決(絕)敵人的生活資料,嚴禁城外食糧輸入,不讓長春與市外來往(現敵空運已受阻礙,兩機場在我控制下),這樣經過兩三個月後,敵內部情況定會發生劇烈的變化,將會造成敵人的飢餓與困難,軍民交困,軍掠,民怨,士氣瓦解,社會秩序發生騷亂,生存條件為我操縱」,「據我們了解現敵存糧已難支持很久,高糧(粱)米已賣到三十八萬元一斤,樹葉也賣到八九萬元一斤,因此我黨政軍民須全心全力,一致動員起來,認真執行這一封鎖長春的任務。」他特別告誡,防止因為「部分暫時的群眾利益」而有「片面慈善觀點」。[1] 具體論述「如何進行封鎖鬥爭」時,第九條為「嚴防敵人疏散市內人口」:「敵人疏散人口的方法,可能有以下幾種:一、強迫逼出,二、組織群眾向我請願,三、搞抬價政策,收買存糧,逼得群眾無法生活不能不外逃,四、出擊護送群眾出境。因此我對長春外出人員一律阻止,但不能打罵群眾……」[2] 一般來說,這才是圍困戰正常、連貫、合乎邏輯的策略。

---

[1] 《蕭華同志在圍城政工會上關於圍困封鎖長春的政治工作報告提綱》,《長春黨史資料》第一輯,長春市地方史志編纂委員會,1987 年,第 86-87 頁。
[2] 同上書,第 89 頁。

也許是因為，以當時開封景狀，這三萬餘人對於保持城內負擔壓力的作用，基本可以忽略不論。在此之前，已經發生「人相食」的事情。《守汴日志》：「（八月）初八日乙巳，人相食。」「有誘而殺之者，有群捉一人殺而分食者。每擒獲一輩，輒折脛擲城下，兵民兢取食之」。《汴圍濕襟錄》以下段落，更有電影鏡頭般的身臨其境感：

> 糧盡之日，家家閉戶，甘心待斃。白晝行人斷絕，遇有僻巷孤行，多被在家強壯者拉而殺之，分肉而啖，亦無人覓。間有鳴官，亦不暇為理；雖出示禁拿，亦不勝其禁也。甚有夜間合夥入室，暗殺其人，竊肉以歸。[1]

被吃的對象，並不只有陌生的路人。內中，至有「父食子、妻食夫、兄食弟、姻親相食」。[2]

進入九月，「城中白骨山積，斷髮滿地，路絕行人」：

> 間有一二人，枯形垢面如鬼魅，棲牆下，敲人骨吸髓。自曹門至北門兵餓死者，日三四百人。[3]

李光壂敍述頗為客觀，只講了「曹門至北門」情形，是為其協防之地，他處則未及；但不難設想，舉城皆然。其次需要注意，上文所說曹門至北門每天餓死的三四百人，都是士兵；而我們知道，軍人在遭圍困城市中，居於食物鏈頂端，連他們都成群餓死，尋常百姓必然毫無活路。

《守汴日志》如其題所示，乃是逐日追述辛巳、壬午開封之圍。三次圍城，每天經過、發生何事，筆筆敍來，故令讀者一目了然。然而，我們從中發現一點，初圍及二圍，幾乎天天都有關於闖軍行為、動向的描述，但三圍的大部分篇章，尤其斷糧以後，筆觸完全集中在開封城內景象，有關闖軍則難覓一筆。這一方面反映了闖軍的「只圍不打」，另一方面也符合作者「城內人」的視角。換言之，當闖軍不採取明顯的軍事行動時，城

---

① 白愚《汴圍濕襟錄》，中國歷史研究社編《虎口餘生記》，上海書店，1982，第 67-68 頁。
② 李光壂《守汴日志》，中州古籍出版社，1987，第 28 頁。
③ 同上書，第 31 頁。

內人對於他們的所為與行蹤，處於盲點。這一點上，《汴圍濕襟錄》大體相當。

也正因此，後來洪水的發生，在所見敍述中似乎有某些鏈條缺失，顯得突如其來。李光壂只是以三個簡短的陳述句交待了最基本的事實：「十四日辛巳，夜，河伯震怒，水聲遠聞。」「十五日壬午，黎明水至城下，西南賊俱遠遁，東北賊溺死無算。」「十六日癸未，水大至。」

《大梁守城記》略可補此不足。作者周在濬，開封人，周亮工之子，當時年甫兩歲，而且不在開封。《大梁守城記》明顯是以《守汴日志》為藍本，我想他應是讀了此書，為故鄉這段痛史所震動，另外加以自己的搜考，寫成《大梁守城記》。關於河決的這一段，他的補充頗為重要：

> 無何而河決之難作。

先是賊老營在閻家寨（李光壂作「閻李寨」），適當黃河舊決故道，故河北諸公議決之以解困城之急。而賊亦決馬家口欲以陷城，但時未入秋，水勢平衍。我所決者僅沒坑坎，旋為沙磧閉塞，無如賊何。賊所決者注滿城壕，城反恃以無恐，賊亦無如我何也。

至是暮秋，水勢暴漲，加以淫雨，堤埽頹壞。賊復決之。於十四夜波濤洶湧，水聲遠聞。十五日，水至城下，西南賊望之遁，東北賊多死。[4]

因為事關百萬開封人性命，對於河決責任，歷來各執一辭。明朝方面諉於闖軍所為；而愛惜農民軍聲譽者，例如我們當代，則列為官軍罪狀。細讀周在濬所陳，則可確定幾點事實：一、官軍有決河行為；二、闖軍也有決河行為；三、暮秋水大，導致災難。綜合起來，無論官軍與闖軍，決河僅為軍事攻擊手段，這為古代所常用，本來都無淹城目的；但客觀上，秋水大至時，雙方前期的決河行為，卻共同導致開封被洪水吞沒。需要指出，周所謂「賊復決之」應不可信。首先，前面李自成已痛責自作聰明決河致海壕增寬加深之將，說明他並不以為這辦法高明；其次，洪水暴發後開封東北正當其衝的闖軍全被淹死，西南闖軍逃之夭夭，說明闖軍對此也

---

④　劉益安《大梁守城記箋證》，中州書畫出版社，1982，第112頁。

措手不及，所以「復決」之說不可信。

　　到洪水發生、闖軍逃走，開封三圍結束。這最後一圍，始於五月二日，終於九月十五日，凡百日，為期又超二圍四倍。最終，李自成仍未得到開封。

　　九月十七日，全城俱沒，能夠露出水面的，只有鐘、鼓兩樓，王府的屋脊及城牆，相國寺寺頂等極少數最高建築餘尖部分。李光壂比較幸運，他家所在土街，為開封自然地勢最高者，洪水只淹到門基，屋內居然還都是乾地。在這一小塊幸土之上，擠滿了避水之人。

　　九月十八日，巡撫高名衡、推官黃澍等弄到船隻，去王府城牆上接到周王。

　　李光壂「二十五日始得攜妻、子乘筏至河北」。

　　最終的死亡數字：

> 初，城中男女百萬，加以外邑大戶、在野庶民，避寇入城者
> 又二萬餘戶。賊難以來，兵死、飢死、水死，得出者萬人而已。[1]

　　前引《汴圍濕襟錄》，有七十萬之數，但那僅為餓死者。及洪水發生，又溺死一大批。《綏寇紀略》、《明史》也都記脫難者「不及二萬」。《汴圍濕襟錄》則說賑災時受賑者「不足十萬」。此皆非正規統計數字，以那時王朝窮途末路，事後自無暇展開詳盡調查，故開封確切死難人數只能是一個謎。不過，可以參考周王府情況求得遇難的比例：「乙酉（十八日），監軍道王燮連夜親督二十餘船，從北門揚帆直入，同巡撫、推官至紫金城，見周王慟哭。遂請王率宮眷五六百人同渡河。」[2] 周府原有宮眷、人役過萬，而活下來的僅五六百人，約即百分之五六。這一生還比例，只會比民間更高。

---

① 劉益安《大梁守城記箋證》，中州書畫出版社，1982，第125頁。
② 鄭廉《豫變紀略》，卷六，浙江古籍出版社，1984，第138頁。

餘緒

周王後來去了南方，甲申三月，他在抵達淮安後，薨於湖嘴舟中，雖然顛沛流離，卻算是善終。

原知縣王燮，二圍後入京為監察御史，洪泛中他回到開封，組織救難工作，「數日救渡難民數萬，沿途安設鍋灶，煮粥以待。飢民得食，延甦甚眾，汴人至今尸祝。」[3]

巡撫高名衡，以守城功加兵部右侍郎，但他推辭了，回沂水老家里居。我們不知他的推辭，是否因開封慘劇陰影太重。歸里甫兩月，同年十一月，清兵入侵山東，大殺掠，名衡痛不欲生，遂偕妻子殉國。他的自殺，很難說與開封經歷無關。

總兵陳永福三圍表現始終出色，「拒守尤堅」，然而「終降自成」，[4] 其緣由及結局我們不得其詳。

開封推官黃澍，是王燮離開後，亦即第三圍過程中最勇任事的中層官員。難後，以守城功擢巡按御史，監軍左良玉。他在乙酉左軍兵變中為關鍵人物，多家記述稱左良玉與馬士英的水火不容，由他挑起，左軍部將鼓噪東下，也是他煽風點火。左良玉九江暴亡之後，他隨左子夢庚降清。

左良玉，不必說，他的名將生涯在開封一蹶不振。這同時也是明朝命運的一個象徵。

另有一位間接人物，朱由崧。他父親的自私、愚蠢，不單導致洛陽陷落、本人分屍，也為開封慘劇奠定一切基礎。開封承受苦難時，福世子正作為難民流落河南各地。但兩年後，根據禮法，卻成為帝位繼承人，從而成功地毀掉南京。

歷史上發生的事，說起來並不複雜，都可以概括為作用力與反作用力。做過什麼，就會有相應收穫與回報。但這麼簡明的邏輯，並不能解釋開封之圍一類慘劇。李自成或其他反抗者，有充分理由向明王朝尋仇，但

---

③ 白愚《汴圍濕襟錄》，中國歷史研究社編《虎口餘生記》，上海書店，1982，第 79 頁。

④ 紀昀《四庫全書總目提要》，《守汴日志》附錄一，中州古籍出版社，1987，第 42 頁。

百萬普通人民生命被裹其間，令人太息。辛巳、壬午開封之圍給我個人的感想是：戰爭有正義、非正義之分，但無美醜之分。倘如不失理性，人類當盡所有努力避免戰爭；倘如戰爭不得不是人類的選項，至少也置於最後和最不可能的地方。

後記

　　本書以弘光為時間概念來選材，但弘光朝本身為時僅一年，沒有哪個人物活動範圍真正以此為限。故爾它主要是一個歷史聚焦點，從明清易代的意義上，構成一種輻射和聯繫。

　　因此說明一下，有些人和事，並不嚴格處在這時間概念下，例如龔鼎孳在北降清、未入弘光，夏完淳、徐枋以至於黃宗羲等人的故事情節，也多在弘光之後。不過，他們一來以不同方式與弘光歷史相關聯，二來時代透過他們提出的問題很典型。假如我們於「弘光」，不止看作甲申年五月至乙酉年五月那十二個月份，而作為明清易代的歷史節點來看，那麼應該說他們之於本書主題，都還不失代表性。

　　另外，《辛巳、壬午開封之圍》一篇，寫的是事件而非人物，且時在崇禎間，但提供了很多來龍去脈，對了解後事是用得着的線索和背景，故亦以附文闌入。

明史三部曲
野哭：弘光列傳

李潔非　著

責任編輯　蕭　健
裝幀設計　任媛媛
排　　版　黎　浪
印　　務　林佳年

出版　　　開明書店
　　　　　香港北角英皇道 499 號北角工業大廈一樓 B
　　　　　電話：(852) 2137 2338　傳真：(852) 2713 8202
　　　　　電子郵件：info@chunghwabook.com.hk
　　　　　網址：http://www.chunghwabook.com.hk

發行　　　香港聯合書刊物流有限公司
　　　　　香港新界荃灣德士古道 220-248 號
　　　　　荃灣工業中心 16 樓
　　　　　電話：(852) 2150 2100　傳真：(852) 2407 3062
　　　　　電子郵件：info@suplogistics.com.hk

印刷　　　美雅印刷製本有限公司
　　　　　香港觀塘榮業街 6 號海濱工業大廈 4 樓 A 室

版次　　　2021 年 7 月初版
　　　　　© 2021 開明書店

規格　　　16 開（240mm×160mm）

ISBN　　　978-962-459-095-1